徐勇论著选

徐勇/著　陈军亚/编

华中师范大学
CENTRAL CHINA NORMAL UNIVERSITY
1903 - 2023

华中师范大学120周年校庆丛书

华大经典文库

HUADA
JINGDIAN WENKU

華中師範大學出版社
HUAZHONG SHIFAN DAXUE
CHUBANSHE

新出图证（鄂）字 10 号

图书在版编目（CIP）数据

徐勇论著选/徐勇著；陈军亚编. —武汉：华中师范大学出版社，2023.8
（华大经典文库）
ISBN 978-7-5769-0195-5

Ⅰ. ①徐…　Ⅱ. ①徐…　②陈…　Ⅲ. ①政治学—文集　Ⅳ. ①D0-53

中国国家版本馆 CIP 数据核字（2023）第 145858 号

编 辑 室：综合编辑室
电　　话：027-67867370
责任编辑：曾　艳
责任校对：肖　阳
封面设计：甘　英　胡　灿
出版发行：华中师范大学出版社有限责任公司
社　　址：湖北省武汉市洪山区珞喻路 152 号
销售电话：027-67861549
邮　　编：430079
网　　址：http://press.ccnu.edu.cn
印　　刷：湖北新华印务有限公司
督　　印：刘　敏
开　　本：710mm×1000mm　1/16
印　　张：31
字　　数：415 千字
版　　次：2023 年 8 月第 1 版
印　　次：2023 年 8 月第 1 次印刷
定　　价：125.00 元

目录

CONTENTS

目　录

CONTENTS

国家与国家建构

“回归国家”与现代国家的建构

摘 要：本文认为，在当今“回归国家”的学术热点中，一种是向传统国家回归的价值取向，一种是重视国家研究的政治学分析框架。根据这一分析进路，应该着眼于现代国家建构的研究。相对于传统国家的现代国家具有两个基本特性：一是民族-国家，一是民主-国家，前者是现代国家的组织形式，以主权为核心；后者是现代国家的制度体系，以主权在民为合法性基础。本文的主要贡献在于提出了现代国家建构中民族-国家和民主-国家的非均衡性，及由此引起的政治整合和文化整合的矛盾。认为依靠历史记忆和“祖先崇拜”的国族建构并由此向传统国家回归的思路既不现实，更不合理。对于处于现代化全球化浪潮中的当今中国来说，更主要的任务是建构一个民族-国家与民主-国家相对均衡的现代国家。

关键词：回归国；现代国；民族-国家；民主-国家；国家建构

如果说在1980年代政治学的视野中是“有国家无社会”的话，那么1990年代政治学界最为流行的是国家与社会的二元分析框架，旨在发现市民社会（公民社会）在中国的萌生。在这一过程中，学界有意无意地遮蔽了国家与社会框架的另一维度——国家。进入21世纪以后，对国家的论述逐步增多，大有“回归国家”之势。由此出现了种种政治设计，如回归传统的儒学政治，要求建立王道国家等。在“回归国家”的风向中，我们需要追问：我们要回归的是什么“国家”，对国家的回归是一种分析路径，还是一种回归传统的政治实践？我以为是前者。随着市场经济发展和市民社会的成长，必然指向现代国家的建构。而对与市民社会相对而言的现代国家的研究还相当不够。笔者早在1990年代初开始以“发现社会”的视角开展研究，提出了国家政治和社会政治的二分法①，并一直从社会的角度研究农村村民自治和城市社区自治。10年后，笔者开始从“回归国家”的视角研究现代国家的建构②。因为，正如没有一个以市场经济和公民权利为根基的现代公民社会，就难以建构一个现代国家一样，没有一个现代国家，现代公民社会也难以建构起来。本文试图就现代国家的基本理论作一分析。

一、现代国家的组织形式：民族-国家

国家是一个众说纷纭的概念。列宁在撰写《国家与革命》一文时曾深有感受。这其中的重要原因之一是不同文明时代的国家特性不同。尽管在马克思主义看来，国家的本质是阶级统治的暴力工具，但不同类型国家对暴力的拥有程度和使用范围则不一样。20世纪社会科学大师韦伯将国家定义为：“国家是一种持续运转的强制性政治组织，其行政机构成功地垄断了合法使用暴力的权力，并以此维持秩序。”③ 当代著名政治学家吉登斯完善了韦伯的国家观点④。在这里，必须明确的是，他们的国家定义都指的是现代国家，是相对前资本主义，即传统国家而言的。界定现代国家的关键词是：主权与合法性。由此引申出现代国家的双重特性：民族-国家（nation-state）与民主-国家（democracy-state）。

① 徐勇：《非均衡的中国政治：城市与乡村比较》，中国广播电视出版社，1992年版。

② 徐勇：《现代国家建构中的非均衡性和自主性分析》，《华中师范大学学报》2003年第5期。

③ 马克思·韦伯著，林荣远译：《经济与社会》，转引自王焱编：《宪政主义与现代国家》，生活·读书·新知三联书店，2003年版，第31页。

④ 安东尼·吉登斯著，胡宇泽、赵力涛译：《民族-国家与暴力》，生活·读书·新知三联书店，1998年版，第18~21页。

民族-国家通常被认为是“两种不同的结构和原则的融合，一种是政治的和领土的，另一种是历史的和文化的”①。它是以民族共同体为组织基础的政治共同体。人类社会是以多种形式组织起来的共同体。在滕尼斯看来：“共同体是一种持久的和真正的共同生活。”② 最早的组织形式是以血缘关系为基础的氏族。部族则是血缘关系扩展的血缘-地缘共同体。由于血缘-地缘关系和长期的共同生活，形成共同文化，从而构成民族。当人类生活区域扩大并需要特殊的公共权力——有组织的暴力维持共同体秩序时，便有了国家。氏族、部族、民族、国家等都是为了区别“我者”与“他者”的共同体概念。但这一概念只有在共同体之间的交往中才能确立什么是“我者”，什么是“他者”。哈贝马斯对此有过深刻的阐述③。作为民族-国家范畴的国家要素，“是指现代理性国家，它形成于西方现代初期，是一种自立于其它制度之外的、独特的、集权的社会制度，并在已经界定和得到承认的领土内，拥有强制和获取的垄断权力”④。当国家和民族融为一体时才形成现代民族-国家。它是伴随近代资本主义产生而构建的现代政治共同体，同时也是现代化锻造的现代性在政治生活中的反映。

传统国家是一个相对性概念，一般被认为是前现代，或者前资本主义的国家。在前现代化时期，人类社会主要以氏族、家族、部族、地方性族群等共同体构成，并形成相应的政治单位。这些政治单元独立存在，分散而互不联系。尽管也存在国家，但是其行政机构并没有成功地在其领土范围内垄断合法使用暴力的权力，并加以有效的统治。这就是吉登斯所说的，传统国家的本质特性是它的裂变性，“传统国家有边陲（frontiers）而无国界（borders）”⑤。

---

① 戴维·米勒、韦农·波格丹诺主编，邓正来译：《布莱克维尔政治学百科全书》，中国政法大学出版社，1992 年版，第 490 页。

② 斐迪南·滕尼斯著，张巍卓译：《共同体与社会》，商务印书馆，1999 年版，第 54 页。

③ 哈贝马斯著，张博树译：《交往与社会进化》，重庆出版社，1989 年版。

④ 戴维·米勒、韦农·波格丹诺主编，邓正来译：《布莱克维尔政治学百科全书》，中国政法大学出版社，1992 年版，第 490 页。

⑤ 安东尼·吉登斯著，胡宇泽、赵力涛译：《民族-国家与暴力》，生活·读书·新知三联书店，1998 年版，第 4~21 页。

现代化不仅是由传统农业社会向现代工业社会的转变过程，而且是由一个分散、互不联系的且以族群为基础的地方性社会走向一个整体、相互联系并以国族为基础的现代国家的过程，这就是国家化，或者说国家的一体化，也即现代民族-国家的建构。而在民族-国家的建构中，作为民族-国家另一要素的“民族”的含义也将发生实质性变化。斯大林对民族有一个著名的定义，即“民族是人们在历史上形成的一个有共同语言、共同地域、共同经济生活以及表现在共同文化上的共同心理素质的稳定的共同体”①。斯大林的民族定义实际上指的是现代民族，即与民族-国家的“国家”要素相对应的“民族”要素。这里的民族更准确地说应为“国族”。这也是“nation”既可译为民族，也可译为国家的重要原因②。

民族-国家的构建是一个过程。它是历史与逻辑的统一体，既是历史的发展过程，同时也是根据人的理性建构的过程。它起源于西欧中世纪后期，兴盛于18—19世纪，并由西向东推进，在20世纪扩展到全球，由此构成现代世界体系的主体要素。

推动民族-国家建构的原始动力是军事暴力——以战场为领地的军队，主角是君主。中世纪西欧是一个分散的庄园共同体且互不联系的封建社会，相当长时间是一个教会权力主宰的文化共同体。随着商品经济发展，特别是海路的开通，西欧逐步出现了一些实力日益强大的王朝。这些王朝为了扩大领土，发动了持续不断的战争。最著名的是1337—1453年间的英法百年战争。正是经过长期的战争，将一个个族群和政治单位粘连起来，逐步在英国和法国率先形成了民族-国家的雏形。在这两个国家，首先是形成了国王至高无上的统治权，形成了国王权力统辖的领土和人民，形成了为统辖领土和人民而设立的政府体系，并在战

---

① 斯大林：《马克思主义和民族问题》，《斯大林选集》上卷，人民出版社，1979年版，第64页。

② 宁骚教授对“部族”“民族”和“国族”的概念有相当精当的概括。可参见宁骚：《民族与国家——民族关系与民族政策的国际比较》，北京大学出版社，1995年版，第18~20页。

争中形成了人民对自己国家的忠诚和热爱，有了“我者”（祖国）和“他者”（他国）之分。由此锻造出新的以国家为组织载体的新兴民族——英吉利民族和法兰西民族及以此为基础的新型政治共同体。吉登斯将这一历史时期定义为绝对主义国家时期。

在恩格斯看来：“日益明显日益自觉地建立民族国家的趋向，是中世纪进步的最重要的杠杆之一。”① 也正是在这一过程中，西方思想家产生了构建国家的设想。这一设想来自中世纪后期萌生的理性主义。根据理性主义，人是世界的主体，世界秩序应该根据人的自由，根据人对世界的认识来安排，并由此确定其合理性。出生于1469年的意大利思想家尼柯罗·马基雅弗利深感封建割据、四分五裂带来的内忧外患，强烈主张建立统一强大的民族-国家。由此提出了“国家理性”学说，认为国家有其独立和自主的特性。君主作为统一国家的代表，为了实现统治可以不择手段。英国的霍布斯则充分论证了建构统一国家的必要性。在霍布斯看来，人最开始处于自然状态，遵循的是“一切人反对一切人的战争”逻辑，为了生存与和平，必须有一个大于一切人的权力的公共权力，这就是“国家”。霍布斯用一种巨大的海兽“利维坦”来形容国家的强大无比，强调国家统一和整体性。

然而，真正推动民族-国家构建的基本动力则是经济暴力——以市场为领地的资本，主角是资产阶级。当资产阶级力量还较弱小的时候，它们主要借助于国王的力量建立统一的国家以开拓市场。而随着其力量的强大，特别是地理大发现大大拓展了人类交往的空间，使它们成为推动现代民族-国家建构的主角。这主要在于资产阶级是一个与历史上其他任何阶级所不同的阶级，是一个精于算计的理性主义者。在韦伯看来，经济社会的合理化，首先起自于家庭与经营活动的分离，其次是经营活动中的合理算计，而这种算计又服从于追逐利润的经营目的。追逐

① 恩格斯：《论封建制度的瓦解和民族国家的产生》（1884年），《马克思恩格斯全集》第21卷，人民出版社，1965年版，第452页。

利润是现代经济组织的终极目的和永不遏止的动力。这便是资本的逻辑。这种逻辑要突破一切不合乎资本目的的限定，而无论这种限定是多么神圣。这正是马克思在《共产党宣言》中所说的，“资产阶级在它已经取得了统治的地方把一切封建的、宗法的和田园诗般的关系都破坏了”。它“使一切国家的生产和消费都成为世界性的了”，“过去那种地方和民族的自给自足和闭关自守状态，被各民族的各方面的互相往来和各方面的互相依赖所代替了”。“它们按照自己的面貌为自己创造出一个世界。”①

经济社会的理性化必然要求建立统一的现代民族-国家。资本的私人性要求通过作为公共性权力的国家界定和保护产权和私人利益。而这种国家是有特定的领域边界的，并能在其领域范围内成功地垄断暴力，进行持续不断的制度化统治，以维持长期稳定的公共秩序。因此，现代民族-国家的建立是一个将分散的互不联系和依赖的地方性族群形成一个统一的主权整体的过程，这就是所谓的国族化。现代化进程同时是国族化的过程，是民族与国家的融合过程。“共同语言、共同地域、共同经济生活以及表现在共同文化上的共同心理素质”的国族得以在主权国家内被建构。民族-国家的产生，一方面标明分散的世界联为一个整体，从而有了统治边界明晰化的国家主权及其作为主权代表的中央权威，有了国家与国家之间的关系；另一方面标明分散的社会联为一个整体，国家统治日益深入地渗透到主权国家领域内，每个人都为国家机器所控驭。正如吉登斯所说：“‘民族’指居于拥有明确边界的领土上的集体，此集体隶属于统一的行政机构，其反思监控的源泉既有国内的国家机构又有国外的国家机构。”②

现代国家是政治社会的理性化产物。在哈贝马斯看来，合理的国家

① 《马克思恩格斯选集》第1卷，人民出版社，1995年版，第274~276页。

② 安东尼·吉登斯著，胡宇泽、赵力涛译：《民族-国家与暴力》，生活·读书·新知三联书店，1998年版，第141页。

机构表现为：依据一种集中的和稳定的税赋体系；控制一种集中领导的军事权力；垄断立法和法律权力；通过一种专职官员统治的形式组织行政管理①。除了这种实体性的国家机器以外，还产生了来自知识且可以支配大众社会的话语权②。所以，只有到了现代民族国家，建立现代国家机器和权力体系并借助现代交通、信息、学校等现代工具，国家的权力才能真正覆盖到所有的国家疆域，行使对主权国家的统辖。吉登斯为此指出："只有现代民族-国家的国家机器才能成功地实现垄断暴力工具的要求，而且也只有在现代民族-国家中，国家机器的行政控制范围才能与这种要求所需的领土边界直接对应起来。"③ 为此，他给民族-国家下了一个经典定义："民族-国家存在于由他民族-国家所组成的联合体之中，它是统治的一系列制度模式，它对业已划定边界（国界）的领土实施行政垄断，它的统治靠法律以及内外部暴力工具的直接控制而得以维护。"④ 现代民族-国家的建构作为一个过程，标志着国家整体和代表国家主权的中央权威日益深入地渗透于主权国家领域，并支配整体社会。

建构民族-国家的核心是主权。主权是一个国家拥有的独立自主处理其内外事务的最高权力。主权作为一个国家固有的权力，国家凭借这一权力可以以最高权威和独立自主的方式处理其一切内部和外部事务，而不受任何其他国家或实体的干涉和影响。因此，主权具有内部和外部双重属性。主权对内的最高属性是指国家的政治统治权力，它通过立法、行政、司法、军事、经济、文化等手段来实现国家内部一体性。主权的外部属性派生于主权对内最高的属性，是指国家的独立自主性和领土的完整性，并以军事、法律、外交、经济等方式加以实现。在主权理

① 转引自陈嘉明等：《现代性与后现代性》，人民出版社，2001 年版，第 137 页。

② 参见米歇尔·福柯著，严锋译：《权力的眼睛》，上海人民出版社，1997 年版，第 37 页。

③ 安东尼·吉登斯著，胡宇泽、赵力涛译：《民族-国家与暴力》，生活·读书·新知三联书店，1998 年版，第 20 页。

④ 安东尼·吉登斯著，胡宇泽、赵力涛译：《民族-国家与暴力》，生活·读书·新知三联书店，1998 年版，第 147 页。

论创立者布丹看来，主权是一个国家之所以得以存在的原则。霍布斯将至高无上的“主权”视为国家的“灵魂”，强调主权者的权力不受任何个人、团体的权力的限制。1648 年签订的《威斯特伐里亚和约》确认国家主权原则，至此才开始在西欧形成了民族–国家的国际体系，也成为现代民族–国家建构的起点。

主权作为不可分割、不可转让的最高权力，同时又是有地域边界的权力。只有在确定的地域边界内，主权才是成立的。正如只有在交易中才能体现产权一样，只有在国家与国家的交往中，主权的意义才被凸现。主权的实质是区分“我者”（我国）与“他者”（他国）的基准线。由此就有了一系列体现主权国家的象征和符号体系：国名，即国家的名称；国旗，即代表国家的旗帜；国徽，即国家的标志；国界，即确立国家领土范围的界线，界线以内的为本国国土；国歌，即代表一个国家的歌曲，为其政府所制定或采用；国籍，即一个人属于某一国家的国民或公民的法律资格；国语，即法定为本国共同使用的语言；国民，即具有一个国家国籍的人；国庆，即法定的对国家产生的庆典日。这一系列国家象征都是对“我者”的确认与“他者”的区别。尽管当今全球化浪潮风起云涌，但民族–国家的特性并没有消失，“地球村”内的界限仍然十分明确，即使是最为强大的美国，也不得不反复追寻和忧虑“我们是谁?”① 因此，所谓民族–国家，即由统一的中央权威在其领土边界内实行自主治理，并有共同民族利益和国民文化的主权国家。

二、现代国家的制度体系：民主–国家

学界在论述民族–国家时，很少提及现代国家的另外一个重要特性，这就是民主–国家。这是因为在西方学者视野里，民族–国家的建

① 塞缪尔·亨廷顿著，程克雄译：《我们是谁？——美国国家特性面临的挑战》，新华出版社，2005 年版。

构本身就已体现了民主-国家的原则，民族-国家建构的同时也是民主-国家的建构。但是，民族-国家的概念并不能简单代替民主-国家的概念。

由于世界体系未形成，传统国家更多的是一种文化共同体，其核心是基于共同的血亲文化而产生的伦理关系。而在世界体系中的现代国家，则主要是一种政治共同体，其核心是基于利益分化而产生的权力关系。权力可以说是理解现代国家的基础。马基雅弗利是历史上最早将权力作为国家特性的思想家，我们因此将其称为现代国家的理论奠基者。

与传统国家相比，现代国家是一种持续运转的强制性政治组织，其行政机构成功地垄断了合法使用暴力的权力。主权是现代民族-国家的核心，主权对内属性是统治国家的最高权力。那么，这一统治权归属于谁，由谁来行使，按照什么法则来行使，从而才能保证国家的持续运转呢？这是现代国家建构必然会产生的权力归属、权力配置和权力行使的制度性问题。如果说，民族-国家是现代国家的组织形式，所要解决的是统治权行使范围的问题，那么，民主-国家则是现代国家的制度体系，所要解决的是现代国家根据什么制度规则来治理国家的问题。

在民族-国家建构的初期，新兴的资产阶级力量还很弱小，它们主要依靠国王建构统一的民族-国家。所以，当时，国家与国王是一体的，即法国国王宣称的“朕即国家”，忠于国家就是忠于国王，实行主权在君、“君权神授”的君主专制制度。但是，这一制度逐步成为阻碍经济社会发展和资本力量扩张的桎梏。随着资产阶级力量的日益强大，它们要求按照自己的意志建构国家，以形成能够保护产权，有利于自由发展、平等竞争的制度环境。由此它们提出了主权在民的政治要求，并以其特殊的经济能力逐步弱化君主的权力，实行主权者的转移。

英国的洛克适应这一要求，提出了现代民主-国家的建构理念。与霍布斯不同，在洛克看来，在国家之前的自然状态是“完美无缺的自由状态”，生命、自由、财产是自然法为人类所规定的基本权利，不可让与，也不可剥夺。为了更好地保护人身和财产权利，人们订立契约，将一部分权利转让给所指定的人，并按照一致同意的规则行使权力，由此而形成国家。为此他否认主权在君，提出议会主权论，即国家的最高统治权应该归属于由人民委托的代表行使。同时，与霍布斯关于主权者不受制约的观点不同的是，洛克将国家与政府区别开来，认为人们建立政府是为了更好地保护人权，政府也要受到制约，如果政府不能实现保护个人权利的目的，人们有权改变它。为了制约权力，他提出了应该根据分权原则配置权力。同时，政府只有以正式公布和经常有效的法律，而不是临时的命令和变化无常的决定进行统治，实行法治原则。议会主权、权力分立和法治政府可以说是洛克对现代制度国家的重要贡献。正是基于此，洛克强烈反对主权在君的专制制度，认为专制制度导致君主只是用心血来潮或毫无拘束的个人意志进行统治，容易产生“暴政”。“暴政”比自然状态还坏。因为在自然状态下，人们还享有运用自己的权力保护自己的生命和财产的自由，而在“暴政”下，人们不仅会受到君主的侵害，而且会失去以前的自由。

法国的孟德斯鸠发挥了洛克的分权学说，提出了立法、司法、行政三权分立和制衡的学说。而卢梭则第一次完整地提出了人民主权学说。他认为，人们通过订立社会契约组成共同体，每一个结合者及其自身的全部权利都转让给整个集体，因而主权的实质就是全体的意志，主权属于人民，每个人都可以构成主权者的一个成员。法律和政府原则都是为了保证人民主权的权威，政府的权力来自人民并服从于人民的意志，由此确立了人民才是国家主人的“主权在民”原则。

正是在主权在民的民主主义思想的导引下，以资产阶级为主的人民以各种方式，甚至暴力革命推翻了专制统治，建立起主权在民的制度国家，这就是民主-国家，即以主权在民为原则构造的制度国家。所以，现代国家是民族-国家与民主-国家的统一体。其国名一般都反映了这一特征。如法国大革命后建立的法兰西共和国。法兰西体现了民族-国家的特性，共和体现了民主-国家的特性。

民族-国家突出的是主权范围，主要反映的是国家内部的整体与部分和国家外部的国家与国家之间的关系。那么，民主-国家强调的则是按照主权在民原则构造的国家制度，主要反映的是国家内部统治者与人民、国家与社会的关系。因此，衡量民主-国家的重要标准就是统治的合法性的民意基础，即统治权力是否按照体现人民意志的法律取得和行使。作为主权在民原则创立者的卢梭就是要以“公意”（或者为“人民意志”）确立现代国家制度的合法性，通过合法性来确认统治权力的归属、配置与行使的主体和边界。现代国家与传统国家的重要不同之处就在于其暴力垄断的合法性基础不同。如杜赞奇所说：“国家权力在现代的扩展涉及一个双面的过程：一是渗透与扩张的过程，一是证明此种渗透与扩张过程的合法性。”①

马克思·韦伯对于合法性统治基础作了大量研究，在他看来，合法性是指人民对统治的同意或认可。他认为，世界上的统治类型莫过于三种：传统型统治、魅力型统治和法理型统治。传统国家的统治合法性来源于自古有之的“传统”，人们对这种无论是“天意”还是人为的“传统”深信不疑，由此保证统治体系的连续性。而现代国家的统治是法理性统治。法理性统治则是为了保障主权在民原则得到具体的体现。

正是出于人民同意的这一合法性基础，现代国家均是依据民主的原则构造其政治体系，并以明确的法律形式固定下来。其主要特征表现为：在权力归属方面体现权力属民的原则。如《中华人民共和国宪法》规定，中华人民共和国的一切权力来源于人民；在权力配置方面实行代议和分权原则。代议制指由人民委托产生的代表行使统治权力。分权制将公共权力按其功能分开并由不同的机构和人员执掌，形成相互制衡关系；在权力行使方面遵循法治原则。明确的成文法律是

① 杜赞奇：《从民族国家拯救历史——民族主义话语与中国现代史研究》，社会科学文献出版社，2003年版，第86页。

权力行使的基本依据，任何人都不得超越于法律之上。由于合法性统治的基础是人民同意，因此，在现代民主-国家的制度体系中，公民权利是重要组成部分。

如果说民族-国家建构的核心是主权原则，那么，民主-国家的构建则是人权原则。在理性主义看来，人的权利是天赋的，国家存在的理由正是为了更好地保护和确认人的权利。建构民主-国家的目的就在于能以法律制度的方式确认其本国国民为享受法定权利的公民。公民权利是主权在民原则在国内政治生活中的具体体现。主权在民和公民权利可以说是现代民主-国家的两个基本准则，并体现在国家基本法律制度之中。

由于公民权利的存在和发展，必然生长出一个以公民权利为核心的公民社会。现代国家与公民社会是相互依存和相互制约的伴生物。如果没有现代国家，就不可能以国家法律的形式确认公民权利，也不可能运用国家力量保护公民权利，因此也不可能有公民社会。从这个意义上说，黑格尔认为“市民社会”是由现代国家创建而成的观点有一定道理。但是，国家作为一种公共权力，作为一种被垄断的暴力，并不能总是合理和有效地保护和确认公民权利，甚至有可能运用其垄断性暴力侵害和妨碍公民权利。这就需要有一个自由自主自治的公民社会，以此制约国家权力，防范国家权力的无限扩张并脱离人民意志。

一个健全的公民社会不仅是现代国家建构的产物，更是现代国家建构的基础。现代国家之所以得以在欧美国家先行成长，就在于这些国家在现代国家成长时期就已发育出一个现代公民社会的雏形。与构成传统国家的社会基础是一个个血缘-地缘性的族群单位不同，在中世纪西欧发育出一个个新兴的共同体及其政治单元，这就是市场关系下由自由民组成的自治体，即通常所说的“市民社会”。

作为现代国家，民族-国家和民主-国家是相互依存的统一体。民族-国家是具有领土边界的行政实体。没有民族-国家提供的领土平台，主权在民和人民权利就没有实现的基础。正如近代世界中的殖民地，没有独立的国家主权，也就无法产生平等的人民权利。与此同时，没有民主-国家，民族-国家的生长和持续不断地构建也缺乏制度保障，这在于国土、人民和统治权是构成国家的基本要素。如果一个国家的人民长期处于被奴役状态并对统治的合法性产生动摇，就会对国家产生离心力。民族-国家的意识形态基础是人民对自己祖国的热爱和忠诚。“民族国家建构作为一项国家政策，以美国革命和法国大革命为背景提了出来。在当时，民族国家构建的意蕴就是公共权威和公民的忠诚感实现同步发展。”① 如果人民不能作为国家主人享受公民权利，不能享受平等的国民待遇，就不会将国家作为“我国”（我们自己的国家），其对国家的忠诚意识就会弱化，甚至背离自己的祖国。美利坚合众国正是由于一些对自己祖国失望并背离自己祖国的人组成的一个新国家。亨廷顿认为：“人们对国家的认同并不是固定的和永远不变的，民族主义也不是时时处处都具有压倒一切的力量。只有当人们认为自己同属一国时，国家才会存在，而人们对自己的看法可能是有高度可变性的。”② 除了背离祖国以外，在国内，对国家的失望还会促使人们回归到自己更加认同的政治单位，从而造成国家的分裂和地域化、族群化，由此大大动摇统一国家的根基。特别是对于那些民族-国家体系还相当脆弱的国家，由对国家忠诚感下降而产生的民族分离主义和族群分立主义，很容易导致国家的解体。如苏联和南斯拉夫地区。

作为现代国家体系，民族-国家和民主-国家是内在的统一体，但又是一个矛盾的共同体。其深刻的根源在于民族-国家和民主-国家之间的内在理念逻辑之间的矛盾和冲突。主权与人权、统治与合法性并不总是均衡的一致的。尽管现代国家是根据理性原则建构的，但人的行为

① 戴维·米勒、韦农·波格丹诺主编，邓正来译：《布莱克维尔政治学百科全书》，中国政法大学出版社，1992 年版，第 490 页。

② 塞缪尔·亨廷顿著，程克雄译：《我们是谁？——美国国家特性面临的挑战》，新华出版社，2005 年版。

经常会受多种具有内在逻辑矛盾的原则所支配，甚至为非理性所左右。民族-国家的建构理性是民族主义，强调的是国家整体性，国家利益的至高无上性。民主-国家的建构理性是民主主义，强调的是构成国家的个体性，个人自由和权利的至高无上性。这两种主义如果不能保持相对均衡而走向极端就会导致现代国家的生长困难，甚至崩溃。如极端民族主义造成德国和日本脆弱的现代民主制度的崩溃，使这两个国家走向法西斯主义。而民主主义的过度也容易使国家在激烈的世界竞争体系之中，缺乏整体竞争力而走向失败和解体。

由于现代国家的建构是在现代化和全球化的时空中展开的，能够给予民族-国家和民主-国家达到相对均衡条件的国家，实在是太少。大多数国家的现代国家建构都曾经或正在经历着民族-国家与民主-国家相对不均衡的过程，这也使得现代国家的建构过程充满着多样性。特别是对于许多在民族独立进程中建构现代国家的发展中国家来说，不仅民族-国家的建构尚是一个未完结的过程，而且更缺乏对民主-国家的深刻理解。这也是在当代世界里，民族-国家和民主-国家同步建构、相对均衡的国家相对稳定，民族-国家与民主-国家建构不同步并相对不均衡的国家的政治充满变数的重要根源。

三、“回归”抑或构建：现代国家在中国

与欧美国家相比，中国的历史进程有其特殊性。但现代化进程带来的世界体系不可能使中国置身于以现代性为核心的世界体系之外，其历史过程也必然有其普世性。越是进入现代世界体系，愈是这样。因此，现代国家的建构不仅是一种理念，更是一个真实的历史过程，只是这一历史过程有其自身的特点而已。

如果运用传统国家的理论，20 世纪以前的中国具有典型的传统国家的特点。前些年，学术界有人对于用“封建主义”这一西方化的尺

度标识20世纪前的中国社会表示质疑。事实上，如果从经济社会组织的角度，20世纪前的中国社会的确具有分散的互不联系的“封建主义”特性。传统中国的社会基础是由一个个分散孤立、互不联系的家庭和扩大了的家庭——村庄等构成。与西欧封建社会所不同的是，在这一个个分散孤立的家庭村落之上有一个庞大的君主专制官僚体制。拥有绝对权力的君主通过居住在地域性城市的官僚实施统治。只是“王权止于县政”，中央官僚统治权力从未直接深入广阔的乡村社会。正如韦伯所说：“政权领域的各个部分，离统治者官邸愈远，就愈脱离统治者的影响；行政管理技术的一切手段都阻止不了这种情况的发生。”① 为此，他认为，在传统中国，“‘城市’是没有自治的品官所在地——‘乡村’则是没有品官的自治区！”② 因此，传统中国更主要的是文化国家，而不是政治国家。

庞大的君主官僚专制体系严重抑制着新兴社会力量的生长，使传统国家的历史在中国特别长。直到19世纪，由于西方国家的入侵，传统国家的合理性和合法性才受到极大的质疑和挑战，从而才有建构现代国家的可能。

中国的现代化和现代国家的建构都是由于外国入侵的情况下发生的。现代国家的建构首先是以民族主义为旗帜，要求建立独立统一的民族-国家。孙中山是现代国家在中国的创立者。他深刻地反思了为什么作为人口最多的中国在西方列强的入侵下不堪一击，甚至有亡国灭种之忧的原因，这就是“一盘散沙”。他认为：“民族主义就是国族主义。中国人最崇拜的是家族主义和宗族主义。”“中国人的团结力，只能及于宗族而止，还没有扩张到国族。”③ 为此他首先倡导民族主义，建立以国族而不是家族、宗族为组织基础的现代国家。这一现代国家应该以

① 马克思·韦伯著，林荣远译：《经济与社会》下卷，商务印书馆，1997年版，第375页。
② 马克思·韦伯著，王容芬译：《儒教与道教》，商务印书馆，1995年版，第145页。
③ 孙中山：《三民主义》，岳麓书社，2000年版，第2页。

民权而不是君权所构造，为此提出民权主义。他认为，“政就是众人之事，治就是管理，管理众人之事便是政治。有管理众人之事的力量，便是政权。今以人民管理政事，便叫做民权”①。民权主义实际上是中国式的民主主义。为了对广大人民进行政治动员，孙中山又提出了民生主义。正是在以孙中山为代表的革命党人的推动下，中国于 1911 年推翻帝制，建立中华民国。中华民国反映了民族-国家和民主-国家的双重特性。中华民族是与中国主权范围相一致的国族，民国是以民权而不是君权为最高权力的制度体系。1912 年公布的《中华民国临时约法》规定：“中华民国，由中华人民组织之。”中华是多民族共和的新兴国族，标志着国家权力归属民而不再是君。中华民国可谓是中国的“第一共和”。

然而，中华民国的建立只是现代国家的形式确立，只是现代国家建构的开端，并随时有崩溃的可能。一是现代国家能力十分脆弱，随时会受到外敌入侵，主权尚不完整。二是国家处于地方性军阀割据状态，未能建立成功地垄断合法暴力的行政机构和中央权威，乡村社会为土劣所控制。为此，蒋介石试图以强大的军事力量和专制政权统一国家，提出所谓“一个党、一个领袖、一个主义”。但是，这一努力由于给人民带来的是无穷的战争和沉重的赋役而遭受人民的强烈反抗，产生了中国共产党领导的中国革命，并于 1949 年建立了中华人民共和国，可谓中国的“第二共和”。

中华人民共和国的建立标志着现代国家建构在中国的真正开始。首先是结束了半殖民地的历史，主权国家得以形成，除了内战造成的台湾地区以外，国家主权能够成功地延伸到其领土范围。其次是结束了半封建社会的历史，并通过强有力的中央权威、党和政权组织系统对主权范围的地方成功地实施了政治统治。

但是，1949 年后的现代国家建设却是十分不平衡的。由于多重原

---

① 孙中山：《三民主义》，岳麓书社，2000 年版，第 69~70 页。

因，民族-国家的建构远远快于民主-国家的建构，也就是说随着民族-国家的建设，没有能够及时地建构一整套民主制度，以保持政治体系持续不断地运转。政治统治的合法性在相当程度上仍然来自长期革命和政治动员时期形成的特殊的领袖魅力。这种领袖魅力保证了民族-国家的迅速建构，但其个人意志的多变性和至高无上性使国家建构处在一个不稳定的状态之中。脆弱的民主政治体制难以节制领袖的能量扩张，结果发生了长达十多年的“文化大革命”。“文化大革命”说明，没有民主-国家的建构，民族-国家也缺乏稳固的基础。正是基于此，“文化大革命”后，邓小平提出了“没有民主就没有社会主义，就没有社会主义的现代化”① 的主张，认为“领导制度、组织制度问题更带有根本性、全局性、稳定性和长期性”②。由此提出了政治体制改革和建设社会主义民主政治的任务。然而，由于缺乏对民主的深刻理解，更缺乏民主-国家建构所需要的公民社会基础，使民主-国家建构的过程充满着曲折，民主主义的理想不再具有广泛的号召力。

与民主主义消退相映照的是民族主义的重新复兴。其深刻的背景：一是改革开放以后致力于经济建设，大大提升了国家的实力，中国作为一股不可忽视的力量在世界舞台上崛起，从而大大增强了民族自信心。二是随着科技进步和资本力量的进一步扩张，全球化浪潮更加猛烈。中国在开放的世界中与他国的交往愈来愈多，也必然与全球化的强势逻辑发生碰撞。强烈的历史记忆和正在生长但尚不够强大的实力，使人们对于国际碰撞特别敏感。正是这一背景下，人们试图在全球化的交往中寻求自己的国族性，以自立自强于世界之林。

然而，在现代化和全球化的当今世界里，什么是中国的国族性，怎样才能区别于“我者”（我国）与“他者”（他国）呢？为此，出现了对中华文化的不断追寻和回溯，只有向中华文化的回归才能确立国族

---

① 《邓小平文选》第二卷，人民出版社，1994年版，第168页。
② 《邓小平文选》第二卷，人民出版社，1994年版，第333页。

性，识别“我者”与“他者”。在全球化进程中，国族性的建构除了政治整合以外，在相当程度上依靠历史记忆和“对祖先的崇拜”，甚至为此“重构历史”和“发明传统”①。愈是政治整合无法满足国族建构的需要，文化整合就愈强烈。曾经作为中国国学的“儒学”因此得以复兴。“儒学复兴”如果仅限于文化领域，对于民族-国家的建构还有一定意义。但是，问题在于，当今的“儒学复兴”者恰恰要超越“新儒学”的文化整合的限度而具有强烈的政治指向，其目的是使国家回归于儒学政治②。

在当今现代化、全球化浪潮中，我们不说是否能够回归于传统国家，就是能够回归又有何意义呢？儒学复兴者的假设，就是当今世界的所有人都已陷入黑暗的迷惘之中，唯独在古老的传统中有一束光芒在那里孤独的笑傲人间。只要向那里奔去，世界从此就会一劳永逸的大同和清明。然而，这一假设却是虚幻的。如果说儒学政治能够带来一片清明，为何以儒学政治为根基的传统中国却充满着“官逼民反，不得不反”的霸道和残暴的循环呢？为何人口众多却越来越难以抵御少数民族的侵犯，甚至时时有亡国灭种之忧呢？为何强大的帝国在西方文明的挑战下不堪一击呢？可见，回归传统国家并不具有政治的合理性。特别是为了建构国族而“重构历史”和“发明传统”的取向只能将人们引向那从未存在，在当今更无可能的“虚幻世界”。“祖先崇拜”只能识别“本我”，但没有一个处于世界体系之中的现代国家的支撑，这种“本我”的认同只不过是一个难以持续的梦想。

对于处在现代化全球化浪潮中的当今中国来说，更主要的任务仍然是建构，是建构一个民族-国家与民主-国家相对均衡的现代国家。通过民族-国家的建构为每个国民的自由发展提供组织平台；通过民主-

① 20世纪90年代以来，大量美化帝王，甚至渴求历史上强大的帝王“再活500年”的影视作品的出现正是这一思潮的集中反映。

② 蒋庆：《王道政治是当今中国政治的发展方向》，世纪中国网，2004年6月29日。

国家建设，为每个公民的平等发展提供制度保障，由此达致每个国民对国族的高度认同和忠诚，并不断提升国家的能力。换言之，通过增进社会福祉和保障公民权利而获得政治认同的意义要远远大于回归历史传统和伦理关系的文化认同。舍此，别无他途。除非，你想置于现代化全球化的当今世界之外！

而在当今中国，现代国家的建构尚是一个了犹未了的漫长过程，为此，中共十六大报告将政治建设作为一项重要任务而提出。当然，儒学政治的兴起对于政治学界的最重要意义，就在于它提醒我们，在政治学的视野之中，不能没有“国家”！我们不能在一味地“发现社会”之中而遗忘了“国家”。

（原载《东南学术》2006年第4期）

现代国家建构中的非均衡性和自主性分析

摘　要：本文认为，现代国家的建构是一个民族-国家和民主-国家的双重化建构过程。但在中国，这一双重化的建构是不同步的。因此，在现代化进程中，除了民族-国家的建构，推进国家一体化以外，还要实现国家的转型，建构现代民主-国家，通过政治发展推进民主化。本文为此将政治发展的非均衡性和自主性引入当代中国政治的分析视野之内，并将其视为考察中国民主化进程的逻辑起点。

关键词：现代国家；非均衡性；自主性

国家的转型既是现代化的条件，也是现代化的结果。与现代化相伴随的现代国家有两个特性，一是民族-国家，即居住在具有明确主权边界里的集体为统一的国家机器所控制，并形成统一的国家认同；二是民主-国家，即居住在国家内的人民居于主权地位，国家机器的权威来源于公民授予。由此而产生所谓的民族主义和民主主义。在欧美国家，民族-国家和民主-国家的建构是同步的。而在中国这类后发国家，不仅民族-国家和民主-国家的建构是不同步的，而且会产生矛盾。因为，前者追求的是整体性和强制性，后者是基于多样性和自主性。那么，对于中国这样的国家来说，在建构民族-国家之后，还有一个民主化的过程，以完成建构民主-国家的任务。而民主化的逻辑起点来自内在的政治状态和政治行为。政治状态的非均衡性和政治行为的自主性因此纳入当代中国政治的分析视野，并成为我们理解和透视当代中国民主化进程和特性的基点。

一

近些年，现代化、全球化浪潮汹涌澎湃，但也出现了大量的浪漫主义想象，以为现代化、全球化就是所有人以同样的方式生活，是一种整体化。其实，现代化、全球化只是一个过程，这一过程自始到终将伴随多样性、差异性，世界将以一种非均衡的方式存在。非均衡是一种实际存在的状态。从政治学意义看，非均衡性是现代政治共同体中的多样性、差异性的存在状态，是国家一体化过程中政治的具体表现形式。

在现代政治共同体中，国家无疑居于中心地位。这是由现代化造成的。以往，我们理解现代化仅仅是从时间上度量，很少考虑其空间因素。其实，现代化不仅是由传统农业社会向现代工业社会的转变过程，而且是由一个分散、互不联系的地方性社会走向现代整体国家的过程，这就是国家化，或者说国家的一体化，也即现代民族-国家的建构。现代化的思想渊源是理性主义。根据理性主义，人是世界的主体，世界秩序应该根据人的自由，根据人对世界的认识来安排，并由此确定其合理性。近代以来的社会正是一个理性化的社会过程。在韦伯看来，经济社会的合理化，首先起自家庭与经营活动的分离，其次是经营活动中的合理算计，而这种算计又是服从于追逐利润的经营目的。追逐利润是现代经济组织的终极目的和永不遏止的动力。这便是资本的逻辑。这种逻辑要突破一切不合乎资本目的的限定，而无论这种限定是多么神圣。这正是马克思在《共产党宣言》中所说的：“资产阶级在它已经取得了统治的地方把一切封建的、宗法的和田园诗般的关系都破坏了。”它“使一切国家的生产和消费都成为世界性的了”，“过去那种地方的和民族的自给自足和闭关自守状态，被各民族的各方面的互相往来和各方面的互相依赖所代替了”①。

经济社会的理性化必须要求建立统一的现代民族-国家。资本的私人性要求通过作为公共性权力的国家界定和保护产权和私人利益。现代民族-国家的建立是一个将分散的互不联系和依赖的地方形成一个主权整体的过程，这就是所谓的国家化。现代化进程同时是国家化的过程。民族-国家的产生，一方面标明分散的世界联为一个整体，从而有了统治边界明晰化的国家主权及其作为主权代表的中央权威；另一方面标明分散的社会联为一个整体，国家统治日益深入地渗透到主权国家领域内，每个人都为国家机器所控驭。正如吉登斯所说：“‘民族’指居于拥有明确边界的领土上的集体，此集体隶属于统一的行政机构，其反思监控的源泉既有国内的国家机构又有国外的国家机构。”②

现代国家是政治社会的理性化产物。正如哈贝马斯所说，合理的国家机构表现为：依据一种集中的和稳定的税赋体系；控制一种集中领导的军事权力；垄断立法和法律权力；通过一种专职官员统治的形式组织行政管理③。除了这种实体性的国家机器以外，还产生了来自知识且可以支配大众社会的话语权④。所以，只有到了现代民族国家，建立现代国家机器和权力体系并借助现代交通、信息、学校等现代工具，国家的权力才能真正覆盖到所有的国家疆域，行使对主权国家的统辖。现代政治学大师吉登斯为此指出：“只有现代民族-国家的国家机器才能成功地实现垄断暴力工具的要求，而且也只有在现代民族-国家中，国家机器的行政控制范围才能与这种要求所需的领土边界直接对应起来。”⑤

---

① 《马克思恩格斯选集》第1卷，人民出版社，1995年版，第272~276页。

② 安东尼·吉登斯著，胡宇泽、赵力涛译：《民族-国家与暴力》，生活·读书·新知三联书店，1998年版，第141页。

③ 陈嘉明等：《现代性与后现代性》，人民出版社，2001年版，第137页。

④ 米歇尔·福柯著，严锋译：《权力的眼睛》，上海人民出版社，1997年版，第37页。

⑤ 安东尼·吉登斯著，胡宇泽、赵力涛译：《民族-国家与暴力》，生活·读书·新知三联书店，1998年版，第20页。

国家化作为一个过程，标志着国家整体和代表国家主权的中央权威日益深入地渗透于主权国家领域，并支配整体社会。

在欧美，民族-国家建构与民主-国家的建构是同步并相互依存的。在理性主义者看来，人是主体，天赋人权，人生来平等，人完全有可能根据其意志建构一个理想的社会。因此，人们建立国家，将一部分权力让渡给国家，并不是使国家成为凌驾于社会之上的专制力量，而是为了更好地保护人的生命、财产和自由。作为地理空间上的国家是不可替换的，而作为掌握国家机器的政府是可以更迭的，这是因为只有人民才是国家的主权者，国家的权威来源于人民，主要形式便是若干年一次的选举。同时以权力分设和政党竞争保证公共权力不被滥用并反映多元化的利益。美国经过独立战争建立的共和制国家，便是民族-国家与民主-国家同步建构的典型。然而，在世界上，这种同步建构的典型是极个别的，更多的国家是先建立民族-国家，获得国家独立、民族解放，而基于个人和地方共同体基础上的民主制度尚未确立，更未成为国民的生活方式。对于这些国家来说，国家需要进行二次转型，第一次是由分散割裂的国家走向统一的民族-国家，第二次是由少数人专断走向人民主权的民主-国家，由此就出现了所谓的政治发展问题。

对于发展中国家，政治发展包含有国家一体化和民主化的双重过程。而这双重过程的走向与特性更主要的取决于其内部状况。这种状况的重要特点就是政治发展的非均衡性。与全球化不代表全球所有成员用一个模式生活一样，国家化也不意味着国家的所有地方和民众都以一种样式存在。特别是在现代化、国家化程度较低的超大国家，政治社会的多样化、差异性更为明显，政治发展的非均衡性特点更加突出。这种非均衡性主要来自：

其一，文明的积淀。任何一种政治形态都生长和起始于其内在的历史环境之中，并规制其走向。与西方主流学者不同，摩尔得以写出《民主与专制的社会起源》这部名著，在于他非常注重在两大文明的起承转合的关节点上，传统社会所遗传的因子对未来历史的影响①。中国的现代化是在传统农业文明基础上启动的，且大量的传统因子没有经历一个原社会框架下的汰选改造过程，由此规制着中国的现代化和国家化进程。农业文明是一种高度依赖于自然地理条件的文明，经济社会发展的地域性差别尤其突出。中华文明起源于大江大河，并因水利的兴衰而产生地方性差异，从而有所谓国与野之别，中心与边陲之分。高山峻岭、大江大河的地理沟壑与自给自足小农经济的并存，使各个地方之间互不往来也互不依存，由此积淀着语言、习俗等文明的差异性和多样性。

而作为现代国家前身的传统国家正是建立在农业文明基础上的。与西欧社会不同，中国很早就建立了统一的帝国。中华帝国包括两层含义：其一，皇帝拥有专断性，即至高无上、不受制约的决定权。其二，皇帝是国家统一性、整体性的权威象征，统治权高度集中于中央，中央权力又高度集中于皇帝，地方官僚不过是皇帝的耳目与手脚，高度依附于皇权。皇权因此成为权力的内核，并吸附和控制着国家和社会，国家和社会都围绕着这一内核而运行，构成其边层，由此形成一个以皇权为内核的洋葱型内卷式社会结构。这就是所谓的大一统国家。就此而言，与西欧相比，中国的国家化程度很早就已达到一个难以企及的高度。

但是，帝国的存在并不意味着帝国的统治可以无差别地覆盖于全国。西方学者吉登斯非常深刻地意识到："在民族-国家产生以前，国家机构的行政力量很少能与业已划定的疆界保持一致。"② 其深刻的原因，一是治理手段的有限，二是地方性的存在。在帝国体制下，尽管皇帝拥有绝对权力，但并不意味其垄断所有权力资源。皇权可以支配、控制和影响地方，但并不能完全遮蔽地方，地方仍然存在一定的自主空

① 巴林顿·摩尔著，拓夫、张东东等译：《民主和专制的社会起源》，华夏出版社，1987年版，第2页。

② 安东尼·吉登斯著，胡宇泽、赵力涛译：《民族-国家与暴力》，生活·读书·新知三联书店，1998年版，第59页。

间。首先，“王权止于县政”，皇权-官僚组织体系直到县，县以下实行乡村自治。这并不是说皇权不想延伸于县以下，而是皇权下延成本太高，在交通、信息等条件限制下，小农经济的有限剩余实在难以供给皇权下延必须建立的庞大官僚体系。在这一条件下，“无为而治”是更好的选择。其次，中国地域辽阔，地域阻隔性强，由于交通、信息等技术原因，对于那些离城市、特别是京城较远的地方，皇权往往“鞭长莫及”。这些地方因此被认为“山高皇帝远”，有更多的自治权。正如韦伯所说：“政权领域的各个部分，离统治者官邸愈远，就愈脱离统治者的影响；行政管理技术的一切手段都阻止不了这种情况的发生。”① 为此，他认为，在传统中国，“‘城市’是没有自治的品官所在地——‘乡村’则是没有品官的自治区！”② 皇权一直试图消灭地方性，但地方性从来都没有被消灭过，皇权从未真正实行绝对统治。秦王朝建立之初，实行车同轨、书同文，建立绝对一致性，但不可能达致地同样、言同声，取消多样性。与“官话”相对应的是有极大差异性的“方言”。中央委派的地方官员连地方话都听不懂，遑论直接统治。因此，乡村基层社会和边远地方成为皇权控制最薄弱的边层。在这些地方，权力的边际效应甚至趋之于无。这正是帝国的叛乱经常在穷乡僻壤酝酿并发起的缘故。

进入20世纪，随着现代化的进展，交通、信息、军事、官僚系统等技术条件得以改进，国家统治权日益向地方深入和延伸，国家行政权和管辖地趋于一体，统治的绝对性增强。但是新的权力内核不牢固，特别是监控体系未能深入乡村，以致经常发生地方性反叛。由共产党领导的底层革命之所以能够成功，相当程度取决于选择了通过控制薄弱的农村包围强控制的城市这一道路。

在中国，民族-国家的建构源自政治状态的非均衡性，民主-国家

① 马克斯·韦伯著，林荣远译：《经济与社会》下卷，商务印书馆，1997年版，第375页。
② 马克斯·韦伯著，王荣芬译：《儒教与道教》，商务印书馆，1995年版，第145页。

的转换过程也源自于此。中国在民主革命中首先在革命根据地建立人民政权。革命后，又是首先将现代民主制度引入农村，实行村民自治，使农村成为将民主制度转换为大众生活方式的起点。

其二，社会的构成。尽管政治往往凌驾于社会之上，但毕竟生长于社会之中并受社会所制约。政治存在状态不是机械的，而是有机体，是在国家与社会互动过程中形成的。不同的社会生态会生长出不同的政治形式。在传统农业社会，由于生产方式的单一性，社会呈均质状态。进入现代社会以后，随着分工的发达，社会日益分化，社会的多样化和异质性愈益突出，由此构成政治多样性和非均衡性的社会土壤。

与国家相比，社会是一个复杂得多的概念。构成政治生态的社会是由多种因素形成的。从时间上看，有传统社会和现代社会；从空间上看，有乡土社会和城市社会；从人际互动看，有冲突性社会和合作性社会；从性别看，有女性社会和男性社会；从年龄看，有老年社会和青年社会；从产业看，有农业社会和工业社会；等等。正是这一系列因素构成的社会中生成了国家。一般而言，社会构成愈复杂，国家化就愈困难，国家化过程中的非均衡性就愈突出。

中国的现代化进程具有突发性特点，外部强势力量突然将中国拽向现代化。现代性是嵌入的，而不是自然生成和发展的。完全不同质的社会因素同存在一个国家内。除了保存有大量的农业社会因子外，出现了新兴的工业社会因素，并迅速追逐着世界最先进的文明成果。不仅是社会，就是构成社会的个人，也是多种矛盾因素的奇怪组合，很难明确标明某人是传统人，还是现代人；是乡下人，还是城里人；是臣民，还是公民。社会构成的巨大差异，一方面使中国的国家化特别艰难，另一方面也规定了中国政治社会的多样性及其发展的非均衡性。如与西欧社会不同，在中国，由于特殊的利益和权力结构，农民市民化，市民却农民化，经济落后的农村竟然率先应用民主自治的成果，但根深蒂固的乡土局限性又大大抵消着现代民主的制度成效。20 世纪 90 年代兴起的村民自治的命运正是如此①。

对政治状态影响最直接的社会构成是国家与社会的关系。在西欧，这一关系遵循的逻辑是，先有市民社会，后有公民国家，再有政党政治。市民社会构成公民国家的基础，也推动着国家的一体化，但在国家一体化中仍然保存并扩展着市民社会的多样性，再通过政党更替的政治整合着多样性，从而构成政治的均衡状态。这正是这些国家的总体性政治未发生重大震荡的原因所在，其根源又来自现代民族-国家与民主-国家建构的同步性。而在近代以来的中国，国家与社会的关系逻辑遵循的是：先有政党竞争，后有现代国家，再有市民社会。在政党竞争中尽管引入了现代性政治理念，但由于缺乏公民国家，特别是市民社会的支撑，政治理念远远未能转化为社会生活方式。由于社会、国家和政党都处于转型之中，一方面社会迅速分化，另一方面分化了的多样性社会缺乏国家和政党的有效整合，政治的非均衡性因此特别突出。如中国长期延续着"一国两策，城乡分治"的格局，使中国社会裂变为城乡，及至沿海和内地两种不同的政治状态。这也决定了中国的民主化将是一个政党主导下的大众参与过程，民主化进程在相当程度上取决于执政党能否适应大众参与趋势，成功地实现由革命政党向执政政党的转变。

其三，国家的结构。它是指国家内部各种要素的组合及其关系，并决定着国家化进程及政治社会状态。其中，中央与地方的关系尤其重要。

在西欧，国家主权源于人权。在西方政治学者看来，人们为了建构一个能够保护自己生命、财产和自由的国家，需要让渡其个人权利，但是这种让渡是不得已的、有限的，并为法律所限定，应该愈少愈好。因为，只有个人最关心自己的利益，那些可以由个人和社群自己决定和处理的事务最好是由个人和社群自我处理。根据这一理论，西方国家一般

① 徐勇：《草根民主的崛起：价值与限度》，《中国社会科学季刊（香港）》，2000年夏季号。

实行地方自治制度，即地方性事务由当地人民所决定。这种制度不仅不影响国家的一体化，反而是实现多样性的有机整合，达到国家一体化的必要条件。换言之，中央承认地方共同体的自治权，地方共同体同时承认中央的集中统一领导，这合乎理性主义的对等交易原则。法国著名政治学家托克维尔在考察和比较法国和美国政治后认为，美国革命后之所以能够保持和平与稳定，在相当程度取决于“乡镇自治”的传统。在那里，“乡镇有个到处可见的激励人们进取的优点，那就是独立和有权”。正是在这种传统的自治生活方式中培育现代国家的基石——独立自由又充满爱国心的现代公民①。

而在中国，虽然很早建立了统一的帝国，但帝国的权威来自“天意”，即“君权神授”，以皇帝为代表的中央拥有不受限制的无限权力。资源和财富的分配主要取决于政治权力的大小。正是依靠强大的政治权力而将处于一盘散沙状态的小农经济社会统合为一个整体。中央与地方社会的关系是命令—服从的单边关系，地方共同体的有限权力是中央认可和让渡的。由于大一统的国家依靠的是国家机器的整合而成的，因此是机械的而不是有机的整体。各个地方在国家生活中处于不同的地位。如作为统治中心的城市地区，按其统治层级而处于不同地位。京城附近的及军事力量强大的地区的政治地位通常高于其他地方，也是政治权力角逐最为激烈的地方。尽管皇帝通过直接委派行政和军事官员来控制国家，但中央与地方的单边关系也不可避免地促使着地方运用各种力量和时机获取更大的权力和利益。这正是中国自秦以来经常性陷入分裂割据之中的重要原因。这种状态是现代政治发展处于非均衡状态的重要历史原因。

现代化伴随国家化，而国家的一体化需要依靠国家力量对分散社会的整合。在西方，国家的一体化来自资本要求统一市场的内在逻辑和现代国家机器的控驭能力。中国是被迫进入现代化的，强势的外来资本不

---

① 托克维尔著，张晓明编译：《论美国的民主》上卷，商务印书馆，1996年版，第74页。

仅不追求统一的市场，反而要求分割统一的国家，划分各自的势力范围。由于国力衰弱，特别是没有实现向现代国家的转型，国家缺乏整合能力，使帝制瓦解后国家陷入深刻的一体化危机之中。这也使中国的政治处于前所未有的非均衡状态之中。如南方是民主共和的发源地，北方则是封建帝制的大本营。长期处于边缘的沿海地区第一次进入政治中心区域，扮演着领导者角色。尽管通过民主革命建立起统一的国家，国家的整合能力空前强大，但国家结构的合理化尚是一个未完成的过程。特别是在中央和地方之间未能建构权限、责任明确的稳定性关系。各个地方因在国家战略中的地位不同而能够获得与其他地方所不同的资源和政策，地区性的经济社会差距由此拉大。中央的统一权威也因此受到影响，即所谓"上有政策，下有对策"，地方与中央的讨价还价，地方保护主义等。而这都是国家一体化进程中政治非均衡状态的表现，也更需要通过建构民主-国家，以民主和法治机制整合多样化的利益，建构以民主参与和多方博弈为基础的中央权威。

近百年的中国一直面临着双重任务，一是现代化及其相伴随的国家化，二是现代国家建构中的民主化。但由于现代化的非均衡发展和国家转型未能完成，使政治社会的非均衡性更为突出，甚至出现政治断裂。这便是中国政治的现实状态，是建构现代民族-国家和民主-国家的基点。不把握这一基点，就很难科学地规划政治发展路径，准确地理解政治发展特性。

二

现代民族-国家的建构，使国家机器和行政控驭得以覆盖全部疆域，国家的支配能力空前提高。国家更有可能以"普遍性意志""公共性利益"的名义出现，将自己的意志无限制地推及所有领域，推动国家的整体化和同一性。特别是在民族-国家与民主-国家的建构不同步的情况下，国家极有可能成为外在或超越个人的抽象存在，成为不受制约的强制和专断性力量，从而造成社会动力和活力的缺失。而要建构民主-国家，必须引进自主性的概念。

如果说非均衡是一种状态性，那么，自主性则是一种行为。

自主性也属于现代性的概念，它是以自由、自治为基础，并与独立性、主动性和创造性相关联。在传统社会，是无所谓自主性的，有的只是对外在于人的自然、神灵、权力的膜拜。著名政治学者亨廷顿认为，"在传统社会中，人们将其所处的自然与社会环境看作是给定的，认为环境是奉神的旨意缔造的，改变永恒不变的自然和社会秩序，不仅是渎神的而且是徒劳的。传统社会很少变化，或有变化也不能被感知，因为人们不能想象到变化的存在。当人们意识到他们自己的能力，当他们开始认为自己能够理解并按自己的意志控制自然和社会之时，现代性才开始。现代化首先在于坚信人有能力通过自己的理性行为去改变自然和社会环境"①。理性主义强调人是万灵之长，强调人根据自己的意志行事，以自己的行为改变命运，也因此有了人的自主性。这种自主性扩展到政治社会领域，便会有政治人、政治共同体的自主行为，通过这种自主性行为，改变其环境和命运。政治发展中的自主性是相对于国家统一意志和强制性而言的个人、团体和地方自主行为，与自主决定地方事务的自主权和自治权密切相关。

在现代政治过程中，自主性是衡量国家理性化的重要标志之一。但是，自主性与国家的一体化往往处于矛盾状态。因为，自主性来自社会的多样性，更多蕴含的是个人、团体、地方的利益，这种利益往往会与国家的统一意志相冲突。所以，自主性能否实现取决于特定的历史条件、国家目的和政治体制。如果是民主政体下国家与社会的相互博弈中形成的国家意志，那么，在实现共同性的国家意志时，自主性仍然有广

---

① 塞缪尔·亨廷顿著，王冠华等译：《变化社会中的政治秩序》，生活·读书·新知三联书店，1989年版，第92页。

泛的扩展空间。反之，国家就有可能成为脱离个人的“利维坦”，压制个人的自主性。如科恩所说：“只有以民主的方式管理社会时才能充分实现社会自主——人与人相互关联的个人生活中的自主。只有在民主政体下，全体社会成员才能拿自己的规则来管理共同事务，并将自己置于这些规则的约束之下。”①

在传统中国，政权权力高度垄断于皇帝官僚体系之中，一般人外在于政治领域，是政治的被动物。民众的政治生活局限于狭隘的地方共同体之中，受外在于自身的各种规则所约制，谈不上用自己经常性的政治行为来改变其环境和命运。他们的反抗也只是由于生存所迫铤而走险的偶然性和非常态行为，之后便又回复到原有的政治框架。地方共同体对中央权威的挑战也是如此。正是由于基于个人之外的强大专制政权压抑着个人和地方的自主性，也压制着社会的创造活力，国家因此积贫积弱，近代民主主义者因此倡导基于社会自主的地方自治政体。即便是晚清朝廷也在试行立宪政体的同时，实施地方自治。

但是，由于国家化的任务没有完成，更没有建立起现代民主国家，因此，地方自治体制的原则并没有得到遵循，实际则是强权势力统治的“土劣自治”。这种“自治”只能阻滞着民主-国家的构建。中国因此步入底层革命。经过近一个世纪的激烈革命，中国实现了国家的统一，建立起民主-国家的框架。

但从中华人民共和国建立的一开始，就面临国家整体意志的强化与地方、社会自主性的关系问题。一方面，新兴国家必须重新构造社会，将一个个作为“狭隘观念者”的小农改造为具有国家意识的现代公民，更进一步的是具有共产主义理想的“社会主义新人”；另一方面，中国社会的多样化特别突出，社会发展的动力和源泉最终还是来自由一个个独立性个人构成的社会。

从国家建设的角度看，作为中共领袖的毛泽东注意到要吸取苏联的

---

① 科恩著，聂崇信、朱秀贤译：《论民主》，商务印书馆，1994年版，第274页。

教训，发挥中央与地方两个积极性，也就是在经济建设中从中国经济社会多样性的特点出发，给地方一些自主决定当地事务的权力。特别是为了防范官僚机器的扩张，他非常重视发挥人民的积极性和创造精神。但是，随着现代化建设的开展，中国却步入了统制主义，建立起自上而下权力高度统一、经济社会发展高度一致的体制。这是因为，在现代化进程中，那些通过革命更迭政权的国家比较容易在革命后步入统制主义。首先，这些国家的革命是在强烈的民族危机下兴起的，是先知先觉的少数精英率先发起和动员的，具有强烈的意识形态倾向。在革命精英看来，为了实现民族“大我”的意志，不仅不能张扬个人“小我”，甚至要牺牲“小我”。革命不仅是要建立独立统一的国家，更要改造社会，建立一个与革命动员目标相一致的理想主义社会。如革命后的中国很快实行社会主义改造，以建设理想的社会。其次，革命中形成强大的军事暴力机器可以覆盖全国。在强大的军事政权力量的支撑下，国家可以顺利地根据自己的意志去动员和改造社会。正是理想化社会的追求和政权力量的强制，促使着统制主义政治体系的形成。这种体系更多的是从理想的目标出发而不是多样化的现实状态出发，更多的是实现国家统一意志和社会的一致性，而不是基于社会的多样化和个人自由而产生的自主性。为此，在建构现代民族-国家的过程中，未能及时向现代民主-国家转型。

统制主义的核心是命令—服从关系，它有可能在一定时期达致最紧迫的国家目的，但也会带来致命的负效应。一是国家行为的非理性化。统制主义借助国家强力规划和实施社会变迁，它不是基于个人利益和社会知识不断地相互博弈达成的共识，而是少数，甚至个别领导人的主观意志。而任何人，即便是特别优秀的人，其认识和知识都是有限度的。仅仅依靠个人意志，国家难以避免误入歧途。而统制主义的体制则会进一步放大领袖决策的失误。如人民公社时期的农业生产中的“放卫星”“农业学大寨”运动中出现了普遍性深翻农地的举动，一直到“文化大革命”得以延续十多年之久。正如邓小平所谈到的：毛泽东自己说过，斯大林严重破坏社会主义法制的事件在英、法、美这样的西方国家不可能发生①。二是抑制自主性。在统制主义体制下，个人和地方只不过是国家整体机器中的一颗被动的螺丝钉，没有个人利益，也没有个人的思考，自然也没有通过自主性行为改变其环境和命运的可能。而当理想主义激情一而再，再而三之后，国家建设和社会发展便缺乏持续不竭的活力和动力。

中国改革开放的起始点和最大的成果之一，就是对统制主义的突破和自主性的生成。这种自主性来自对个人利益的承认和基于个人利益追求所形成的理性知识。改革开放总设计师邓小平早在1978年就意识到只有个人最关心自我利益，并理性地选择自己的行为。他指出："生产队有了经营自主权，一小块地没有种上东西，一小片水面没有利用起来搞养殖业，社员和干部就要睡不着觉，就要开动脑筋想办法。"为此，他疾呼："当前最迫切的是扩大厂矿企业和生产队的自主权，使每一个工厂和生产队能够千方百计地发挥主动创造精神。"② 中国的改革开放正是从农民个人，到基层组织，再到地方，一步步扩大其自主权，增强其自主性而取得成效的。1986年，邓小平说："这些年来搞改革的一条经验，就是首先调动农民的积极性，把生产经营自主权力下放给农民。农村改革是权力下放，城市经济体制改革也要权力下放，下放给企业，下放给基层。"③ 随着个人、基层获得自主权产生明显的成效，中央进一步将自主权扩大到地方，其重要举措就是设立经济特区。通过赋予这些地方以特殊的政策和自主权力，推进其发展。由此形成"让一部分人、一部分地区先富起来"的政策，这一政策的终极目的就是赋予人民和地方以自主权，以充分调动其积极性。

① 《邓小平文选》第二卷，人民出版社，1993年版，第333页。
② 《邓小平文选》第二卷，人民出版社，1993年版，第146页。
③ 《邓小平文选》第三卷，人民出版社，1993年版，第180页。

在传统社会，关系决定行为。由于各种先在的关系规定着行为活动，因而少有变革与创新。在现代社会，行为决定关系。正是由于各种自主性的行为活动，改变着既定的关系，创建新的秩序。中国改革开放以来的重要成果是自主性的培育，而自主性行为的累积和增强，造成资源控制的多元化，势必要求改变原有的政治格局，重新构造国家与社会、中央与地方的关系，以法律制度的形式规范各自的利益与权力。因为，如果没有对个人和地方利益和权力的规范，没有对自主性行为的批判性反思，基于自我利益的自主性也可能带来非理性的后果。在黑格尔看来，自主的理性行为是以对客观必然的认识为基础的。但社会的复杂性不能保证每个人，或人的所有行为都是理性的。“正如个人行为一样，社会成员自己制定的规则不能保证他们在选择和运用这些规则时的行动是明智的或公正的。”① 改革开放以来，我国曾经数度陷入非理性的经济过热之中，不能不归之于突然降临的自主性引起的自我利益的恶性膨胀。当然，如果将这种自主性的膨胀仅仅归之于个人的利益扩张，那就失之肤浅了。自主性行为的非理性扩张的重要原因恰恰是来自没有明确的制度规范和稳定的制度预期。人们只能依据经验，担心中央会随时收回其权力，因此要“抢抓机遇”，投机主义自然得以大行其道。

正如一定时期基于理想的统制主义是难以避免的一样，一定时期基于个人和地方自我利益的自主性扩张也是难以避免的。我们需要的只是理性化的反思。只有这种分析和反思，才有助于建构合理性的社会和国家。

理想化的社会应该是一个人人自由但又负责任的社会，理想化的国家则是能够充分保障个人自由、自主和自治的国家。对于当代中国来说，这都还是一个有待持续实现的梦想。随着市场经济的发展，一个自由、自主、自治的社会正在生成，并推动着国家的转型。这种转型，不仅是要建构一个现代民族-国家，而且要建构一个存在政治多样性和自

① 科恩著，聂崇信、朱秀贤译：《论民主》，商务印书馆，1988 年版，第 274 页。

主性基础上的现代民主-国家。这正是本文将非均衡性和自主性作为分析当代中国政治的重要概念的缘由。

（原载《华中师范大学学报》2003年第5期）

国家化、民族性与区域治理

——基于历史中国经验的分析框架

摘　要：“国家化、民族性与区域治理”的研究试图建立一个既产生于历史经验，又具有普遍性意义的分析框架，以将相关的历史事实整合到这一框架中。国家化是人们超越血缘民族组织，设立国家政权并利用国家政权的力量推动组成社会的人们获得国家性的过程。国家特殊的力量，使得历史上的民族希望通过建立国家政权获得更大的力量。民族性是在特有的条件下形成的民族特性。随着民族的交往和互动，一些民族极力保守其民族性，而民族间的交往互动又会铸造出新的民族性。在国家化进程中，民族性会经历文明的濡化，产生双重效果。中国的民族具有突出的区域性特点，呈现出一主多元的结构。在不同区域实行不同的治理体系和方式，国家化的程度不一。中华民族的历史形成过程与国家化、民族性和区域治理三个变量密切相关。

关键词：国家化；民族性；区域治理

中国有着漫长的统一的多民族国家历史，在形成统一的多民族国家的历史进程中积累了丰富的经验，也有诸多曲折。我国学界在基于中国历史建构相应民族理论及其分析框架方面，还有待努力。目前学界广为流行的是西方的“民族-国家”理论。这一理论将民族与国家关联起来，有重大贡献。但这一理论的重要来源是近世西方的经验和想象，运用它来分析中国的民族和国家，尚存在诸多局限。本文试图基于历史中国经验，建立一个来源事实经验又超越事实经验的分析框架，将大量碎片化的事实经验联结起来，并加以理论化。

一、基于历史中国经验的分析框架

一门学科是由多个概念构成的知识体系。无概念，不学术。人们通过概念定义事物，包括他定义和自定义。先行者拥有定义权。现代社会科学是由西方人创建的，并建构一系列概念。概念可分为两类：一是普遍性或通约性概念，这类概念属于中性，具有工具性；二是经验性概念，这类概念来自概念建构者的经验提炼，不仅反映了一定的事实，还包括一定的主张。在使用后一类概念时，一定要注意概念背后的事实和主张。

“民族-国家”无疑是近世以来非常重要的一个学术概念。近些年来，中国学者广泛使用这一概念分析中国的民族和国家问题，取得了大量的成果。但是，在使用这一概念时，人们往往忽略了概念的经验性。

“民族-国家”理论主要基于近世西欧产生的民族国家建设的历史经验。在西欧民族与国家历史进程中，有三大要素不可忽视。

一是罗马帝国行政统一性的唯一纽带。古罗马是现代西欧的重要起点。“罗马的世界霸权的刨子，刨削地中海盆地的所有地区已经有数百年之久。凡在希腊语没有进行抵抗的地方，一切民族语言都不得不让位于被败坏的拉丁语；一切民族差别都消失了……罗马的行政和罗马的法到处都摧毁了古代的血族团体，这样也就摧毁了地方的和民族的自主性的最后残余。新出炉的罗马公民身份并没有提供任何补偿；它并不表现任何民族性，它只是民族性欠缺的表现……广大领土上的广大人群，只有一条把他们自己联结起来的纽带，这就是罗马国家，而这个国家随着时间的推移却成了他们最凶恶的敌人和压迫者。”①

① 《马克思恩格斯选集》第4卷，人民出版社，1995年版，第148页。

二是行政纽带断裂中的民族大迁徙。帝国疆域的规模和距离是帝国统治的天然“敌人”，大量的统治成本和统治者的压榨使“公民把野蛮人奉为救星来祈望”①。“凡德意志人给罗马世界注入的一切有生命力的和带来生命的东西，都是野蛮时代的东西。的确，只有野蛮人才能使一个在垂死的文明中挣扎的世界年轻起来。而德意志人在民族大迁徙之前已经达到并努力开拓的野蛮时代高级阶段，对于这一过程恰好最为适宜。”②

三是四分五裂的封建状态。民族大迁徙的直接结果是西欧社会陷入四分五裂的封建状态，其政治版图犹如“一条政治上杂乱拼缝的坐褥”③。正是在这个基础上，随着资本主义的兴起，需要有一种纽带将分散的人群联结起来，形成统一的国家。民族国家应运而生。“各自独立的、几乎只有同盟关系的、各有不同利益、不同法律、不同政府、不同关税的各个地区，现在已经结合为一个拥有统一的政府、统一的法律、统一的民族阶级利益和统一的关税的统一的民族。”④ 这里所说的民族，是现代民族，即与国家合为一体的单一民族。“‘民族’指居于拥有明确边界的领土上的集体，此集体隶属于统一的行政机构，其反思监控的源泉既有国内的国家机构又有国外的国家机构。”⑤ 从西欧的历史经验可以看出，民族是在对历史的民族性加以摧毁后，在四分五裂的封建“空地”上生长出来的与国家合为一体的现代民族。

“民族-国家”理论将民族与国家关联起来，以一个民族一个国家为理想，具有重要意义。但它也有很大的局限性，这就是主要限于近代西欧的历史经验。“民族-国家”理论的重要创立者吉登斯再三申明：

---

① 《马克思恩格斯选集》第4卷，人民出版社，1995年版，第148页。

② 《马克思恩格斯选集》第4卷，人民出版社，1995年版，第157页。

③ 海斯、穆恩、韦兰著，冰心、吴文藻、费孝通等译：《世界史》上册，生活·读书·新知三联书店，1975年版，第475页。

④ 《马克思恩格斯选集》第1卷，人民出版社，1995年版，第277页。

⑤ 安东尼·吉登斯著，胡宗泽、赵力涛译：《民族-国家与暴力》，生活·读书·新知三联书店，1998年版，第141页。

"民族-国家在其发源地，亦即'西方'的发展，指'欧洲民族-国家'。"如果简单地使用这一概念，就会遮蔽世界不同国家不同时期的民族与国家的历史进程和特点；如果任意扩展，还会出现与西欧民族和国家建设所不同的结果。正如赋予民族以现代含义的吉登斯所说："传统国家有边陲（包括次位聚落边陲）而无国界……大型传统国家内部存在异质性，因而我们可以认为，它们是由'众多社会组成的'。"①

在进入现代国家之前，中国属于大型传统国家。与西欧的民族和国家进程不同，中国的文明和国家进程不是在简单地被摧毁的"空地"上行进的，而是具有很强的历史延续性。如黑格尔所说："只有黄河、长江流过的那个中华帝国是世界上唯一持久的国家。"② 中国的文明和国家发源早，且一直在同一空间中延续下来，使中国的民族与国家一直相伴随。"如果不谈奴隶，不谈附庸性经济，欧洲是不可理解的。同样，如果不谈其国内的未开化民族和国外的藩属，中国也是不可理解的。"③在中国的民族和国家进程中，至少有三大要素不可忽视。

一是在相邻相近的地理环境中存在多个民族，这些民族长期延续下来，民族的地域性强。各个民族相对固定地生活在一定地域内，没有发生整体性的民族大迁徙。国家产生之后，没有简单地摧毁地方的和民族的自主性。二是在多个地方和民族相互并存与互动中，始终存在一个核心地区和主体民族，并与其他地方和民族发生互动，由此形成一主多元的民族和地域体系。三是在地方和民族互动中产生的统一的多民族国家一直延续下来，民族的多样性和国家的统一性相互依存。"尽管中国疆土广袤而各地景象又千差万别，但这次大陆始终维持一个政治统一体，而欧洲却未能做到这一点。"④ 虽然政治统一体会发生朝代更迭，会出

① 安东尼·吉登斯著，胡宗泽、赵力涛译：《民族-国家与暴力》，生活·读书·新知三联书店，1998年版，第63页。

② 黑格尔著，王造时译：《历史哲学》，商务印书馆，2007年版，第72页。

③ 布罗代尔著，顾良、施康强译：《十五至十八世纪的物质文明、经济和资本主义：第一卷 上册》，商务印书馆，2018年版，第106~107页。

④ 费正清著，张理京译：《美国与中国》，世界知识出版社，1999年版，第8页。

现分立，但政治统一体一直延续下来。在中国，民族与国家的关系特别紧密，多民族结合为统一国家的历史特别漫长，国家对多民族地方的治理经验特别丰富，因为民族关系失衡和处理失当造成的战乱特别频繁。中国的现代民族国家正是在这一历史基础上建设的，并必然有自己的特点。费正清深刻认识到历史中国对于当下中国，历史经验对于理论建构的重要性。他对比说："欧洲和南北美洲的民族全加起来，一般地说不会多于中国人。甚至是否有比中国更多的民族也是问题。在人数和多民族方面，欧洲和中国同样是人数众多，民族复杂。可是在他们今天的政治生活中，在欧洲和南北美洲生活的约 10 亿欧洲人分成约 50 个独立的主权国，而 10 多亿的中国人只生活在一个国家中。人们一旦看到 1 和 50 的差别，就不能忽视。以上对事实的简单陈述间接地表明，我们的民族主义和民族-国家等字眼当用于中国时，只会使我们误入歧途。要了解中国，不能仅仅靠移植西方的名词。它是一个不同的生命。它的政治只能从其内部进行演变性的了解。"①

近些年，民族与国家问题日益引起中国学界的关注，也取得了相当数量的学术成果。但是，从总体上看，在基本理论上还未能取得重大突破，理论框架还限于西方近世产生的"民族-国家"理论之内，未能形成新的具有解释力的理论框架。近年来，人们已注意到"民族-国家"理论的局限性，试图从中国自身的历史经验出发建构概念，如很有影响的"天下"观。只是这类极具本土化的概念，仍然有相当的局限性，难以为不同文化语境下的人们所共享，更难以成为一种具有普遍性的分析框架。因此，我们有必要建立一种既产生于历史经验，又具有普遍性意义的分析框架，以将相关的历史事实整合到这一框架中。本文提出的"国家化、民族性与区域治理"分析框架便是尝试。

① 麦克法考尔、费正清编，谢亮生等译：《剑桥中华人民共和国史·上卷 革命的中国的兴起：1949—1965》，中国社会科学出版社，1990 年版，第 12~13 页。

二、国家化与国家化的民族

国家作为一种政治组织，是在人类社会发展到一定阶段时期的产物，是从氏族社会脱胎而来的。“国家同旧的氏族组织不同的地方，第一点就是它按地区来划分它的国民……第二个不同点，是公共权力的设立。”① 由此构成国家性：国家的地域性和公共权力性。

国家化是人们超越血缘氏族组织，设立国家政权并利用国家政权的力量推动组成社会的人们获得国家性的过程，包括人们由一般的社会成员成为国家居民的过程和人们在国家权力体系中获得地位的过程。这一过程体现为国家整合或者国家的一体化，即将异质化的人群整合到国家体系中，并获得国家的统一性。国家化是一个历史过程概念，有助于认识国家演化的过程性、层次性和类型性，它包括两个不可分离的过程：一是人们从社会走向国家，以国家形态存在的过程；二是国家政权将人们整合到国家体系中的过程。国家化是对国家性的过程概括。恩格斯在对国家性加以定义时指出：“按照居住地组织国民的办法是一切国家共同的。因此，我们才觉得这种办法很自然；但是我们已经看到，当它在雅典和罗马能够代替按血族来组织的旧办法以前，曾经需要进行多么顽强而长久的斗争。”② “顽强而长久的斗争”，便是一种国家性不断成长的国家化过程。

国家的产生，一方面表明“由血缘关系形成和联结起来的旧的氏族公社已经很不够了”，“是社会在一定发展阶段上的产物”③；另一方面也是人们主动建构的结果。通过这种建构，人们以国家形态存在。人们之所以要以国家形态存在，在于国家组织的特殊力量。

---

① 《马克思恩格斯选集》第 4 卷，人民出版社，1995 年版，第 170~171 页。
② 《马克思恩格斯选集》第 4 卷，人民出版社，1995 年版，第 171 页。
③ 《马克思恩格斯选集》第 4 卷，人民出版社，1995 年版，第 170 页。

第一，国家通过政权将一定地域上的人口联结为一个整体。在前国家时代，地域和人口处于自然状态。有了国家之后，人们有意识地重新定义地域和人口。国家是在地域关系基础上形成的。但国家政权管辖和影响的地域范围是有限的，表现为有其控制范围的疆域。国家按地区来划分它的国民。国民被组织到国家所在地区之内，“在他们居住的地方实现他们的公共权利和义务，不管它们属于哪一氏族或哪一部落”①。由此表明，国家比氏族部落要大，在国家的地域范围内存在多个氏族或部落。当国家产生之后，无论国家疆域范围内的哪一氏族或哪一部落都属于共同的国民，从而形成一个国家组织整体。

第二，国家通过政权建构秩序，保障人们过上有秩序的生活。人类早期处于无序竞争和冲突之中。“为了使这些对立面，这些经济利益互相冲突的阶级，不致在无谓的斗争中把自己和社会消灭，就需要有一种表面上凌驾于社会之上的力量，这种力量应当缓和冲突，把冲突保持在‘秩序’的范围以内；这种从社会中产生但又自居于社会之上并且日益同社会相异化的力量，就是国家。”② 国家之所以能够把冲突保持在秩序的范围以内，便在于特殊的公共权力，因此，国家“不仅有武装的人，而且还有物质的附属物，如监狱和各种强制设施，这些东西都是以前的氏族社会所没有的”③。国家依靠这些东西来维持秩序。这种秩序包括两个方面：一是外部秩序，即保护国家疆域内的人口不受外部侵犯；二是内部秩序，即维护国家内部的统治和社会秩序。

第三，国家具有集聚和分配资源的特性。国家的强制力和对秩序的维护不是凭空产生的，而是建立在获取和分配资源的能力基础上的。恩格斯指出：“为了维持这种公共权力，就需要公民缴纳费用——捐税。捐税是以前氏族社会完全没有的。”④ 以强制力为基础的国家将分散在

① 《马克思恩格斯选集》第4卷，人民出版社，1995年版，第171页。
② 《马克思恩格斯选集》第4卷，人民出版社，1995年版，第170页。
③ 《马克思恩格斯选集》第4卷，人民出版社，1995年版，第171页。
④ 《马克思恩格斯选集》第4卷，人民出版社，1995年版，第171页。

社会中的资源集聚到自己手里，以贯彻自己的意志，如兴办大型工程；同时，通过分配资源将社会成员集聚起来，建立对国家的认同。集聚和分配资源的过程便是推动国家一体化的过程，以将社会成员作为国民联结为一个整体。当然，捐税不会自然而然地产生。为了获得更多的捐税或其他资源，国家还需要发展经济，扩大经济来源。经济建设成为国家的自为行为，这也是国家的独特力量。

第四，国家有着完整的治理体系并具备治理国家的能力。国家依靠一定的治理体系将一定地域上的人口联结起来，并形成处理各种事务的能力。国家通过各种机构形成的治理体系对各方面的事务进行治理，使国家得以持续地运转，如稳定的和专门的军事力量、行政管理机构、意识形态和文化系统等。

第五，国家具有一体性的力量。在国家的疆域范围内，存在着多个不同的人群。国家要通过多种力量将这些不同的民族、种族、性别、职业、家庭出身、宗教信仰、教育程度、财产状况、居住期限的人联结为一个具有统一性的整体，推动着国家的一体化。这种一体化的力量是国家所特有的。如一个民族在自己的区域使用自己的语言便已足够了。但在多个民族共同构成的国家，国家必须通过统一的官方文字语言传达政权的意志，行使统治权。

民族是具有共同历史和文化特征的人群共同体。正是由于国家具有其他组织所不具有的特殊力量，使许多民族不约而同地寻求建立国家，或者争取国家的统治权。“只要国家存在，每个社会就总有一个集团进行管理，发号施令，实行统治，并且为了维持政权而将实力强制机构、其装备同每个时代的技术水平相适应的暴力机构把持在自己手中。”①有的民族凭借国家的力量不断成长壮大，将不同的民族融合为一体；有的民族因为没有国家的力量而不断萎缩，直至消失或者融合于其他民族之中。

---

①《列宁选集》第4卷，人民出版社，1995年版，第31页。

在中国，原始民族的产生与国家的产生是同步的。在中国的历史文献中，“国”和“族”往往是一体的。最早的国家——夏王朝的出现，标志着一个新的人群产生了。这就是由夏部族联合其他部族，并通过政权将各个部族联结成为一个稳定的人群共同体。这一人群有区别于其他人的特征，包括夏王、王制和夏文化。人们因此将这类人称为夏人。“夏王朝的建立可视作夏族形成的标志，也是夏族称谓的来源。”① 华夏民族得以成为中华民族的主体民族，便在于它早于或领先于其他部族建立国家，并以国家形态存在，从而获得了超越一般部族的特殊力量。正是依靠国家的力量，华夏民族如滚雪球一样越滚越大，将众多族群融合进来。华夏民族的扩展过程也是国家化日益扩大和深化的过程。

在华夏民族率先国家化的过程中，还有些民族也力图通过自我整合，成为更大的和以国家形态存在的民族。这种民族超越了原生形态，是获得了国家元素的次生形态和再生形态的民族。匈奴便是在游牧民族基础上经过自我整合而以国家形态存在的更大民族。“诸引弓之民，并为一家。”（《史记·匈奴列传》）“并为一家”后的匈奴建立起“引弓之国”，且与作为“冠带之国”的汉帝国相抗衡。大唐帝国解体后，契丹人、党项人、女真人先后建立起辽朝、西夏和金朝，并形成与宋朝的互动。而经过成吉思汗对蒙古的整合，形成强大的蒙古帝国，之后建立起蒙元王朝。由女真人发起并整合多个族群而形成的满族人得以入主中原，建立起大清帝国。

在中国，不同的民族要么经过自我整合，要么经过他我整合，先后成为国家化的民族，只是国家化程度不一。正是经过这些国家化程度不一的民族的长时间互动，逐渐形成了更大的中华民族和统一的多民族国家。中华民族在进入现代世界之前，已是一个包含有多个民族在内的民族整体，这个整体以国家的形态存在。只是由于国家政权遭遇了前所未

① 许殿才、汪高鑫、王志刚：《历史文化认同与中国统一多民族国家》第1卷，河北人民出版社，2013年版，第41页。

有的挑战，造成了民族存续危机，并在危机中获得了中华民族的自觉。只有从国家化的角度，我们才能充分认识到中华民族和统一的多民族国家的形成，曾经经历了多么顽强而长久的斗争。

三、民族性与国家化中的民族性

民族是一个在历史上形成、具有某些共同特性，并通过一定纽带将人们联结起来的稳定的人群共同体。民族是经由原始部落跨越到政治社会的产物，是文明进步的表现。摩尔根通过大量的第一手资料，对人类初生的社会组织进行了考察和分类。他指出："第一，氏族，是具有共同氏族名称的血亲团体；第二，胞族，若干氏族为了社会目的和宗教目的而结合成的一种集团；第三，部落，同一种族的各个氏族按胞族组织而结合成的一种集团；第四，民族，在一个共同领域内联合诸部落而形成一个氏族社会的集团。"① 由此可以看出，原始的民族是比氏族、部落、部落联盟更大的一类社会群体。在恩格斯看来，永久部落的联盟，"就朝民族（nation）的形成跨出了第一步"②。人以群分。民族特性的形成离不开自然与历史条件。民族性这一概念的价值在于将不同的人群共同体加以区别，赋予其特有的属性。它包括不可分离的两个方面：一是民族与部落、部落联盟等其他人群共同体的不同；二是此民族与彼民族的不同。多民族存在这一事实本身便说明了不同民族有其自身的特性。

民族性一旦生成，便具有相当的韧性。这在于民族性的生成首先取决于地理环境和物质生产方式。而这一客观条件不容易改变，愈是传统社会愈是如此。历史上曾经有过强悍的游牧民族依据其习惯要求其他从

① 路易斯·亨利·摩尔根著，杨东莼、马雍、马巨译：《古代社会》上册，商务印书馆，1977年版，第65页。

② 《马克思恩格斯选集》第4卷，人民出版社，1995年版，第92页。

事农耕的民族改为游牧，但后来不了了之。其次是精神生产方式。人是有意识的动物，人的行为受其意识支配。不断生产和再生产出来的意识久而久之便会形成一定的文化模式。民族正是在这种共同文化基础上产生并长期延续的。构成民族的其他条件可能会发生改变，但文化可以将一个民族保存下来并延续下去，其包括文字语言、宗教信仰、风俗习惯等。其三是文明成果的积累。文明是人类进步的标志。文明是人类物质和精神生产成果的积累，从而使人类社会由低级到高级的提升。这种基于美好生活需要而创造出来的文明成果成为一个民族得以生存和延续的重要支柱。

中国的地域辽阔，地域差异性大，经济社会文化发展不平衡。正是在此基础上形成了多个民族，并表现出不同的民族特性。华夏民族的鲜明特性在于它是农业民族，并在此基础上创造了先进的文明，从而以文化区别不同族类。早期中国先民以“东夷西戎南蛮北狄”定义非华夏族类，重要标准便是文化。“中国以诗书礼乐法度为政。”（《史记·秦本纪第五》）“中国有礼仪之大，故称夏，有服章之美，谓之华。华夏一也。”（《左传·定公十年》）“华因服饰习俗的特点得名，即所谓‘冠带之国’和蓄发右衽。作为共同体，华与夏是没有区别的。”① 华夏不仅表示一个族类，更重要的是一个具有先进文明的族类。与此同时，非华夏族类也各有自己的特性。

民族性是特定历史条件的产物，但并不是一成不变的。民族是在人类由氏族社会进入文明社会时产生的。它一经形成，便不可避免地会受到作为“文明社会的概括”的国家的影响，并进入国家化通道过程中。中国是由一个个相邻相近的多民族构成的，国家化进程中的民族性表现出复杂特点。

一是坚守民族性。民族性是一个民族在民族互动中的力量所在。正是通过共同的民族性，将同一族类的人群凝聚起来，形成民族整体力

① 翁独健：《中国民族关系史纲要：上》，中国社会科学出版社，2005年版，第5页。

量。一些民族在民族互动竞争中非常注重保持自己的民族性。

在中国，北方游牧民族与华夏农业民族形成了鲜明的区别。由于草原生存环境和部落社会结构，游牧民族形成强大的团体力和战斗力，具有军事共产主义底色。“壮者食肥美，老者食其余。贵壮健，贱老弱。”（《史记·匈奴列传》）正是凭借强大的团体力和战斗力，匈奴不断挑战具有较高文明形态的汉帝国。而在这一过程中，匈奴人特别注意防范汉文明对其民族性的侵蚀，增强坚守民族性的自觉。“匈奴人众不能当汉之一郡，然所以强者，以衣食异，无仰于汉也。今单于变俗好汉物，汉物不过什二，则匈奴尽归于汉矣。”（《史记·匈奴列传》）论人数，匈奴还不如汉帝国的一个郡，之所以能够挑战汉帝国，就在于其有自己的生活方式，不依赖于汉。如果羡慕汉人的物质财富，匈奴便处于危险境地了。因此，“得汉食物皆去之”。针对汉使者说的“匈奴俗贱老”，匈奴一方极力辩解：“匈奴明以战攻为事，其老弱不能斗，故以其肥美饮食壮健者，盖以自为守卫。”（《史记·匈奴列传》）匈奴还极力张扬自己的民族优越性：“君臣简易，一国之政犹一身也。”（《史记·匈奴列传》）

中国的北方民族处于边缘地带，条件艰苦，由于部落社会的底色，他们形成强大的战斗力，并通过自我整合形成国家，屡屡挑战中原民族。而在与具有较高文明形态的汉民族交往中，其一方面汲取汉文化，另一方面又高度重视保守自己的民族性，将原生的民族性作为立足之本。

契丹人建立辽国，其根基在于“其富以马，其强以兵”。尽管契丹建立城郭，但保留了古老的“捺钵”制度。“四时捺钵制，使契丹贵族在接受汉文明的同时，仍能不废鞍马骑猎，保持勇健的武风。”① 党项人尚武而勇猛。“其民习于用兵，善忍饥渴，能受辛苦，乐斗死而耻病终，此中国之民所不能为也。”（《辽史·西夏外传》）党项人建立西夏

① 蔡美彪：《中国通史》第6册，人民出版社，2015年版，第66页。

国家之后，极力强化其民族的主体性。一是以兵马为要务；二是改用党项称号；三是立本族年号；四是创立本族文字；五是建立本国国都；六是下令秃发，不服从命令者杀头；七是保持原始习俗。“出兵前各部落首领要刺血盟誓。元昊率领各部首领在出兵前先外出射猎，猎获野兽，环坐而食，共同议论兵事，择善而从。这实际上是一种贵族议事的制度。”① 女真人“俗本鸷劲，人多沉雄，兄弟子侄，才皆良将，部落保伍，技皆锐兵”（《金史·兵志》）。建立金国后，女真人再三强调坚守民族特性，皇帝贵族外出射猎，“以保持女真服劳讲武的传统”②。基层社会沿用猛安谋克部落联盟组织。“猛安谋克的军士们无论酋长还是平民，都生活在一起，‘略不间别，与父子兄弟等’，普遍过着俭朴的生活。”③

二是民族性的变迁与融合。民族性是在交往互动中表现出来的，而交往互动必然改变原有的民族性，使民族性得以植入新的元素。国家化的过程也是改变原有的民族性，从而形成新的、包容性更强的民族性的过程。

华夏民族得以像雪球一样越滚越大，便在于在国家化进程中能够不断汲取不同民族的元素，形成新的民族性。秦人居住于偏僻之地，曾经被中原诸侯视为夷。但秦不甘于偏僻之地，而是主动面向东方的中原核心地带，持续不断地迁都东进，从东方诸国引进人才，由此从边地出发在兼并争霸战争中成为霸主。“‘昔秦穆公国小处辟，其霸何也？’对曰‘秦，国虽小，其志大；处虽辟，行中正。’”（《史记·孔子世家》）楚人是边远的族群，被称为南蛮。“我蛮夷也，不与中国之号谥。”（《史记·楚世家》）但楚人由边地逐步走向中心，“问鼎中原”。经过艰苦卓绝的努力，楚国成为大国强国。“凡天下强国，非秦而楚，非楚

---

① 蔡美彪：《中国通史》第6册，人民出版社，2015年版，第159页。
② 蔡美彪：《中国通史》第6册，人民出版社，2015年版，第291页。
③ 傅海波、崔瑞德编，史卫民译：《剑桥中国辽西夏金元史907—1368年》，中国社会科学出版社，1998年版，第283页。

而秦。”（《战国策·楚策一》）

秦始皇统一中国后，尽管存在多个少数民族，但这些少数民族在民族互动和国家化进程中不得不学习汉文明和使用汉制。辽朝“以国制治契丹，以汉制待汉人”。党项人建立“蕃官”和“汉官”并行的政治制度，实行“蕃礼”与“汉礼”两种文化。女真人的皇家子孙学习汉文经典，“徒失女真之本态”，“宛然一汉家少年子也”①。获得全国统治权的蒙古人和满人更是大规模汲取汉民族的文化和制度。

中国的多个原生民族得以在长期历史中结合为一个更大的民族整体——中华民族，正是在国家化的过程中，各个民族汲取其他民族的元素，从而改变原生的民族性，形成新的中华民族性的结果。

三是民族性在国家化进程中的双重效应。原始的民族性产生于原始部落社会。当这种民族性进入国家化进程中，会发生双重效应。

其一，原生的民族性以其野性的力量激活既有的文明和国家的活力。在恩格斯看来：“国家是文明社会的概括，它在一切典型的时期毫无例外地都是统治阶级的国家。”② 国家的产生意味着剩余财富、因为财富占有不同而产生的社会分化和社会冲突。当国家凭借特殊公共权力无限榨取财富时，社会便会失去活力。这时，往往只有野蛮人才能使一个在垂死的文明中挣扎的世界年轻起来。“德意志野蛮人把罗马人从他们自己的国家里解放了出来。”③“然而，德意志人究竟是用了什么神秘的魔法，给垂死的欧洲注入了新的生命力呢？……使欧洲返老还童的，并不是他们的特殊的民族特点，而只是他们的野蛮状态，他们的氏族制度而已。”④

在中国的文明进程中，中原民族长期处于领先地位。但是，自我中

① 向燕南、罗炳良、王东平：《历史文化认同与中国统一多民族国家》第3卷，河北人民出版社，2013年版，第81页。

② 《马克思恩格斯选集》第4卷，人民出版社，1995年版，第175页。

③ 《马克思恩格斯选集》第4卷，人民出版社，1995年版，第151页。

④ 《马克思恩格斯选集》第4卷，人民出版社，1995年版，第156页。

心和家天下统治也容易造成文明的停滞和社会的对立。在相当长的时间里，中原民族一直是国家进程的原动力。而在大唐帝国之后，边缘地带的少数民族成为强有力的挑战者，甚至成为全国性政权的统治民族。这些少数民族凭借的便是来自原始部落社会的野性力量。自宋之后的辽、夏、金、元，一个比一个边缘和落后，一个比一个保留了更多的原始状态，其所集聚的野性力量也一个比一个更多。“中华民族得了新的血液，反可洗涤前此委靡不振之气，而恢复勇敢迈进的精神。”①

其二，原生的民族性在国家化进程中经历着文明的濡化。文明濡化是指初始状态的人们接受和汲取文明成果的过程。这一过程的结果又表现为两个方面。一是初始状态的人通过接受和汲取文明的积极成果改变自己，从原始状态中超越出来，获得了新的成长。“蛮族之所以取胜，每次都因为它一半已文明化了。在进入邻国的内室以前，它已在前厅等了很久，并敲过十次大门。它对邻居的文明即使尚未操练得尽善尽美，但在耳濡目染之下，至少已受到很深的影响。”② 中国的少数民族在获得全国性统治权时都会大量汲取汉文明。二是初始状态的人们在接受和汲取文明成果的过程中，也被夹杂在文明成果中的消极成果所俘获，从而失去了初始状态的“童贞”。少数民族取得政权后必然会因权力和财富占有不同而迅速产生社会分化，从而失去原始状态的民族性，进而其战斗力被瓦解。从契丹人、党项人、女真人到蒙古人，莫不如此。“汉族的文化比塞外的民族高，物质上有许多生活工具令人舒适。塞外民族接受汉文化，苟无其他方法以为调剂，很容易由文弱至腐化。”③ 这就是一些少数民族政权其兴也勃、其衰也忽的重要原因，而历史的钟摆最后又会回到以中原民族为主体的轨道上。

---

① 萨孟武：《中国社会政治史：宋元明卷》，生活·读书·新知三联书店，2019 年版，第 250~251 页。

② 布罗代尔著，顾良、施康强译：《十五至十八世纪的物质文明、经济和资本主义：第一卷 上册》，商务印书馆，2018 年版，第 95~96 页。

③ 萨孟武：《中国社会政治史：宋元明卷》，生活·读书·新知三联书店，2019 年版，第 422 页。

四、国家化中的民族区域治理

民族的首要特征是有共同的地域。这对于中国这样的大规模国家来说，尤其重要。不同的民族居住在不同的区域，形成不同的民族特性。国家化要将共同地域上的不同民族联结在一起，形成统一的多民族国家。在统一的国家共同体中，所有人都是国家的居民，无论是哪一个民族。而在国家共同体内，不同民族具有不同的民族特性。国家要针对民族区域的特性，采用不同的方式进行治理。国家化在不同民族区域的实现程度和方式不同。

中国先民很早便从天下地域的角度看民族和国家，中国居天下之中，属于中心之国。"惠此中国，以绥四方。"（《诗经·民劳》）"夫先王之制，邦内甸服，邦外侯服，侯、卫宾服，夷、蛮要服，戎、狄荒服。甸服者祭，侯服者祀，宾服者享，要服者贡，荒服者王。日祭、月祀、时享、岁贡、终王。"（《国语·周语》）"五服"是典型的由中心到边地的一体多层的圈层结构。它包括多层意思。一是从地理分布看，以中心为原点，愈往外距离愈遥远；二是从血缘关系看，以中心为原点，愈往外愈淡；三是从权利与义务看，以中心为原点，愈往外愈不同。这种不同地域采用不同的治理当然还只是一种理想。

随着秦始皇统一中国，统一的多民族国家中的民族区域治理制度开始生成并日益成熟。首先是核心地区和主体民族的形成。秦始皇统一中国，将主要以农业为生的族群结合起来了，形成了一个以农业为基础的民族和国家。"中国历史的北流与南流终于汇合，其结果是一个包括多种活动的农业社会，在众多地域差异中有一个共同的特征：各地都有相当进步的农业。"① 农业成为秦始皇统一中国后的大型民族和大型国家

① 拉铁摩尔著，唐晓峰译：《中国的亚洲内陆边疆》，江苏人民出版社，2010年版，第27页。

的基本支撑条件。冀朝鼎指出："在缺乏机械工业、现代运输与通信设备和先进经济组织的条件下，要实现现代意义上中央集权的国家则是不可能的。在这种情况下，中国的统一与中央集权问题，就只能看成是控制着这样一种经济区的问题：其农业生产条件与运输设施，对于提供贡纳谷物来说，比其他地区要优越得多，以致不管是哪一集团，只有控制了这一地区，它就有可能征服与统一中国。这样一种地区，就是我们所要说的'基本经济区'。"① 正是在黄河、长江流域构成的基本经济区基础上，形成了中国的核心地区和作为主体民族的汉族。在汉民族地区，实行"海内为郡县，法令由一统"的体制。所有人都是皇帝的臣民，都受到郡县的管辖，都要提供劳役赋税，其国家化程度较高。

处于较高文明水平的核心地区和主体民族构成了中国和中华民族的骨架。尽管在中国的历史进程中，出现了改朝换代，发生了分裂割据，但是由于核心地区和主体民族的存在，整个国家共同体能够不断地获得重建，并维系中华民族整体的延续，这也是中国为什么没有像西欧那样分裂为 50 多个主权国家的重要原因所在。

除了核心地区和主体民族，中国还存在大量边缘地区和非主体民族。中国的先哲早已认识到，这些边缘地区的民族存在于不同的地理环境并产生相应的民族性。"凡居民材，必因天地寒暖燥湿，广谷大川异制。民生其间异俗，刚柔、轻重、迟速异齐，五味异和，器械异制，衣服异宜。"（《礼记·王制》）这种因环境而生成的民族性不会轻易改变，也不宜采用统一的治理方式。在统一的国家化进程中，可以通过教化，在维持政治统一性基础上"因俗而治"。"修其教不宜其俗，齐其政不易其宜。"（《礼记·王制》）

秦始皇统一中国后，随着中心向边缘的扩展，在历史文献中记载了大量对不同民族性的认识。如"生黎"与"熟黎"、"生苗"与"熟苗"、"生蛮"与"熟蛮"、"生番"与"熟番"、"生女真"与"熟女

① 冀朝鼎：《中国历史上的基本经济区》，商务印书馆，2014 年版，第 11 页。

真”等。所谓生、熟便是指文明开化和国家化的程度不一。

正是依据不同民族的特性，统一的国家治理在不同区域实行不同的治理方式，其国家化程度不一。在核心地区实行中央直接管辖的郡县制，郡县居民都要提交赋税劳役。秦朝除了正式的郡县制，还在开发不久的少数民族地区实行初郡制，这一体制下的居民不必交纳赋税或者只是象征性地交纳。在汉朝，随着匈奴南附，汉帝国通过民族区域建制的方式有分别地推进国家化，即在汉帝国与匈奴交汇的边疆地域，设立在皇权中央统领下的民族地方政权，通过这一具有自治性的民族地方政权实现对非汉族的治理。自汉武帝，“汉朝先后在西北塞外设置了安定、天水、上郡、西河、五原、金城、张掖等七属国，用以安置归附的匈奴、羌人、义渠、月氏等族人……属国都尉及下属官员由朝廷任命，隶属典属国，受邻郡节制，下不辖县，而是保持归附民原有的社会组织，由其首领依本族之俗自行管理”①。到了唐朝，随着族群的大联结和地域的大扩展，对非汉族地区实行“羁縻”和“册封”制，即承认非汉民族在向中央政府表示服从的基础上有相当的自主性，中央政府并不直接干预其内部事务。“唐朝当局采取了承认各族首领及其属下部族民的统属关系的同时，在形式上任命部族首领为都督、刺史、县令等职的做法。一方面将各个部族纳入唐朝的统治体制之下，一方面又允许其固有的习俗以及自治，同时在其上面设置都护府这样的机构，以实施从军事方面进行牵制的间接统治。”② “他们通常不采用‘齐民编户’的管理方式，也不需缴纳同样的赋税或服劳役。”③ 这就是根据不同的民族性实行不同的国家化方式。在国家一体化过程中，承认而不是简单消灭民族性。在采取不同制度的同时，中央政权还通过各种方式将不同的民族

① 程妮娜：《中国历代边疆治理研究》，经济科学出版社，2017 年版，第 83 页。

② 气贺泽保规著，石晓军译：《绚烂的世界帝国：隋唐时代》，广西师范大学出版社，2014 年版，第 345 页。

③ 陆威仪著，张晓东、冯世明译：《世界性的帝国：唐朝》，中信出版社，2016 年版，第 25 页。

吸附到统一的国家政权体系中，以建构强大的凝聚力。

正是由于一主多元和有差别的民族区域治理，统一的多民族国家的格局才得以长期延续。尽管期间存在着王朝崩溃和国家分裂，但基本格局没有变化。中华人民共和国成立后实行民族区域自治制度而不是联邦制，便在于民族区域自治制度有深厚的历史基础，同时也获得了崭新的生命。这正是费正清提示的，中国的政治只能从其内部进行演变性的了解。

（原载《广西大学学报》2020 年第 4 期）

中国政治统一体长期延续的三重共同体基础

——以长周期政治为视角

摘　要：中国作为一个完整的国家实体得以长期延续，表现为大规模政治统一体。一个国家实体拥有着广阔而复杂的疆域和众多异质性的人口，但能始终保持政治的统一性，尽管其间经历“分久必合，合久必分”的王朝周期变化，但总的趋向是统一，并以政治统一体的形态进入现代世界。运用长周期理论对这一政治现象做出解释，认为中国政治统一体得以长期延续在于有三重共同体的支撑：一是中央集权的政治共同体；二是以农业文明为特征的文明共同体；三是多民族统一的民族共同体。进入近代之后，中国遭遇了前所未有的挑战，但政治统一体仍然得以维持下来，并将通过国家治理现代化、创造人类更高形态的文明和铸牢中华民族共同体意识等推动政治统一体的持续。

关键词：长周期；政治统一体；共同体

历史是现实的基础。今天的中国是在长期历史上形成的，并具有其自身的特性。美国的中国学开创者费正清表示：“尽管中国疆土广袤而各地又千差万别，但这次大陆始终维持一个政治统一体，而欧洲却未能做到这一点……因为维系整个中国在一起的生活方式，比我们西方更加根深蒂固，并且自古一直继续到今。”① 大规模的政治统一体在中国延续数千年，中国被认为是世界唯一持久的国家。造成这一结果的机理，仍然是有待继续探讨的问题，并会给予当下国家演进以启示。本文以长周期理论为视角，提出政治统一体得以长期延续的三重共同体基础。

一、长周期理论与中国政治统一体

周期是指事物在一定条件和时间内的起伏变化、某些特征多次重复出现的状况。这种变化具有内在的规律性。运用周期理论，有助于认识、把握事物发展的状态、特点和规律，从而提升人们对事物的解释能力，更好地遵循客观规律，正确发挥人的主观能动性。因此，周期理论是观察、认识、分析事物发展变化及其规律的一种方法和工具。

马克思通过对资本主义生产方式的研究，发现了资本主义经济运行中出现的危机、萧条、复苏、高涨的周期性变化，即经济周期。这种周期性变化是由资本主义生产方式的内在矛盾这一给定的条件决定的。只要这一条件不变，经济周期便难以改变。马克思对经济周期的发现，最重要的是理解造成经济周期的条件和机制。

马克思在研究人类社会和国家演进过程时，也注意到了因为条件和机制而造成周期性变化的特点，只是这种周期具有更长的时段性，属于长周期。在一个长时段内，由于某些要素，造成社会的长期不变，或者周期性变化。马克思注意到了印度社会长期停滞不前的现象，而造成这一现象的重要原因则是长期不变的村社制。他引述村社制时表述说：“虽然村社本身有时候受到战争、饥荒或疫病的严重损害，甚至变得一片荒凉，可是同一个村名、同一条村界、同一种利益、甚至同一个家族却一个世纪又一个世纪地保持下来，居民对各个王国的崩溃和分裂毫不

① 费正清著，张理京译：《美国与中国》，世界知识出版社，1999年版，第8页。

关心；只要他们的村社完整无损，他们并不在乎村社转归哪一个政权管辖，或者改由哪一个君主统治，反正他们内部的经济生活始终没有改变。”① 古老的村社制塑造了印度长期停滞不前的特性，尽管在历史进程中经历了多个王国的崩溃和分裂，但社会没有变化，形成了一个长周期。只是随着村社制的解体，这一长周期才得以改变。为此，马克思指出：“在亚洲造成了一场前所未闻的最大的、老实说也是唯一的一次社会革命。”② 因此，人类社会的长周期是由人类社会中的各种反复出现的要素构成的周期性变化。村社制构成印度社会的长周期，在这一长周期内，无论政治发生什么变化，村社制会反复出现，不断再生，直到村社制解体，长周期才被打破。

马克思通过对东方社会的研究，发现由中央集权的政府进行治水是东方社会的重要特性，并构成长周期政治。在这一长周期内，会发生因为政府职能的履行而造成社会兴衰和政治成败。“亚洲的一切政府都不能不执行一种经济职能，即举办公共工程的职能。这种用人工方法提高土壤肥沃程度的设施靠中央政府办理，中央政府如果忽略灌溉或排水，这种设施立刻就会荒废，这就可以说明一件否则无法解释的事实，即大片先前耕种得很好的地区现在都荒芜不毛……同时也可以说明为什么一次毁灭性的战争就能够使一个国家在几百年内人烟萧条，并且使它失去自己的全部文明。”③ 在由政府履行公共职能这一政治长周期内，政府职能履行如何起着决定性的作用，并会导致国家的周期性变化。“在一些亚洲帝国经常可以看到，农业在一个政府统治下衰败下去，而在另一个政府统治下又复兴起来。在那里收成取决于政府的好坏，正像在欧洲随时令的好坏而变化一样。”④ 造成农业兴衰周期性变化的主要原因是政府统治，就如造成资本主义经济周期变化是由资本主义生产方式决定

① 《马克思恩格斯选集》第1卷，人民出版社，1995年版，第764~765页。
② 《马克思恩格斯选集》第1卷，人民出版社，1995年版，第765页。
③ 《马克思恩格斯选集》第1卷，人民出版社，1995年版，第763页。
④ 《马克思恩格斯选集》第1卷，人民出版社，1995年版，第763页。

的一样。政治的长周期是由政权、政府及其运行决定的，体现为政治和社会周而复始的变化。治水是人类社会的共同需要。中央集权政府治水构成东方社会治水的长周期。政府治水职能的履行状况，造成治水社会的周期性变化。

因此，长周期理论是了解人类社会和国家演进规律的重要视角。长周期指事物在一定条件下长期运行并由于内在规律发生周期性变化的状态。它包括以下三个要素：构成长周期的时间段及给定条件；长周期内有规律的周期性变化；造成周期性变化的机理。

长周期理论对于分析中国的国家演进具有特殊的意义。一是中国是一个在固定的空间内长期延续的国家实体。黑格尔指出："只有黄河、长江流过的那个中华帝国是世界上唯一持久的国家。"① 二是在相当长时间内，中国是以改朝换代的方式来实现国家演进的。"中国由一个朝代接着一个朝代绵延不断，才使中国的古文明得以持续到20世纪。"②

这种长时间延续并以朝代更替的方式演进，使得中国政治的长周期特点表现格外突出。在相当长的时段内，政治现象反复发生并有规律地起伏变化，形成政治长周期。其中产生诸多重大命题，如"分久必合，合久必分"；"其兴也勃，其亡也忽"；"百代皆行秦政制"。直至近代产生了"三千年之未有的大变局"，近年来习近平总书记提出的"百年之未有的大变局"。

"百代""三千年""百年"均属于长周期的时间规定。在这一时间段内，有着其他时间段所不具有的基本要素。如由于"皆行秦政制"，所以将"百代"视为一个长周期。由于有"大变局"，所以将"三千年"和"百年"视为一个长周期。在长周期内，会发生周期性变化，如国家整体"分久必合，合久必分"的天下大势；国家政权"其兴也

① 黑格尔著，王造时译：《历史哲学》，商务印书馆，2007年版，第72页。
② 斯塔夫里亚诺斯著，迟越、王红生等译：《全球分裂：第三世界的历史进程》，商务印书馆，1993年版，第314页。

勃，其亡也忽”的历史周期律。造成周期性变化的因素十分复杂。前人提出了命题，也有《资治通鉴》这样的经验大成，但未能从学理上深入探讨。构建长周期理论，有助于认识和分析中国的国家演进特点和规律。

中国作为一个完整的国家实体得以长期延续，表现为大规模政治统一体。一个国家实体拥有着广阔而复杂的疆域和众多异质性的人口，但能始终保持政治的统一性，尽管其间存在分裂，但最终是以大规模的政治统一体进入现代世界，没有像欧洲那样裂变为若干政治实体。费正清深刻认识到历史中国对于当下中国的重要意义，他对比说：“欧洲和南北美洲的民族全加起来，一般地说不会多于中国人。甚至是否有比中国更多的民族也是问题。在人数和多民族方面，欧洲人和中国人很可以相比，同样是人数众多，民族复杂。可是在他们今天的政治生活中，在欧洲和南北美洲生活的约 10 亿欧洲人分成约 50 个独立的主权国，而 10 亿多的中国人只生活在一个国家中。人们一旦看到 1 和 50 的差别，就不能忽视。以上对事实的简单陈述间接地表明，我们的民族主义和民族–国家等字眼当用于中国时，只会使我们误入歧途。要了解中国，不能仅仅靠移植西方的名词。它是一个不同的生命。它的政治只能从其内部进行演变性的了解。”① 过往，我们更多的使用“大一统”的概念对中国政治实体加以表达，但这一概念有着特殊的文化背景，难以为不同文化背景的人所了解和通识，因此，用“政治统一体”这一概念更具有通约性或者普遍性。

中国作为政治统一体的长期延续已是基本事实，最重要的是对这一事实加以解释。为此，本文引入“共同体”的概念。“共同体是持久的和真正的共同生活。”② 只有通过共同体的方式才能将不同的人联结在

① 麦克法考尔、费正清编，谢亮生等译：《剑桥中华人民共和国史·上卷 革命的中国的兴起：1949—1965》，中国社会科学出版社，1990 年版，第 12~13 页。

② 斐迪南·滕尼斯著，张巍卓译：《共同体与社会》，商务印书馆，1999 年版，第 54 页。

一起，并获得统一性。费正清在指出中国始终维持一个政治统一体时，表示“维系整个中国在一起的生活方式，比我们西方更加根深蒂固，并且自古一直继续到今”①。中国作为政治统一体的长期延续，依靠着三重共同体的基础。

二、政治统一体的政治共同体基础

国家是一种政治共同体。人们依靠这一共同体实现其有秩序的生活。这种秩序主要依靠国家权力来建立和维系。国家权力的性质、配置和运行的可持续的规范，便构成国家制度。这种制度体现在政治共同体之中，并维持共同体的运行。不同的人们在国家共同体中获得政治统一性。如马克思、恩格斯论述西欧四分五裂的封建社会向统一民族国家转变时说的：“各自独立的、几乎只有同盟关系的、各有不同利益、不同法律、不同政府、不同关税的各个地区，现在已经结合为一个拥有统一的政府、统一的法律、统一的民族阶级利益和统一的关税的统一的民族。”②

中国作为一个大规模的政治统一体，是在秦朝时才定型的，并形成了帝制国家，即以中央集权的皇帝制度为核心的政治共同体。

以秦始皇统一中国为标志的政治统一体的定型，经历了漫长的兼并争霸战争。这一战争起源于“分”，即秦之前分封诸侯的国家制度。秦始皇统一中国后，不仅是建立了一个以地域为主导的大规模的政治共同体，而且形成了支撑这一政治共同体的帝制体系。“自秦始皇统一中国以后，就建立了专制主义的中央集权的封建国家。”③

以帝制体系为支撑的大规模政治统一体的构造是中国国家演进的内

---

① 费正清著，张理京译：《美国与中国》，世界知识出版社，1999年版，第8页。
② 《马克思恩格斯选集》第1卷，人民出版社，1995年版，第763页。
③ 《毛泽东选集》第2卷，人民出版社，1991年版，第624页。

生性结果。秦始皇统一中国之前，实行宗法分封制。受长期历史上的血缘关系的支配，西周通过宗法分封制治理一个大规模国家。分封之后的诸侯成为利益主体。在孟子看来，“诸侯之宝三：土地、人民、政事”（《孟子·尽心下》）。诸侯国拥有对土地及其土地上的人民的直接治理权，并直接处理相应的政事。对于诸侯国的人民来讲，周天子更多的只是遥远的象征性权威。诸侯国才是人民的利益和命运所在，尤其是在天子权威衰败和天下秩序崩溃的春秋战国时代。由利益而引起的冲突最终引起战争。“周室微，诸侯力政，争相并。”（《史记·秦本纪》）兼并是对他国土地的并吞，即运用暴力将他国的土地和人口占为己有。“今天下之诸侯，将犹皆侵凌攻伐兼并。”（《墨子·天志下》）争霸就是各诸侯国争夺霸权，攻城略地，寻求最大权力并占有更多土地和人口，成为霸主。

中央集权的帝制体系正是在长达数百年的兼并争霸战争中产生的。“春秋战国时代，正当我国历史转变的关头，但是从殷商到西周、东周长期‘神授王权’的传统，已经决定了唯有绝对专制主义才能完成中国的统一，才能继承发扬并传布中国文明。”① 兼并争霸战争的尘埃落定之时，秦王嬴政宣布自己为始皇帝，在历史上第一次将“皇”与“帝”连起来。丞相王绾与李斯等上书称颂秦始皇为千古一帝：“今陛下兴义兵，诛残贼，平定天下，海内为郡县，法令由一统，自上古以来未尝有，五帝所不及。”（《史记·秦始皇本纪》）琅琊刻石宣布：“六合之内，皇帝之土”；“人迹所至，无不臣者”（《史记·秦始皇本纪》）。在兼并争霸战争中统一中国的事实说明，只有统一才能获得秩序，只有中央集权的帝制体系才能维持统一。从这个意义上说，“君主专制是作为文明中心、社会统一的基础出现的。在那里，君主专制是一个洪炉，在这个洪炉里各种社会成分被搀合在一起”②。

① 顾准：《希腊城邦制度》，中国社会科学出版社，1986年第2版，第143页。
② 《马克思恩格斯全集》第10卷，人民出版社，1962年版，第462页。

秦统一后的帝制是一个完整的政治体系，并以此为基础建构起政治共同体。首先，以皇帝为最高统治者配置权力资源并组织和治理国家。“所谓‘皇帝制度’，是指自公元前 221 年秦始皇统一中国起，直至 1911 年清朝宣统皇帝遭辛亥革命推翻为止，以皇帝为最高统治者的国家体制，故它是指一种政体。”① 这一政体形式将中国地域上的人口联结起来，国家得以组织和治理。“国家是一个身体，而与君主同体。”② 其次，“废封建，立郡县”。皇帝独揽中央大权，地方权力来自中央的授予并服从中央权力。“秦遂并兼四海，以为周制微弱，终为诸侯所丧，故不立尺土之封，分天下为郡县。”（《汉书·地理志》）通过郡县制实现皇权中央对所辖地方和人民的直接治理，建立“法令由一统”的政治共同体。再次，以帝制为中心的政治共同体有共同的疆域；实行“书同文”，通过同一文字将统一的国家政令传递到疆域范围之内；统一的货币，形成全国性的流通和统一的大市场；“车同轨”，有共同的基础设施，修建由首都通往全国的驰道，便于政令的统一传达和共同的经济生活的形成。

政治属于上层建筑。政治体系不是凭空产生的，其得以延续取决于社会的需要。秦始皇统一中国后建立中央集权的政治共同体，与分散自立的个体家户制密切相关。秦统一前的商鞅变法做了两件事，一是分家，一是立户。所谓“分家”就是通过分家析产，将过往的宗族大家拆分为一个个拥有小块土地的小家——由父母子女构成的核心家庭。“民有二男以上不分异者倍其赋。”（《史记·商君列传》）所谓“立户”，就是以家庭为依据将所有人口编制为户籍人口，负责纳税、服役、完成官府任务。分家立户具有革命性意义。它使得国家权力穿越过往的族群外壳，直接到达社会最基本的组织单位。同时，它也是

① 甘怀真：《皇权、礼仪与经典诠释：中国古代政治史研究》，华东师范大学出版社，2008 年版，第 381 页。

② 甘怀真：《皇权、礼仪与经典诠释：中国古代政治史研究》，华东师范大学出版社，2008 年版，第 187 页。

帝制时代国家治理体系的基础，皇权从中央，经由郡县，到达乡里，一直延伸到家户，大大提升了国家对社会的纵向渗透和控制能力。国家治理充分利用家庭这一生命生产和物质生产合为一体的血缘组织，将个体成员横向地联结起来实行自我治理，从而节约治理成本，提升国家治理的再生能力。与此同时，分家立户的家户制具有天生的自我分裂性，它不能进行横向的自我联结，形成大规模的政治组织，只能依靠高高在上的统一的皇权进行整合。如马克思所说，“小农的政治影响表现为行政权支配社会”①。没有强有力的行政权，社会很快就会陷入一盘散沙状态。

中央集权的政治共同体大大增强了国家治理能力。早期中国起源于治水，治水一直是国家的功能，也是存在的依据。这是大规模农业社会的要求。马克思指出：“利用水渠和水利工程的人工灌溉设施成了东方农业的基础。”②“那些通过劳动而实际占有的公共条件，如在亚细亚各民族中起过非常重要作用的灌溉渠道，以及交通工具等，就表现为更高的统一体，即高居于各小公社之上的专制政府的事业。”③ 大型治水难以实现当事人的自愿联合，只能由中央集权的政府进行干预。春秋战国时期的秦国得以在多个诸侯国竞争中胜出，重要原因是举全国之力兴建水利工程，农业生产得到保障，为兼并战争提供了源源不断的财力。秦帝国统一后，地域规模更大，对大型水利工程兴建的需要更为迫切。中央集权的政治共同体大大增强了国家治理能力。秦始皇统一中国后开疆拓土，修建长城，修筑驰道，修建水利工程，重构社会秩序，国家能力达到了历史上前所未有的高度，便在于拥有了“中央集权这个使一切国家迅速发展的最有力的政治手段”④。

规模愈大，维持政治统一性愈难。规模和距离是帝制国家与生俱来

① 《马克思恩格斯选集》第 1 卷，人民出版社，1995 年版，第 678 页。
② 《马克思恩格斯选集》第 1 卷，人民出版社，1995 年版，第 762 页。
③ 《马克思恩格斯全集》第 46 卷（上），人民出版社，1979 年版，第 474 页。
④ 《马克思恩格斯全集》第 5 卷，人民出版社，1958 年版，第 374 页。

的“敌人”。这个“敌人”是打引号的，也就是与生俱来的一种困难。在经济、技术十分有限的条件下，将广土众民联结起来，需要支付巨大的成本。这是因为权力和能力都不是凭空而来的，它必须借助于物质条件。愈是集权，对物质条件的要求愈高。马克思在谈到“小农的政治影响表现为行政权支配社会”的同时，又尖锐地指出：“赋税是官僚、军队、教士和宫廷的生活源泉，一句话，它是行政权整个机构的生活源泉。强有力的政府和繁重的赋税是一回事。”① 赋税由人民承担，必然造成政府与人民的对立。强有力的政府和繁重的赋税造成政府与人民的尖锐对立，使得政府成为人民的压迫者。国家规模和权力愈大，剥夺压迫能力愈强，引起的反抗也愈甚。在中国，皇权具有绝对性，由皇帝直接任命的官员从事治理，实行高度的中央集权。国家命运完全系于皇帝一人之身。“君贤者其国治，君不能者其国乱。”（《荀子·议兵》）“其人存，则其政举；其人亡，则其政息。”（《礼记·中庸》）君主制的绝对性权力会无限放大权力的任性，其剥夺和压迫性更强。秦始皇统一中国之后，承接“虎狼之国”的秦风，实行强力统治，修建大量工程，人民承受的负担达到了历史上前所未有的强度，很快造成历史上前所未有的民众自发的大规模反抗。秦始皇设想的二世、三世以至万世统治，只到了二世便被终结。之后的王朝也未能万世长存。这是因为小农经济有限的剩余难以支撑庞大的皇帝官僚集团及其统治体系，超出了一定限度便会导致政权更迭和政治共同体解体，即“天下大势，分久必合，合久必分”。

当然，政治共同体可能因为暴政、异族入侵等原因而解体，但重建的政治共同体在同一地域内，仍然要借助皇权为代表的中央集权制和地方官僚体制进行治理，帝制体系因此而获得重生，只是王朝得以更迭而已。经历分裂分治的战乱之后，政治的统一性仍然是国家演进的主导方

① 《马克思恩格斯选集》第1卷，人民出版社，1995年版，第681页。

向。“中国历朝的统治者厉行中央集权，同时又把大统一作为神圣的追求。”① 这是因为，大型公共工程、小农经济和抵御外敌入侵的历史条件仍然存在。只要这些历史条件存在，帝制体系便是维持政治统一体的有力支撑。清人恽敬表示：“自秦以后，朝野上下，所行者皆秦制也。”（《大云山房文稿》卷1《三代因革论》）毛泽东也认为，“百代都行秦政法”②。秦帝国之后还有汉帝国、唐帝国、明帝国、清帝国等，属于一个空间地域内的多次性帝国。帝制国家的存续意味政治统一体经历一个个朝代而延续。

中华人民共和国的建立是全新的政治共同体。支撑这一政治共同体有全新的政治架构。只是这一政治共同体不是凭空产生的，而是在长期历史基础上形成的。历史传承的政治共同体存在诸多有助于维系政治统一体的因素，如中央集中统一治理，也延续了一些消极性元素，如郡县体制下公权力的私人化。后者正是需要通过国家治理体系与治理能力现代化加以解决的。

三、政治统一体的文明共同体基础

尽管秦帝国延续时间并不长，但在同一地域上又不断再生成同样的帝国，而不像包括罗马帝国在内的世界大多数帝国一样，成为无法再生的废墟。秦政权灭亡了，帝制体系却延续下来了，并重建起中央集权的政治共同体，为政治统一体的重建奠定基础。

为什么在中国，政治统一体得以在政治共同体分裂和崩溃基础上又得以重建，重要原因在于政治统一体不仅依托于政治共同体，而且依托于文明共同体。政治共同体因为政权的推翻会解体，改朝换代，而文明共同体则会延续下来，并为政治共同体的再生和政治统一体的重建提供

① 周良宵：《皇帝与皇权》，上海古籍出版社，1999年版，第206~207页。

② 中共中央文献研究室：《毛泽东年谱》，中央文献出版社，2013年版，第490页。

基础性条件。

恩格斯将国家与文明密切联系在一起，认为“国家是文明社会的概括”①。文明是人类在漫长的历史过程中形成和创造的成果的总和。国家是对文明成果的集中反映，它推动着文明成果的创造，同时也是特定文明社会的产物，是在长期积累造成的共同文明基础上形成的文明共同体。

在恩格斯看来，“历史中的决定性因素，归根结底是直接生活的生产和再生产”②。文明成果是创造出来的。人类社会在不同地域基础上创造着自己的文明，并在此基础上产生出不同的政治共同体。希腊罗马文明是世界重要的文明共同体，在这一基础上产生出了古希腊城邦国家和罗马帝国。但是，古希腊城邦国家和罗马帝国覆亡后未能在同一空间上重建和再生。其重要原因在于其文明共同体对生产性的排斥。居住在地中海沿岸的古希腊和罗马人利用航海优势，从事商业贸易和战争征服，获得大量财富，并建立起奴隶制度。自由民虽然在政治、文化方面有诸多创造，但不事生产，甚至排斥生产。当专事生产的奴隶不愿再生产时，文明的源泉便枯竭了，政治共同体也难再生和重建。恩格斯因此指出：“使雅典灭亡的并不是民主制，像欧洲那些讨好君主的学究们所断言的那样，而是排斥自由公民劳动的奴隶制”③；“一切生产劳动都是奴隶的事，让自由的罗马人来做有失他们的身份”④。

在没有国家之前，中国的先民便已存在，并创造了大量文明成果。随着定居农业的产生，国家逐渐生成了。农业文明是中国文明及其国家的重要根基。“农业是整个古代世界的决定性的生产部门”⑤，由农业生产所创造的文明高于其他文明。这种文明为人们的生存繁衍提供了更好

① 《马克思恩格斯选集》第4卷，人民出版社，1995年版，第176页。
② 《马克思恩格斯选集》第4卷，人民出版社，1995年版，第2页。
③ 《马克思恩格斯选集》第4卷，人民出版社，1995年版，第177~178页。
④ 《马克思恩格斯选集》第4卷，人民出版社，1995年版，第150页。
⑤ 《马克思恩格斯选集》第4卷，人民出版社，1995年版，第149页。

的条件，并具有可持续性。它可以通过人们与土地的反复交换生产出物质生活资料。正是在这种反复交换中锤炼出中国人的勤劳品质。在农业文明共同体内，劳动不仅不受排斥，反而成为人们所普遍信奉的信条。“敬时爱日，非老不休，非疾不息，非死不舍。”（《吕氏春秋集释·士容论·上农》）韦伯对中国人的勤劳给予极高评价，他说：“中国人的勤奋与劳动能力一直被认为无与伦比。”① 在著名农史学家孙达人看来：“没有个体小农就没有战国秦汉以来的新时代，就没有与这个时代相适应的、领先于世界的新文明。”② 世界文明发源地都来自农业文明，唯一保存并传承下来的是中国。中国创造了世界独一无二的农业文明奇迹。这一文明反过来又支撑着政治统一体的延续。无论是什么朝代，都视农业为国之本。秦始皇统一中国后宣称：“皇帝之功，勤劳本事。上农除末，黔首是富。”（《史记·秦始皇本纪》）之后的朝代无不重农兴农，在于“农，天下之大本也，民所恃以生也”（《汉书·文帝纪》），“今驱民而归之农，皆著于本，使天下各食其力”（《汉书·食货志》）。因为公共工程的修建，大大提升了农业文明的水平，并造成了农业族群对帝制国家的依赖。

国家是对文明社会的概括，同时也创造着文明。为了进行有效的国家治理，文字得以创造并使用。方块汉字不仅仅是交流的工具，而且承载着文明的精华。“汉字是世界上独一无二的、持续稳定发展且历久弥新的自源文字符号系统。”③ 秦始皇统一中国后，实行书同文，不仅统一了文字，而且将统一的文字随着文书行政的方式广泛传播。这一文字后被称为汉字。以汉字为代表的文明成为中华文明共同体的特征。有文字、知礼节使得中国被称为礼仪之邦。“秦国规范了此前相互之间无法用语言沟通的人群的书写方式，这个革新把帝国内所有的地区联结为一

① 马克斯·韦伯著，王容芬译：《儒教与道教》，商务印书馆，1995年版，第115页。

② 孙达人：《中国农民变迁论——试探我国历史发展周期》，中央编译出版社，1996年版，第80页。

③ 黄德宽：《书同文字——汉字与中国文化》，江苏人民出版社，2017年版，第10页。

体，并建立起一个国家认可的文化典籍体系。"① "文字统一为确定中国身份发挥了不可估量的作用，不但行政部门有统一语言，而且全国各地都可分享经典的同一文本。"② 政治共同体可能解体，王朝会发生更迭，但统一的文字及其承载的文明会传承下来，并推动着政治统一体的重建。

政治共同体具有变动性，甚至在某些方面具有倒退性。但文明共同体具有稳定性和积累性。下一代人在上一代人的基础上生存发展，累积成果。这种文明成果的堆垒，为政治共同体的重建和再生提供了条件。"秦汉以后逐步完善的统一的文字，统一的度量衡，四通八达的水陆交通网，驿站邮传制度，这对于封建统一大国是必不可少的通信工具和制度，它们为统一国家内部跨地域的经济、政治、文化联系，提供了畅达的通道。"③ 自帝制体系产生以后，中国的国家政权经历了多次改朝换代，统一与分裂相伴相随，但在原有的地域上会不断再生产新的政治共同体。这一政治共同体尽管是对旧的政治共同体的替代，但又是一种承继。其深刻的根源在于：帝制统一于一人，皇帝家族被推翻，改朝换代，原有的政治共同体会解体；但文明统一于全国，只要全国还有人在，还有人所赖以生活的山河在，文明共同体就会延续，并为政治共同体的再生提供基础。

正是由于物质文明和精神文明的高度发达和长期延续，使得中国作为政治统一体维持下来。只是到了近代，随着工业文明的产生，以农业文明为主的文明共同体遭遇到前所未有的挑战。但经过百多年的努力，中国以赶超的方式，实现了向现代工业文明的历史性跨越，中华文明跃升到一个崭新的境界。这种文明不仅继承了中华文明过往的精华，而且正以超越性的姿态向世界贡献新的文明成果。如"人类命运共同体"

---

① 陆威仪著，王兴亮译：《早期中华帝国：秦与汉》，中信出版社，2016 年版，第 4 页。

② 弗朗西斯·福山著，毛俊杰译：《政治秩序的起源——从前人类时代到法国大革命》，广西师范大学出版社，2012 年版，第 127 页。

③ 金观涛：《在历史的表象背后》，四川人民出版社，1984 年版，第 13 页。

的提出，便超越了过往以狭隘的家庭、国家为单位的文明形态，主张人类共同应对所面临的问题。这为中国这一政治统一体的维持提供了更充分的道义基础。

四、政治统一体的民族共同体基础

政治共同体的基本要素是人，人又是分为族类的。人们基于共同的地域、经济、文化和历史，形成民族共同体。中国作为一个政治统一体的鲜明特点是在多民族基础上形成的。多民族的结合为政治统一体的延续提供了人群共同体的基础。

费正清在比较欧洲和中国时指出："在人数和多民族方面，欧洲人和中国人很可以相比，同样是人数众多，民族复杂。可是在他们今天的政治生活中，在欧洲和南北美洲生活的约 10 亿欧洲人分成约 50 个独立的主权国，而 10 亿多的中国人只生活在一个国家中。"① 其重要原因便是历史形成的民族共同体基础不同。

现代欧洲国家构成来自罗马帝国。罗马是一个超大规模的帝国。"罗马的行政和罗马的法到处都摧毁了古代的血族团体，这样也就摧毁了地方的和民族的自主性的最后残余。" "广大领土上的广大人群，只有一条把他们自己联结起来的纽带，这就是罗马国家，而这个国家随着时间的推移却成了他们最凶恶的敌人。" 沉重的赋税造成 "公民却把野蛮人奉为救星来祈望"②，"只有野蛮人才能使一个在垂死的文明中挣扎的世界年轻起来"③。罗马帝国崩溃造成民族大迁徙，欧洲从文明形态坠入 "黑暗的中世纪"，陷入四分五裂的封建状态，其地理版图犹如一条政治上杂乱拼缝的坐褥。这也就是今日欧洲的版图。

---

① 麦克法考尔、费正清编，谢亮生等译：《剑桥中华人民共和国史 · 上卷 革命的中国的兴起：1949—1965》，中国社会科学出版社，1990 年版，第 12~13 页。

② 《马克思恩格斯选集》第 4 卷，人民出版社，1995 年版，第 148 页。

③ 《马克思恩格斯选集》第 4 卷，人民出版社，1995 年版，第 157 页。

在中国的文明和国家进程中，也存在着由边缘民族发起的对中心地带和主体民族的挑战。自秦始皇统一中国后，中国的国家进程便处于民族之间的互动之中，甚至出现非汉民族进入中原并执掌国家统治权的朝代。但广大的中国人一直生活在一个统一的国家之内，没有因此长期陷入四分五裂的封建状态，成为像欧洲那样的许多个主权国家。中国不是一族一国，而是多族一国。中国是一个统一的多民族国家，它为政治统一性提供了基础。

民族共同体是具有共同地域和共同文化的人群共同体。在不同国家，人们对民族的定义有所不同。在罗马，对民族的界定主要是政治民族一个维度，如在消灭原有族群文化和语言基础上形成的统一的罗马人。公民身份是罗马人的唯一标识。当这一公民身份带来的只是沉重的赋役，"公民却把野蛮人奉为救星来祈望"，公民宁愿不要这个公民标识。所以政治共同体一旦遭遇危机，民族共同体就不复存在了。现在再找不出来当时古罗马时期的所谓的罗马人，没有这个族群了。

中国人很早就是从血缘、国家、文明和地域的多个维度来看待民族的。尽管有了国家，但地方的民族的自主性没有被摧毁，把人们连接起来的纽带除了政治行政以外，还有共同的血缘、共同的文明和共同的地域。人们不仅是国家的臣民，还是祖宗的子孙，有自己的文明礼仪习俗和故乡情结，所以诗人讲"国破山河在，城春草木生"。国破了山河在，只要有人这个国家就会重建起来，他们不会把野蛮人视为救星。他们希望改朝换代，重建政治共同体。

中国长期的地域和民族结构，是一个一主多元的结构。华夏族群为什么能够率先在各个族群中领跑，就是因为率先建立了国家。国家是一个文明的集装器，通过国家的形式积累了大量的文明，形成了有较高文明形态的核心地区和主体民族。最早的核心地区就是基本经济区，先是黄河，然后就有长江，再有珠江，整个核心基本经济区支撑了中国的华夏民族，即之后统称的汉民族。"由于秦之统一，因此中华民族遂融凝会合成一体。从前华夏夷狄之分而治之之局面亦随即消融，而成为一个车同轨、书同文、行同伦之社会。当时之巴蜀开辟于秦，两广及安南要待秦并六国后，遂开始为中国之郡县。于是全国人民生活于同一版图，沐浴于同一文化。”①

中国和欧洲曾经在同一时段遭受游牧民族的挑战。游牧民族这一“上帝之鞭”把欧洲抽打得四分五裂，但是臣服于强大的汉帝国。当然，任何文明有成熟期，也有烂熟时期，到了宋朝，中国就到了烂熟的时期了，所以人们经常讲“崖山之后无中国”。烂熟了以后怎么办？需要有非主体民族来激发中华文明的原始活力。但是非主体民族很难替代主体民族，因为没有农业、汉字、行政管理机构，非主体民族的统治是很难持续的。这在于农业生产在古代世界是一种更具有稳定性和持续性的生产部门，文字可以生成更多的精神文明成果，使得汉民族共同体有一种民族优越感。“来自北方的一波又一波游牧征服者发现了这一点，除非他们接受中国的帝国文化，否则就无法使自己的统治合法化，更无法使江山永固。”② 即使是原有的政治共同体解体了，国家政权为异族所执掌，但民族共同体的特性不会轻易改变和放弃。如孟德斯鸠所说：“在中国，改变的一向是征服者。因为征服者的风俗并不是他们的习惯，他们的习惯并不是他们的法律，他们的法律并不是他们的宗教，所以他们逐渐地被被征服的人民所同化，要比被征服的人民被他们所同化容易一些。”③ 无论哪一个民族统治都要建立起统一的帝制国家，统一的帝制体系则更强化了多民族的统一性，由此为政治统一体的再生、重建提供了基础。

进入近代之后，中国作为一个政治统一体，遭遇了前所未有的挑战，曾经面临四分五裂，及至亡国灭种的危机。这一空前的危机激发了

① 钱穆讲授，叶龙记录整理：《中国通史》，天地出版社，2017 年版，第 37 页。

② 塞缪尔·E. 芬纳著，马百亮、王震译：《统治史 卷一：古代的王权和帝国——从苏美尔到罗马》(修订版)，华东师范大学出版社，2014 年版，第 9~10 页。

③ 孟德斯鸠著，张雁深译：《论法的精神》(上)，商务印书馆，1961 年版，第 314 页。

中华民族自觉。在先进政党的带领下，中国人民争取到民族独立。在面临“世界百年未有之大变局”的格局下，习近平总书记提出要铸牢中华民族共同体意识，从而为维持中国政治统一体提供坚固的民族共同体基础。

大规模的政治统一体是在长周期政治过程中形成的，其间经历了分裂和动乱，即古人所说，“天下大势，分久必合，合久必分”。但无论是怎样的分，最终的趋向都是合，即将广土众民合为一体。最终得以趋向于合，将政治统一体维持下来的根基便在于由政治共同体、文明共同体和民族共同体所形成的多重维护。

［原载《华中师范大学学报》（人文社会科学版）2021 年第 1 期］

基层治理与中国政治

GOVERNANCE：治理的阐释

一

20 世纪 90 年代以来，随着公共权力在经济和社会发展中扮演的角色愈益重要，Governance 已经成为国际上政治学和经济学领域中一个较为流行的名词。但是在我国学术界，对 Governance 的阐释尚有待深入。

Governance 的中文意思主要是统治、管理或统治方式、管理方法，即统治者或管理者通过公共权力的配置和运作，管理公共事务，以支配、影响和调控社会。在这里，重要的是公共权力的运用形式、方法或手段，而不是统治或管理的内在依据、原则或规律。因此，有的学者将 Governance 译为“治道”，我以为有可商榷之处。因为根据中国文化传统，“道”一般是指事物运动的内在依据和规律，而 Governance 主要是指“在管理一国的经济和社会资源中运用公共权力的方式”，因此，我认为 Governance 还是译为“治理”较好。

从政治学层面看，古代统治者讲治国之道或治国方略，主要是就原则和规律而论的。因为在古代社会，公共事务相对简单，加之实行专制统治，公共权力的配置和运作在基本形式上变化甚微，统治者更多注重的是按照某种既定规则去运作权力，而不是在体制一形式上作出变动和调整。被统治者也不可能通过制度化的渠道要求变动权力的配置和运作形式。

但是，在现代社会，公共权力的配置和运作形式愈益重要。首先，现代社会发展迅速，公共事务大量增多，只有通过公共权力的合理配置和有效运作，改善公共权力使用方式，才能妥善处理公共事务，适应环境的挑战。无论是古代中国的“无为而治”，还是近代西方的“管理最少的政府是最好的政府”的观念都已不适应现代社会的发展。以美国为首的西方国家正是发现并运用了政府干预这只“看得见的手”，才得以走出经济困境。而在后现代化国家，通过公共权力的力量积聚和配置各种资源，以促进经济和社会的跳跃式发展显得更为重要。这也正是在现代国家里，政府的经济和社会职能以及相应机构迅速增多的重要原因。当然，公共权力干预程度与公共事务处理效率和社会发展并不是呈绝对正比关系的。如果公共权力干预过度，反而会造成行政效率低下和社会停滞。因此，要实现公共权力的能动作用，就必须善于选择并不断调整公共权力的配置和运作形式。其次，更为关键的是，现代国家至少大多数形式上是人民主权国家，在社会主义国家一切权力属于人民，人民有权要求参与设计和选择公共权力的配置和运作方式，使国家得以按照人民而不是少数统治者的意志运转。所以，无论是从公共权力推动社会的效率原则，还是从公共权力归属人民的民主原则来讲，都要求公共权力的配置和运作形式必须经常性地变动，即改革政治体制，调整施政方式。

二

治理是对公共事务的处理，以支配、影响和调控社会。而要达到治理的目的，必须借助于公共权力。因此，在治理的逻辑结构中，公共权力是最为核心的概念。

权力是反映主体—客体、命令—服从关系的影响力。与一般权力相比，公共权力的最主要特点是其公共性，即它来自社会，同时又是支配、影响和调控社会的唯一公共权威性力量。显然，任何一个社会要正常运转，都只能或只允许有一个合法的公共权力体系。

在相当长的时间里，政治学界对公共权力的理解较为偏狭，将其简单地等同于国家。毫无疑问，从统治的角度看，国家是一种公共权力。但这两者却不宜画等号。恩格斯在《家庭、私有制和国家的起源》一文中对公共权力作出了较多阐释。他认为："国家的本质特征是和人民大众分离的公共权力。"① 在这里，恩格斯的确是将国家权力与公共权力相提并论的。但是，在作出这一论断之前，恩格斯对国家产生以前的社会发展作出了大量考察，认为国家的产生是阶级对立发展到不可调和的程度的产物。而在国家产生以前的社会，也存在氏族或群体性的公共事务，存在处理公共事务的氏族组织机关和首长，存在居民自动的武装组织，即存在公共权力。这种一定范围内的自我管理，即社会自治性的公共权力，与国家公共权力的不同之处在于：前者是基于社会合作的需要，后者是因社会冲突难以调和而产生；前者"站在社会之中"，后者居于社会之上；前者依据的是共同同意，后者依据的是强制，并有相应的强制机关。所以，恩格斯将国家称之为"特殊的公共权力"②。

可见，公共权力应是一个体系。在公共权力体系内，国家是最高形式的公共权力，是具有强制性的特殊的公共权力。各种权力的影响范围和程度有所不同，正如恩格斯所说："在阶级对立还没有发展起来的社会和僻远的地区，这种公共权力可能极其微小，几乎是若有若无的。"③ 在这些社会和地区，主要依靠社会自治管理有限的公共事务。当然，自国家产生后，国家和公共社会融为一体，源自古老氏族组织的自治权便被包容在国家权力之中，并受到国家权力的强力控制。但这并不意味着

① 《马克思恩格斯选集》第4卷，人民出版社，1971年版，第114页。
② 《马克思恩格斯选集》第4卷，人民出版社，1971年版，第167页。
③ 《马克思恩格斯选集》第4卷，人民出版社，1971年版，第167页。

社会自治权不复存在。相反，愈是处于国家权力的末梢，社会自治权愈明显。无论是古代中国乡村的“乡绅治乡”，还是近代欧洲的城市法人团体自治，都反映了这一现象。随着社会的发展，国家和公共社会的界限日益清晰，在公共社会内部产生并蕴含其中的用于处理一定范围公共事务的社会自治权的影响会愈来愈大。特别是在国家与社会交接的地方，往往是国家权力和社会自治权并存，在治理过程中共同发挥作用。所以从治理的角度看，公共权力体系应包括国家权力和社会自治权两部分。

人们将公共权力等同于国家权力的另一个原因，在于国家权力的偏狭性使国家的公共职能居于依附地位。公共权力本是基于处理公共事务的需要产生的，并为公共社会服务的，即行使公共职能。但是，国家这一特殊的公共权力最初产生于社会冲突，一开始便成为经济上居主导地位的阶级的统治工具，其功能主要是阶级统治。处理经济和社会等与全体民众相关的公共事务的公共职能只能居于依附地位，是统治者为维持阶级统治所不得不从事的活动。另一方面，在相当长的时间里，社会的公共事务较简单。如古代中国，与公众利益密切相关的主要是公共水利工程和公共安全。国家成为处理有限公共事务的唯一权力机构。而在现代社会，因公共事务大量增加，国家权力的公共性（至少在法理形式上）愈益明显。任何国家权力只有有效地处理公共事务，履行其公共职能，才能维系其统治地位。与此同时，市场经济的发展推动着社会的自我运转和公共社会的发育，公共事务大量增多，仅仅依靠国家权力已无法有效治理社会。社会的治理愈来愈需要产生并包含于社会之中的社会自治权的参与。因此，就权力的公共服务性而言，公共权力应是一个以国家权力为主导，同时包含社会自治权的体系。

三

Governance 着重于治理形式，即公共权力的配置和运作。但任何公共权力的配置与运作都与公共权力的归属密切相关。

公共权力本来是适应公共社会需要、处理公共事务而产生的。但在相当长的时间里，公共权力具有很大的偏狭性，即公共权力仅仅归属于少数人或某一阶级。恩格斯因此将其称为统治阶级的工具。随着社会的发展，公共权力的公共性日益突出，公共权力最终归属于全体公民。

与专制政治相比，民主政治至少在形式上具有以下特点：①执掌公共权力的治理者由人民挑选，人民是公共权力的授予者；②治理者根据至少在形式上是体现全体人民的意志的宪法和法律进行治理；③人民有参与治理活动的机会和可能。这些特点决定了专制政治和民主政治在治理形式上必然有所不同，由此便产生出公共权力的配置问题。

公共权力的配置是根据一定规则对公共权力的直接分配和掌握。公共权力集中于少数人乃至个别人手中，称为集权治理。而公共权力依其性质和职能，分别由不同的人执掌，称为分权治理。如立法、行政和司法三权分立和制约的横向分权，中央领导和地方自治并存和制约的纵向分权。西方传统政治理论将集权和专制、分权和民主相等同，这表明只有通过公共权力的配置方式，才能使公共权力的归属最终得以体现。但经验证明，西方传统政治理论存在两大缺陷：①集权和专制、分权和民主不宜简单等同。特别是在那些具有长期中央集权传统的国家的民主化进程中，由集权向分权转变要经历一个长期的过程，不能只因权力集中而简单否定其民主性质。②集权和分权作为权力的配置形式，治理社会的功效有所不同，因而不宜作简单的价值评判。对于后现代化国家来说，一定程度的权力集中，有可能迅速积聚经济和社会资源，促进社会的高效率运转。面临日益激烈的竞争环境，许多发展中国家不能不在精英集权和公民参与之间作出痛苦的抉择，正在于集权治理有其特有的功效。

伴随公共权力资源的配置，必然产生相应的权力组织机构以及相应的权职规则，由此而形成一定的政治体制或架构。但是，政治体制只是公共权力的载体，公共权力只有在运作过程中才能对权力客体发生作用。公共权力的运作实际上是权力主体将其意志在社会上推行贯彻的过程，也是处理公共事务，支配、影响和调控社会的过程。在此，公共权力的运作方式与治理状况有更为直接的关系。

公共权力的运作方式又可称为施政方式，即在政治体制架构下，执掌权力者通过一定方式施以政治影响，以达到治理目的。而权力主体采取何种方式施政与公共权力的归属和配置密切相关。

公共权力的运作方式主要有以下几种：①强制。作为公共权力最高形式的国家权力之所以是特殊权力，主要在于它拥有唯一合法的强制力，如军队、警察、监狱以及其他强制手段。一般来讲，愈是集权治理，采用强制方式愈多。②契约。在现代社会中主要表现为依据民主程序制定或认可的法律规则。公共权力制定和执行法律规则，并根据法律规则运作，依照法律规则施以政治影响。民主分权治理运用契约方式较多。③分配资源和价值。公共权力存在的重要基础在于拥有多种资源和价值。权力主体通过分配资源和价值施以政治影响。如制定公共政策，分配经济财富，确定奖惩等。在现代社会，公共权力在履行其公共职能时正越来越多地利用这一方式。公共权力的运作不仅取决于公共权力自身，而且受到各种环境因素的影响，从而引起治理形式的变化。如金钱介入公共权力运作的“金权政治”，教权凌驾于公共权力之上的“教权政治”，黑帮组织控制公共权力的“黑帮政治”，社会权力脱离公共权力体系控制的“土围子政治”，军人干预公共权力的“军权政治”等。

公共权力的运作实际上是公共权力与社会的互动过程。在这一过程中，不仅公共权力影响社会，社会发展也会引起公共权力及治理形式的变化。一是改变公共权力的归属，即基本政治制度变革。现代世界大多数国家至少在法理形式上已经解决了这一问题。二是改变公共权力的配置方式，即政治体制构架变动。这对于大多数发展中国家来说都是有待解决的问题。三是公共权力运作方式的调整，即根据环境规范和改变施政方式。几乎所有国家都面临这一问题，即“政策之争”多于体制变更。正因为如此，公共权力的配置与运作即治理形式愈益引起高度重视，Governance 一词也日益流行。

四

治理是公共权力与社会的互动过程。在这一过程中，公共权力居于主导地位。公共权力要实现治理社会的目的，必须具备或创造一定的条件。治理形式也会相应表现出多样性。

其一，公共权力运作的合法性基础。治理反映了权力主体对权力客体的影响。公共权力要实现治理的目的，必须得到权力客体的认可和服从，即建立合法统治基础，形成体现命令—自愿服从关系的权威。公共权力由权力向权威的转换以及不同的权力合法性基础，会产生出不同的治理形式。

马克斯·韦伯从公共权力合法性基础的角度，将治理形式分为三类：①传统型统治，即统治者凭借自古有之的传统规则治理，被统治者依据传统规则而服从统治。②个人魅力型治理，被统治者出于对超凡人物的信仰、追随而服从统治。③法理型统治，即统治者根据包括统治者和被统治者在内的全体社会成员共同制定的法律规则施政，被统治者出于对法律规则的认同而服从统治。韦伯这一形式主义的客观分类有一定意义。但是，这一分类建立在自愿服从假设的基础上。实际生活则异常复杂，如暴力压制一非自愿服从也是广泛存在于不同历史时期的治理形式，只是这一形式一般难以持久而已。

著名社会学家费孝通从微观的角度考察了中国乡土社会的权力、权力的合法性基础以及治理形式，并将其分为以下四类：①基于社会更替的长老统治。子女出于对前辈的敬畏而服从统治，代表历史和文化的长老居于社群的权力中心，施政方式主要是教化。②基于社会合作的同意权力。社会成员出于合作需要而服从共同制定的契约性规则以及规则的执行者，施政方式主要是制定规则和监督规则的执行。③基于社会冲突的横暴权力。被统治者出于对横暴力量的畏惧而服从统治，施政方式主要是强制。④基于社会变迁的时势权力。被统治者出于对社会变迁中居于优势地位的人的尊敬而服从统治，施政方式主要是动员①。

其二，公共权力运作中对社会资源的占有和支配。任何公共权力的运作都必须借助于一定的经济社会条件。恩格斯为此指出："为了维持这种公共权力，就需要公民缴纳费用——捐税。"② 公共权力占有和支配的社会资源愈多，权力运作就愈顺利，治理也愈容易。因此，公共权力对社会资源的占有和支配状况不同也会产生不同的治理形式。

1. 全能政治，其基础是公共权力对社会资源的垄断性占有和支配。如古代中国的"普天下之下莫非王土，率土之滨莫非王臣"。公共权力几乎垄断所有社会资源，民间社会自由活动的空间极其狭小，国家和公共社会融为一体，公共权力无所不在，无所不能，施政方式缺乏必要的制约，如不受节制的横征暴敛。

2. 强能政治，其基础是公共权力占有和支配的社会资源足以实现治理社会的目的。在这种治理形式下，公共权力和公共社会有所分离，公共社会有其自由活动的空间。但公共权力所占有和支配的社会资源使其有足够的能力驾驭和控制社会，施政方式灵活多样。

3. 弱能政治，其基础是公共权力占有和支配的社会资源较为有限，难以适应有效治理社会的需要，施政方式僵固简单。

4. 无能政治，其基础是公共权力占有和支配的社会资源极其有限，对治理社会无能为力。在这种治理形式下，公共权力占有和控制的社会资源甚至连自身的维系都有困难，更不用说采取各种方式施以政治影响。

---

① 费孝通：《费孝通选集·乡土中国》，天津人民出版社，1988年版，第114~129页。
② 《马克思恩格斯选集》第4卷，人民出版社，1971年版，第167页。

由于公共权力的弱能和无能，社会极易陷入无序和失控。在一些发展中国家，公共权力或是软弱无能或是受制于其他力量，重要原因便是可供支配的社会资源太少，特别是公共财政基础薄弱。这也是 20 世纪 90 年代以来愈来愈多的人将公共财政视为治理形式和状况的重要变量之一的原因所在。

其三，公共权力所提供的公共产品。公共社会之所以需要公共权力，主要在于它能提供特殊的公共产品。这一职能是其他任何权力体系所不具备的。权力客体正是出于对公共产品的需求而服从公共权力，换言之，公共权力只有为社会提供一定质和量的公共产品，才能获得社会的认同和支持。因此，治理状况在很大程度上取决于公共权力提供的公共产品能否满足公众的需求。

公共权力提供的公共产品随着社会发展而不断变化，但基本的有以下几类：①管理经济，为物质生产提供必要条件。任何公共权力只有解决社会民生问题才能得以维系和巩固。②公共安全。公共权力基于社会冲突而产生，其重要功能就是调解和限制冲突，维系公共生活秩序，为公民提供人身和财产安全保障。③公共服务。即为公众的生存、发展提供必要的服务，创造有利的条件。随着社会的发展，公共社会对公共产品的需求不断增加，如保护公民权利，维护社会公正，推进社会福祉等。在现代社会，公共权力的公共性日益突出，公共社会对公共产品的需求迅速增长。由此便需要通过公共权力的合理配置和有效运作，寻求合适的治理方式，提高公共产品的生产能力，以满足公共社会需求。20 世纪 90 年代以来，愈来愈多的国家将发展经济和推进社会福祉置于首位，并为此变革政治体制，调整施政方式，提高政府效率。这正是 Governance 在国际社会和学术界大行其道的重要原因。

（原载《政治学研究》1997 年第 1 期）

村干部的双重角色：代理人与当家人

自中国农村实行村民自治以来，有关的争论就一直未曾停止。如果说20世纪80年代的争论主要是落在关于要不要实行村民自治的政策选择层面的话，那么90年代的争论则主要围绕村民自治的实施及其评估上。有关意见常常大相径庭。有的对村民自治给予较高评价①，有的却认为事实并非如此②，有的主张村委会政权化或准政权化③。有的则认为不能因为村民自治尚不尽如人意便简单认为中国农村现阶段不适宜实行村民自治，而应将村民自治放到90年代的宏观背景下考察④。本文认为，村民自治在实施进程中之所以引发出截然不同的意见，其中一个重要原因是村干部扮演的双重角色存在着矛盾，其深刻的宏观社会背景则是国家与社会行政权与自治权的冲突。为了避免笼统的价值评判，本文试以湖北省杨村的两次村委会换届选举为例加以说明和分析。

---

① 王旭：《乡村中国的基层民主：国家与社会的权力互强》，《二十一世纪》（香港中文大学·中国文化研究所）1997年4月号，第147~158页。

② 何清涟：《农村基层社会地方恶势力的兴起——与王旭商榷》，《二十一世纪》（香港中文大学·中国文化研究所）1997年6月号，第129~134页。

③ 参见徐勇：《论乡政管理与村民自治的有机衔接》，《华中师范大学学报》（哲学社会科学版）1997年第1期，第19~25页。

④ 曾军：《村会准政权化设想初探》，《社会主义研究》1997年第5期，第58~59页。

一、双重角色期待的内在冲突

20世纪80年代初，中国农村开始进行以下放权力为特点的改革，废除了长达二十多年的人民公社体制，这一改革所包含的经济、政治意义主要在于：一是实行家庭联产承包责任制，农民作为经济主体，有了生产经营自主权；二是实行村民自治，农民作为政治主体，有了选举村领导、参与村级公共事务决策和管理的自主权。

随着人民公社体制的废除，国家在农村实行“乡政村治”的治理方式①。这一方式的重要特点是，以前通过人民公社体制一直延伸到农户的国家行政管理权，现在上收至乡镇。乡镇是国家在农村的基层政权，由乡镇政府代表国家对本地区进行行政管理；而在乡镇以下的村则实行村民自治，村民委员会是村民群众自治性组织，村级公共事务由本村村民共同自我管理。这一制度安排使国家和社会的界线明晰化。而由过去人民公社体制中没有什么地位的生产大队转变而来的村庄，在新体制下的地位迅速凸现，成为国家和由具有一定生产自主权的农民组成的社会的交界点。

实行新的体制后，国家主要通过乡镇政府对农村社会进行行政管理，其主要内容主要是贯彻执行国家有关法律、法令和政策，办理上级政府交办的任务和本行政区域的行政工作，即通常所说的政务。但是，乡镇管理的区域较广、人口较多，不可能由乡镇政府工作人员与农民直接交往，因而无法具体落实各种政务工作。这样乡镇政府必须通过村组织的力量来完成工作。为此，《中华人民共和国村民委员会组织法（试行）》第三条专门规定了村民委员会协助乡、民族乡、村镇的人民政府开展工作。但是，村委会只是群众自治性组织而不属于国家行政系

① 对这一模式提出并论证较多的是张厚安等人，参见张厚安等：《中国乡镇政权建设》，四川人民出版社，1992年版。

统，村领导人也只是社区管理者而不属于领取国家工资的政府公务人员。因此，村干部只是在本村代办乡镇政府交给的任务，扮演着政府代理人的角色，其代理权来自乡镇政府。

废除人民公社体制的重要理由，是要给基层更多处理本地事务的自主权利，从而激发和激活乡村基层的内在动力与活力。正如邓小平所说："调动积极性，权力下放是最主要的内容。我们农村改革之所以会见效，就是因为给农民更多的自主权，调动了农民的积极性。"① 村民委员会则是使农民和基层有更多自主权的重要组织形式。除了政务外，村内的公共事务主要通过由村民直接选举的村委会组织加以处理。村干部除了自主管理本村事务外，还要负责向政府反映村民的意见、要求和建议。村因此成为一个由若干农户组成、具有相对独立性的大家庭，村干部则是负责管理这个大家庭的"当家人"。由于村干部的产生由村民决定，其报酬来自村民向集体交纳的提留，其权威也来源于为村民提供的服务。

由此可见在新体制下处于国家与社会之间的村庄的地位凸现，村干部扮演着政府代理人和村民当家人的双重角色。双重角色的权力来源不同，对其期盼也有差异。政府希望村干部有效的贯彻落实政务，村民希望村干部为村民提供良好的服务。

由于村干部将两重角色寓为一体，因此便不可避免地存在着身份上的冲突。这种冲突随着经济社会发展而愈益突出。首先，政府要求村干部代理的事物越来越多。在20世纪80年代着手进行"乡政村治"的制度安排时，由于政府过去主要管理的经济事务大多转交给农民，政府要求村干部代为办理的行政事务并不多，村组织的自主性定位较明确。如前全国人大常委会委员长彭真在通过《村民委员会组织法》时就强调："村民委员会是基层群众性自治组织，不是基层政权的'腿'。"并警告

① 邓小平：《改革的步子要加快》，《邓小平文选》第3卷，人民出版社，1993年版，第242页。

要防止“给村民委员会头上压的任务太多，‘上面千条线底下一根针’，这样就会把它压垮”①。因此，在贯彻《村委会组织法》之初的一段时间里，村组织的自主性较强，民主和自治原则得到各方较多的认同。但是，随着经济社会的转型，一些农村基层地方出现了一定程度的失控，特别是政府对农村管理的事务迅速增多，政府要求村干部完成的任务大大加重。如针对计划生育的要求更高、上交各种税款不断增多、经济社会发展的统一组织和规划性增强等，这些工作都需要村干部加以落实。而政府在下达任务时，并没有给予相应的财政和人员支持，亦缺乏必要的手段来保证任务的完成，这是因为在人民公社体制废除后，政府已不能通过控制资源和财富的方式要求基层完成任务。为了完成任务，政府主要通过强化对村干部产生的影响，保证使那些能够努力完成政府任务的人成为村干部。

其次，村民对村干部寄予的希望越来越大，在经济改革初期农民对村干部的依赖性较小，但是随着市场经济的发展和一些先进村的示范效应，农民对村干部的要求大为提高，他们希望村干部能够提供良好的服务，公正处理日常事务，特别是能够带领群众迅速致富，只有这样村干部才是真正的好当家人。否则，村干部就会失去权威基础。而《村委会组织法》实施后，又为群众挑选其领导人，提供了法律依据和合法渠道，使他们有可能通过选举方式选择干部。

来自政府任务增多和村民期盼提高的双重压力，加剧了干部双重角色的内在冲突，而冲突的焦点又集中于村干部的产生过程。湖北省杨村1990年和1996年的两次村委会选举便反映了这一状况。

二、村委会选举过程中的博弈

杨村是湖北省江汉平原中部的一个普通村庄，它无论在经济还是政

① 彭真：《通过群众自治实行基层直接民主》，《彭真文选（1941—1990）》，人民出版社，1991年版，第609、611页。

治发展方面，都能反映目前中国农村的状况，因此具有普遍意义。

杨村距城镇二十多公里，是一个典型的农村社区。全村有 536 户，1 783 人，共有耕地 2 400 亩（以旱田为主），属于棉产区。这些年，为增加收入，扩大了蔬菜和西瓜的种植面积，农产品的商品化程度得以提高，传统的自然经济开始向市场经济过渡。随着农业发展，工业副业虽然也开始起步，但由于杨村 60% 以上的劳动力仍从事农业生产，因此仍是一个以农业为主的村庄。

杨村的经济政治体制变迁状况与中国绝大多数村庄相似：1949 年后，杨村经历了土地改革、合作化和人民公社的经济社会组织变化；20 世纪 80 年代初，实行家庭联产承包责任制。杨村的分户经营的经济改革进行的较彻底，人民公社时期的集体资产基本上分到农户，生产也基本上以一家一户为单位进行，集体经济基础十分薄弱。村集体收入主要来自承包管理费，在 1995 年约有 3.5 万元。

杨村虽然在 20 世纪 80 年代初就实行了家庭承包制，但组织形式仍然沿袭人民公社时期的生产大队。1986 年 9 月中，中共中央和国务院发布了《关于加强农村基层政权建设的通知》，详细规定了村民委员会的建设。同全国一样，在政府统一领导和部署下，杨村由生产大队改为村，大队委员会改为村民委员会，生产小队改为村民小组。杨村的生产大队委员会在改为村民委员会后，其职能发生了一些变化，及由主要管理生产转变为主要从事社区公共管理，但其治理方式基本上沿袭着传统的行政管理体制。直到 1990 年，村民自治才进入杨村的治理进程，为杨村的治理注入了现代民主和法治因素。不过，由于杨村不属于各级政府重点建设的村民自治示范村，因而使杨村的村民自治进程与全国绝大多数村庄相似，其起点则是村委会的民主选举。

《中华人民共和国村民委员会组织法（试行）》在 1987 年 11 月通过并颁布，于 1988 年 6 月 1 日正式实行。1989 年 8 月 27 日，湖北省制定并颁布村委会组织法实施办法，村民自治作为国家的基本法律规范正式开始在农村基层生活中贯彻执行。1990 年下半年，在政府的布置和安排下，杨村根据《村组法》的精神推进行了第一次村委会选举。

杨村的村委会选举，大体经历了三个阶段：

（1）杨村所在的镇政府下派六名干部同杨村党支部一起组成该村村委会选举领导小组，小组的第一项工作是进行宣传动员。小组成员分别到各村民小组召开群众会议，组织学习《村组法》及有关法律文件，传达宣传选举精神。随后安排选举日程。

（2）采用召开全村党员大会提名候选人的方式，产生和确定正式候选人。每个与会党员发一张空白选票，采取无记名形式写下 7 个候选人姓名，随后由领导小组人员收回选票。当场唱票，并设专门的监票人监票。唱票完毕以后计票，并按得票多少取前 7 人为正式候选人。选举领导小组后来多加了 2 人，最后确定参加选举的正式候选人由原来的 7 人增为 9 名。9 名候选人中包括所有在职的 7 名村干部。另外 2 名候选人中，一位是第 1 村民小组组长，此人的工作能力强，当组长期间成绩突出，群众威信高；另一位是女性，曾任大队会计，她本已在一家镇办企业当会计，但由于专业能力强，仍被确定为正式候选人。从候选人的组成内容看，一方面保留了原村干部，另一方面一开始注重候选人的工作和专业能力，这与从突出政治转向经济建设中心的时代背景是一致的。

（3）正式投票。在选举日召开选举大会，公开投票选举村委会成员。凡有选举资格的村民都可以参加选举大会。首先由会议主持人宣布选举大会开始，然后宣读并通过选举办法，再由会议工作人员分发选票。9 个正式候选人的姓名印在投票前制好的选票上，实行差额选举。选民同意的候选人不超过 5 人。如果选民想在正式候选人之外选其他人，可将姓名写在选票上专门预留的空格处。选民填完选票后，将选票投在票箱中。投票毕，有会议工作人员唱票、监票和统计得票结果。

在此次投票中，得票最多的是原村党支部副书记。此人曾经在

1987年前长期担任生产大队长，与村民有着广泛联系。票居前五名的还有一位村民是9名正式候选人以外提名选举的人。此人为第6村民小组组长，能力强，有魄力，工作出色，群众威信高。而作为正式候选人的村支部书记和原村副主任，得票都较少。

投票结束后，由村委会选举领导小组确定新一届村委会成员。根据分工，得票较少的村党支部书记和得票最多的副书记都没有进入村委会。作为非正式候选人的第6村民小组组长也没有进入村委会。在其余7名正式候选人中根据得票多少取前5人，由其组成村委会。第1村民小组组长在这7人中得票最多而当选，原村委会副主任因得票较少而落选。

投票不涉及村委会成员的具体职位，村委会成员的职务由村党支部和镇干部商量决定。在这次选举中新一届村委会主任仍由选举前的村主任担任；村委会副主任则由新当选的原第1村民小组组长担任，其原来的组长职务被免去；村委会的治保委员、妇女委员和财经委员仍由原村委的原人担任。新一届村委会由与原村委会相比，除了副主任被换外，其他其余均没有变化。

杨村的村委会选举应该说是乡村基层民主政治前进的重要一步。在人民公社时期，该村也有过对生产队和生产大队干部的选举，但当时没有严格的法律做支撑。首先选举时选举时间具有随意性，不是按需按期举行。在相当长的一段时间内，干部主要由上级任命，特别是生产大队干部一般都是任命或连续在任。其次，选举没有严格的程序。各种选举方式都出现过，规则性和程序性不强，群众的意志难以得到充分体现。1990年的村委会选举是《村委会组织法》颁布实施后的第一次选举，整个选举过程都是按照法律程序进行的。从选举前的动员到正式投票都按一定规范运作，这一依法选举形式，在杨村历史上是从来没有过的。

当然，杨村的这次选举过程也反映出村民群众和政府组织系统对村干部的不同期盼和意向，是两种力量互相作用的结果。

由于是依法选举，并在选举前进行了广泛的政治动员，一般村民对村委会选举持积极态度，而且能够努力表达自己的意志。如在9名正式候选人之外，村民将原第6村民小组组长列为候选人，而且该人得到的选票亦足以让他进入村委会。此外，由于法律规范的制约，村民的意志也能在一定程度上得到体现。如作为正式候选人之一的原村副主任因票数不够未能进入村委会，原第1村民小组组长因票数多而当选为村委会成员。从总体上看，村民的投票意愿是将那些能为村民服务且有能力的人选入村委会，选出自己的好当家人。如得票最多的村党支部副书记、新入选的原第1村小组组长和作为非正式候选人而得票较多的原第6村民小组组长，其共同特点是与群众有广泛联系，工作能力强，为村民做了不少实事，群众威信高。

而镇党政干部对于村委会选举也具有相当的影响力，突出特点是由镇下派干部到村党支部组成的选举领导小组主导着整个选举过程：

（1）候选人主要通过党员大会提名产生，较容易体现政府意志，在党员提名基础上选举领导小组又加了2名候选人。

（2）尽管村党支部副书记在群众投票选举中得票最多，但处于分工需要，并未能进入村委会。

（3）有关村委会成员或成员的职务，并不是根据候选人的得票数来确定，而是由较多体现上级党组织意图的村党支部决定的。在5名进入村委会的成员中，得票最多的原第1村民小组组长没有担任村主任，而作为落选的村副主任的替补者。第6村民小组组长由于不是正式候选人，即使得票较多也未能进入村委会。

（4）选举的结果是，基本上保留了原村委会成员。

由镇下派干部指导村委会选举，反映了村民自治在起步之初，必须依靠政府的指导，否则村委会的依法选举根本无法进行。而政府在指导过程中，不可避免地会贯彻和体现其意志。从1990年杨村村委会选举看，政府的意图主要是使原村干部得以基本保留下来，从而保证村庄管理的连续性。

根据有关法规，杨村应该在三年后，即 1993 年进行村委会选换届选举。但是，换届选举没有如期进行。又过了三年，即 1996 年，杨村才进行村委会的换届选举。与 1990 年的选举相比，镇政府和村民对村干部期盼的倾向性更加突出。

在杨村村委会换届选举前，村民所在的镇按照上级要求进行了宣传动员，但对换届选举的重视程度已不如 1990 年，主要原因是当时镇干部正忙于两件大事：一是秋征，要在近期内用一切办法尽可能将农民所要交的各种税款收集起来。由于农民负担加重，这一任务十分艰巨；二是水利工程建设。1996 年湖北省遭受特大水灾，年底进行水利工程建设。由于杨村所在的镇参加建设的水利工程是本省的重点工程，并涉及本镇四百多户人家的搬迁，所以工作量特别大。在这一背景下，村委会换届选举势必受到影响。

当然，村委会换届选举毕竟是一件大事，政府还是给予了应有的关注。从选举程序和形式看，此次换届选举与 1990 年的选举大体相似，但也有以下特点：

（1）换届选举前进行了考核，确定了选举基调。1996 年 12 月 6 日，镇里的党委书记到杨村主持召开村组干部会，由村干部口头陈述自己的工作，随后就近召集 7 位村民听取意见。镇书记在群众座谈后表示，从总体上看，这一届村干部是称职的，其意是不希望有太大的变动。

（2）候选人提名进行了充分的酝酿。根据省政府的有关精神，换届选举采取联合提名候选人，先是每 10 户为一组联合提 1 名候选人，然后在此基础上集中、确定正式候选人。12 月 9 日，杨村党支部正副书记到镇派出机构——办事处总支具体讨论并决定新一届村委会的正式候选人。最后商定村委会成员基本不变，即新一届村委候选人由当时在任村委会成员构成。在任的 5 名村委会成员全部成为正式候选人。根据要求，选举方式为差额选举，正式候选人应为 6 人，而难度较大的是确定一名差额候选人。在任村委会中负责财务的委员由于能力有限，工作作风不能为群众接受，干部和群众普遍对他的印象都不好，村支部估计他有可能选不上。为此，领导小组决定将村出纳作为第6名正式候选人，以防财务委员万一选不上，出纳被选上他们便可调换工作岗位。

（3）选举结果与预期相同，选民的积极性不高。12月18日，杨村召开选举大会。村委会选举与区人大代表选举同时进行。选举应到1 286人，实到700多人。先选人大代表，再选村委会。村委会选举时，选举时间已较长，会议出现松散情况。村民填写选举票后陆续自动离开会场，然后由选举领导小组成员唱票、计票。选举结果与预期相同。村主任是唯一主任候选人而以高票当选，而被排在正式候选人最后一名的村出纳果然取代负责财务的委员被选进村委会。落选的委员任干部十多年，却在选举中落选，成为一般村民。

三、讨论与总结

杨村的两次村委会选举，基本上都是按照有关法律规范运作。但是与1990年的选举相比，1996年选举的民主原则精神有所弱化，村民参与的热情不高，自上而下的政府组织控制程度有所加强。而这与政府和村民对于村干部的期盼和村干部自身扮演的角色密切相关。

其一，政府对村干部产生的影响力较大，希望村干部能更好地贯彻执行政府意志。首先中国的经济改革目标虽然是建立社会主义市场经济，但对于一些重要的农产品仍然实行计划控制，如棉花开放经营后很快又重新恢复统购统销。杨村是产棉区，每年必须完成一定数量的上交棉花任务，而这一任务必须在政府布置下由村干部落实完和完成。其次，地方政府为完成各种目标和计划，发展本地经济，使村组织的任务大为增加。如杨村农民要交纳的各种税款逐年增加，即使1996年遭受水灾，税款也要如数上交，而这些任务不容易为群众接受，甚至不受欢迎。为此，政府必然希望村干部积极配合，更多的体现政府意志，积极完成任务。很显然，如果村干部过多地考虑村民意见，那么一些本不受欢迎的政府行为就难以实施。杨村所在镇的一位主管农业的副镇长，三十来岁，在中国最为开放的城市——上海一所著名的大学毕业，深受外来文化的影响。但作为副镇长，从政府行为的角度，他认为村民自治是20世纪80年代民主化浪潮的产物，实践证明这种选举措施无法实行。这位副镇长的想法代表了相当一部分基层政府官员的意向。正是出于强化政府管理的角度，政府希望村干部更多的扮演政府代理人的角色，担心由村民直接选出的干部不与政府配合，以致政府的工作难以开展、完成。这样政府不可避免地会加大对村干部产生的影响。

其二，村民对作为当家人的村干部的期盼愈来愈高。村民之所以对1996年的选举表现得较为冷漠，在相当程度上是不满村干部没能做好村民当家人的角色。在该村经济发展中，主要是依靠村民自身寻求致富的门路。村干部多次说要富村、富组、富户，但都没有什么实际行动，村民对此深表不满，认为不更换干部便难以改变这一状况。所以，当村民拿到选票后发现正式候选人仍然是原来的村干部，便感到非常失望，因而失去投票的兴趣。村民认为，长期担任村干部的“终身制”会造成一些干部不思进取或只图个人利益，以致忽略村民的福祉。

尽管1996年的选举并没有为村民提供太大的自主选择空间，但在这一有限空间内也反映出村民对干部的期望和评价尺度。村主任与村民的日常联系较多，能为村民做一些实事，因而获得村民较高的评价，结果在选举中以高票当选。落选的村财务委员文化水平较低，特别是长期担任干部，私心较重，对群众态度不好。而取代此人被选进村委会的原出纳，不仅业务能力强，而且文化水平高，亦希望能为村民做实事，工作热情高，所以得到村民的认可。

其三，村干部对代理人角色的认同程度较高。杨村的大多数村干部都产生于人民公社时期，比较习惯于传统的自上而下的行政管理方式。

特别是当村干部的产生受到更多政府影响时，村干部在双重角色的选择中，会偏重于扮演代理人的角色。该村党支部书记便是典型。此人担任村干部二十多年，对人民公社时期高度集中统一的管理方式十分熟悉。在 1990 年选举后，他与村主任在工作上有所分工，村主任在工作上有一定的独立性。但随后，村的权力越来越集中于他的手中，其重要原因是他熟悉过去高度集中统一的管理方式，在贯彻落实政府任务方面很有办法。如为解决税款难以上收的问题，他制定了“收款结账办法”，将收缴税款与干部的报酬联系起来，效果较好，该村因此受到政府的表扬。许多村民也认为，没有他这样的威权人物，是难以顺利完成政府任务的。但是，亦有相当一部分村民对他表示不满，以致他在 1990 年的选举中得票较少，而村民在 1996 年的选举持消极态度也与他有关，理由是村民认为他将主要精力用于完成政府的任务，没有做多少实事。特别是作为村里的主事人，大权在握，没有他的认可和支持，其他村干部在为村民服务方面也难有作为。

由杨村的两次选举和各方对村干部角色的期盼以及认同来看，可以得出如下结论：

（1）村干部在村庄治理过程中扮演着政府代理人和村民当家人的双重角色。双重角色从根本利益上是一致的，但在一定时间和空间中也会产生冲突，甚至陷入左右为难的困境之中。这正是学界对当前实施的村民自治产生截然不同评价的重要原因所在。

（2）政府和村民对村干部有不同的期盼，这表现在村民自治的各个方面，如干部选举、对村务管理等。它实质上反映了国家与社会、行政权与自治权的关系。在村民自治发育之初，政府的影响较大，村干部往往更多扮演的是政府代理人的角色。不少人因此对村民自治缺乏信心，希望将村委会政权化或准政权化，成为政府名副其实的“腿”。

（3）应该看到，村干部角色冲突的加剧是在政府任务不断加重的特定宏观背景下出现的，但这并不意味着村民自治不切实际或已经失败。村民自治的发育是一个长期过程，通过改善宏观环境，规范政府行为，调整政治体系，在“乡政村治”的总体框架下，村干部的双重角色仍有可能得到合理的调试，从而实现国家和社会的权力互强。

（原载《二十一世纪》1997 年第 8 期）

“分”与“合”：质性研究视角下农村区域性村庄分类

摘　要：“因地制宜”进行“分类指导”是制定农村政策的基本方法，其前提是要对“地”的属性和“类”的划分进行深入调查和研究。本文认为，质性研究是“因地”和“分类”的有效方法。“因地”和“分类”都反映了国家整体与部分的关系，“分”与“合”是基本维度。为了把握各个部分的特性，需要引进“区域”和“村庄”作为调查和研究单位。根据“分”与“合”的维度，可将中国分为七大类型的区域性村庄。

关键词：质性研究；农村；区域性；村庄

在我国，经历了数十年的艰苦探索，且付出了沉重代价，才得以形成农村基本的经营制度及相应的基本政策和基本方法，即以家庭经营为基础，统分结合，双层经营，宜统则统，宜分则分，因地制宜，分类指导。但在实际进程中，为什么和怎么样才能做到“宜统则统、宜分则分”，“因地制宜”，进行“分类指导”，却还有待继续深入探讨。在实践中往往出现“统得过死，分得过多”，或者一刀切，很难因地制宜，分类指导作出决策。其重要原因之一就是对“地”的属性和“类”的区分缺乏深入调查和研究，对整个农村实际情况的认识更多的是片断的、零碎的、表层的。这就需要学界对中国农村进行深入调查和深度研究，为因地制宜，分类指导的国家决策提供依据。而区域性村庄则是农村研究的重要内容。

一、“因地”与“分类”：质性研究方法

社会科学是现代社会分工的产物。作为一种社会科学研究，重要的不是发表政策言论，而是为制定政策提供理论与实际依据，供决策者参考和选择。这是现代社会分工的要求。学者只有寻找到最适合于自己的位置，才能发挥自己独特的优势。长期以来，从事农村研究的学者不少，发表的成果更是浩如烟海，但是能够对决策层产生直接或间接、短期或长期影响的成果却少之甚少。作为学人，我们可以对政策发表意见，乃至评头论足，但最重要的是要反思，学者对政策的制定提供了什么有独特价值的贡献？

中国是一个历史悠久，地域辽阔的大国，地区发展不平衡，因地制宜与分类指导因此成为制定农村政策的基本原则，也是农村研究的重要目标。所谓因地制宜，就是根据各地的实际情况，制定适宜的办法。这就意味着，此“地”与彼“地”不同；所谓“分类指导”，就是根据事物的类型状况进行有针对性的指导。这就意味着，此“类”与彼“类”不同。因此，“地”和“类”是在比较中界定的，具有一种区别于其他“地”和“类”的特质和特性。农村研究最重要的是准确把握“地”和“类”的属性和特质，政策制定者才有可能“因地”和“分类”作出决策。

社会科学研究不同于一般的言论发表，特别需要方法论的自觉，并选择最为适合的方法达到自己的研究目的。农村研究要准确把握“地”和“类”的属性和特质，需要研究者在学术目标指导下，进行实地调查，收集资料，通过分析来完成，因此特别适合于“质性研究”（又被

称为“质化研究”“质的研究”）方法。这一方法被认为是“以研究者本人作为研究工具，在自然情境下采用多种资料收集方法，对社会现象进行整体性探究，主要使用归纳法分析资料和形成理论，通过与研究对象互动对其行为和意义建构获得解释性理解的一种活动”①。质性研究方法为什么是最为适合的方法呢？

首先在于以实际调查为基础的多种资料的收集。农村研究要了解“地”和“类”的属性，需要直接面对“地”和“类”加以认识，而不能凭空想象。即使是文学作品特别强调想象力，也有必要的实体基础，否则容易产生鲁迅所说的“燕山雪花大如席”尚属正常的夸张，而说“广州雪花大如席”就太离谱了。正因为如此，做农村研究的，一开始就将实地调查作为首要方法。人类学、民族学、社会学等重视实地调查的学科成为农村研究的重要支撑。实地调查的目的是认识对象，收集资料，但收集资料不仅仅依靠实地调查，还需要其他方法加以补充，如历史文献资料的收集等。

其次在于整体性探究。农村研究要了解“地”和“类”的属性，需要在整体比较中发现。换言之，农村研究不能仅仅只是对某一个“地”和“类”进行了调查便得出结论，它需要对构成“地”和“类”的范围进行整体比较才能发现此“地”与彼“地”、此“类”与彼“类”的不同。在农村研究中，我们经常会看到对村庄的分类，但这种分类大多属于研究者对某一个地方和类型进行了调查得出来的结论，而不是整体内相同维度中的差异比较，因此很容易产生一村一类型的轻率结论。所以，为了在普遍性中发现差异性，质化研究并不排斥量化研究。只是量化研究很容易采用他人资料和数据，往往会造成资料来源的同质性无法发现“地”和“类”的差异性。

再次在于通过归纳产生理论。农村研究要了解“地”和“类”的属性，调查和比较是基础，最后要产生结论和理论，即通过调查和比较，

---

① 陈向明：《质的研究方法与社会科学研究》，教育科学出版社，2000年版，第12页。

我们能够作出什么判断并提供给他人呢？从提供理论的角度看，质性研究与其他研究没有区别，区别在于如何得出理论。质性研究是通过归纳的方法产生理论的，这不同于理论演绎和量化假设。为了得出准确的判断，质性研究要求在自然情境下，而不是人为制造的场景下，通过客观中立的调查，获得完整准确的材料，然后对材料加以归纳，最后得出结论。只有这样，我们对“地”和“类”的界定才是可供参考和验证的。

最后在于与对象的互动。农村研究要了解“地”和“类”的属性，要在与对象互动中发现。因为，农村研究的“地”和“类”与一般自然界的“地”和“类”有所不同，它是自然—社会—历史交互作用的产物。研究者在进行调查时，不仅要把握自然环境，而且要掌握人文社会和历史，调查中要与人交往和互动，才能发现“地”和“类”的属性及其与他“地”和“类”的区别。如在调查中，我们可以通过方言发现某“地”和“类”的属性及其区别，但方言只有在与对象互动中才能意识到。

二、“分”与“合”：维度与条件

农村研究关注“因地”与“分类”，均涉及整体与部分的关系。“因地”通常是指在一个国家整体内，由于不同条件形成不同地方的特点；“分类”通常是指对一个事物整体内的不同要素区分为不同类型。如何界定农村研究中的整体与部分的关系呢？这就需要寻找统一的维度，这一维度就是“分”与“合”。

“分”是由整体中分化或产生出部分，包括分开、分散、分化、分离等，“合”是指各个部分合为一个整体，包括合作、合成、整合、结合、联合等。“分”在于个别性、部分性，“合”在于一般性、整体性。“分”与“合”是人类社会一般的表现形态。中国著名小说《三国演义》开篇就表达：“话说天下大势，分久必合，合久必分。”现代社会科学通过不同的科学概念对“分”与“合”的状态进行概括，如经济学领域的“分工”与“合作”，社会学领域的“社会分化”与“社会整合”，政治学领域的“分权”与“集权”等。

人类是作为个体的“人”与作为整体的“类”共同构成的。从人类社会的发展看，“分”通常意味着变化，由一个整体向不同部分的变化过程。如在中国，由“天下为公”分裂为“天下为家”，由“天下为家”分裂为“天下为人”，整体社会不断裂变为一个个独立的个体，先是家庭，后是个人。“合”通常意味着秩序，由不同的部分通过一定方式形成一个有序的整体。尽管整体会裂变为个体，但个体不可能脱离整体而存在，任何个体都是相对整体而言的。将不同的个体结合为整体就会形成一种秩序。有序，整体就会存在；无序，整体就会解体。尽管“天下为公”会裂变为“天下为家”，但是一个个“家”又会结合成为“国”和“天下”。如“齐家治国平天下”，“齐”“治”“平”就是结合的机制与手段。“分”与“合”是相对而言，是部分与整体的关系。这一关系是农村研究中的“因地”和“分类”的基本维度。

人类社会的“分”与“合”不是无缘无故发生的，必然受条件的制约。马克思说：“人们自己创造自己的历史，但是他们并不是随心所欲地创造，并不是在他们自己选定的条件下创造，而是在直接碰到的、既定的、从过去承继下来的条件下创造。”① 构成农村研究中的“地”与“类”的条件并影响农村社会“分”与“合”的条件主要有：

（一）自然条件

自然是指人所面对的宇宙万物；是宇宙生物界和非生物界的总和。对于农村来说，自然具有十分特殊的意义。这在于农村是以农业产业为基础的，而农业与工业相比，对自然具有高度的依存度。自然条件为人们的生存设置前提条件，构成人们生存的自然环境。愈是人类早期，受自然条件的制约愈大；愈是农业社会，对自然条件的依赖愈大，甚至赋

---

① 《马克思恩格斯选集》第1卷，人民出版社，1995年版，第585页。

予其神圣价值，如“风水”。

自然条件是由各种自然因素（包括人化自然）构成的自然环境系统，主要包括：天（气候）、地（地形）、水、土、区位等，形成了所谓的“一方水土”，即“地”，并分为不同的类型。而“一方水土养育一方人”，不同地方会产生不同人的特性和行为。法国启蒙学者孟德斯鸠认为，气候是人的品性和行为的决定因素，“气候的权力强于一切权力”。酷热有害于力量和勇气，寒冷赋予人类头脑和身体以某种力量，使人们能够从事持久、艰巨、伟大而勇敢的行动，因此，“热带民族的懦弱往往使他们陷于奴隶地位，而寒带民族的强悍则使他们保持自由的地位。所有这些都是自然原因造成的”①。孟德斯鸠可能言过其实，但自然条件对人类社会的影响无疑具有重大作用，并制约着“分”与“合”。一般来讲，在自然条件比较适宜的地方，“分”的可能性更大；而为了应对恶劣的条件，“合”的可能性更大。

（二）社会条件

社会是人们通过交往形成的社会关系的总和，是人类生活的共同体。社会是由各种要素构成的社会环境系统，主要包括：以物质生产为基础的经济要素、以人口生产为基础的社会因素、以观念生产为基础的文化因素和以治理生产为基础的政治因素。由于不同性质的要素，决定社会分为不同的形态，而人类社会形态又是在一定的空间里存在的。法国学者列斐伏尔认为：“社会生产关系仅就其空间中存在而言才具有社会存在；社会生产关系在生产空间的同时将自身投射到空间中，将自身铭刻进空间。否则，社会生产关系就仍然停留在‘纯粹的’的抽象中。”② 因此，不同的社会条件便造成不同的“地”和“类”，对人的

---

① 孟德斯鸠著，许明龙译：《论法的精神》（上卷），商务印书馆，2012年版，第321页。

② 转引自德雷克·格利高里、约翰·厄里编，谢礼圣、吕增奎等译：《社会关系与空间结构》，北京师范大学出版社，2011年版，第95页。

行为产生直接的作用，并成为造成人类社会“分”与“合”的直接因素。如在自然经济条件下，“合”的可能性更大，最小的经济单位也是作为共同体的“家”；在商品经济条件下，“分”的可能性更大，最小的经济主体可以是作为个体的个人，商品经济伴随着社会分化，当然也意味着更高层次的社会整合。

（三）历史条件

人类社会是一个不断生长、发展、演化的漫长进程。无论是自然还是社会，都是在历史进程中变化并构成人类存在条件的，由此构成由不同文明断层组合的历史形态。只有将自然和社会条件置于不同的历史形态中才能发现其动态演化的过程，也才能更准确理解“地”与“类”的特性和对人的行为的制约。如人类社会就是共同体裂变为个体，分化为不同个体的过程，同时也是一个由不同个体结合为新的共同体的历史演变过程。“分”与“合”贯穿于整个历史过程之中，但在不同的历史时空里表现形式则不一。德国社会学家滕尼斯在其《共同体与社会》一书中便表达了这一思想。马克思更是从自由的角度论述了个人与共同体（“类”）结合的演变及其不同类型，指出：“从前各个人联合而成的虚假的共同体，总是相对于各个人而独立的；由于这种共同体是一个阶级反对另一个阶级的联合，因此对于被统治的阶级来说，它不仅是完全虚幻的共同体，而且是新的桎梏。在真正的共同体的条件下，各个人在自己的联合中并通过这种联合获得自己的自由。”① 人类社会是一个过程，形成不同的层面，有的进化时间长，层面多，有的反之。因此，对农村研究中的“地”与“类”及其“分”与“合”的考察，要十分注意历史条件。

历史是一个过程。这一过程是由不同阶段与节点构成的。中国农村研究的历史维度主要有两个：一是传统与现代。一般来讲，人们将

① 《马克思恩格斯选集》第1卷，人民出版社，1995年版，第119页。

农业社会称为传统社会，将工业社会称为现代社会。由此，现代工业社会之前的社会都可以称为农业社会。现代化就是由传统农业社会向现代工业社会转变的过程，传统性与现代性是了解作为农村研究对象的区域性的重要历史维度。二是形态与实态（1949 年前后）。在传统农业社会，由于各种条件的制约，区域的异质性差别非常突出，并构成不同区域的传统形态。而现代国家则是一个由多样性向一致性、一体性变迁的过程。但是这一过程正在变化之中，尚未完全定型，因此构成当下的研究者着手研究时的实际状态。在中国，形态与实态的分界线可以 1949 年为界。尽管 1949 年前，中国的传统形态已有些许变化，但“改天换地”的全面变革则在 1949 年以后，且这一变革尚处于了而未了的过程之中。

只有在充分了解自然、社会和历史条件的基础上，我们才能有效地“因地”和“分类”，了解人为何而“分”、因何而“合”，其内在的机理如何。

三、作为农村研究对象的区域与村庄

“因地”着重于整体中不同部分，“分类”也在于对整体中不同类型加以区分。就整体和类型单位而言，国家是整体，“地”和“类”分别是国家整体之下的不同部分。换言之，国家是由不同的部分构成的。农村研究要通过调查和归纳方法，研究一个国家的“地”和“类”的特性，但我们不可能穷尽所有对象，而且也没有必要。中国有数十万个村庄，数亿农村人口，我们不可能也没有必要都进行调查，再归纳出“地”和“类”的属性。这就需要寻找合适的研究单位，而区域是重要的研究单位。

区域是一个地域空间概念，一定地域总是由不同的区域所构成的。农村研究要了解的“地”和“类”，总是存在于一定的区域空间内。在农村研究中，引进“区域”单位是非常必要的。

区域和地方都是国家整体中的部分。但区域研究不能等同于地方研究，区域社会研究的价值不仅仅在于对某一个地方的现象的研究，更重要的是寻求造成区域性特性的构成要素，从而形成区别于其他区域的特质。因此，区域研究至少有两个基本特征：一是同质性，即同一区域具有大体相同的特质，正因为这一特质而造成该区域相类似的现象较多，具有区域普遍性。当然这种同质性并不是区域现象的绝对同一性，主要在于其规定的现象多于其他区域；二是异质性，即不同区域具有比较明显的差异性特征，正因为这一特质造成该区域同类现象不同于其他区域的同类现象。无论是同质性还是异质性，都需要经过比较才能体现，而比较则需要有确定的标准。因此，区域研究与地方研究都属于国家整体的部分研究，但又有不同。地方研究可以不用比较，是某个地方就是某个地方，其研究限定于某个地方。而区域研究一定要发现该区域与其他区域所不同的特质，一定是在比较中才能发现其特质，且这种特质是内生的、内在的，而不只是外部性的现象①。

作为农村研究对象的区域性，主要是指某类现象在某个区域内更为集中，并因此与其他区域不同。在中国，最大的区域差异是北方与南方。中国地理分布的分界线之一是秦岭、淮河一线，以北为北方区域，以南为南方区域。费正清曾描述道：“凡是飞过大陆中国那一望无际的灰色云天、薄雾和晴空的任何一位旅客，都会显眼地看到两幅典型的画面，一幅是华北的画面，一幅是华南的画面。”② 在世界上，很难找到有中国这样南北差异之大，并对经济社会政治产生巨大影响的国家。中国历史上就曾数度出现过南北分化、分裂、分治时期，如南朝、南宋。南北差异也给政治决策和走向带来影响，如开辟大运河，首都东移和北

① 参见徐勇：《区域社会视角下农村集体经营与家庭经营的根基与机理》，《中共党史研究》2016 年第 4 期。

② 费正清著，张理京译：《美国与中国》，世界知识出版社，1999 年版，第 4 页。

进，政治过程中的南巡和北伐等。这都表明中国北方和南方有着不同的自然—社会—历史土壤，会生长出不同的结果。如我国农村合作化起源于北方，而分田到户则发源于南方。因此，将区域性作为农村研究的对象，有利于根据区域性特质“因地制宜”和“分类指导”。

国家是由不同区域构成的空间单位。一般来讲，区域的范围比较大。要对区域内的所有对象进行调查研究，不可能也无必要。由此需要进行二次分类。村庄则是农村研究的基本单位，也是发现区域特性的重要基础。只有通过对村庄性的深刻把握才能深入把握区域性。

农村社会是由一个个村庄构成的，村庄是农村社会成员的地域聚落，农民的生产、生活和社会交往都是在村庄内完成的。对于传统社会的农民来说，村庄就是其世界，人生的终身都可能在村庄内度过，因此有所谓“十里不同音，百里不同俗”的说法。愈是进入现代社会，村庄的地位愈益重要。1949 年以后，伴随着集体化，村庄成为具有明确和固定边界的单位，集体经济以村庄为单位组织，即“村集体”。同时，村庄也成为国家治理的基本单位，即“行政村”。

更重要的是，村庄不仅仅是农业空间聚落，而且是人与人的结合，并形成人与人之间的关系及其相应的意识形态。透过村庄这一微观的社会组织，我们有可能发现整个农业社会及其区域性特质的构成要素。法国学者列斐伏尔认为：“社会生产关系仅就其空间中存在而言才具有社会存在；社会生产关系在生产空间的同时将自身投射到空间中，将自身铭刻进空间。否则，社会生产关系就仍然停留在‘纯粹的’的抽象中。”① 农业社会关系及其区域性特质都将通过一个个村落空间体现出来。换言之，没有村庄载体，农业社会及其区域性就无从充分展示出来。因此，村庄是农村社会一个完备的基本组织单位，亦成为农村研究的基本单位。

① 转引自德雷克·格利高里、约翰·厄里编，谢礼圣、吕增奎等译：《社会关系与空间结构》，北京师范大学出版社，2011 年版，第 95 页。

将村庄作为农村研究的基本单位，并通过村庄性把握区域性，对于运用质化研究方法把握农村研究中的“地”与“类”具有重要价值。与量化研究强调普遍性相比，质性研究更强调深度性，即通过深度调查，“将一口井打深”，来获得对对象特性的深入理解。因此，质性研究十分强调“扎根理论”和“深描”。

“扎根理论”是质性研究的一种重要方法。“扎根理论方法包括一些系统而又灵活的准则（guideline），让你搜集和分析质性数据，并扎根在数据中建构理论。”① 这一方法要求：第一，进入现场搜集和分析，这是前提；第二，数据是质性数据，其最能反映对象本质特征的数据；第三，扎根于所搜集的数据之中建构理论，而不是在数据之外推导出来的理论。因此，运用扎根理论方法，进入村庄现场调查，是了解村庄特性的有效方法。

“深描”作为质性研究方法，是相对“浅描”而言的，特别强调互动性、过程性、细节性和情境性②。“深描”最早用于人类学研究，是基于一种异文化的调查研究方法，用此方法可以更好地发现和比较不同对象的特质，也是发现村庄特性的有效方法。尽管“深描”注重细节，甚至微不足道的小事，但是绝不是什么小事都要进行研究，恰恰相反，对对象必须有所取舍，以选择最能达到研究目的的对象③。这种研究显然有助于在比较取舍中把握村庄的特性。

质性研究的“扎根理论”和“深描”都特别强调研究者的亲身调查与经验。但是，要让调查者对调查区域的所有村庄进行调查，然后产生结论，是不可能，也没有必要的。村庄在英文中为“village”，有一句西方谚语说：“Every village has its idiosyncrasy and its constitution”，就

① 凯西·卡麦兹著，边国英译：《建构扎根理论：质性研究实践指南》，重庆大学出版社，2009 年版，第 3 页。

② 参见陈向明：《质的研究方法与社会科学研究》，教育科学出版社，2000 年版，第 347 页。

③ 参见澜清：《深描与人类学田野调查》，《苏州大学学报》（哲学社会科学版）2005 年第 1 期。

是说每一个村庄，都有自己的特性和脾气。但每一个村庄也有其同类型的共同性，我们可以通过寻找其共同性把握某区域的村庄性。这就需要寻找符合区域理想类型的村庄。

理想类型研究是德国社会学家韦伯所创立的研究方法。这种研究将事物的本质特性抽象出来，加以分类，如韦伯将统治合法性的类型分为三类。在农村研究中，可以借用这一研究思路和方法，选择最符合区域性特征的村庄进行深度调查。区域性特征就是研究者的目标和理想类型。只要选择若干最能体现区域性的村庄进行调查研究，就有可能从总体上把握该区域类似村庄的共同特征，而不必要对所在区域的所有村庄都进行调查研究。因此，村庄性与区域性是相联系的。只有从区域性整体特征出发，才能选择最能反映区域特征的村庄；只有深度把握村庄特性，才能充分说明区域特性。

相对区域而言，村庄的范围小得多，更容易作深度调查基础上的质化研究，将区域性具体化、实证化、动态化。“因地制宜”的“地”和“分类指导”的“类”最具体和最终体现在村庄属性上。由此要根据不同的标准对村庄加以分类。

1. 以村庄名称为标准的分类。村庄名称是一种符号，通过这一符号，可以发现某类村庄的特质。在中国，村庄的“姓”以人的姓命名的非常多，反映了血缘关系与农耕社会同一体的特质。但在不同区域，村庄的“名”却有区别。如在黄河区域，村庄更多是以庄、寨、营、屯、卫等冠名，村庄的建构性群体性强；在长江区域，村庄更多是以村、冲、湾、垸、岗、台等冠名，村庄的自然性个体性强，与水相关。

2. 以居住状态为标准的分类。村庄是农村社会成员的居住聚落。村庄名称是一个村庄的标识和指称。这种标识和指称并不是随心所欲的想象，而有其内在的含义，反映了一种居住状态。根据居住状态，可以分为“集居村”和“散居村”。庄、寨、营、屯、卫、店等，更多的是一个人口居住相对集中的农村聚落，集居、群居，集聚度高，属于集居型村庄，即“由许多乡村住宅集聚在一起而形成的大型村落或乡村集市。其规模相差极大，从数千人的大村到几十人的小村不等，但各农户须密集居住，且以道路交叉点、溪流、池塘或庙宇、祠堂等公共设施作为标志，形成聚落的中心；农家集中于有限的范围，耕地则分布于所有房舍的周围，每一农家的耕地分散在几个地点”①。村、冲、湾、垸、岗、台等，更多的是人口居住相对分散的农村聚落，主要是散居，甚至独居，分散度高，属于散漫型村庄，即“每个农户的住宅零星分布，尽可能地靠近农户生计依赖的田地、山林或河流湖泊；彼此之间的距离因地而异，但并无明显的隶属关系或阶层差别，所以聚落也就没有明显的中心”②。鲁西奇认为，传统中国的农村聚落状态，“从总体上看，北方地区的乡村聚落规模普遍较大，较大规模的集居村落占据主导地位”；而在南方地区，“大抵一直是散村状态占据主导地位；南方地区的乡村聚落，虽然也有部分发展成为集村，但集村在全部村落中所占的比例一直比较低，而散村无论是数量、还是居住的人口总数，则一直占据压倒性多数”③。

3. 以村庄形成为标准的分类。无论是集村，还是散村，都是在历史进程中形成的。根据村庄形成的标准，可以为分自然村和行政村。自然村是由村民经过长时间聚居而自然形成的村落。其语言相对独立统一，风俗习惯约定俗成，以家族为中心。自然村数量大、分布广、规模大小不一，有仅个别住户的孤村（如在山区），也有数百人口的大村（如在人口稠密的平原地区）。自然村是农民日常生活和交往的单位，但不是一个社会管理单位。为便于国家管理，国家建构农村社会管理单位，即行政村。行政村是为实现国家意志而设立的，是一种体制性组

① 鲁西奇：《散村与集村：传统中国的乡村聚落形态及其演变》，《华中师范大学学报》（人文社会科学版）2013 年第 4 期。

② 鲁西奇：《散村与集村：传统中国的乡村聚落形态及其演变》，《华中师范大学学报》（人文社会科学版）2013 年第 4 期。

③ 鲁西奇：《散村与集村：传统中国的乡村聚落形态及其演变》，《华中师范大学学报》（人文社会科学版）2013 年第 4 期。

织，又称为“建制村”。在不同的时代，行政建制名称不一样。如秦汉时期的乡里、明清时期的保甲。自然村与行政村有可能相重合，也有可能不一致。在南方散村区域，自然村一般较小，通常是若干个自然村合为一个行政村。在北方集村区域，自然村较大，往往是一个自然村为一个行政村。显然，自然村与行政村的合一，有助于国家意志的贯彻实施，村与户的关系更为紧密。

4. 以血缘关系为标准的分类。无论是自然村，还是行政村，其基本组织单元都是由血缘关系构成的家庭。血缘关系是农村村庄存在的基本关系。在中国，血缘通常以姓氏加以表征。根据血缘关系，村庄可以分为“单姓村”和“多姓村”。单姓村指一个村一个姓氏。如宗族社会的村庄通常都是单姓村，自然村往往是单姓村。多姓村指一个村庄内有多个姓氏的人构成，意味着村庄成员来自不同的血缘家庭，村庄因地缘结合的特征突出。而“多姓村”又可以进一步分类为“主姓村”和“杂姓村”，前者意味着以一个或者若干姓为主，后者看不出明显的主姓。

根据不同标准，村庄还可以进一步细化，如根据经济水平分为贫困村和富裕村；根据产业类型，可以分为农业村、牧业村、农工商合一村；根据村庄成长历史，可以分为历史名村、移民新村；根据民族归属，可以分为汉族村、少数民族村，等等。但就作为农村研究对象的村庄性而言，村庄的分类不是随意和无限的，而要与区域性的理想类型关联起来，寻找村庄分类对于理解区域性和村庄性具有一定的价值与意义。比如，集聚和散居不仅仅是一种居住形态的差异，同时也蕴育着人与人之间的结合关系及其意识形态，从而建构起“村庄性”。鲁西奇就认为：采用怎样的居住方式，是集中居住（形成大村）还是分散居住（形成散村或独立农舍），对于乡村居民来说，至关重要，它不仅关系到他们从事农业生产的方式（来往田地、山林或湖泊间的距离，运送肥料、种子与收获物的方式等），还关系到乡村社会的社会关系与组织方式，甚至关系到他们对待官府（国家）、社会的态度与应对方式[①]。而在法国学者阿·德芒戎看来：每一居住形式，都为社会生活提供一个不同的背景；村庄就是靠近、接触，使思想感情一致；散居状态下，“一切都谈的是分离，一切都标志着分开住”。因此，也就产生了法国学者维达尔·德·拉·布拉什所精辟指出的村民和散居农民的差异：“在聚居的教堂钟楼周围的农村人口中，发展成一种特有的生活，即具有古老法国的力量和组织的村庄生活。虽然村庄的天地很局限，从外面进来的声音很微弱，它却组成一个能接受普遍影响的小小社会。它的人口不是分散成分子，而是结合成一个核心；而且这种初步的组织就足以把握住它。”[②] 所以，村庄分类不是为了分类，更主要的是通过分类，更好地把握村庄性乃至区域性。

四、作为农村研究对象的区域性村庄分类

“分”与“合”是对人类社会的存在状态，也是农村研究的基本标准。由于自然社会历史的条件不同，“分”与“合”在一个国家内不同农村区域的表现形式不一样，使得某些村庄在一定区域存在多一些，某些村庄在一定区域存在少些，由此构成不同的区域性村庄。

根据“分”与“合”的维度与自然—社会—历史条件，执照典型化分类的标准，我们可以将中国农村分为以下七大区域性村庄：

1.“有分化更有整合”的华南宗族村庄。“聚族而居”是华南宗族村庄的存在状态。血缘关系是人类最原始、最基本、最古老的关系。人类最初是以“群”（“类”）的方式生存，早期传统农村实行“聚族而居”，通过一个个由血缘姓氏结合而成的宗族将农村社会成员组织起来，

---

① 鲁西奇：《散村与集村：传统中国的乡村聚落形态及其演变》，《华中师范大学学报》（人文社会科学版）2013年第4期。

② 阿·德芒戎著，葛以德译：《人文地理学问题》，商务印书馆，1993年版，第192页。

形成“家族同构、族高于家”的宗族村庄。宗族村庄普遍存在于早期中国农耕区域。在漫长的历史长河里，由于多种原因，“聚族而居”的宗族村庄社会四分五裂为一个个个体家庭构成的分散型村庄。但在中国的南方，特别是赣南、闽西南、粤东北、浙南、皖南、湘南、鄂南、四川等区域尚存在比较完整的宗族村庄。这类宗族村庄因集中存在于赣南、闽西南、粤东北等地，所以以“华南宗族村庄”加以概括，其最典型的特征就是保留了完整的传统宗族社会，构成了中国传统农村的历史底色。

需要说明注意的是，华南是一个区域性概念，并不是所有的华南区域的农村都以宗族村庄的形式加以体现，也不是只有华南才有宗族村庄，而是指宗族村庄在华南区域更为集中，保存下来更为完整。我们通过对华南区域的宗族村庄的了解，基本可以把握宗族村庄的整体状况。

华南宗族村庄的气候环境和水利条件适宜于农耕，属于水稻产区。许多村庄交通便利，有一定的商业，但总体来看，地理位置偏僻，处于国家地域中的边缘地带。与南方区域的散村形态不同，宗族村庄通常为集居形态。这与宗族村庄大多因战乱迁移，特别注重整体安全有关。

“有分化更有整合”是宗族村庄的鲜明特征。宗族与氏族不同，它是以个体家庭为基本单位的。如果说宗族是“大家”，那么，个体家庭则是“小家”，只是“小家”是由以共同的祖宗为纽带的宗族“大家”分化出来的。“小家”尽管有相对独立性，但是与宗族“大家”有紧密的联系，宗族村庄通过共同的血缘关系、财产关系、社会关系、文化关系和治理关系将各个小家和个人结合或者整合在一起，形成以血缘关系为基础的共同体。这类村庄有“分”，但更有“合”，或者更强调“合”，并有促进“合”的机制。因此，宗族村庄以宗族整体性为最高标准，其内部存在差异性，但更有将差异性抑制在整体性框架内的机制，从而形成宗族村庄秩序。

宗族村庄在对“因地”和“分类”的农村研究中具有重要价值。

其核心是整体性与差异性、“分”与“合”的并存，特别是在如何“分”与“合”方面有诸多机制。如通过适度的“分”获得宗族竞争活力，通过公共财产形成维系宗族共同体的财产基础。中国农村改革权威杜润生就在论证“分田到户”的合理性时指出：“所有权和使用权的两权分离，过去在中国社会也曾存在过，但不是很普遍，比如村庄的祠堂地、村社土地一类。”① 当下，许多地方以行政村为基础的村民自治陷入困境，而在广东清远市农村的村民自治却十分活跃，其重要原因是以宗族为基础的自然村作为自治载体，并以自然村的自治推动着土地的整合。

正因为宗族村庄存在久远，至今仍然有很大影响，且内在机理仍然有重要价值，所以成为农村研究中的重要对象，产出的成果也较多。只是对这类村庄为何存在，如何存续还有许多未解之谜，也还存在许多问题需要通过调查进一步探讨。如研究中国宗族村庄的权威专家的弗里德曼将水稻种植作为宗族村庄存续的理由之一，但是我们如果进一步追问，同样是水稻区，为什么宗族村庄未能存续呢？显然，宗族村庄还有许多问题需要在充分调查基础上进行研究。

2.“有分化缺整合”的长江家户村庄。“随水而居”是长江家户村庄的存在形态。气候与水对于农业具有至关重要的影响。以秦岭、淮河为界，中国形成南北两大区域，分别有两大水系，即南方的长江与北方的黄河，由此构成南北两大农村核心区域，并具有各自的特质。在长江流域，特别是长江中上游，即四川、重庆、湖北、湖南、江西、安徽等地，主要为平原与丘陵，主产水稻，属于稻作区，人们随水而居。自然村和散居村多，村名大多与水相关，如冲、湾、垸、岗、台等。一个个家户星罗棋布散落于平面形态的小块水田旁，形成最为典型的传统小农经济，即一家一户、农业与手工业结合、自给自足的自然经济。在自然

① 杜润生：《杜润生自述：中国农村体制变革重大决策纪实》，人民出版社，2005年版，第153页。

经济形态占主导地位的传统社会，小农经济状态决定着国家的兴衰，所谓“湖广熟，天下足”。长江中上游区域最为典型的特征是家户小农经济基础上的家户社会。家户社会以血缘关系为基础，以裂变的个体家庭为中心和本位，不同于宗族社会。

“有分化缺整合”是长江家户村庄的鲜明特征。如果将“聚族而居”的宗族村庄视为大树的话，那么，“随水而居”的家户村庄则是大树的枝丫和树叶。只是与宗族村庄不同，家户村庄的个体家户与远祖缺乏内在的联系，犹如脱离了树干散落在各地的枝叶。个体家户及其相近的亲族在日常生活中占主导地位，近亲愈近，远亲愈远，缺乏对共同祖宗崇拜、共同地域、共同财产、共同社会关系、共同价值、共同治理等机制将一个个个体家户联结起来，形成具有整体性的共同体。家户本位的私人性、差异性、竞争性强，村庄联系和合作的整体性、共同性弱。

家户村庄是最为典型的中国农村底色。毛泽东在 1940 年代就指出：“在农民群众方面，几千年来都是个体经济，一家一户就是一个生产单位，这种分散的个体生产，就是封建统治的经济基础，而使农民自己陷于永远的穷苦。克服这种状况的唯一办法，就是逐步地集体化；而达到集体化的唯一道路，依据列宁所说，就是经过合作社。”① 由分散的个体家户生产走向农民合作的集体生产，是中国农业社会主义改造的基本前提。只是这种改造带有很强的国家整合的特点，换言之，农村的“合”主要是外部力量推动，由此形成的人民公社统一经营体制缺乏必要的农村社会基础。而对公社统一经营最不适应且率先对这一经营体制挑战，探索包产到户（民间习称“分田单干”）的则集中于长江中上游区域。民间一度流行“要吃米，找万里”的说法。

当然，家户村庄也有其限度。一家一户为单位的家户村庄将个体家户的私人性激发出来，分化带来了活力，但由于缺乏必要的横向机制将一家一户联接起来，形成有机的整体，只能依靠政府的纵向整合，而这

---

① 《毛泽东选集》第 3 卷，人民出版社，1991 年版，第 931 页。

种整合往往会进一步弱化家户村庄的公共性。在当下的新农村建设中，人们会经常发现，由于一家一户分散的原因，造成道路难修，水管难通等。因此，对于“有分化缺整合”的长江家户村庄而言，在私人性基础上发育和形成公共性，还有大量问题需要研究。而这对于全国也具有普遍性价值。

3.“弱分化强整合”的黄河村户村庄。“集村而居”是黄河村户村庄的存在形态。黄河区域主要指黄河中下游区域，包括陕西、山西、河南、河北、山东等地，这一区域本是中华农业文明的主要发源地。农业文明最早就是以人们群居的村庄聚落形态表现出来的。同时，黄河区域紧邻北方游牧区域，长期是国家的政治中心地带，受战乱的影响深远。黄河区域农耕的自然条件与长江区域截然不同，属于干旱区、主产小麦等旱作物，地势平坦。一个个村庄聚集在一大块农田麦田旁边。村庄大多以庄、寨、营、屯、卫等命名，属于人口集居村庄。本来，宗族社会最早起源于黄河区域，但因为战乱、灾害等原因，南移到华南。黄河区域由宗族社会而裂变为个体家户社会。但因为自然—社会—历史原因，黄河区域村庄的存在形态在于其集聚性、集体性，个体家户集聚、集中在一个空间领域，村庄群体与家户个体具有紧密的依赖关系，由此构成村户社会，与长江区域的分散性、个体性的家户村庄形成鲜明的差别。

“弱分化强整合”是黄河村户村庄的鲜明特征。由于自然条件、社会条件和历史境遇的同一性，黄河区域村庄内部的分化程度不高，或者分化比较简单。但是，黄河区域的农村社会成员的集聚度高，人与人之间的联系紧密，村民之间的横向联系较强，特别是由于外部自然条件恶劣（如缺水）和社会条件严酷（如经常性战乱）的强制性整合，造成村庄的集体依赖性和整体性强。如果说，在中国，少数民族进入中原地区后会“汉化”，那么，中原地区也会“胡化”。其游牧民族的部落群体对于中原尤其是黄河区域有很大影响。这也是黄河区域村庄整体性强的重要原因。总体上看，黄河区域的村庄地域整体地位高于血缘家户个体，集体意识和行动能力强。

黄河区域的村户村庄在中国农村社会变迁中有其特殊地位。在20世纪，中国共产党改造传统个体家户社会的依据是一家一户小农经济，通过集体合作的集体化，避免社会分化。但集体化最早起源于黄河区域。例如，山西的张庄早在1940年代后期土地改革刚结束时，就开始了集体互助。50年代农业集体化进程中的模范典型也大多产生于黄河区域。例如，山东的厉家寨就被视为合作化的典范。人民公社最早发源于河南和河北。在人民公社化的进程中，最早实现人民公社化的9个省，有8个在黄河区域①。到六七十年代，作为全国集体经营旗帜的大寨则位于山西。直到80年代后，黄河区域还有一些村庄仍然在坚持集体统一经营。

当然，黄河区域的集体化相当程度上是由于特定的自然社会历史条件造成的，具有强大外部整合的特点，村庄缺乏个体性和差异性，也缺乏竞争和活力。随着社会发展，家户在农村社会的地位愈益突出，社会分化、分离性增强。但是，其集体性、整体性、共同性的历史底色仍然存在，还会发挥作用。如在黄河区域的山东、河南、山西、河北等地，以行政村为单位的农民股份合作、农村城镇化、农村社区建设、农村村民代表会议等发展较快。因此，对于“弱分化强整合”的黄河区域村庄来说，如何在社会分化日益突出的基础上，推进自愿基础上的社会联合、社会合作，具有重要价值，也具有普遍意义。

4.“小分化大整合”的西北部落村庄。“逐草而居”是西北部落村庄的存在形态。中华文明是在农业文明与游牧文明互动中形成的。游牧文明主要发生和存在于西北区域。游牧是一种不同于农耕的生产方式，具有很强的流动性和不可控性。以游牧为生的人通过一个个部落群体组织起来，共同应对外部挑战。一个个部落逐草而居，分布于茫茫草原

---

① 参见《当代中国农业合作化》编辑室：《建国以来农业合作化史料汇编》，中共党史出版社，1992年版，第501页。

上。在农业文明与游牧文明互动中，游牧部落会受到农耕家户的影响，农耕家户也会受到游牧部落的影响。如黄河区域的集体性既有古典的宗族社会影响，也有游牧部落的影响。西北区域主要包括新疆、内蒙古、西藏、甘肃、青海、宁夏等牧区，其典型特征是部落村庄。

“小分化大整合”是西北部落村庄的鲜明特征。家庭是部落构成的微小单元，但家户寓于部落之中，部落的地位远高于家户，共内部的分化程度非常小。同时，为了应对恶劣的环境，部落之间还会形成联盟，由此形成大整合。这种整合不同于黄河区域以村庄为单位的整合，而经常会超越一个个部落单位，从而获得更为强大的整体性和集体行动能力。传统游牧部落以“十户长、百户长、千户长”作为组织建制，反映了大整合的特点。这也是游牧民族得以经常战胜农业民族的重要组织原因。

西北部落村庄在中国农村社会变迁中有其独特地位，并形成鲜明特色。农村村庄本来是固定在一个地域上的农民聚落。而部落村庄的特点是流动性，并在流动中形成整体性和共同性。长江区域家户村庄因“随水而居”产生的是分散性、个体性，西北区域部落村庄则因“逐草而居”产生的是集聚性和整体性。同时，西北部落村庄位于国家边陲的浩瀚草原中，流动性强，特点突出，治理难度大。如何针对这一特点，“因地制宜”进行“分类指导”，是国家治理的重大问题。如在流动性的西北区域，实行与内地“包产到户”类似的农业政策，其难度就较大。

5. “低分化自整合”的西南村寨村庄。“靠山而居”是西南村寨村庄的存在形态。中华文明是由核心向边缘不断扩展形成的。除了黄河、长江等核心区域以外，还有广阔的边缘区域。与茫茫草原和沙漠地带的西北边缘区域不同，处于崇山峻岭和山峰林立之中的西南边缘区域与核心区域的互动较少，相对封闭，主要包括广西、贵州、云南，以及四川、重庆、湖北与湖南部分被称为少数民族的地区。这些区域远离政治中心，自然条件恶劣、文明发育程度较缓，有自己独特的自然、社会、文化与政治形态。为了应对环境，人们大多“靠山而居”，以山区村寨的小集居、大散居的方式居住、生活，村庄大多以“寨”“屯”之类的集居聚落命名。尽管家庭是基本单元，但村寨共同体的地位高于个体家户。因此，西南区域村庄组织形态是村寨社会。

“低分化自整合”是西南村寨村庄的鲜明特征。由于自然、社会和历史条件的同一性，西南村寨的社会分化程度很低，人们世世代代过着相同的生活，与外部交往很少。正是在封闭的生活空间里，形成了独特的习俗，人们根据世代传承的习俗进行自我调节，其自我整合的自治性强。与此同时，由于位置偏远，中央政府对于这些地区实行“因俗而治”的政策，使得村庄自我调节得以长期存续。

与黄河区域村户村庄的集体性主要是外力推动不同，西南村寨的合作与集体性主要源于内在的动力与机制，是人们长期共同生活中获得的一种自我认同。这种基于村民自我认同的集体性比较容易达成一致，进行有效的自我治理。人民公社体制废除以后，中国在村一级实行村民自治，其制度来源于广西壮族自治区的合寨村。在西南区域，实行自治更多带来的是团结，而不像社会分化程度比较高的地方，实行自治往往带来的是进一步的分裂、分散。当然，西南区域村寨的“低分化自整合”与其地理位置和交通条件相关，随着交通和通信条件的改善，其对外开放程度提高，“低分化自整合”的形态也在悄然发生变化。

6.“高分化高整合”的东南农工村庄。“逐市而居”是东南农工村庄的存在形态。文明可以分为原生、次生、再生等不同层次。再生即在原生文明基础上再生出一种新的文明形态。中国的东南区域，包括江苏、浙江、福建、广东等地本属于南方农耕区域，具有农业社会底色，且属于农业文明非常发达的地区，如长江三角洲和珠江三角洲，曾经有“苏常熟，天下足”之说，江苏和浙江更号称“天下粮仓”。但这些地方属于沿海地带。随着文明的进步，人们除了以农业获得生存资料以外，还试图通过工业和商业获取生存和发展，而东南沿海赋予这一地带优越的条件，使得这一区域的人们率先挣脱土地和农业的束缚，形成农业与工业、与商业相结合的村庄。工商业与市场和城市相关。人们“逐市而居”，尽管仍然是农村聚落，但与城市和市场联系非常紧密。这与“小村庄小集市”的长江家户村庄形成明显的差异。

“高分化高整合”是东南农工村庄的鲜明特征。农工村庄的商品经济较为发达，开放度高，与市场和城市联系紧密，社会分化程度高。这种分化不再限于农业村庄，而是跨越村庄，与城市和市场相关。如1949年前，东南区域出现许多城居地主和工商业地主，这与其他区域主要是在村的“土地主”有所不同。伴随高分化的是高整合，这种整合也不再只是局限于村庄内部，而是跨城乡，以市场为中心的整合。人们之间的横向联系不仅仅限于乡土人情，更重要的是市场理性网络。村庄只是整个市场社会之中的一个环节。

东南农工村庄在整个中国农村变迁中处于领先地位。除了领先于农业文明以外，也领先于工业文明。在中国由农业社会向工业社会转变过程中，率先崛起的就是东南农工村庄。费孝通先生在其著名的《江村经济》中提出了通过“草根工业”解决中国农村农民问题的超前思路，得益于他在其家乡——江苏吴江的调查。改革开放以来领先于中国的“苏南模式”“温州模式”和“珠三角模式”都位于东南区域。只是随着工业化、城镇化，这一区域的农业底色逐渐消退，但其底色却规制着这一区域的工业化和城镇化道路，如“小城镇大市场”。

7.“强分化弱整合”的东北大农村庄。“因垦而居”是东北大农村庄的存在形态。包括黑龙江、吉林、辽宁及部分内蒙古地方的东北区域，原属于非农耕区，且是满族圈禁的地带。只是在数百年前，这一地方因为地广人稀、土地肥沃，导致大量来自山海关内的农民迁移到那里开荒垦殖，将其变为农耕区，俗称“闯关东”。在金其铭看来，“东北的农村聚落实际上是华北聚落的一个分支”①。这一地带是狩猎、游牧、农耕的混合文明区域，又属于边疆地区，具有晚开发、跳跃性、移动性特性，农耕文明的历史短暂，但地域辽阔，人少地多，与核心地带的“人多地少”形成鲜明的区别。广阔的大平原、广袤的大草原、广大的大森林，使这里以“大”为特色（当地称“大”为“海”），并为“大农业”“大农村”“大农民”提供了基础，与长江地带的小农有着明显的区别。农村社会成员“因垦而居”，属于集村村庄，大多以“屯、堡”之类的集聚村落命名。

“强分化弱整合”是东北大农村庄的鲜明特征。开荒垦殖意味着原地荒无人烟，人们依靠强力获得土地而定居，并产生社会分化。这种分化不是长期历史自然形成的，而是具有很显著的突然性、人为性和强力性。同时，国家治理的缺失也造成了社会的强力占有和争夺，“匪气”和“匪患”严重。正因为如此，尽管东北村庄以集居方式存在，但相互间的横向联系纽带缺失，村庄犹如一个“拼盘”，人虽在一起，但缺乏共同财产和共同心理认同，村庄整合度弱。

由于优越的自然地理条件，东北可以在大农业发展方面发挥重要作用。如新中国建立以后，东北的“北大荒”成为“北大仓”。改革开放以来，东北成为村民自治“海选”的发源地。但是，“人心不齐”的弱整合也制约着东北大农村庄的发展。人们难以通过村庄提供大农业发展需要的社会服务。一家一户的生产经营方式仍然占主导地位。而东北的“海选”恰恰是因为缺乏村庄共同性而产生的不得已的行为，也正因为缺乏共同的心理基础，“海选”之后的治理仍然困难。

（原载《山东社会科学》2016 年第 7 期）

① 金其铭：《中国农村聚落地理》，江苏科学技术出版社，1989 年版，第 137 页。

将基层带入国家：单一制、基层社会与国家建设

摘　要：基层治理是国家治理的基石。基层是中国日常政治生活中使用频率非常高的词，是一种国家话语。这一国家话语来自中国的国家结构形式。中国是典型的单一制国家，存在着一个多层级的国家组织体系。基层位于国家组织结构中的最低层级，直接面对人民群众，从而生成了基层社会，并有了基层社会的治理。从国家治理的角度看，基层社会治理是指国家对基层社会的治理，体现着国家意志和目的。国家通过各方面的建设，推进基层治理体系与治理能力现代化，使基层治理与社会主义现代化国家建设同步和相适应，其中包括基层政权、基层财政、基层建制、基本单元、基层自治、基层国民、基层民主、基层法治和基层能力建设等。将基层带入国家，有助于将基层治理整合到国家体系之下作整体和历史的认识，从而将基层治理提升到国家建设的宏大视域中考察。

关键词：单一制；基层社会；基层治理；国家建设

“基层”是中国日常政治和社会生活中反复使用的一个词，但对于什么是基层，为什么使用基层概念，基层之于国家有什么意义，尚缺乏深入的学理探讨。2021 年印发的《中共中央国务院关于加强基层治理

体系和治理能力现代化建设的意见》（以下简称《意见》）是一份重要的标志性文件。《意见》开宗明义提出："基层治理是国家治理的基石，统筹推进乡镇（街道）和城乡社区治理，是实现国家治理体系和治理能力现代化的基础工程。"① 这一文件从国家的高度明确了基层治理的战略地位、基层的定位、基层治理的发展方向，体现了国家对基层治理的规划和推动，反映了国家意志。过往对基层的研究，比较多的是就基层谈基层，缺乏国家的视角，未能将基层治理置于整个国家治理体系中考察，探讨基层社会与国家之间的关系，难免就事论事。只有将基层带入国家，从国家话语、国家结构、国家治理、国家建设的角度，才能深刻理解基层、基层社会的学理含义，进而理解基层社会治理对于国家治理的基础性意义。

一、基层与底层的比较：国家话语

改革开放以来，"基层"成为中国日常政治和社会生活中使用越来越频繁的词语，而领导人讲话和中央文献中大量出现基层一词，更使之成为国家话语。邓小平在谈到中国改革时说："党的十一届三中全会以后决定进行农村改革，给农民自主权，给基层自主权，这样一下子就把农民的积极性调动起来了，把基层的积极性调动起来了，面貌就改变了。"② 1980 年，邓小平在著名的《党和国家领导制度的改革》一文中指出："政治上，充分发扬人民民主，保证全体人民真正享有通过各种有效形式管理国家、特别是管理基层地方政权和各项企业事业的权力。"③ 1987 年，第六届全国人民代表大会常务委员会委员长彭真根据宪法有关精神指出："10 亿人民如何行使民主权利，当家作主，这是一

① 《中共中央国务院关于加强基层治理体系和治理能力现代化建设的意见》，中国政府网，2021 年 7 月 11 日，http://www.gov.cn/zhengce/2021-07/11/content_5624201.htm。

② 《邓小平文选》第 3 卷，人民出版社，1993 年版，第 238 页。

③ 《邓小平文选》第 2 卷，人民出版社，1994 年版，第 322 页。

个很大的根本的问题”，其最基本的两个方面是：“一方面，10 亿人民通过他们选出的代表组成全国人大和地方各级人大，行使管理国家的权力；另一方面，在基层实行群众自治，群众自己的事情由群众自己依法去办，由群众自己直接行使民主权利。”① 2021 年印发的《意见》，更是一份专门以基层为直接对象的文件。“基层”“基层治理”已经成为中国政治生活中反复使用的国家话语。

与政治生活中基层一词的高频使用相比，基层研究的学理性还很不够，特别是未能将其置于学术发展史中进行研究。从学术发展史的角度看，与基层比较接近的“底层”及其研究所形成的影响更大。

基层和底层都是结构性用语，均是指最低层级。基层和底层社会均属于最低层级的人群。但基层和底层又有根本性差异。底层是一个阶层、群体概念，指社会阶级、阶层、群体结构中经济、政治和社会地位最低的层次。这个层次在财富、权力和社会关系中处于被支配地位。近代以来，随着社会分化和对立日益清晰，底层社会成为重要的研究对象。20 世纪以来，底层社会及其抗争性政治成为西方学术界非常热门的议题，产出了大量成果。大量研究发现，那些在权力精英看来无权无势、微不足道的小人物，依靠自己各种各样的抗争行为改变自己的命运，形成所谓抗争性政治。这一议题也深深影响到西方学者对中国社会和政治的研究。美国哈佛大学著名中国问题研究学者裴宜理教授对中国的底层社会与抗争性政治有过深入的研究，著有《华北的叛乱者与革命者（1845—1945）》（1980）、《上海罢工：中国工人政治研究》（1993）、《安源：发掘中国革命之传统》（2012）等重要著作。在她看来，“中国是世界上研究抗争性政治最好的实验室”，“中国的抗争性政治至少可以上溯到公元前 3 世纪一直到陈胜和吴广那里，并一直延续到今天”②。21 世纪初，随

① 《彭真文选（1941—1990）》，人民出版社，1991 年版，第 607~608 页。

② 裴宜理：《底层社会与抗争性政治》，《东南学术》2008 年第 3 期。同期还发表了一系列有关抗争性政治的论文。这组论文可以说是运用底层社会与抗争性政治的分析框架研究中国问题最有分量的一组论文。

着中国的工业化和城市化的推进，农民等社会群体通过上访等方式表达自己的利益诉求，成为学界的研究热点。

针对底层社会与政治这一热门议题，笔者于2009年发表论文《农民改变中国：基层社会与创造性政治——对农民政治行为经典模式的超越》，指出："当代中国毕竟已发生很大变化，'底层社会与抗争性政治'的运用必须了解这一分析框架背后的话语逻辑及其社会背景"，需要根据变化了的中国事实，建构一种新的分析模式和话语体系。为此，笔者提出了"基层社会与创造性政治"的命题，对基层社会与底层社会作了区分，认为"基层社会是与上层社会相对而言的，一般指与经济基础联系较多的社会领域，包括直接从事生产（物质生产和精神生产）的社会民众及与民众直接联系的管理者，如通常所说的基层和地方干部"①。

《农民改变中国：基层社会与创造性政治——对农民政治行为经典模式的超越》一文虽然提出了不能简单照搬"底层社会与抗争性政治"的概念，对基层和底层作了比较和区分，但还不够深入。比如，为什么中国领导人和中央文献大量使用的是"基层"，而不是"底层"；"基层社会"的特质是什么；为什么一度流行的"底层社会与抗争性政治"的分析框架很少再现；用什么概念更为适合当下和未来的中国？将基层带入国家，从国家的视角作整体的考察，才能更好地理解这些问题。

二、单一制与基层社会：国家结构

话语体现了一种立场和视角。在中国，领导人讲话和中央文献大量使用基层一词，体现了一种国家立场和视角。这种立场和视角与国家结构形式密切相关。

恩格斯认为国家有两个基本特点。"国家和旧的氏族组织不同的地

---

① 徐勇：《农民改变中国：基层社会与创造性政治——对农民政治行为经典模式的超越》，《学术月刊》2009年第5期。

方，第一点就是它按地区来划分它的国民。……按照居住地组织国民的办法是一切国家共同的。……第二个不同点，是公共权力的设立。”①“按地区划分国民”，即通过国家权力将不同血缘的群体变成相对稳定的地域性团体，且归属于唯一的更高级的政治组织——国家。“居民在政治上已变为地区的简单的附属物了。”② 国家由不同地区构成，由此形成国家整体与部分之间的关系，即国家结构。

国家是历史的产物。由于历史文化传统的差异，造就了不同的国家结构形式。从人类政治历史的发展来看，国家结构形式有单一制和复合制两种。复合制又分为联邦制和邦联制。联邦制是最主要的复合制形式。联邦制是以享有相对主权的政治实体为组成单位的国家结构形式。“联邦制国家采用分权体制，在宪法规定的权限范围内，联邦政府与联邦成员政府各自拥有一部分最高、最后的决定权，因而联邦政府与地域性的联邦成员政府之间，并不构成上下从属关系。”③

与联邦制不同，单一制是以普通行政区域或自治区域为组成单位的国家结构形式。就单一制的一般意义看，主要有以下特征：一是整体大于部分，部分是由整体决定的；二是作为整体代表的中央高于地方；三是地方的权力来源于中央，并服从于中央；四是国家自上而下组织，国家权力自上而下配置；五是国家组织形成多层级的结构和治理体系；六是作为国家整体代表的中央与作为国家组成部分的地方属于上下从属关系。

国家结构形式与国家规模有关。在主要以一个城市为中心组成的城邦国家，尽管实行单一制，但是国家组织层级简单。而在规模较大的单一制国家，国家组织层次则表现为多层次性，即作为国家组成部分的地方分为多个层级，并构成上下从属关系。

我国是单一制国家，《中华人民共和国宪法》规定：“中华人民共

① 《马克思恩格斯选集》第4卷，人民出版社，2012年版，第187页。
② 《马克思恩格斯选集》第4卷，人民出版社，2012年版，第131页。
③ 《地方政府与政治》编写组：《地方政府与政治》，高等教育出版社，2017年版，第3页。

和国是全国各族人民共同缔造的统一的多民族国家”“中华人民共和国的国家机构实行民主集中制的原则”“中央和地方的国家机构职权的划分，遵循在中央的统一领导下，充分发挥地方的主动性、积极性的原则”①。《中华人民共和国地方各级人民代表大会和地方各级人民政府组织法》规定，“省、自治区、直辖市、自治州、县、自治县、市、市辖区、乡、民族乡、镇设立人民代表大会和人民政府”。根据法律规定，我国作为国家整体组成部分的地方由省、市、县、乡四个层级组成，它们在作为国家整体代表的中央的统一领导之下。换言之，作为国家整体代表的中央通过省、市、县、乡四个层级的地方行使国家权力，将国家的各个组成部分联结为一个整体。

尽管省、市、县、乡都属于与中央相对应的地方，但它们之间又有区别。从国家政权的角度看，地方政权体系中存在着一个基层政权层次。1978 年通过的《中华人民共和国宪法》提出了“基层政权”的概念，1982 年通过的《中华人民共和国宪法》再次使用了“基层政权”的概念。中华人民共和国是中国共产党领导的国家。除了宪法和法律提出“基层政权”的概念以外，中国共产党党章明确规定了党的组织分三个层级：一是中央组织，二是地方组织，三是基层组织。从自治的角度看，中国实行的是基层群众自治，而非地方自治。

从国家结构来看，基层是一个政治社会概念。国家将组成国家整体的各个部分分为不同的层级，基层处于最低层级。将基层作为一个相对独立的国家层级，是有特定意义的，这就是基层直接面对的是作为民众的社会。1978 年通过的《中华人民共和国宪法》规定：“人民公社的人民代表大会和革命委员会是基层政权组织，又是集体经济的领导机构。”② 人民公社之下的生产大队和生产队只是集体经济组织。1982 年通过的《中华人民共和国宪法》规定：“城市和农村按居民居住地区设

---

① 《中华人民共和国宪法》，人民出版社，2018 年版，第 12、14、15 页。
② 《中华人民共和国宪法》，人民出版社，1978 年版，第 95 页。

立的居民委员会或者村民委员会是基层群众性自治组织。居民委员会、村民委员会的主任、副主任和委员由居民选举。居民委员会、村民委员会同基层政权的相互关系由法律规定。"① 2021 年印发的《意见》则将乡镇（街道）和城乡社区治理作为基层治理。由此可见，基层是我国国家组织结构中的最低层级，直接面对人民群众，从而生成了"基层社会"的概念。"基层社会"是作为国家基层政权的基层与作为人民群众的社会之间的结合，即在多层级垂直性的国家权力体系之中位于基层的政治社会。

基层是结构性用语。基层是相对于上层、高层而言的，处于由多层级构成的系统中的基础层次。"基层社会"是从国家结构维度对社会的定义，属于国家体系中的政治社会，是建构的而不是原生的。它包括五层含义。

1. 国家纵向组织体系中的最低层级。单一制国家由多个层级组织构成。基层之上有不同层级，一直到中央。从国家政权系统看，我国分为中央、省、市、县、乡五级，乡镇属于最低一级。从执政党组织的角度看，企业、农村、机关、学校、科研院所、街道社区、社会组织、人民解放军连队和其他基层单位，凡是有正式党员三人以上的，都成立党的基层组织。在不同历史时期，基层的定义有一定弹性，大体上为基层政权与基层组织。但无论如何，基层都属于国家纵向组织层级中的最低一级。

2. 国家权力结构中的末梢。单一制国家的国家权力集中于中央，代表着国家整体的中央授权于之下的层级，实现国家的统一治理。在国家权力结构中，权力资源按照层级分配，愈往下权力愈小。基层作为国家组织的最低层级，处于国家权力的末梢。通常认为，管官的官属于基层以上的官员，管民的官属于基层官员。国家权力的末梢延伸到哪里，那里才能为国家所组织和治理。

① 《中华人民共和国宪法》，人民出版社，1982 年版，第 40 页。

3. 国家-社会组织系统中与民众最为接近的部分，是国家政权与社会的联结部位。国家权力建立在社会之上。作为国家政权层次的基层是最接近于民众的部位。基层社会的主体是利益各异、具有多样性的民众。那些处于基层权力体系中的基层政权和基层组织中的成员，即为通常所说的基层干部。从国家政权的角度看，基层以上的层级主要是同质性的官员，并不直接与社会联结。

4. 国家权力与社会权力互动的场域。国家权力通过基层向社会渗透。只有渗透到社会的国家权力才是真实的而不是悬浮的权力。除国家权力之外，基层存在大量内生的社会权力，并与国家权力形成互动。毛泽东提出传统中国受政权、族权、夫权、神权的支配。后三种权力都属于原生于社会之中的权力。在当代中国，基层主要是由自上而下的国家权力支配，但也存在各种社会内生的隐性的和非正式的权力。

5. 民众参与公共政治生活的主要场所。在单一制下，基层是最接近民众的地方。民众主要通过基层享有权利和履行义务，参与公共政治生活。他们的基层公共政治生活状况，直接决定了他们的地位及对待国家的态度。

三、基层社会的基础性：国家治理

基层社会是基于国家结构而定义的，属于国家纵向组织系统的基础性层次。万丈高楼平地起，基层属于地基层次，具有基础性意义。基层社会的基础性意义便在于，基层社会的主体是广大民众。基层通常与社会民众相关，甚至具有等同的意义。民众是财富的创造者，是国家的经济基础；民众是国家的主要人口，是国家的社会基础；民众是社会矛盾的直接承载者，是国家治理的重点。基层社会状况决定了国家整体和国家政权的状态，因此，基层社会治理构成了国家治理的基石。

当代中国的单一制国家结构形式，是在长期历史演进中形成的。在先秦时期，国家整体性结构便已建立。“普天之下，莫非王土，率土之滨，莫非王臣。”（《诗经·北山》）只是在国家整体与部分之间关系方面，实行层级分封制。在周天子之下，各个诸侯国有相当大的自主权。“诸侯之宝三：土地、人民、政事。”（《孟子·尽心下》）诸侯分别执掌着国家权力，由此造就的是一个分封制的“地方社会”，即由整体国家之下的地方诸侯主导的社会。分封地方具有很大的独立性。其最大忧患在于分裂和争斗。“天下共苦战斗不休，以有侯王。”（《史记·秦始皇本纪》）经过长时间的兼并战争，秦始皇建立起统一的中央集权国家。一是国家权力高度集中于以皇帝为中心的中央；二是皇权中央通过设立在各个地域的官僚行政机构进行统一的国家治理，并由此建构起政令统一的基础权力体系，包括书同文、车同轨、行同伦等；全国民众都是皇权体制下的同一的臣民。美国知名政治学者弗朗西斯·福山说：“依马克斯·韦伯的标准，中国出现的国家比其他任何一个更为现代。中国人建立了统一和多层次的官僚行政机构，这是在希腊或罗马从未发生的。”①

统一的和多层级的官僚行政机构意味着国家结构发生了根本性变化，即国家整体高于部分，作为国家组成部分的地方服从于代表国家整体的中央。而地方由多个层级构成，其中包括最低层级的基层，由此构成一个官民分化和对立的“基层社会”。“基层社会”尽管不属于上层国家权力，但决定着国家上层权力的稳固。秦始皇滥用民力，造成秦王朝迅速倾覆。后人加以总结道：“天下之患在于土崩，不在于瓦解，古今一也。何谓土崩？秦之末世是也。陈涉无千乘之尊，尺土之地，身非王公大人名族之后，无乡曲之誉，非有孔、墨、曾子之贤，陶朱、猗顿之富也，然起穷巷，奋棘矜，偏袒大呼而天下从风，此其故何也？由民困而主不恤，下怨而上不知，俗已乱而政不修，此三者陈涉之所以为资

① 弗朗西斯·福山著，毛俊杰译：《政治秩序的起源——从前人类时代到法国大革命》，广西师范大学出版社，2012 年版，第 91~92 页。

也。是之谓土崩。故曰天下之患在于土崩。”（《史记·平津侯主父列传》）“土崩”便是“基层社会”的崩溃和反叛。

对于分封制的地方社会而言，国家治理的最大忧患在于地方分裂。对于官僚制的基层社会而言，国家治理的最大忧患在于基层崩溃。在先秦，几乎未见大规模的农民起义。而自秦之后，王朝的覆亡都与农民起义有关。这种现象的深刻根源在于国家政权性质，也与上下纵向国家结构形式相关。即“民困而主不恤，下怨而上不知，俗已乱而政不修”。“民”与“主”是国家政权关系，“上”与“下”是国家治理结构关系，“俗已乱而政不修”则是因为以上关系不顺，各种矛盾不断激发而得不到国家有效治理，最后造成动摇上层建筑的“土崩”。

正是在长期历史基础上，新中国在国家结构形式上采用单一制，但这种单一制国家与传统国家在性质上根本不同，属于人民民主国家，即中华人民共和国的一切权力属于人民。人民在政治体系中具有中心地位。这为从根本上改变历史上的基层社会崩溃提供了政治制度条件。而从国家结构形式看，单一制国家势必形成一个基层社会。“基层社会”的基础性地位没有变，而且更具有基础性，这就是人民成为国家的主人，人民对于国家治理有更高期盼。

其一，在传统农业社会，民众的状态更多属于生存型。新中国建立后，随着社会主义现代化建设不断推进，人民对幸福生活的要求愈来愈高。人民本身是社会财富的创造者。国家治理需要不断解放生产力和发展生产力，激发人民的活力，创造更多财富，满足人民日益增长的美好生活需要。正是基于此，邓小平多次谈到，中国改革的重要经验便是调动基层和人民群众的积极性。“农村改革中的好多东西，都是基层创造出来，我们把它拿来加工提高作为全国的指导。”① 中国之所以在经济高速发展中长期保持政治稳定，重要原因便是基层和人民的积极性调动起来了，人民从改革发展中得到了好处。而充满活力的基层社会需要国

① 《邓小平文选》第3卷，人民出版社，1993年版，第382页。

家治理加以建构。

其二，中国正处于传统农业社会向现代工业社会的转变之中，发展不平衡和不充分的矛盾集中表现在基层。作为基层社会主体的人民群众对基层治理有着从未有过的高度期盼。人民不仅需要一个充满活力的基层社会，而且期盼一个公平、正义、民主、法治的基层社会。随着国家权力日益深入地渗透进基层社会，人民群众在基层遇到的矛盾和问题很容易被提升到更高层级，甚至提升到代表国家整体的中央，如“越级上访”。习近平总书记指出：“一个国家治理体系和治理能力的现代化水平很大程度上体现在基层。基础不牢，地动山摇。要不断夯实基层社会治理这个根基。”①《意见》开宗明义强调：“基层治理是国家治理的基石，统筹推进乡镇（街道）和城乡社区治理，是实现国家治理体系和治理能力现代化的基础工程。”②

四、对基层社会的治理：国家建设

天下之患在于土崩，天下之治在于土固。理想的基层社会不是自动生成的，它需要有效的治理。基层治理作为国家治理的基础性部分，体现着国家意志和目的。

从社会的角度看，底层与基层的词语比较接近，主体都是民众。但底层社会的话语未能延续，显然与现阶段中国的国家目的不一致相关。

任何一个词语的使用都有特定的含义、背景和用意。传统底层社会是指无权无势者，由此引出的是抗争性政治。“但任何一种分析框架都必须谨慎地使用，都是有一定边界的。特别是对于1949年革命后的中国来说，更需要充分考虑其社会的变化。事实上，作为阶级斗争理论大

---

① 《习近平谈社区治理：提高社区效能的关键是加强党的领导》，中国政府网，2020年7月24日，http://www.gov.cn/xinw-en/2020-07/24/content_5529703.htm。

② 《中共中央国务院关于加强基层治理体系和治理能力现代化建设的意见》，中国政府网，2021年7月11日，http://www.gov.cn/zhengce/2021-07/11/content_5624201.htm。

师的毛泽东，在20世纪50年代就已在寻求新的社会分析范式，提出了著名的‘人民内部矛盾’理论。……只是这一探索由于多种原因而中断，革命思维再度活跃，提出了‘继续革命’理论，结果导致了‘文化大革命’的发生。”① 党的十一届三中全会果断停止“以阶级斗争为纲”，提出将党和国家的工作重心转移到经济建设上来。国家建设思维日益占据主导地位。针对经济建设过程中出现的新的社会矛盾，执政党提出了构建社会主义和谐社会。党的十八大站在历史和全局的战略高度，提出并部署统筹推进经济建设、政治建设、文化建设、社会建设和生态文明建设“五位一体”总体布局。党的十九大报告提出“把我国建设成为富强民主文明和谐美丽的社会主义现代化强国”的目标。改革开放以来，国家建设日益成为国家的战略目标和国家意志。尽管存在社会矛盾，但国家主要是通过在建设中推进国家治理体系和治理能力现代化加以解决。“底层社会与抗争性政治”的分析框架与这一总体目标显得不相吻合，因而不再流行。基于国家结构而生成的“基层”“基层社会”“基层社会治理”成为政治生活中的主导性话语。只是学界对于为什么要使用这一话语，还缺乏深入的理解。

《意见》提出基层治理，意味着基层社会尚有诸多需要解决的问题，这些问题需要国家统筹解决。所谓基层社会治理，首先是指国家对基层社会的治理。国家通过各个方面的建设，推进基层治理体系与治理能力现代化，使基层治理与社会主义现代化国家建设同步和相适应。基层治理既是国家治理的基石，又是国家治理的有机组成部分。

国家建设不仅仅是国家发展的途径，也可以成为一种分析框架。建设是一种改进，是在原有基础上的建立、构造、改善和创新，是一种累积性的发展。国家建设包括两层含义：一是人们建设一个符合自己意愿的国家；二是国家政权通过自我建设，推动国家共同体的建设，将社会

---

① 徐勇：《农民改变中国：基层社会与创造性政治——对农民政治行为经典模式的超越》，《学术月刊》2009年第5期。

纳入国家建设体系中来。正是在国家建设中，人们不断解决所面临的问题，进而实行基层社会的有效治理。自从有了国家，便开启了国家建设历程。只是在不同历史时期，国家建设的内容和特点有所不同，基层治理的状况和效果也有所不同。

从基层社会治理的角度看，国家建设的议程很多，并会随着时代发展而变化。现阶段主要包括以下议程：

第一，国家的基层政权建设。国家在基层设立政权机关进行国家治理。政权机关设立到什么地方，国家统一性治理才能达到什么地方。基层政权建设是国家自我建设的基石。秦始皇统一中国的重要举措便是设立郡县，并通过乡里制度，将国家权力带入社会。但在传统国家，国家基层政权建设很有限，其重要特点是“皇权不下县”和“皇权不到边”。这正是基层社会和边疆社会经常发生动荡的结构性原因。在现代化进程中，国家权力日益深入地渗透到社会，基层政权不仅下县，而且到边。在中国，基层政权建设的重要内容是基层党组织建设。中国共产党作为执政党，在社会中广泛建立党的基层组织，以实现党和国家的意志。相比基层政权，基层党组织更为接近人民群众，或者直接存在于人民群众之中。国家通过基层政权和基层党组织建设推动基层社会的治理。如近年来，国家通过向村庄委派“第一书记”，来加强基层组织建设，推进基层社会的有效治理。

第二，国家的基层财政建设。国家政权是立于社会之上，并设立专门性组织机构的特殊公共权力。“为了维持这种公共权力，就需要公民缴纳费用——捐税。”① 由此有了作为政权基础的财政。通过国家政权建设进行基层治理的方式和成效，在相当程度上取决于财政。在传统国家，国家基层政权不下县，不到边，重要原因在于财政能力不足。这是因为，“强有力的政府和繁重的赋税是一回事”②。与此同时，传统国家

① 《马克思恩格斯选集》第4卷，人民出版社，2012年版，第188页。
② 《马克思恩格斯选集》第1卷，人民出版社，2012年版，第766页。

的财政主要是从社会中汲取。汲取性财政造成基层治理的极大困难，甚至引发社会危机，即“天下之患在于土崩”。现代国家的基层政权建设下乡到边，需要相应的财政建设。而在单一制国家，财政资源的分配与国家层级相关。基层政权直接面对民众，但财政资源往往处于紧缺状态，由此造成治理困难。随着现代国家建设，基层政权的公共服务职能日益突出，基层财政不仅仅是收，更重要的是支，通过为社会提供公共物品和公共服务，获得基层社会的有效治理。国家的基层财政建设的内容和方式都需要发生相应变化。废除农业税之后，我国的基层财政建设正在向两个方面转变，一是将基层纳入统一的国家财政体系，二是强化基层的公共服务。

第三，国家的基层建制建设。恩格斯指出：“按照居住地组织国民的办法是一切国家共同的。”① 国家基于治理的需要以居住地为依据设立建制单位，将民众编入国家直接管辖的体系之中。在传统中国，核心地区的国家建制单位自上而下延伸，国家可以直接渗透到社会进行治理。非核心地区的国家建制只停留在地方，而未延伸到社会，无国家建制意义上的基层，实行的是间接治理。社会仍然是领主制、部落头人制，阻隔着国家渗透，使得国家的统一性难以充分实现。现代国家的基层建制建设的重要特点是，在疆域范围内设置统一的建制单位，形成统一的基层社会和直接治理。相对政权建设，基层建制单位变动性较大。秦汉实行乡、亭、里制，唐宋实行保甲制，新中国成立后实行“政社合一”的公社制，改革开放后实行“乡政村治”制。随着经济社会发展，城市实行由若干居委会合并为社区居委会。农村实行“合村并组”“撤村改居”。基层建制单位的变动直接关系到基层治理的效能。

第四，国家的基本单元建设。在摩尔根看来：“基本单元的性质决定了由它所组成的上层体系的性质，只有通过基本单元的性质，才能阐

① 《马克思恩格斯选集》第4卷，人民出版社，2012年版，第187页。

明整个的社会体系。”① 基本单元是与人们生活联系最为直接的单位，也是人们参与公共生活、承担国家责任的基本单位。“人们如果要学会自治之术，要维护平等的法律和平等的权利与特权，那就必须从基本单元开始。”② 国家通过基本单元建设建立与民众的联结，从而进行社会治理。传统中国对基层社会治理的重要特征之一是“编户齐民”，以作为血缘组织单位的家为基础，编制户口。家户成为社会的基本单元，也是国家组织的细胞和直接责任单元。将作为社会基本单元的家与作为国家基本单元的户联为一体，是传统中国基层治理的重要特点，也是国家治理的重要基础。国之本在家，“齐家治国平天下”。在现代化进程中，个体开始成为国家的基本单元，成为权利和义务的行为主体，国家与个人直接联结。但是，家仍然是人们日常生活的基本单元。个人还因为生产和交往形成广泛的社会联结和社会组织。国家需要根据社会变化推进基层单元建设，从而实现对基层的有效治理。显然，以个人为基本单元的治理，要远比以家户为基本单元的治理难度更大。

第五，国家的基层自治建设。自治是当事人的自我治理，是社会的自我调节。这种治理方式在国家产生之前便发生了。“一切问题，都由当事人自己解决，在大多数情况下，历来的习俗就把一切调整好了。”③ 当国家产生之后，社会的自我调节仍然是重要的治理方式。在传统中国，国家政权机构只设立在县，县以下的基层社会治理主要依靠社会的自我调节，由此实现国家的低成本治理和稳定性治理，即所谓“皇帝无为天下治”。传统中国的基层自治是国家对历史延续的自治的认可。在中国的现代国家建设进程中，形成了基层群众自治制度。这一制度是对历史传统自治的接续，更是一种质的提升。基层群众自治成为中国特色

① 路易斯·亨利·摩尔根著，杨东莼、马雍、马巨译：《古代社会》上册，商务印书馆，2009年版，第270页。

② 路易斯·亨利·摩尔根著，杨东莼、马雍、马巨译：《古代社会》上册，商务印书馆，2009年版，第316页。

③ 《马克思恩格斯选集》第4卷，人民出版社，2012年版，第109页。

社会主义政治制度之一，纳入国家法律体系，是人民直接行使民主权利的主要方式。这种自治具有国家建构性，是国家基于基层治理的需要设立的制度。它不像传统自治那样，是一种自然状态的自治，而需要通过建设才能达到理想的目标。尽管随着现代国家的建设，国家权力愈来愈广泛和深入社会之中，自治的范围和事务会有所变化，但自治作为基层治理的一种手段，作为人民直接行使民主权利的一种方式，仍然是不可替代的。

第六，国家的国民建设。在恩格斯看来，“国家和旧的氏族组织不同的地方，第一点就是按地区来划分它的国民。……按地区来划分就被作为出发点，并允许公民在他们居住的地方实现他们的公共权利和义务，不管他们属于哪一氏族或哪一部落”①。国家通过赋予社会民众以统一的国民身份和权利而获得国家认同，造成人的国家化。这一过程是国家公共权力对国民的建设过程，即从归属并认同于某一社会力量的属民转向国家，成为国家的属民。人是国家的基本要素之一。只有将人口转变为归属并认同于国家的国民，才能实现国家对基层社会的有效治理。秦始皇统一中国后，消除贵族制，所有人成为皇帝的臣民，“令黔首自实田”。国家权力直接面对民众，造成国家对基层社会的直接治理。但在传统国家，居民政治地位和身份的差异化、权利和义务的非对等性，造成了民众对国家的离心力，人民属于国家但对公共权力缺乏足够的持续的认同。现代国家建设通过赋予国民的同等权利而培育认同，这一进程是将人口塑造为权利与义务相对等的现代国民的过程，国家因此获得基层社会治理的牢固基础。中国正处在城市化进程中，大量人口流入城市之后，难以获得平等的市民待遇，甚至存在“基层社区排斥”，并因此造成基层治理困难。这显然需要现代国家的国民建设来解决。

第七，国家的基层民主建设。国家的基层建设是一个不断提升的过程，不断有新的元素和新的议程加入。主权在民是现代国家的重要特

① 《马克思恩格斯选集》第4卷，人民出版社，2012年版，第187页。

点。如何实现主权在民，则是现代国家建设的重要议题。中华人民共和国的一切权力属于人民。人民如何最大限度地享有管理国家和社会事务的权利，则是国家建设的重要任务之一。1987 年，第六届全国人大常委会委员长彭真曾指出，解决人民如何行使民主权利、当家作主这个根本的问题，最基本的两个方面是：一方面，“人民通过他们选出的代表组成全国人大和地方各级人大，行使管理国家的权力；另一方面，在基层实行群众自治，群众的事情由群众自己依法去办，由群众自己直接行使民主权利”。“没有群众自治，没有基层直接民主，村民、居民的公共事务和公益事业不由他们直接当家作主办理，我们的社会主义民主就还缺乏一个侧面，还缺乏全面的巩固的群众基础。”① 在基层，人民通过民主选举、民主决策、民主管理、民主监督和民主协商，享有和行使民主权利，使中国特色社会主义民主具有广泛的群众基础，也为基层的有效治理提供了稳固基础。

第八，国家的基层法治建设。法治是现代国家治理的基本方略。在传统中国，基层治理主要依靠社会自治，国家法律的元素十分稀薄。现代国家的重要特点是具有统一性的法律进入人们的日常生活之中，形成法治国家和法治社会。法治成为基层治理的重要内容。党的十九大报告提出健全自治、法治和德治相结合的乡村治理体系。基层法治是国家法治的基点，也是薄弱点。通过基层法治建设有效处理各种矛盾，对于基层社会的有效治理具有重要意义。

第九，国家的基层能力建设。能力是实现一定目标的力量。从治理的角度看，能力与权力和资源相关。在传统的中央集权国家，国家职能有限，基层事务简单，国家在基层的权力和资源配置很少。如基层政权正式机构只是设置在县一级，县的官员很少且处于流动状态。当社会自治难以实现有效的自我调节时，基层治理就缺乏必要的能力应对治理难题。这就是所谓“俗已乱而政不修”。随着现代国家建设，国家的公共

① 《彭真文选（1941—1990）》，人民出版社，1991 年版，第 607~608 页。

职能日益扩大，基层社会事务增加。但是，在单一制国家，权力和资源的配置受层级限制，基层处于薄弱环节，基层治理能力不足的问题日益突出。因此，基层能力建设成为国家对基层有效治理的重要议程。

国家建设是一个过程，尤其在基层，具有变动性、多样性和复杂性。随着社会发展，国家在基层的建设会不断增加新的议程。

通过国家建设，有助于将基层治理整合到国家体系之下加以整体的和历史的认识，进而有助于将基层治理提升到国家建设的宏大视域中予以考察。

（原载《国家现代化建设研究》2022 年第 2 期）

国家根本性议程与中国式治理民主

摘　要：中国式治理民主概念的提出，是对中国政治内部性演变的概括，是由中国的国家根本性问题与根本性议程所决定的。人类是在不断解决面临问题过程中发展的。国家的根本性问题是指国家进程中面临的最为重要的问题。为解决根本性问题而设置根本性议程，即为达到一定目标要完成的最为重要的任务。不同国家面临的根本问题及其根本性议程不同，民主形式会不一样。古希腊小国寡民城邦制产生民主制。对于广土众民的领土国家，公共权力的统一性成为国家持续发展的根本性问题，以君主制解决统一性成为国家根本性议程。在君主制下，为了长治久安，在治理过程中具有一定的民主因子，从而使得中国的君主制具有极大韧性。近代以来，国家的统一性受到极大挑战，民主制取代君主制。在新中国，中国共产党领导的社会主义现代化建设成为根本性议程。民主是根本性议程应有之义，传统治理民主因子提升为现代治理民主形式。它包括不可分割的两个方面：一是中国共产党领导治国理政的全过程都要体现人民意志；二是人民通过各种形式参与治国理政的全过程之中，依法行使人民民主权利。国家根本性议程决定了中国不会，也不能采用通过选举实现政党轮替的西方民主形式。

关键词：国家；根本性议程；治理；民主

民主从来不是，也不会是孤立的抽象存在。它是人们获得美好政治生活的目的，因此成为人类共同价值，激励人们为民主而斗争。它又是人们获得美好生活的手段，受制于人们生活的环境。在人类历史发展进程中，人们为解决自己面临的根本性问题，设置解决根本问题的根本性议程。民主成为其中之一，并表现出不同形式。中国是一个广土众民的大国，在自己的漫长历史进程中，面临着特有的根本性问题，并有相应的根本性议程，从而产生出中国式治理民主。

一、作为分析框架的国家根本性议程

“根本性议程”的提法来自美国著名历史学家孔飞力。孔飞力在其《中国现代国家的起源》中提出了两个重要概念：根本性问题和根本性议程。“所谓‘根本性问题’，指的是当时人们关于为公共生活带来合法性秩序的种种考虑；所谓‘议程’，指的是人们在行动中把握这些考虑的意愿。”① 这两个概念是孔飞力在写作《中国现代国家的起源》时的纲领性概念。整部书便是以此为引导写作而成的。

孔飞力是历史学大家。大家出思想，通过构建“有意义的问题”，提出“有启发的思想”，引领学术发展。孔飞力作为著名的中国学大家，有深邃的历史眼光，其重要贡献之一便是提出了研究中国问题的“内在导向”并建立起分析框架。因为西方率先现代化，在相当长时间，西方研究中国更多的是以西方为标准的“外在导向”。费正清作为最早的美国的中国学开创者，提出了著名的“冲击—回应”模式，将近代中国的变革归之于西方的冲击。随着对中国的深入研究，他提出了中国的政治“只能从其内部进行演变性的了解”的观点②。孔飞力作出

① 孔飞力著，陈兼、陈之宏译：《中国现代国家的起源》，生活·读书·新知三联书店，2013 年版，第 8 页。

② 麦克法考尔、费正清编，谢亮生等译：《剑桥中华人民共和国史·上卷 革命的中国的兴起：1949—1965》，中国社会科学出版社，1990 年版，第 15 页。

了积极呼应和延伸，认为："从本质上看，中国现代国家的特征是由其内部的历史演变所决定的。"① 现代性尽管发源于西方，但不同国家可以通过不同方式走向现代。不同方式意味着走向现代国家过程中有其内在的历史资源。基于"内在导向"，孔飞力建立起自己的分析性框架，从"根本性问题和根本性议程"的视角研究现代中国起源问题。

引领性的同时是局限性。孔飞力是历史学家，主要关注点不是由概念建构的理论，而是在概念框架中的事实。《中国现代国家的起源》一书是由若干演讲构成的，严格上讲不是一部学术专著。它对根本性问题和根本性议程的概念没有加以系统阐释和充分论证，主要是作为理解中国的一个引导性概念。与此同时，他的研究也面临着与费正清同样的张力。他试图从中国的内部性，而不是以西方为标准理解中国。但他毕竟是"外部人"，在使用概念的过程中不可避免会有西方的价值和经验。

局限性意味着创新性。无论如何，孔飞力提出的分析性概念能够引发人们进一步思考，并可以在此基础上作出创造性转换。首先，根本性问题和根本性议程的概念可以提升为更具有一般性的概念。不仅仅是适用于现代中国，而且适用于所有国家的分析。其次，有必要对这一概念加以展开和进一步论证。再次，将这一对概念作为一种更具有中立性的分析工具，尽可能抽出基于特殊性经验产生的价值性因素，着重于通过这一对概念进行更为普遍性的分析，以获得学理性的共识和理解。

国家是人类组织的高级形式，也意味着人类可以利用这种形式解决所面临的问题。恩格斯在其著名的《家庭、私有制和国家的起源》一书中明确指出，国家是基于社会需要而产生的，是过往氏族组织不能解决人类面临的问题时出现的。人类社会便是在不断解决自己面临的问题的过程中发展的。其中，有些问题具有根本性，只有当根本性问题得以解决之后，其他问题才有可能更好解决。国家的根本性问题是指国家进

① 孔飞力著，陈兼、陈之宏译：《中国现代国家的起源》，生活·读书·新知三联书店，2013 年版，第 9 页。

程中面临的最为重要的问题。只有解决这一问题，其他问题才能得到解决。中国话语“纲举目张”所说的“纲”便属于根本性问题的范畴。“牵一发动全身”的“一发”也是如此。为了解决问题，达到一定目标，人们会设置相应的议题，逐项进行，从而形成议程，其中有根本性议程。议程是为达到目标要完成的任务。根本性议程是为达到一定目标要完成的最为重要的任务。它在各项议程中具有根本性。只有完成这项议程，其他议程才能得到更好完成。中国话语中的“抓纲治国”，便是指治国者在各个任务选项中要能抓住最为关键的议程。

根本性议程来自根本性问题。根本性问题由行动者所面临的条件和挑战所决定。马克思指出：“人们自己创造自己的历史，但是他们并不是随心所欲地创造，并不是在他们自己选定的条件下创造，而是在直接碰到的、既定的、从过去承继下来的条件下创造。”① 人们之所以创造国家并以国家的方式行动，是因为随着条件的改变，人们遭遇到过往氏族组织不能解决的问题。在国家进程中必然会面临着一系列需要解决的问题，其中包括那些具有根本性意义的问题。这些问题是不以人的意志为转移的客观存在。哪些问题更具有根本性，由国家所赖以存续的条件所决定。

根本性问题既是客观条件的产物，也来自人的认识。问题是客观的，能否认识则属于主观的范畴。这在于人是积极的行动者，人的认识会有所不同，有先知先觉，有后知后觉，还有不知不觉者。基于人们的不同认识会产生对根本性问题的把握，并设置相应的议程加以解决。因此，根本性议程来自根本性问题及对根本性问题的把握。如果说根本性问题具有客观实在性，那么，根本性议程设置的人为因素更突出，体现着人们在行动中的意愿。人们或许要经过反复比较才能发现什么是根本性议程，什么不是；什么只是一般性议程，什么议程只是在根本性议程引领下的议程。

---

① 《马克思恩格斯选集》第1卷，人民出版社，1995年版，第585页。

二、根本性议程规制下的民主形式分流

人类文明是一条长河，有源有流。人类的出发点是原始社会。原始社会的根本性问题是在生产力十分低下的条件下如何获得生存，生产和战争成为根本性议程，并在这一议程下产生了原始民主制。这种制度体现着原始氏族成员的共同意志。为了解决公共问题而产生的公共权威寓于社会之中，而不是社会之上。随着国家的建立，民主作为一种国家制度安排而产生。只是它经历了一个漫长的演变过程，且在不同国家表现不一，并产生了民主形式的分流。

民主作为一种国家制度安排，起源于古希腊。经过漫长的历史演变，古希腊产生了城邦制国家。城邦是由一个城市连同其周围不大的一片乡村区域组成的国家，即“城邦国家”。城邦小国寡民，土地资源稀缺，外部竞争激烈。古希腊属于海洋文明。航海要求同舟共济，即便是船长也是其中的一员。充分发挥个人力量并将具有独立性的个人联结起来，使得公共权力具有为人民认可的合法性，成为城邦国家的根本性问题。这个问题解决不了，作为独立的个人便无法认同和接受公共权力的统治。城邦国家在解决合法性问题的过程中形成了根本性议程，确立了主权在民的原则。即人民是自己的主人，也是城邦国家的主人。这属于后人概括的国体，即谁居于统治地位。以主权在民为原则，由人民直接行使统治权，形成直接民主制。这属于后人概括的政体，即以什么方式组成国家政权。因此，民主制的基本含义包括国体和政体两个方面。

民主制是古希腊人创造的一种高级政治形式。每个公民都可以通过这种政治形式展示自己的才能，激发起主动性、积极性和创造性。“城邦内部的民主制度，不仅在和平生活中发展了各个人的创造能力，在存亡危急关头也把千万人团结成一个人，对敌人作坚决的斗争。”① 古希

① 顾准：《希腊城邦制度》，中国社会科学出版社，1982 年版，第 154 页。

腊创造了灿烂的文明，包括政治学作为一门科学的产生。然而，民主的优点同时也是它的缺点。城邦自治的民主形式意味着每个人都是自己的主人，每个城邦是自己的主人。而每个人和城邦是有差别的，并具有竞争性。当每个人和城邦以自我为中心，便难以联合起来，形成统一的力量。“自治自给城邦有一个致命的弱点，它的个人主义和城邦本位主义，使它在强大的外敌侵犯面前显得是一盘散沙，使它宁愿各别屈从大帝国成为它的藩属，无法团结起来外御强敌，并在对外战争中谋求民族统一。”① 在大帝国面前，小城邦难以联合也难以抵御，包括民主制在内的文明走向崩溃。国之不存，民主焉在？

因为海洋文明产生的城邦制国家及其民主制是人类政治史上一个异数。这在于人类第一个文明形态是农业文明。农业文明是以陆地和可耕土地为基础的。在这种基础上，产生出来的是地域广阔，包含多个城市和大片土地的领土国家。农耕不是航海，是单个组织的分散生产。如何通过公共权力将分散分离的广土众民联结为一个整体，抑制分离，获得公共权力的统一性，成为领土国家的根本性问题。国家为什么要有一系列强制性机构，目的是将国家权力使用到一定的地域范围，将其纳入自己的管辖之下，形成政治统一性。但是，“领土国家因为疆域广阔，人民之间不可能有紧密的政治生活”②，只有通过凌驾于众民之上的君主才能将广土众民联结为一体并组织在国家体系之下，由此形成主权在君的君主制。所谓“普天之下，莫非王土；率土之滨，莫非王臣”。“群”由君与羊组成。“君主”以君为主。如何建立以君主为首的公共权威并获得统一性成为国家的根本性议程。中国古代有“太子者，国之根本”之说。“国本”便属于国家的根本性议程。“国本”不可动摇。

与小国寡民的城邦国家不同，对于广土众民的领土国家来说，统一

---

① 顾准：《希腊城邦制度》，中国社会科学出版社，1982年版，第154页。
② 顾准：《希腊城邦制度》，中国社会科学出版社，1982年版，第8页。

性而不是合法性是国家的根本性问题。不解决这一问题，就无所谓领土国家，人们就会四分五裂，不能通过国家组织解决自己面临的问题。君主制则是解决这一根本性问题的根本性议程。“君主专制是作为文明中心、社会统一的基础出现的。在那里，君主专制是一个洪炉，在这个洪炉里各种社会成分被搀合在一起。”① 君主制也存在合法性问题，但合法性来源有所不同。一是君主制来源于父权制。父权是一种与生俱来，无须认证的自然权利。二是君主通过神赋力量为自己的统治寻找合法性，即“君权神授”。三是在广土众民的领土国家，代表国家整体的君主高于作为国家整体的部分，无须也难以由各组成部分给予同意。“一个合法的政府并不必需要全国各分子的同意。”②

君主制有助于将广土众民组织为一个统一的国家，对内控制冲突，建立秩序，对外保卫和扩展领土。秦王朝是经过数百年兼并争霸战争中建立的。只有将国家权力集中于皇帝之手，才能获得国家的统一性，避免争斗，并获得空前的国家能力。“事在四方，要在中央，圣人执要，四方来效”（《韩非子·扬权》），通过“海内为郡县，法令由一统”的政治构造，最终实现“六合之内，皇帝之土”“人迹所至，无不臣者”（《史记·秦始皇本纪》）。秦统一中国之前，有过“百家争鸣”时期。以君主制“定于一”成为共识，是为了解决统一性这一根本性问题的根本性议程。“天无二日，土无二王，家无二尊，以一治也。即大一统义也。”（《礼记·坊记》）

以君主制建构统一性成为国家根本性议程，是一种历史必然。顾准说：“春秋战国时代，正当我国历史转折的关头，但是从殷商到西周、东周长期‘神授王权’的传统，已经决定了唯有绝对专制主义才能完成中国的统一，才能继承发掘并传布中国文明，虽然这种专制主义使中

① 《马克思恩格斯全集》第10卷，人民出版社，1962年版，第462页。
② 黑格尔著，王造时译：《历史哲学》，商务印书馆，2007年版，第160页。

国长期处于停滞不前，进展有限的状态之中，但这是历史，历史是没有什么可以后悔的。”① 自秦之后，以君主制获得统一性一直是中国国家演化的根本性议程。统一性与合法性寓为一体。谁能获得持续的统一性，谁就能被视为“正统”。“夫居天下之正，合天下于一，斯正统矣。”（欧阳修《正统论下》）

在农业文明时代，民主制是一种异数和非常态，君主制是普遍的常态。但是伴随科学的发展，西方有了话语权，并以西方为标准，进行政治定义和价值评价。由此形成东西方二元对立和西方优于东方的价值观。从亚里士多德开始便将东方政治定义为专制主义，这种政治形态属于野蛮的低级的。东方专制主义因此成为东方政治的标签，一直延续下来。

西方民主和东方专制都是因为解决各自国家根本性问题产生的制度，各有其优势和缺点。民主制的长处是能够充分发挥个人力量，但组织性弱，难以获得统一性。君主制的长处是组织性强，能够获得统一性，但会压制个人。只是后人将这两种制度作简单对立的认识，会遮蔽大量的真实事实，造成对民主的认识简单化，从而将民主成就都归之于西方，东方唯有专制。

如果从国体、政体来看，民主制与君主制确实是对立的。但在中国，在君主制条件下产生了一种特殊的民主形式，这就是治理民主。所谓治理民主，是指人们为了解决公共性问题，对国家与社会进行治理过程中产生的民主形式。这种形式体现着人民意愿或者能够满足人们的一定利益要求。

从本原意义上看，民主是体现人们共同意愿的一种制度安排。人们的意愿更具有本原性。只是进入国家状态之后，有了公共权力，产生了对公共权力的归属和运用问题，才有了民主制、君主制的划分。但无论是民主制和君主制都不过是人们解决公共问题的一种方式，都存在对人

---

① 顾准：《希腊城邦制度》，中国社会科学出版社，1982年版，第141页。

民意愿的反映问题。基于人民意愿而产生公共性问题，为解决公共问题而产生了治理，因为不同条件下的治理而产生了民主制和君主制。民主制是人民意愿的直接表达，但其结果并不一定符合人民根本利益。如城邦制因为个人主义和城邦本位主义而崩溃。在君主制的治理过程中，也会包括某些民主因素，即对人民意志的反映和体现。民主不是从天突然降临的。它是在历史长河里不断积聚起来的。

大禹治水是中国有关国家起源的传说。这一传说反映了由一个卓越的首领领导众民解决公共性问题，并产生国家的特点。禹的后代建立起中国第一个王朝国家，将“公天下”变为“家天下”，由一个家族垄断公共权力并居于国家支配地位。但居于统治地位的君主必须面临着“治国平天下”的问题。对于统治者而言，这一问题具有根本性。为了解决这一问题，在治国平天下的过程中，不得不在一定程度上反映人民的意志，由此形成所谓治理民主。这一民主形式尽管不是国家根本议程，但它内嵌于治理过程之中，是通过君主制进行“治国平天下”这一根本性议程的应有之义。没有这一因素，根本性议程便难以顺利实施。

就民主的一般意义上看，主要包括两个方面：一是统治或治理对民意的体现，二是民众对公共事务的参与。从这两个尺度看，在君主制的治理中包含着民主的元素。

民主反映了公共权力与人民的关系。在君主制下，尽管“以君为主”，但君主在统治过程中不能不“以民为本”。“民为邦本，本固邦宁。”儒家思想得以伴随整个王朝国家进程，在于其民本主义思想。民本尽管不是国体意义上的民主，但它要求统治者在治国过程中必须重视人民，考虑人民的诉求。这在于王朝兴衰更替说明了一个铁律：“水能载舟，亦能覆舟。”“水”便是人民意志。为了避免“覆舟”，统治者设置了一系列制度，以了解社情民意，并对民意作出一定程度的回应。

国家是一种特殊的公共权力，统治职能是最基本的职能。但马克思发现东方国家有一种特殊的社会职能，这就是治水。马克思指出：“利用水渠和水利工程的人工灌溉设施成了东方农业的基础。”① “那些通过劳动而实际占有的公共条件，如在亚细亚各民族中起过非常重要作用的灌溉渠道，以及交通工具等等，就表现为更高的统一体，即高居于各小公社之上的专制政府的事业。”② 中国的国家诞生于“大禹治水”，之后的国家均有治水职能，这一职能的履行部分体现了人民的意愿。

尽管在君主制下，统治权归属君主。但是，如果君主治理无能无效，人民有推翻统治和改朝换代的正当性。《易经》革卦：“天地革因四时成，汤武革命，顺乎天而应乎人。”孔颖达疏：“革其王命，改其恶俗，故曰汤武革命。”王朝革命尽管不属于民主革命，没有根本上改变国体，但它反映了一种民意，即“改其恶俗”，因此具有民主的元素。中国的国家进程是在一个个王朝更替过程中发生的。王朝更替之际，都会产生对既有王朝治理失败的彻底否定，并会表达自己造福于民的承诺。汤部族灭夏王朝时，发表了著名的“汤誓”。“有夏多罪，天命殛之。”（《史记·殷本纪》）“小邦周”在推翻“大邦商”时，多次发誓，数落商王的罪行，强调“德配天命”，“德”便是爱民、保民。“天视自我民视，天听自我民听。”（《尚书·泰誓》）陈胜推翻秦王朝的旗帜是“伐无道，诛暴秦”。推翻元王朝的朱元璋表示：“朕少遭乱离，赖皇天眷命，剪除群雄，混一天下，即位以来，劳神焦思，定立法制，革胡元之弊政。”（《皇明典故纪闻上》）王朝革命具有革故鼎新的特点，在一定程度上反映了民意。每一次王朝更替，社会多少有些进步，人民的生活多少有些改善。

在作为政体的君主制下，履行统治职能的官僚服从于君主，是驾驭人民的人，其典型行为特征是“专于上”和“苛以下”。但是，为了完成“治国平天下”这一根本性议程，官员不能不在一定程度反映民意，为民作主。“父母官”意味着要承担“父母”责任，造福一方。

---

① 《马克思恩格斯选集》第1卷，人民出版社，2012年版，第762页。

② 《马克思恩格斯全集》第46卷，人民出版社，1979年版，第474页。

出于“治国平天下”的需要，在君主制条件下，有一定程度的政治参与。特别是“士人”将自己作为民众利益的代言人，以“道统”而不是“政统”为最高标准，积极参与公共事务，反映人民的呼声。张载由此表达：“为天地立心，为生民立命，为往圣继绝学，为万世开太平。”在顾炎武看来，“天下”乃天下人之天下。黄宗羲主张，天下治理应该是“众治”而不是“独治”。

中国是一个广土众民的大国。除了国家事务以外，还有大量社会事务。民众通过自动联合处理自己的事务，形成社会自治。从基于当事人自愿的角度看，这种自治有助于“皇帝无为天下治”，同时也具有一定的民主因素。尽管这种民主因素属于社会层面，但反映了民众有自主活动的一定空间。

君主制条件下的治理民主反映了一定的民意，赋予君主专制以极大弹性和韧性。除了秦隋等极少数王朝因为刚性治理属于短命王朝以外，中国的王朝都能延续百多年时间，并且能够通过改朝换代将中国的统一性延续下来。这在世界上是极少见的。“只有黄河、长江流过的那个中华帝国是世界上唯一持久的国家。”① 费正清指出：“尽管中国疆土广袤而各地景象又千差万别，但这次大陆始终维持一个政治统一体，而欧洲却未能做到这一点。”②

必须明确的是，君主制条件下的治理民主不属于民权，即不是民众应有的权利。它具有极大的历史局限性。治理过程中产生的民主因素不是君主制度内生的应有之义，而是一种不得已嵌入到国家治理过程中的不自觉行为。当这种治理过程中的民主因素与君主制产生冲突时会优先维护君主制的绝对权威。为维护“家天下”一家私利，不可避免造成人们离心离德，作为国家根本性问题的“统一性”难以维持。由此出现“天下大势，分久必合，合久必分”的王朝周期性动荡和循环。这

---

① 黑格尔著，王造时译：《历史哲学》，商务印书馆，2007年版，第72页。
② 费正清著，张理京译：《美国与中国》，世界知识出版社，1999年版，第8页。

也是由历史条件所决定的，只有随着历史条件的变化而改变。

三、根本性议程的转换与现代治理民主

在古代中国，“百代皆行秦政制”。秦王朝崩溃了，秦政制却延续下来了。这在于只有通过秦政制，才能在一个广土众民的国度里获得统一性，以解决国家的根本性问题。但是，近代以来，中国遭受“三千年未有之大变局”。随着西方国家率先现代化，中国面临着现代工业文明形态的严峻挑战，甚至有“亡国亡种”的危险。如何在充满竞争性的世界体系里生存和发展，并重建国家统一性，成为近代以来中国的根本性问题。“中华民族到了最危险的时候”便是对国家根本性问题的表达。

围绕近代以来的国家根本性问题，需要通过设置根本性议程加以解决。一系列对外战争的失败说明，传统的君主制已无法应对挑战，必须变革。孙中山先生因此说，“天下大势，顺之者昌，逆之者亡”。以民主制替代君主制成为国家的根本性议程，由此有了新旧民主主义革命。但是，对于建立什么样的民主制，却存在不同认识。李泽厚曾经提出了一个重要命题：“救亡压倒启蒙。”但是这一命题没有回答为什么要压倒？这在于近代以来的中国面临列强侵略，首要的问题是重建国家统一性，即孙中山先生所说的没有民族大我，就没有个人小我。“覆巢之下，复有完卵乎？”（《世说新语·言语》）民族大我置于优越位置。“中国作为一个统一国家进入现代”这一“显而易见的事实”背后，有着“中国人对于统一的压倒一切的向往”①。由外引进的西方个人主义民主启蒙处于次要位置。

20世纪的民主主义革命从根本上改变了传统政治制度，从国体和

① 孔飞力著，陈兼、陈之宏译：《中国现代国家的起源》，生活·读书·新知三联书店，2013年版，第25页。

政体两个方面确立了民主制度。毛泽东在《新民主主义论》中明确指出："国体——各革命阶级联合专政。政体——民主集中制。"① 正是依照这一原则，中华人民共和国建立了一系列以民主价值为导向的政治制度。《中华人民共和国宪法》规定：中华人民共和国的一切权力属于人民。民主前所未有地成为一种国家制度安排，成为人民理所当然的权利。政治参与有助于产生"一个更有活力，也更为强大的中央集权国家——一个能够更为有效处理各种内忧外患的国家"②。这是对中央集权君主制的巨大历史跨越。

尽管通过民主革命实现了历史的跨越，但如何在充满竞争性的现代世界体系里生存和发展，并巩固国家统一性，仍然是国家的根本性问题。新中国建立之初，毛泽东指出："国家的统一，人民的团结，国内各民族的团结，这是我们的事业必定要胜利的基本保证。"③ 毛泽东在党的八大预备会议上讲话，号召团结一切可团结的力量，搞好新中国的工业化建设，对人类有所贡献，不然就会被开除"球籍"。他说："你有那么多人，你有那么一块大地方，资源那么丰富，又听说搞了社会主义，据说是有优越性，结果你搞了五六十年还不能超过美国，你像个什么样子呢？那就要从地球上开除你球籍！"④ 中国是在中国共产党领导下取得革命成功建立新中国，也需要在中国共产党领导下建设社会主义现代化国家。《中华人民共和国宪法》规定："我国将长期处于社会主义初级阶段。国家的根本任务是，沿着中国特色社会主义道路，集中力量进行社会主义现代化建设。"这一任务成为新中国成立后的国家根本性议程。

完成国家根本性议程并不是不需要民主，恰恰相反，对民主的要求更高。人民民主成为国家根本性议程的应有之义。其一，新中国是人民

① 《毛泽东选集》第2卷，人民出版社，1991年版，第677页。
② 孔飞力著，陈兼、陈之宏译：《中国现代国家的起源》，生活·读书·新知三联书店，2013年版，第16页。
③ 《毛泽东文集》第7卷，人民出版社，1999年版，第204页。
④ 《毛泽东文集》第7卷，人民出版社，1991年版，第89页。

当家作主的国家。社会主义现代化国家建设包括满足人民当家作主的意愿。人民民主本身便是社会主义现代化国家的重要组成部分，是社会主义现代化建设的目标之一。其二，民主是建设社会主义现代化国家的重要手段。要完成社会主义现代化国家建设这一根本性议程，必须通过正确坚强的领导凝聚和团结全国人民，必须不断提升和改进对国家的治理，从而必须有相应的民主制度相配合。毛泽东 1957 年提出了政治的理想图景："要造成一个又有集中又有民主，又有纪律又有自由，又有统一意志、又有个人心情舒畅、生动活泼，那样一种政治局面。"① 只是这一理想图景未能置于重要位置，造成一系列重大失误。1981 年中共十一届六中全会通过的《关于建国以来党的若干历史问题的决议》指出："逐步建设高度民主的社会主义政治制度，是社会主义革命的根本任务之一。建国以来没有重视这一任务，成了'文化大革命'得以发生的一个重要条件，这是一个沉痛教训。"②

社会主义现代化国家建设是国家的根本性议程，人民民主是完成这一根本性议程的应有之义。邓小平提出："没有民主就没有社会主义，就没有社会主义的现代化。"③ 而社会主义现代化国家建设这一根本性议程规定了中国民主的实质，即人民民主，又规定了中国的民主形式之一，这就是现代治理民主。

现代中国的治理民主体现在中国共产党领导下建设社会主义现代化国家的全过程之中，是全过程的人民民主。它包括不可分割的两个方面：一是中国共产党领导治国理政的全过程都要体现人民意志。江山就是人民，人民就是江山。中国共产党在治国理政的过程中，必须"坚持立党为公、执政为民，保持党同人民群众的血肉联系，把尊重民意、汇集民智、凝聚民力、改善民生贯穿党治国理政全部工作之中，巩固党执

① 《建国以来毛泽东文稿》第 6 册，中央文献出版社，1992 年版，第 543 页。

② 中共中央文献研究室编：《三中全会以来重要文献选编》，人民出版社，1982 年版，第 841 页。

③ 《邓小平文选》第 2 卷，人民出版社，1994 年版，第 168 页。

政的阶级基础，厚植党执政的群众基础，通过完善制度保证人民在国家治理中的主体地位，着力防范脱离群众的危险”①。二是人民通过各种形式参与治国理政的全过程之中，依法行使人民民主权利。中国共产党领导人民治国理政过程中，“必须坚持人民主体地位，坚定不移走中国特色社会主义政治发展道路，健全民主制度，丰富民主形式，拓宽民主渠道，依法实行民主选举、民主协商、民主决策、民主管理、民主监督，使各方面制度和国家治理更好体现人民意志、保障人民权益、激发人民创造，确保人民依法通过各种途径和形式管理国家事务，管理经济文化事业，管理社会事务”②。

全过程人民民主是对中国历史上治理民主因素的极大提升。全过程人民民主不是一种基于压力的不自觉行动，而是一种国家制度安排，具有道义正当性和法理合理性。中国共产党的领导体现人民意志和人民参与治国理政内生于国家制度之中，并与国体、政体相一致，是国体民主与政体民主的具体体现。由此有助于打破历史上的民主因素与君主制冲突造成改朝换代的“王朝周期律”。毛泽东将民主作为跳出周期律的新路，指出：“我们已经找到新路，我们能跳出这周期律。这条新路，就是民主。只有让人民来监督政府，政府才不敢松懈。只有人人起来负责，才不会人亡政息。”③ 现代治理民主建立在民主制的国家制度基础之上，治国理政本身是人民民主的体现，也是对人民民主要求的回应。只有在民主制下，政府才不敢松懈；人人起来负责，才不会陷入君主制必然造成的离心离德，政治统一性难以长期持续。它是对传统君主制下治理民主形式的扬弃，从性质上它属于人民民主制，从形式上吸收了历史中国治理民主的积极元素。

---

① 《中共中央关于坚持和完善中国特色社会主义制度推进国家治理体系和治理能力现代化若干重大问题的决定》，新华社，2019 年 11 月 5 日。

② 《中共中央关于坚持和完善中国特色社会主义制度推进国家治理体系和治理能力现代化若干重大问题的决定》，新华社，2019 年 11 月 5 日。

③ 黄炎培：《八十年来——黄炎培自述》，文汇出版社，2000 年版，第 204~205 页。

全过程人民民主汲取了产生于西方的现代民主理念，但又不同于西方国家的民主形式。从人民主权的角度，中国与西方的理念是相通的。但从政权组织形式看，中国共产党居于领导地位。中国是在一个地域辽阔、人口众多、差异性大、发展极不平衡的国家进行社会主义现代化建设的。与现代化相伴随的市场化、城市化又会内生出诸多结构性问题，滋生不稳定因素。在社会主义现代化建设中获得全国统一性是国家的根本性问题。只有通过中国共产党的统一领导才能获得全国统一性，才有可能组织和领导全国人民建设社会主义现代化国家，也才有可能为人民广泛参与治国理政创造基本条件。中国共产党领导与人民民主具有内在统一性。通过中国共产党领导推进社会主义现代化建设成为国家根本性议程。动摇了中国共产党领导，便是动摇了中国的“国本”。正因为如此，在我国改变“阶级斗争为纲”，全面推进社会主义现代化建设之际，邓小平提出了坚持四项基本原则，其中最重要的便是坚持中国共产党领导。中共十九届四中全会通过的《中共中央关于坚持和完善中国特色社会主义制度推进国家治理体系和治理能力现代化若干重大问题的决定》指出：“中国共产党领导是中国特色社会主义最本质的特征，是中国特色社会主义制度的最大优势，党是最高政治领导力量。必须坚持党政军民学、东西南北中，党是领导一切的，坚决维护党中央权威，健全总揽全局、协调各方的党的领导制度体系，把党的领导落实到国家治理各领域各方面各环节。”① 国家的根本性议程决定了中国不会，也不能采用通过选举实现政党轮替的西方民主形式。对于新中国来说，民主重要，但不是全部，更重要的是社会主义现代化建设。没有社会主义现代化建设，中国处于贫穷落后、一盘散沙、贫富悬殊直至四分五裂状态，民主无统一的国家所依存，就只能成为空谈。犹如古希腊一样，城邦不存，民主何依？对于中国的民主建设来说，选举重要，但不是全部，更

① 《中共中央关于坚持和完善中国特色社会主义制度推进国家治理体系和治理能力现代化若干重大问题的决定》，新华社，2019 年 11 月 5 日。

重要的是通过各种民主形式实现有效的治国理政，让人民群众在有效的治理中切切实实感受到民主带来的好处，而不是简单的选举形式。

自熊彼特将选举定义为民主之后，选举民主成为西方通行的标准。这一主要产生于西方经验的标准并不是唯一标准。特别是这一标准背后有制度性规定，这就是两党或多党轮流执政。政党轮替曾经在 20 世纪初的中国实行过，但只是昙花一现，缺乏历史和现实根基。这在于在充满竞争的当代世界，中国只有在一个具有强大能力的政党持续和统一领导下，才能最大限度凝聚全国人民，推进社会主义现代化建设，从而立于世界民族之林。中国共产党作为全国最高政治领导力量，其地位是不可改变的，也不是简单依靠若干年一次的选举加以确认的。中国共产党的领导地位，依靠的是推进国家治理体系与治理能力现代化，在治国理政过程中不断取得让人民群众满意的结果。这正是现代治理民主的精髓所在。无论从历史，还是对于当今中国，统一性与合法性寓为一体。谁能将一个广土众民的国家统一起来，并能够让人民不断获得美好生活，谁就能获得人民的同意、赞成和拥护。这也是提出中国式治理民主的理由所在。

中国式治理民主概念的提出，是对中国政治内部性演变的概括，是由中国的国家根本性问题与根本性议程所决定的。它同时也开创了一种新的民主形式。选举民主以选举为标准，更重形式；治理民主以有效治理为标准，更重结果。至于什么形式更为优越，最终体现于什么形式更能反映人民的意愿。

（原载《学术月刊》2022 年第 3 期）

国家善治能力：消除贫困的社会工程何以成功①

摘　要：中国在现代化进程中消除了与人类相伴的绝对贫困，全面建成小康社会，由此走出了一条致力消除贫困、走向共同富裕的中国式现代化道路。中国消除贫困，并努力消除产生贫困的根源，是一项改造人类社会、创造人间奇迹的社会工程。这一工程得以成功，并将继续取得成功，在于中国特有的国家善治能力。它包括国家动员能力、国家组织能力、国家改造能力、国家发展能力和国家整合能力。这种能力为社会主义制度的本质所规定，中国共产党的神圣使命为其提供了不竭源泉和基本的制度保障，是中国制度优势的具体表现。

关键词：贫困治理；社会工程；善治能力

贫困是一个十分古老的问题，一直伴随人类社会的发展进程。贫困也是现代化进程中迄今尚未解决的世界性难题，现代化进程可能伴随“进步的贫困”，贫困问题由此也成为现代化的负效应②。因此，如何解决贫困问题也是处于现代化进程中的国家不断探求的重要课题。

---

① 本文与华中师范大学政治学部陈军亚教授合作发表。

② 参见布拉德福德·伯恩斯、朱莉·查利普著，王宁坤译：《简明拉丁美洲史——拉丁美洲现代化进程的诠释》，世界图书出版公司，2009年版，第12页。

2020年，这一古老问题和世界性难题在中国得到解决。党的十八大以来，我国组织实施了人类历史上规模空前、力度最大、惠及人口最多的巨型脱贫工程①。2020年，在现行标准下，我国农村绝对贫困人口全部脱贫②，提前10年实现《联合国2030年可持续发展议程》的减贫目标。这一巨型工程的完成，不仅开创了人类贫困治理的奇迹，也探索出一条现代化进程中消除贫困、走向共同富裕的现代国家建设新道路。

国家对贫困问题的干预和治理，是国家的基本责任。但并非任何国家干预的社会工程都能成功。斯科特的研究表明，许多试图改善人类状况的项目往往成为“乌托邦”式的社会工程，不仅未能成功，反而成为“发展的灾难”③。即使国家致力清晰化、标准化和简单化的治理技术为大型社会工程的实施提供了可能性，但“无视其国民的价值、希望和目标的国家，事实上会对人类美好生活构成致命的威胁”④。

中国消除贫困的努力显然是一项巨型社会工程，这项巨型社会工程何以完成，并成功破解被斯科特所言成为“乌托邦计划”的失败命运，在于中国特有的国家善治能力。这种善治能力内生于社会主义制度的规定性中，中国共产党的神圣使命及其领导为善治能力的实现提供了制度保障。

一、中国消除贫困是巨型社会工程

贫困是一种社会物质生活及其相应精神生活匮乏的状态，是一种与

① 参见中华人民共和国国务院新闻办公室：《全面建成小康社会：中国人权事业发展的光辉篇章》，人民出版社，2021年版，第10页。

② 参见《改变中国命运的伟大决战——以习近平同志为核心的党中央引领亿万人民打赢脱贫攻坚战纪实》，《人民日报》2021年2月25日，第1版。

③ 詹姆斯·斯科特著，王晓毅译：《国家的视角：那些试图改善人类状况的项目是如何失败的》，社会科学文献出版社，2017年版，第4页。

④ 詹姆斯·斯科特著，王晓毅译：《国家的视角：那些试图改善人类状况的项目是如何失败的》，社会科学文献出版社，2017年版，第9页。

人类相生相伴的久远的社会历史现象。人的生活依赖一定的物质条件，恩格斯指出："正像达尔文发现有机界的发展规律一样，马克思发现了人类历史的发展规律，即历来为繁芜丛杂的意识形态所掩盖着的一个简单事实：人们首先必须吃、喝、住、穿，然后才能从事政治、科学、艺术、宗教等等。"① 为此，人类要进行"生活资料即食物、衣服、住房以及为此所必需的工具的生产"②，生产力决定了人类的生活状况。

人类最初生活在物质生活资料极其匮乏的原始状态。只是随着生产力的发展，人们的生活状况才得到一定程度的改善。自告别原始社会之后，贫困表现为两种类型：一是自然性贫困，即由于自然条件造成的贫困。人类生活在自然环境之中，自然条件制约生产力的发展并影响人类生活的延续，由此造成人们生活资料的匮乏。二是社会性贫困，即由于社会条件造成的贫困。人类总是在一定生产关系和社会关系中存在的。由于特定的生产关系和社会关系造成社会分化，一部分人的生活处于贫困状况中，"朱门酒肉臭，路有冻死骨"是其生动写照。

从生产力的角度看，人类长期生活于农业社会。在漫长的农业社会里，生产受到自然条件的制约，主要依靠人工劳动，生产力水平较低，绝大多数人的生活处于贫困状态中。从农业社会向工业社会及其现代化的转变，为人类减少贫困提供了物质条件。但在这一转变中，作为传统农业社会因子的农民的贫困问题仍十分突出，甚至成为工业社会及其现代化的牺牲品。诺贝尔经济学奖获得者舒尔茨曾言："世界上大多数人尚处在贫困中，所以，懂得贫穷的经济学就是懂得了许多真正有用的经济学：世界上大多数贫穷的人靠农业为生，所以，懂得了农业的经济学也就懂得了许多贫穷的经济学。"③ 农民问题与贫困问题相生相伴，因此，农民贫困成为现代的世界难题，并决定了现代化的不同道路。

---

① 《马克思恩格斯文集》第 3 卷，人民出版社，2009 年版，第 601 页。

② 《马克思恩格斯文集》第 4 卷，人民出版社，2009 年版，第 15~16 页。

③ 西奥多·舒尔茨：《贫穷经济学——一九七九年诺贝尔演说》，《科技导报》1985 年第 3 期。

对于一些先行的现代化国家而言，农民及其贫困并不构成其现代化进程中的问题，因为在开启现代化进程之前，已经解决或者不存在严重的农民问题，这成为现代化得以在这些国家发生的前提条件。马克思在研究西欧资本主义制度的起源时指出，“资本主义生产方式是一种特殊的、具有独特历史规定性的生产方式”，这种生产方式，是一个“先行过程的历史结果和产物”①。这种“现代生产方式，在它的最初时期，即工场手工业时期，只是在它的各种条件在中世纪内已经形成的地方，才得到了发展”②。英国是现代化的先行国家，在现代化来临之前，英国所经历的“先行过程”即先行的农业革命，农村内部经历了较长时期的商品化过程。圈地运动给了传统农村经济结构致命一击，“小农的消灭”不仅对英国和平民主的发展过程作出巨大贡献，而且意味着现代化能在英国顺利进行③。因此，“没有严重的农民问题”是英国现代化进程的促成因素之一④。美国是在新大陆的“空地”上建立起来的现代化国家。在迈入现代化国家前，“美国并未遇到要瓦解封建主义或官僚主义的、庞大而又牢固的农业社会这样一个问题。……美国社会也从未有过像欧洲和亚洲社会那么庞大的农民阶级”。尽管“南北战争被视为美国历史上的一道分水岭，它标志着农业时代的结束，工业时代的开始”⑤，但是，南北战争的动力并非来自农民的造反，而是北方资本主义的扩张⑥。除英美等少数国家以外，世界上绝大多数进入现代化的国家，都面临着规模庞大的农民

① 《马克思恩格斯文集》第7卷，人民出版社，2009年版，第994页。

② 《马克思恩格斯文集》第7卷，人民出版社，2009年版，第371页。

③ 参见巴林顿·摩尔著，拓夫、张东东等译：《民主和专制的社会起源》，华夏出版社，1987年版，第22页。

④ 参见巴林顿·摩尔著，拓夫、张东东等译：《民主和专制的社会起源》，华夏出版社，1987年版，第29页。

⑤ 巴林顿·摩尔著，拓夫、张东东等译：《民主和专制的社会起源》，华夏出版社，1987年版，第88页。

⑥ 参见巴林顿·摩尔著，拓夫、张东东等译：《民主和专制的社会起源》，华夏出版社，1987年版，第113~114页。

社会及其相伴随的贫困问题。在市场的自发力量及由市场助推的工业化进程中，“农民早晚会成为现代化的牺牲品，这是一个简单而残酷的事实”①。也正因为如此，通向现代化的道路总是伴随着战争和革命，并“在20世纪，它却经由成功的农民革命而进入高潮”②。德国和日本在现代化进程中走向法西斯道路，一个重要原因就是破产贫困农民及其对集权的追随。“法西斯主义深深根植于农业社会生活中。”③ 因为“小农们命途多舛。纳粹宣传却为小农展示了一幅理想农民的浪漫主义图景——‘自由土地上的自由人’。农民在纳粹精心炮制的极右翼意识形态中成了关键角色”④。

与其他国家一样，贫困与中国人也一直相伴而行。尽管中国历史上创造了灿烂的农业文明，但贫困问题始终存在。“回顾几千年的历史，丰衣足食一直是中国老百姓最朴素的追求和愿望。”⑤ 中国是在一个大规模农业社会基础上迈入现代化门槛的，并以革命方式步入现代化进程。一直到1949年，中国还是世界上贫困人口最多的国家之一。中华人民共和国成立后，伴随现代化进程，中国致力减少和消除贫困，取得了巨大成就，并走出了一条消除贫困、走向共同富裕的中国式现代化道路。

中国对贫困状况的改善，不仅是简单地减少和消除贫困，更重要的是不断消除贫困产生的自然和社会根源，这是一项改变人类社会生存状况和生存条件的巨型社会工程。

---

① 巴林顿·摩尔著，拓夫、张东东等译：《民主和专制的社会起源》，华夏出版社，1987年版，第379页。

② 巴林顿·摩尔著，拓夫、张东东等译：《民主和专制的社会起源》，华夏出版社，1987年版，第368页。

③ 巴林顿·摩尔著，拓夫、张东东等译：《民主和专制的社会起源》，华夏出版社，1987年版，第361页。

④ 巴林顿·摩尔著，拓夫、张东东等译：《民主和专制的社会起源》，华夏出版社，1987年版，第364页。

⑤ 中共中央宣传部编：《习近平总书记系列重要讲话读本》，学习出版社、人民出版社，2016年版，第54页。

改变贫困是人类的梦想，并为此作出过巨大努力。可以说，自人类社会产生，就开启了改变贫困的历程。但在漫长的历史进程中，这一努力的成效有限。只有通过系统化改变自然和社会条件的社会工程，才能减少贫困并不断消除产生贫困的根源。社会工程是旨在改变人的状况和条件的大型项目。改变人类贫困状况的社会工程包括两重含义：一是工程所要改变的对象不是个别人或者少数人，而是所有贫困者。二是工程不仅是改变贫困状况，更重要的是改变造成贫困的条件，阻断贫困的再生产，包括自然和社会条件。

在前资本主义社会，贫困发生既有自然原因，也有社会原因。资本主义社会，由于工业生产，创造了巨大的财富。马克思、恩格斯在《共产党宣言》中指出："资产阶级在它的不到一百年的阶级统治中所创造的生产力，比过去一切世代创造的全部生产力还要多，还要大。自然力的征服，机器的采用，化学在工业和农业中的应用，轮船的行驶，铁路的通行，电报的使用，整个整个大陆的开垦，河川的通航，仿佛用法术从地下呼唤出来的大量人口——过去哪一个世纪能够料想到在社会劳动里蕴藏有这样的生产力呢?"① 但是，资产阶级创造的财富是以无产阶级的牺牲为代价的。"现代的工人却相反，他们并不是随着工业的进步而上升，而是越来越降到本阶级的生存条件以下。工人变成赤贫者，贫困比人口和财富增长得还要快。"② 特别是在资本主义经济危机之下，无产阶级的生活状况更是处于贫困状态。20世纪30年代的资本主义经济大危机，造成大量的贫困。面临可能造成的更大的社会危机，当时的美国总统罗斯福将"免于匮乏"作为"四大自由"之一。之后，资本主义建立了普遍的社会福利制度。但这种福利制度更多的是一种社会救济和基本保障，没有也不可能消除贫困，这是因为造成贫困的资本主义生产方式没有改变。

---

① 《马克思恩格斯文集》第2卷，人民出版社，2009年版，第36页。

② 《马克思恩格斯文集》第2卷，人民出版社，2009年版，第43页。

中国的贫困治理是历史上前所未有的一项巨型社会工程，面临的环境和条件极其艰难。“中国的贫困规模之大、贫困分布之广、贫困程度之深世所罕见，贫困治理难度超乎想象。”① 首先，中国的贫困人口多。1949 年，中国总人口占世界人口总量的 21.66%，但贫困人口占世界总数的 40% 以上②。中国不仅是世界上人口最多的国家，也是贫困人口最多的国家。其次，自然条件不平衡。中国有富庶的平原地带，但也有大量的自然条件根本不适宜人类居住的地方，在这些地方，人们世世代代过着近似于原始状态的深度贫困生活。最后，生产力落后且发展不平衡。新中国成立时，在中国的西南边境，由于自然条件的限制，还存在大量刀耕火种的原始农业形态。毛泽东指出，“中国还有大约百分之九十左右的分散的个体的农业经济和手工业经济，这是落后的，这是和古代没有多大区别的，我们还有百分之九十左右的经济生活停留在古代”③。新中国成立后，开始了经济建设的快速进程，为我国贫困治理奠定了良好基础。大规模减少贫困人口，则是改革开放和快速现代化进程的重要贡献。根据 2011 年中国的收入绝对贫困线衡量，1978 年中国农村贫困发生率为 97.5%，到 2019 年已下降到 0.6%④。不仅贫困发生率在大幅下降，这一巨型工程更重要的价值在于，探索并创建多样化的扶贫机制，阻断贫困再生产的自然和社会根源。如改革开放以来，通过家庭联产承包责任制改革和农村集体产权制度的持续创新，激发制度扶贫的改革效应；通过持续加大农村地区的交通、生产等基础设施投入，建立开发式扶贫机制。如同贫困问题研究者阿马蒂亚·森认为，贫困问题之所以如此复杂并难以解决，在于其最终原因如此复杂

① 中华人民共和国国务院新闻办公室：《人类减贫的中国实践》，人民出版社，2021 年版，第 1 页。

② 参见胡鞍钢主编：《国情报告》（第 17 卷 · 2014 年），党建读物出版社，2016 年版，第 180 页。

③ 《毛泽东选集》第 4 卷，人民出版社，1991 年版，第 1430 页。

④ 参见谢岳：《中国贫困治理的政治逻辑——兼论对西方福利国家理论的超越》，《中国社会科学》2020 年第 10 期。

且模糊不清①。消除贫困再生产的根源，并建立阻隔贫困再生产的机制，就是一个如此复杂但又无比重要的工程。

巨型社会工程的建设主体是国家。在人类历史上，人们试图通过各种行为改变贫困状况，并取得了一定成效。但是，这种成效是有限的。首先，分散的个体或者少数人的行为，有可能改变个体或者少数人的命运，但难以改变所有贫困者的命运。特别是在现代化进程中，作为贫困者主体的农民所依存的生产力较为落后，依靠其自身的力量很难改变其命运，他们只能依靠一种外在的力量来改变自己的贫困。其次，市场机制在激发人的主动性、积极性和创造性方面发挥着重要作用，有助于推动生产力发展，改变贫困。但是，市场的逻辑总是倾向于将资源配置在最能够产生效益的地方。市场经济的发展必然伴随社会分化，它没有也不可能自动带来贫困的消除。要推动改变所有人的贫困，特别是改变造成贫困的自然和社会根源，只能依靠国家有组织的行动。

中国消除贫困的巨型社会工程，是国家有目的、有计划地改变贫困状况的过程，也是有计划、有举措地改变造成贫困状况的自然和社会条件的过程。“贫困地区发展条件差，贫困人口自我发展能力弱，消除贫困仅仅依靠个体、区域、民间等力量远远不够，必须作为执政党和国家的责任，上升为国家意志、国家战略、国家行动。”② 更重要的是，在中国不仅要消除贫困状态，更要消除造成贫困的条件。要完成这一巨型社会工程是一项十分艰难的任务。这一工程的实施自新中国成立便已开启，到2012年，“中国组织实施了人类历史上规模空前、力度最大、惠及人口最多的脱贫攻坚战”③，并取得了巨大成功，完成了预期目标。

---

① 参见阿马蒂亚·森著，王宇、王文玉译：《贫困与饥荒：论权利与剥削》，商务印书馆，2011年版，第1页。

② 中华人民共和国国务院新闻办公室：《人类减贫的中国实践》，人民出版社，2021年版，第49页。

③ 中华人民共和国国务院新闻办公室：《人类减贫的中国实践》，人民出版社，2021年版，第1页。

“中华民族在几千年发展历史上首次整体消除绝对贫困，实现了中国人民的千年梦想、百年夙愿。”① “改革开放以来，按照现行贫困标准计算，中国 7.7 亿农村贫困人口摆脱贫困；按照世界银行国际贫困标准，中国减贫人口占同期全球减贫人口 70% 以上。”② 由此大大加快了全球减贫进程，谱写了人类反贫困历史的壮丽篇章。

二、巨型社会工程得以成功的国家善治能力

在现代化进程中，运用国家力量改变贫困的社会工程并不少见，但真正取得成功者十分罕见。中国于 2020 年消除绝对贫困，并正向消除相对贫困、走向共同富裕的道路迈进。这标志着中国改变贫困状况的巨型社会工程取得巨大成功。中国取得成功的重要原因在于强大的国家善治能力。

国家善治能力是国家基于满足人民美好生活的意愿而采取相应措施进行有效治理并达到相应目的的力量。国家善治能力由三个相互联系的层面组成，一是改善人类状况的意愿，二是合适的手段，三是获得增进人类福利的效果。消除贫困无疑是人类社会最大的善良意愿，但也需要通过各种方式对贫困问题进行有效治理。国家基于消除贫困的善良意愿并通过相应的能力获得有效治理贫困的效果，从而形成国家善治能力。它包括五个具体能力：

1. 国家动员能力，即最大限度动员一切资源改变贫困状况的能力。任何行动都必须借助必要的资源才能获得成功。资源愈多，达成目的的可能性愈大。但资源总是处于分散状态，由此便需要通过动员将资源集聚起来用于一定目的。“社会动员能力，即政府动员社会中的人力、物

---

① 中华人民共和国国务院新闻办公室：《人类减贫的中国实践》，人民出版社，2021 年版，第 13 页。

② 中华人民共和国国务院新闻办公室：《人类减贫的中国实践》，人民出版社，2021 年版，第 59 页。

力、财力综合起来为实现政府所预定的目标的能力。衡量社会动员能力的标准是：在一定时期内，将社会中的人财物集聚起来的数量；政府集聚起来的人财物所实现的目标与政府总体目标的比例。"① 国家是公共权力机构，在一个国家内，没有任何组织拥有如国家政权体系一般的动员资源并集聚资源的能力。消除贫困作为一项巨型社会工程，只有在国家广泛深度动员之下，才能最大限度集聚资源实施这一工程。

国家动员能力首先是国家领导者的决策意向和能力，它决定着动员的广度和深度，也决定着资源集聚的程度和向度。新中国成立后，中国步入现代化建设的轨道，但也面临着处理各方面关系的问题。一般来讲，后发现代化国家最初的工业积累主要是来自农业。毛泽东在新中国成立初期发表了《论十大关系》，其中指出要处理好工业和农业的关系。之后，中国确立以工业为主导、以农业为基础的方针。在优先发展工业的过程中，农业仍然占有重要地位，并提出大办农业的方针。在这一方针指导下，中国在资源十分紧缺的条件下，尽可能通过广泛动员，使农村能够获得必要的资源，农业的基础性地位得到巩固。由此避免了牺牲农业并引发大规模农民贫困的总体性灾难。

显然，要在工业化程度比较低的情况下消除大规模贫困是一件难以想象的事。但是消除贫困始终是国家决策的重要目标。1978 年，中国拉开了改革开放的大幕。改革从农村开始，其重要目标便是消除贫困。邓小平指出："我们的改革和开放是从经济方面开始的，首先又是从农村开始的。为什么要从农村开始呢？因为农村人口占我国人口的百分之八十，农村不稳定，整个政治局势就不稳定，农民没有摆脱贫困，就是我国没有摆脱贫困。"② 正是在这一思想的指导下，国家实行了多项有利于农业农村发展的政策。在工业化、城市化迅速发展的过程中，国家

---

① 辛向阳：《大国诸侯：中国中央与地方关系之结》，中国社会科学出版社，1996 年版，第 536 页。

② 《邓小平文选》第 3 卷，人民出版社，1993 年版，第 237 页。

将解决“三农”问题置于重中之重的地位，多年的中共中央一号文件都是涉及“三农”问题的。

经过改革开放的发展，农业农村没有出现因快速现代化而造成的大规模衰败，贫困人口大规模减少。但是，由于自然条件和区域发展不平衡，直到党的十八大之前，在新的扶贫标准下，中国还有 1.22 亿贫困人口①。为此，中共中央提出了脱贫攻坚的目标和任务，强调“动员全党全国全社会力量，齐心协力打赢脱贫攻坚战”②。党的十九大把精准脱贫作为攻坚战进行全面部署，锚定全面建成小康社会目标，聚力攻克深度贫困堡垒，决战决胜脱贫攻坚，形成了“上下同心、尽锐出战、精准务实、开拓创新、攻坚克难、不负人民”③ 的脱贫攻坚精神。正是在广泛而深入的总体动员下，中国如期完成脱贫攻坚任务，于 2020 年消除绝对贫困，并全面建成小康社会。

国家动员能力的成效也表现在社会的响应力方面。当今中国消除贫困的国家动员能力得到社会积极回应，这首先在于消除贫困是全体人民的意志和向往，其次在于在消除贫困的目标下有效处理好各个方面的关系，再次是有目标、有条件、分步骤地实施，最后是面临新的问题及时有效加以处理。正是依靠这种有成效的国家动员能力，才能最大限度动员和集聚资源，实现消除贫困的目标。

2. 国家组织能力，即将分散的力量组织起来有针对性治理贫困的能力。“组织”是一个社会实体，它具有明确的目标导向和经过设计的结构与有意识协调的活动系统。进行任何一项社会工程都必须借助组织的力量。组织能力愈强，达成社会工程目标的可能性愈大。在人类各种组织单位中，国家是最大和最强的组织。通过国家，可以形成社会的高

① 参见中华人民共和国国务院新闻办公室：《人类减贫的中国实践》，人民出版社，2021 年版，第 9 页。

② 《习近平谈治国理政》第 2 卷，外文出版社，2017 年版，第 83 页。

③ 习近平：《在全国脱贫攻坚总结表彰大会上的讲话（2021 年 2 月 25 日）》，人民出版社，2021 年版，第 19 页。

度组织化，从而集中力量实现预期目标。在中国，消除贫困的巨型社会工程得以成功，相当程度取决于强大的国家组织能力。

中国共产党将组织工农大众作为自己的重要使命，也非常注重通过组织来消除贫困。毛泽东 1943 年在《组织起来》一文中指出：“在农民群众方面，几千年来都是个体经济，一家一户就是一个生产单位，这种分散的个体生产，就是封建统治的经济基础，而使农民自己陷于永远的穷苦。”“把群众的力量组织成为一支劳动大军。这是人民群众得到解放的必由之路，由穷苦变富裕的必由之路。”① 新中国成立后，中国共产党将分散的农民组织起来，并利用集体组织的力量帮助贫穷农民克服困难，保障基本生存，如在集体组织内实行“五保户”制度，使那些缺失劳动能力的人得到一定的生活保障。

为了有针对性地消除贫困，我国政府设立了专门的组织。1986 年成立国务院贫困地区经济开发领导小组，1993 年改名国务院扶贫开发领导小组办公室。在其之下，县以上的各级人民政府设立了扶贫开发领导小组办公室（以下简称“扶贫办”），其主要职能是扶贫开发工作的政策、规划并组织实施等。消除贫困由此成为政府专门组织的事务。扶贫办的设立在有针对性地减少和消除贫困方面发挥了重要作用。随着绝对贫困任务的完成，扶贫办更名为乡村振兴局，以巩固消除贫困的成果。在世界上，很少有国家在政府体系内层层设立专门的组织机构用于消除贫困，也就限制了消除贫困的效应。

随着中国脱贫进入最后的攻坚阶段，愈来愈多的组织参与到消除贫困的事务之中，由此形成巨大的治贫能力。正如习近平总书记所说：“我们组织开展定点扶贫，中央和国家机关各部门、民主党派、人民团体、国有企业和人民军队等都积极行动，所有的国家扶贫开发工作重点县都有帮扶单位。各行各业发挥专业优势，开展产业扶贫、科技扶贫、教育扶贫、文化扶贫、健康扶贫、消费扶贫。民营企业、社会组织和公

① 《毛泽东选集》第 3 卷，人民出版社，1991 年版，第 931、932 页。

民个人热情参与，‘万企帮万村’行动蓬勃开展。我们构建专项扶贫、行业扶贫、社会扶贫互为补充的大扶贫格局，形成跨地区、跨部门、跨单位、全社会共同参与的社会扶贫体系。千千万万的扶贫善举彰显了社会大爱，汇聚起排山倒海的磅礴力量。”①

3. 国家改造能力，即对自然和社会条件进行改变、消除贫困再生产的能力。贫困是一种状态，有着深刻的根源。从某种意义上说，人类历史是消除贫困的历史，但其成效缓慢且有限。重要原因便是只简单地消除贫困的状况，而未大规模改变贫困产生的根源。只有从根本上改变造成贫困的自然和社会条件，才能在消除贫困状况的同时，避免贫困的再生产。而要消除贫困的根源，必须通过国家的力量，对既定的自然和社会条件进行根本性改造。中国正是借助强大的国家改造能力，才在消除贫困条件的巨型社会工程方面取得巨大成功。

人类贫困的主要原因之一是自然条件。新中国成立后，国家引导农民改造自然条件，以摆脱贫困。水利是农业的命脉，在实行集体统一经营时期，农民农忙时务农，农闲时兴修水利工程，大大改变了农业生产条件。在国家经济实力还不强大的时期，国家主要通过激励和组织农民改造自然条件，倡导自力更生、艰苦奋斗，诸如“红旗渠”“大寨”等众多改造自然的典范。随着国家实力的增强，国家逐步推进大规模的基础设施建设，尤其是道路交通。中国的贫困人口主要集中在西部地区，尤其是其中的山区，重要原因是交通不便。由此有了“要致富先修路”的说法。2000年开始，国家通过实施“西部大开发”战略和“村村通”工程，大大改善了贫困地区的交通条件，道路成为“脱贫路”，也成为“致富路”。通过脱贫攻坚，“行路难、吃水难、用电难、通信难、上学难、就医难等问题得到历史性解决”②。

① 习近平：《在全国脱贫攻坚总结表彰大会上的讲话（2021年2月25日）》，人民出版社，2021年版，第14~15页。

② 习近平：《在全国脱贫攻坚总结表彰大会上的讲话（2021年2月25日）》，人民出版社，2021年版，第6页。

贫困是指生活资料的匮乏，而生活资料的获得取决于生产资料。因为生产资料的占有不同会造成贫富分化，从而产生社会性贫困。社会性贫困只能通过改造社会条件加以解决。在农业社会，土地是基本的生产资料，由于对土地占有不同而产生富裕的农民和贫困的农民。对于跨入现代化门槛的国家来说，都有一个通过土地改革减少贫困的问题。在革命时期中国共产党便意识到土地问题的极端重要性，并在农村开展土地革命。伴随国家政权的取得，中国通过大规模的土地改革，使广大无地和少地的农民获得了梦寐以求的土地，有了生活之源，消除了造成农民贫困的主要因素。新中国成立后，中国进行农业的社会主义改造，建立了生产资料集体所有制，这一制度成为农村基本制度。这一制度保证每个农民都能够成为土地的主人，从而为避免长期历史上人们因为缺失土地而只能陷入贫困提供了最基本的制度保障。1978 年之后，中国又通过农村改革，不断创新制度，激发广大农民的主动性、积极性和创造性，自己创造自己的幸福生活，由此形成消除贫困的强大内生动力。正是农村改革，突破了长期存在的城乡二元结构的制度壁垒，农民得以从事非农产业，既为工业化提供了充沛的人力资源，也为农村消除贫困创造了重要条件。据不完全统计，改革开放以来，农民收入的一半以上已来自非农产业。

4. 国家发展能力，即国家通过推动经济社会发展持续改变贫困的能力。贫困是一个动态的过程。除了因一时困难而形成的生存性贫困之外，还有因经济发展不足而造成的发展性贫困。无论什么贫困，最终都要通过经济发展创造更多的财富来改变，经济发展因此成为消除贫困的基础。对于消除贫困的巨型社会工程来说，经济发展是最重要的基础，且只有通过国家的力量大规模推进经济发展才能推进这一工程的实施。

早在取得全国性政权前夕，中国共产党便提出了将工作重心转移到经济建设上来的主张。农村改革最重要的目的便是调动广大农民的积极性，迅速发展生产，减少和消除贫困。邓小平指出："坦率地说，在没有改革以前，大多数农民是处在非常贫困的状况，衣食住行都非常困难。党的十一届三中全会以后决定进行农村改革，给农民自主权，给基层自主权，这样一下子就把农民的积极性调动起来了，把基层的积极性调动起来了，面貌就改变了。"① 中国的贫困人口占比持续大幅减少，主要依靠的是国家推动经济发展，让农民成为经济主体，在经济发展中减少和消除贫困。

对于一些深度贫困地区来说，缺乏经济发展的必要条件。即便如此，国家在提供基本保障的同时，也非常重视通过促进经济发展，激发贫困地区的内生活力，来改变贫困地区的状况。"发展产业是脱贫致富最直接、最有效的办法，也是增强贫困地区造血功能、帮助贫困群众就地就业的长远之计。"② 贫困人口不仅是减贫的受益者，更是发展的贡献者。2020 年中国消除了绝对贫困，很快将脱贫攻坚与乡村振兴相衔接，通过乡村振兴巩固脱贫攻坚的成果，以进一步的发展来减少和消除相对贫困。"中国减贫实践表明，发展是消除贫困最有效的办法、创造幸福生活最稳定的途径。"③

5. 国家整合能力，即国家通过各种政策举措不断缩小贫富差距进而实现一体化发展的能力。人类的历史起点相同，随着生产力发展，必然带来社会分化，由此有了贫富之分。而社会分化是一个动态的过程，由此有了绝对贫困和相对贫困之分。因此，贫困是一种历史的产物，也要通过历史进程加以消除。但是，历史并不会，也不能自然消除贫困，它需要通过国家力量进行整合，以各种举措不断缩小贫富差距，进而实

---

① 《邓小平文选》第 3 卷，人民出版社，1993 年版，第 237~238 页。

② 中华人民共和国国务院新闻办公室：《人类减贫的中国实践》，人民出版社，2021 年版，第 38 页。

③ 中华人民共和国国务院新闻办公室：《人类减贫的中国实践》，人民出版社，2021 年版，第 53 页。

现一体化发展。对于消除贫困的巨型社会工程来说，国家整合能力更是至关重要。

新中国成立之初，便在全国进行大规模的土地改革，实现“耕者有其田”，保证人人有饭吃。土地改革完成不久就进行了农业生产资料的社会主义改造，其重要目的便是防止因为生产资料个体所有造成部分人重新陷入贫困。在农业集体化进程中，农业生产组织规模不断扩大，重要原因是通过在更大范围内的统一分配，避免贫富差距。但是，农业生产组织规模过大，抑制了农民的生产积极性，造成的是平均性贫困。正是在这一背景下，改革开放之初，党和国家提出了让一部分地区一部分人先富起来的政策。但邓小平反复强调，共同富裕才是最终目标。随着经济发展，特别是市场经济内生的社会分化机制，产生了贫富分化，城乡差距拉大。为此，国家采用多种举措缩小地区、城乡之间的差距，缩小社会成员之间的贫富差距，通过国家的再次分配和倡导第三次分配，逐步实现共同富裕。进入新时代，国家采取一系列政策举措推进脱贫攻坚，提出：“全面建成小康社会最艰巨最繁重的任务在农村特别是在贫困地区，没有农村的小康特别是没有贫困地区的小康，就没有全面建成小康社会。”① 在这一思想指导下，国家“集中力量解决贫困群众基本民生需求，宁可少上几个大项目，也要优先保障脱贫攻坚资金投入；宁可牺牲一些当前利益、局部利益，也要服从和服务于减贫工作大局；宁可经济增速慢一些，也要确保脱贫攻坚目标任务如期完成”②。中国作为世界上最大的发展中国家，走出了一条快速发展与大规模减贫同步、经济转型与消除绝对贫困同步的现代化道路。在走向共同富裕的道路上，消除贫困的巨型社会工程将进入新的阶段。

---

① 习近平：《在全国脱贫攻坚总结表彰大会上的讲话（2021年2月25日）》，人民出版社，2021年版，第3~4页。

② 中华人民共和国国务院新闻办公室：《人类减贫的中国实践》，人民出版社，2021年版，第48页。

三、国家善治能力的内生性

善治包括两个层面：一是善良意愿，二是善于治理。在人类历史上曾经有过一些依靠国家能力实施的大型工程，但由于其意愿并不是为大众造福，而是劳民伤财，这种能力并不是善治能力，也难以持续，甚至导致国家衰败和人民贫困。如中国历史上为皇帝个人建造的大型建筑。与此同时，近代以来，许多基于善良意愿的巨型社会工程亦未能成功，甚至造成了灾难性后果，重要原因是不善于治理，没有正确的领导和体制性保障。中国消除贫困的巨型社会工程之所以能取得成功，一是来自善良意愿，二是来自善于治理，集聚了巨大的善治能力。这种能力不是从天而降的，更不是一种不可知的法术，而是深深蕴藏在中国特色社会主义的政治和社会制度之中的内生力量，是中国制度优势的具体表现。

其一，社会主义制度为国家善治能力赋予了内在规定性。在中国的漫长历史上，人们充满着对改变贫困的追求，并形成济贫救困的文化。但是，直到 1949 年，这一美好梦想的实现程度都十分有限，其重要原因便是受限于制度。近代以来，中国被迫进入现代化进程，面临着多种选择。历史选择了社会主义而不是其他，根本原因在于这一制度反映了中国人民消除贫困、获得幸福生活的美好意愿。

社会主义每前进一步，便意味着广大中国人民消除贫困、走向共同富裕前进了一步。邓小平曾振聋发聩地提出，“贫穷不是社会主义”，“社会主义的本质，是解放生产力，发展生产力，消灭剥削，消除两极分化，最终达到共同富裕”①。伴随着改革开放，其极大地解放了生产力，国民经济得到迅速发展，贫困状况得到迅速改善。更重要的是在强调经济发展的过程中，十分重视防止两极分化，努力缩小贫富差距。消除贫困的巨型社会工程包括两个方面：一是减少和改变贫困，二是走向

① 《邓小平文选》第 3 卷，人民出版社，1993 年版，第 373 页。

共同富裕。这一巨型社会工程的成功只有在社会主义制度条件下才有可能。“贫穷不是社会主义，如果贫困地区长期贫困，面貌长期得不到改变，群众生活水平长期得不到明显提高，那就没有体现我国社会主义制度的优越性，那也不是社会主义。”① 消除贫困的巨型社会工程体现的巨大国家善治能力，正是社会主义制度所赋予的，内生于社会主义制度之中。国家能力的善治特性由社会主义制度所决定，离开了社会主义制度，就无法形成巨大的国家善治能力，消除贫困的巨型社会工程也难以取得成功。

其二，中国共产党的神圣使命赋予了国家善治能力不竭源泉。任何制度都不是自然而然形成的。它体现着人类的主体意志。中国人民选择了社会主义制度，而中国共产党集中代表了全体人民的意志。从这个意义上讲，中国共产党领导是社会主义本质特征的体现。消除贫困则是中国共产党人的神圣使命，并为国家善治能力提供了不竭源泉。

中国共产党是以马克思主义为指导的政党。马克思主义虽然肯定资本主义创造了巨大的财富，但更尖锐地批判资本主义制度造成的两极分化。在马克思主义指导下，中国共产党始终将为中国人民谋幸福、为中华民族谋复兴作为自己的初心使命。新中国成立后，中国共产党历经艰苦卓绝的探索，形成了中国特色社会主义道路。这条道路的本质体现为两个方面：一是发展生产力，二是推动共同富裕。这样一条道路便为推进消除贫困的巨型社会工程取得成功奠定了基础。前者为消除贫困创造了物质条件，后者确定了走向共同富裕的目标。在中国共产党领导下形成的中国特色社会主义道路是不断改变贫困、走向共同富裕的道路。

党的意志通过国家得以充分体现，中国共产党的领导为国家善治能力提供了根本来源。“中国共产党始终把消除贫困作为定国安邦的重要任务，制定实施一个时期党的路线方针政策、提出国家中长期发展规划

---

① 习近平：《在全国脱贫攻坚总结表彰大会上的讲话（2021年2月25日）》，人民出版社，2021年版，第4页。

建议，都把减贫作为重要内容，从国家层面部署，运用国家力量推进。”① 正是在中国共产党领导下，国家能力才具有了消除贫困这一善良意愿的特性，才有可能推动消除贫困的巨型社会工程的实施并取得成功。

其三，中国共产党领导为获得巨大的国家善治能力提供了基本的制度保障。消除贫困的巨型社会工程需要巨大的和可持续的国家善治能力。这种能力需要一种具有总体性的力量加以统领，并形成有明确目标的体制和运行机制加以保障，体现了社会主义本质特征的中国共产党便是这一总体性力量。在中国共产党的统一领导下，统筹谋划，强力推进，持之以恒，将各种力量聚合在一起，形成强大的国家善治能力，从而推动了消除贫困的巨型社会工程的实施。

只有在中国共产党领导下，才能形成强大的动员能力。中国共产党是通过广泛深入的动员获得革命胜利的。革命胜利之后，中国共产党仍然非常重视动员工作，特别是中国共产党作为全国人民的领导核心并长期执政，可以更为充分有效地进行动员。中国消除贫困的巨型社会工程之所以能够成功，便在于巨大的国家动员能力。而这种能力只有在中国共产党的长期统一领导下才能获得。新中国成立后，中国共产党便致力于消除贫困，并最大限度动员各方力量达到这一目的。特别是在脱贫攻坚的关键时刻，实行“尽锐出战”，这就是集中全国最精锐的力量决战决胜。这种在一个政党领导下动员和集中全国优势力量在限定时间内消除贫困的做法，是人类历史上绝无仅有的，其深层根源便在于中国共产党领导体制和动员机制所获得的巨大国家善治能力。

只有在中国共产党领导下，才能形成强大的组织能力。中国共产党具有高度的组织性，这种组织性不仅是自身的组织建设，更重要的是组织社会。“‘动员’和‘组织’，这两个共产党政治行动的‘孪生’口

① 中华人民共和国国务院新闻办公室：《人类减贫的中国实践》，人民出版社，2021 年版，第 49 页。

号，精确地指明了增强政党力量之路。”① 中国共产党正是凭借强大的组织力量取得了革命成功。新中国成立后，中国共产党作为全国人民的领导核心，通过国家政权的力量获得更为强大的组织性，形成强大的国家组织能力。正是凭借强大的国家组织能力，消除贫困的巨型社会工程才有可能取得成功。特别是在脱贫攻坚的关键时期，中国共产党为国家组织能力提供了坚强保障。如习近平总书记所指出的：“我们坚持党中央对脱贫攻坚的集中统一领导，把脱贫攻坚纳入‘五位一体’总体布局、‘四个全面’战略布局，统筹谋划，强力推进。我们强化中央统筹、省负总责、市县抓落实的工作机制，构建五级书记抓扶贫、全党动员促攻坚的局面。我们执行脱贫攻坚一把手负责制，中西部 22 个省份党政主要负责同志向中央签署脱贫攻坚责任书、立下‘军令状’，脱贫攻坚期内保持贫困县党政正职稳定。我们抓好以村党组织为核心的村级组织配套建设，把基层党组织建设成为带领群众脱贫致富的坚强战斗堡垒。我们集中精锐力量投向脱贫攻坚主战场，全国累计选派 25.5 万个驻村工作队、300 多万名第一书记和驻村干部，同近 200 万名乡镇干部和数百万村干部一道奋战在扶贫一线。”② 这种强大的组织性力量没有统一且坚强有力的中国共产党领导是不可能具有的。

只有在中国共产党领导下，才能形成强大的改造能力。马克思说：“哲学家们只是用不同的方式解释世界，问题在于改变世界。”③ 在革命胜利前夕，毛泽东指出：“我们不但善于破坏一个旧世界，我们还将善于建设一个新世界。”④ 中国共产党人正是在破坏旧世界、建设新世界的历史进程中，获得了强大的国家改造能力。与其他政治力量不同，中

① 塞缪尔·亨廷顿著，王冠华等译：《变化社会中的政治秩序》，上海人民出版社，2008 年版，第 336 页。

② 习近平：《在全国脱贫攻坚总结表彰大会上的讲话（2021 年 2 月 25 日）》，人民出版社，2021 年版，第 12 页。

③ 《马克思恩格斯文集》第 1 卷，人民出版社，2009 年版，第 502 页。

④ 《毛泽东选集》第 4 卷，人民出版社，1991 年版，第 1439 页。

国共产党破坏一个屈辱贫困的旧世界只是条件，建设让人民过上幸福生活的新世界才是目的。建设一个新世界，就必须运用国家的力量改造自然条件和社会条件，由此形成了强大的国家改造能力。在自然条件十分恶劣且不适宜人类居住的地方，如果没有国家力量的介入，很难想象能够在较短的时间内消除贫困。如果没有国家大规模的社会主义改造，很难想象为全国人民的基本生活提供一个有保障并可持续的基本制度。即使是新中国成立后一度遭遇了经济困难，农民生活还较贫困，但这种贫困属于政策性的而不是制度性的。政策性贫困主要是因为政策偏差造成，也依靠政策调整加以改进。而制度性贫困是由于不合理的制度造成的。社会主义制度为推进消除贫困的巨型社会工程提供了基本的制度保障。

只有在中国共产党领导下，才能形成强大的国家发展能力。贫困问题从根本上说是生产力有所发展又相当不足的问题。只有不断发展生产力，才能为消除贫困创造基本的条件。马克思主义高度重视生产力的发展，强调任何理想社会都必须建立在一定的物质条件基础之上。在《德意志意识形态》中，马克思指出，共产主义的实现必须“以生产力的巨大增长和高度发展为前提”。“如果没有这种发展，那就只会有贫穷、极端贫困的普遍化；而在极端贫困的情况下，必须重新开始争取必需品的斗争，全部陈腐污浊的东西又要死灰复燃。”① 马克思反复强调，“当人们还不能使自己的吃喝住穿在质和量方面得到充分保证的时候，人们就根本不能获得解放”②。以马克思主义为指导的中国共产党诞生于经济落后大国，让人民过上温饱、小康和富裕生活是中国共产党的神圣使命。为此，必须致力于经济发展。早在革命胜利前夕，毛泽东便说：“严重的经济建设任务摆在我们面前。我们熟习的东西有些快要闲起来

① 《马克思恩格斯文集》第1卷，人民出版社，2009年版，第538页。
② 《马克思恩格斯文集》第1卷，人民出版社，2009年版，第527页。

了，我们不熟习的东西正在强迫我们去做。”① 这就是经济建设。尽管新中国成立后，中国的经济发展经历了一段艰难的探索并出现了曲折，但中国共产党及时将工作重心转向经济建设，在经济发展中表现出两个特点。一是充分尊重经济发展规律，尊重人民的首创精神，调动人民的积极性，推动经济发展；二是发挥国家的宏观指导和调节作用，引导经济发展。改革开放以后，我国逐渐实行社会主义市场经济体制。市场经济在资源配置方面具有特殊的作用，但也有与生俱来的缺陷，包括社会分化造成的贫富差距。这种缺陷只有通过国家的力量才能加以有效克服。由此可以形成“市场+政府”的强大国家发展能力，并促进消除贫困的巨型社会工程的实施。“市场+政府”的强大国家发展能力是在中国共产党领导下形成的。中国共产党不仅充分认识到市场的巨大力量，而且充分认识到政府在市场经济发展中不可或缺的角色。这一认识出自中国共产党发展经济的目的是消除贫困，造福全体人民。

只有在中国共产党领导下，才能形成强大的国家整合能力。贫困既有绝对性，又有相对性。而在传统农业社会向现代工业社会转变时期，绝对性贫困与相对性贫困表现为一种叠加状态，其中又突出表现为城乡差别。因为农村经济落后，贫困人口主要集中在传统农村，这是现代化社会普遍面临且需要解决的一道难题。“城乡区别就是社会最现代部分和最传统部分的区别。处于现代化之中的社会里政治的一个基本问题就是找到填补这一差距的方式，通过政治手段重新创造被现代化摧毁了的那种社会统一性。”② 政治手段是超越市场和社会的手段，是国家才拥有的整合能力，即国家通过各种举措对业已分化的社会进行整合，缩小城乡差距，减少和消除贫困，重建社会的统一性。从现代化进程的一般形式看，先是经济发展，直到经济发展中出现的社会分化会引起爆炸性

① 《毛泽东选集》第4卷，人民出版社，1991年版，第1480页。

② 塞缪尔·亨廷顿著，王冠华等译：《变化社会中的政治秩序》，上海人民出版社，2008年版，第56页。

社会后果时才开始注重国家整合。即使是发达国家也是如此。如直到20世纪30年代，资本主义经济大危机时，资本主义国家才出台大规模的福利政策，并形成国家整合能力。但在中国，当经济高速发展之时便十分注重国家的整合。如在工业化和城市化进程中，农业农村农民问题成为党和国家工作的重中之重，采用积极举措缩小城乡差距，努力减少和消除贫困，从而形成巨大的国家整合能力。这种整合能力来自中国共产党的领导。全面建成小康社会不能落下一个贫困地区一个贫困群众。党的十九大报告明确提出，我国社会主要矛盾已经转化为人民日益增长的美好生活需要和不平衡不充分的发展之间的矛盾。不平衡便包括城乡发展不平衡和社会成员之间的贫富差距。随着小康社会的全面建成，中国进入了建设社会主义现代化国家的新征程，消除贫困的巨型社会工程的实施也进入了一个新的阶段。

（原载《中国社会科学》2022年第6期）

中国经验与中国道路

历史延续性视角下的中国道路

摘　要：中国道路有着深厚的历史根基，其鲜明的特点是历史延续性而不是断裂性，而延续性的主要力量在于内在的动力与活力。与西方中心主义和"在中国发现历史"的范式不同，在比较中发现中国的分析范式将中国与同一时空下的世界相应国家进行长时段比较，以发现中国道路历史底蕴中的积极元素，否定长期流行的中国停滞论。从世界历史进程看，推动创造出世界上最为灿烂的农业文明的动力主要来自农耕国家内部。这种动力不是那种瞬间的"爆发力"，而是一种可持续的制度化动力，主要包括自主性的家户农民、内生性的政府能力和调适性的国家治理。中国发展在"持久性变革"主旋律之外，也有不可忽视的"周期式变动"的副线。其深刻的根源同样隐藏在农耕国家的内在基因之中，包括制度黏性、官僚惰性和权力任性等。历史延续性为近代以来中国的创新性革命和发展提供了基础，并由此最终形成中国特色社会主义发展道路，尽管这一道路仍然是未了的接力过程。

关键词：中国道路；历史延续性；制度化农耕文明

中国由衰到强是不争的事实。这种转变是突然爆发的，还是具有深厚的历史根基？如果是前者，其兴也勃，其衰也忽，不可持续；如果是后者，那就意味着中国基于长期历史积淀，抓住了重大契机而崛起，其崛起具有历史的延续性，是可持续的。与中国崛起相伴随的中国特色社会主义道路在改革开放后逐渐形成，这不仅有改革开放之前社会制度变革的重要基础，也有再往前的中华文明进程的历史底蕴。“中国特色社会主义不是从天上掉下来的，是党和人民历经千辛万苦，付出巨大代价取得的根本成就。”① 只有充分理解中华文明进程的历史根基及其曲折进程，才能充分理解中国人民如何在中国共产党领导下开辟中国特色社会主义道路并实现中国崛起的伟大意义。中国道路的鲜明特点是历史延续性而不是断裂性，而延续性的主要力量在于内在的动力与活力。长期的农耕文明历史为中国的现代化准备了基本的形式要素，一旦注入新的元素，便可迅速激发其活力，使古老的国家重新焕发青春。正如习近平总书记所说：“中国共产党领导中国人民取得的伟大胜利，使具有5 000多年文明历史的中华民族全面迈向现代化，让中华文明在现代化进程中焕发出新的蓬勃生机。”② 因此，中国的“道路自信”不是一时陶醉，而是“来自历史深处和有深厚底蕴的自信”。当然，中国道路的延续性底蕴中也有回复性要素，仍需要继续寻求合理的变革加以延续。研究中国道路，需要建构新的分析范式，以“世界进程”为坐标，以“长时段”为量度，在比较中重新发现中国，发现中国历史传承的积极基因及基因缺陷；发现中国道路的历史底蕴中包含的普遍价值、独特功能及其历史限度。

一、重建范式：在比较中发现中国

对事物的认识基于人的自觉。人的自觉受外部影响的刺激。在相当长时间里，中国人生活在万邦来朝的盛世景象中，尽管历经动乱、王朝更迭，但总是能够重新复活；尽管屡屡遭受异族统治，但终皆为华夏文

① 习近平：《在庆祝中国共产党成立95周年大会上的讲话》，《光明日报》2016年7月2日，第2版。

② 习近平：《在庆祝中国共产党成立95周年大会上的讲话》，《光明日报》2016年7月2日，第2版。

明所消化。在这样一种态势下，中国人很难对自身进行反思性认识。直到19世纪，中国遭遇3 000年未有的大变局，才开始自我觉醒和反思。只是，这种反思更多的是对于无法抵制咄咄逼人的工业文明的一种自我批判，尚难对自身的历史进行正常的省思。而这种状态一直延续到21世纪。

近代以来，西方人对中国的认识具有强烈的“俯视性”。当他们进入中国时，除了强烈的陌生感，还有着巨大的优越感。因为那时的中国与西方列强正处于“国运兴衰”和“文明更替”的时期。中国第一次遭遇比农业文明远为强大的工业文明挑战之时，正值数百年王朝的衰败期，可谓“屋漏偏逢连夜雨，船迟又遇打头风”。正是在这种背景下，西方人在认识和发现中国时，具有国运和文明双重优势的傲慢，他们是以西方为中心来俯视中国的。“从18世纪末至20世纪初，几乎没有一个欧洲（包括德国）思想家认为中国社会及文化有可取之处。”① 这是历史落差形成的认识偏见。

对事物的认识有其特定的范式。认识范式是包括思维、方法和话语在内的体系。当中国作为一种认识对象时，必然会形成相应的认识范式。20世纪以来，由于西方工业文明的强盛和包括自认“落后”的中国也以西方为学习对象，居于主导的认识范式无疑具有西方中心主义的特点。

在西方，将近现代中国作为一门学科对象看待的开创者是美国学者费正清。费正清建构起认识和发现中国的视角，这就是“冲击—回应”模式。在费正清看来，近代以来中国的任何变革都是由于西方冲击引起的，并由此强化“中国传统的停滞和被动性，突出西方力量充满活力和发展的特征”②。应该指出的是，这一认识模式的形成有其客观原因，当时映入费正清眼帘的中国的确是积贫积弱的“东亚病夫”。后来，他

① 夏瑞春编，陈爱政等译：《德国思想家论中国》，江苏人民出版社，1995年版，中文版序言，第2页。

② 杨念群：《美国中国学的范式转变与中国史研究的现实处境》，黄宗智主编：《中国研究的范式问题讨论》，社会科学文献出版社，2003年版，第291页。

对中国的认识发生了很大变化，能够以相对客观理性和平等的态度看待中国。这集中反映在他多次再版修订的代表作《美国与中国》一书之中①。

进入20世纪60年代，费正清的“冲击—回应”范式受到挑战和质疑。其代表人物是美国新生代学者柯文，代表作是《在中国发现历史——中国中心观在美国的兴起》一书。在柯文看来，费正清过度关注沿海地区，没有将中国的内陆地区纳入研究视野；将中国的变化都归之于“西方冲击”，没有能够从中国人的立场去发现中国，具有“西方中心论”的特点。柯文的认识反映了20世纪50年代以后非殖民化的时代走向，但更多的是提醒人们充分认识非西方国家的复杂性和独特性，并没有对费正清关于传统中国的停滞性和被动性的基本观点构成颠覆性挑战。

20世纪80年代以来，伴随中国改革开放的巨大成功，国外对中国的认识有了进一步的变化，甚至形成了截然对立的两种观点：一是以“华盛顿共识”为代表，认为中国的成就是因为接受了西方的价值，是西方价值又一成功的范例。这一观点只是“冲击—回应”范式的延续和扩展。一是以“北京共识”为代表，认为中国具有独特性，形成了中国模式，走出了一条非西方道路。这一观点注意从中国内部看中国，努力建构中国特色，是“在中国发现中国”观点的延续和扩展。

以上两种观点反映了西方人对中国认识的变化，但其基本认识范式仍然没有超越前人，因此都很难更为充分和准确地认识和发现中国，由此出现了“范式危机”。

造成这种“范式危机”是有深刻历史原因的。自近代以来，中国人对中国的认识基本上是跟随西方给出的议题。这反映了近代以来“文明更替”和“国运兴衰”的事实，特别是两者叠加，落后性尤其突出。

① 费正清在20世纪70年代美国总统访华后表示：“承认中国与我国的不易减少的差别，然而又要把中国当作一个成熟而独立的平等国家看待。”（费正清著，张理京译：《美国与中国》，世界知识出版社，1999年版，第303页）

而“落后就要挨打”意识更强化了国人的自我检讨和自我批判，但忽视了对中国历史的理性分析，甚至形成“既然落后，传统都坏”的自我否定的历史观。20世纪初期的中国思想界对中国传统的彻底否定便与其对“落后”的感受和体认相关。

但是，这一事实正在发生根本性变化。中国正在迅速由农业文明转向工业文明，而且形成“两种文明的叠加优势”①，以至创造了经济高速增长的“中国奇迹”；1949年以后中国进入了长达六十多年的发展、特别是改革开放以来的经济高速发展时期。与此相对应的是，西方正处于“发展乏力”时期②。这一事实大大改变了近代以来中西方的“极度倾斜”格局，促使中国人以平常心态重新审视自己，由此建构新的认识范式。这一范式就是“在比较中发现中国”。

比较是一种认识工具，它将不同的对象置于同一时空下进行比较，发现各自的特性。比较更加注重还原历史，而不是以今天度量历史，即一切以时间、地点和条件为转移。这种比较既没有文明叠加的傲慢，也没有国力反转的历史悲情，而是将不同国家作为同等的对象置于同样的历史条件下进行比较分析，是一种平等的对话。正如恩格斯所说：“我们只能在我们时代的条件下去认识，而且这些条件达到什么程度，我们就认识到什么程度。”③

当下是历史的延续。中国的发展和中国的道路是在长期历史过程中形成的。正如马克思所说：“人们自己创造自己的历史，但是他们并不是随心所欲地创造，并不是在他们自己选定的条件下创造，而是在直接

① 任何一种文明形态都有其内在的优质因素，即通常所说的“精华”。这些优质因素在原有文明形态框架下所产生的作用是相对有限的。但在两种文明形态转换中，不同文明形态中的优质因素可能会重合，而形成叠加优势，产生为原有文明形态框架所局限的巨大能量。（参见徐勇：《农民理性的扩张：“中国奇迹”的创造主体分析——对既有理论的挑战及新的分析进路的提出》，《中国社会科学》2010年第1期）

② 参见亚历山大·伍思德：《在西方发展乏力时代中国和西方理论世界的调和》，黄宗智主编：《中国研究的范式问题讨论》，社会科学文献出版社，2003年版，第27页。

③ 《马克思恩格斯选集》第3卷，人民出版社，2012年版，第933页。

碰到的、既定的、从过去承继下来的条件下创造。”① 在“比较中发现中国”是一种历史比较方法，即将中国置于长时段的“世界历史”进程中进行对比，从中发现中国发展和中国道路的历史底色和进程。发现中国决不能割断历史，割断历史就无法认识中国的由来；同时，发现中国也决不能没有比较，没有比较就无法发现中国的长处和短处。历史比较作为分析社会发展的方法，注重以下方面：一是社会发展的方式，是延续性，还是停滞性或跳跃性；二是社会发展的动力及其来源，是内在的，还是外部的；三是社会发展的持续性，是制度性的，还是人为偶然的；四是社会发展的线索，是单线，还是复线或者多线。

二、时间没有停止：农耕帝国的动力与制度基因

在西方，尽管从亚里士多德开始就以贬抑的态度看待东方中国，但黑格尔真正从人类历史发展的宏大视野来看待中国，而且更为集中地表达了以西方人为中心的中国观。在他看来，东方中国只有空间而没有时间，是个“永无变动的单一”②。“中国历史从本质上看是没有历史的，它只是君主覆灭的一再重复而已。任何进步都不可能从中产生。”③ 就连马克思也表达过中国的“社会基础停滞不动”的思想④。费正清的“冲击—回应”模式只是一种学术表达。发展的停滞性可以说是处于现代化急剧变动之中的西方人观察中国的普遍结论，甚至论述古代中国的著作名称便为《停滞的帝国》⑤。这一思想也影响到中国学界，其典型

---

① 《马克思恩格斯选集》第1卷，人民出版社，2012年版，第669页。

② 黑格尔著，王造时译：《历史哲学》，商务印书馆，2007年版，第71页。

③ 阿兰·佩雷菲特著，王国卿等译：《停滞的帝国：两个世界的撞击》，生活·读书·新知三联书店，2013年版，卷首引语。

④ 参见中共中央马克思恩格斯列宁斯大林著作编译局编：《马克思恩格斯论中国》，人民出版社，1997年版，第114页。

⑤ 参见阿兰·佩雷菲特著，王国卿等译：《停滞的帝国：两个世界的撞击》，生活·读书·新知三联书店，2013年版。

代表是20世纪80年代金观涛、刘青峰等人关于传统中国是一个超稳定的社会结构的论述①。

但无论怎样，有几个基本事实是不可忽视的。一是中国曾经创造了世界上最为灿烂的农业文明（有人甚至认为中国的GDP曾经占世界的80%），二是中国的帝国历史是世界上最长的，三是中国丰富的治国学说具有世界性影响。而这一切都是在中国作为最为悠久的农耕帝国的历史中形成的。农耕帝国并不是简单的“停滞的帝国”。所谓“停滞性”是相对现代工业文明而言的。如果以今天一日千里的现代工业文明视角看，传统世界的一切都具有“停滞性”，甚至是“野蛮性”②。所以，根据历史比较的分析范式，需要将世界不同国家置于同一时空下分析。根据这一范式，就不宜简单用“停滞性”来概括古代中国③。事实上，推动创造出世界上最为灿烂的农业文明的动力主要来自农耕帝国内部，而且这种动力不是瞬间的“爆发力”，而是一种可持续的制度化动力，主要包括自主性的家户农民、内生性的政府能力和调适性的国家治理。其精髓可以概括为：自由人、强政府与有效治理，并由家户制、郡县制与科举制三大制度支撑。它们不仅创造了灿烂的农业文明，而且为中国进入现代世界提供了基本的制度形式要素。

（一）自主性的家户农民

由生产力与生产关系构成的生产方式是马克思主义分析社会发展的基本出发点。自人类产生以来，经历了三次社会大分工，由此出现了三种产业：游牧业、农业和商业。在这三种产业中，农业是稳定性最强的

---

① 参见金观涛、刘青峰：《兴盛与危机：论中国社会超稳定结构》，法律出版社，2011年版。

② 马克思、恩格斯也曾将现代资本主义文明时代之前出现的事物以野蛮性加以概括，尽管其认为这一提法是资本主义文明的傲慢表现。（参见《共产党宣言》，人民出版社，1997年版）

③ 已有分析范式的重要不足是缺乏对农耕帝国的深度认识，而不了解世界最为发达的“农耕帝国”，就无法充分发现中国。

产业，游牧业高度依赖大自然，商业主要是交换，自身并不生产产品。在物质并不充裕和交往受地域限制的条件下，商业的创造性作用较小。唯有农业，可以在固定的土地上反复从事生产，持续不断地获取财富。因此，在现代工业没有出现之前，农业是最具有先进性的产业。这也是古代中国统治者奉行“重农抑商”的重要原因。

在现代工业文明出现之前，世界出现了若干类稳定的经济社会组织制度，主要包括：部落制、村社制和庄园制等。部落制是世界上最为古老的经济社会组织制度，包括农业部落和游牧业部落。村社制和庄园制都是农业经济社会组织制度。这三类制度的共同特点是血缘共同体与地缘共同体的叠加，其内部具有突出的共同性，形成了人对人的依附关系；其外部具有地域的狭隘性，缺乏相互之间的联系。以上三种制度都与人类最初从原始状态走出来，不得不以共同体的方式存在发展相关。以“逐草为生”的游牧业，面对变化不定的自然环境，人们只能依靠部落这种集体组织方式生存。印度和俄国的村社制最为典型，与这两个国家极其炎热和极其寒冷的气候有关。而有利的气候和地理条件使中国农业生产相对发达，并促使中国人在世界历史进程中率先从狭隘的地域共同体走出来，形成了先进的经济社会组织制度——家户制，其精髓是由自主性产生的积极性①。

家户制是以一家一户为基本单位的经济社会组织制度。与部落制、村社制和庄园制不同，它更加强化核心血缘家庭的作用和功能。根据农业的自然禀赋和生产特点，家庭是最适合农业生产的组织单位。这已为人类历史所证明。除此之外，更重要的是“家”与“户”的叠加。“户”是中国独一无二的组织单位。它是基于国家管理而产生的，是国家对人口的管理单位，同时也是国家征收赋税的单位。“家”是经济社

① 遗憾的是，世界学术界对于社会经济组织体制的认识还局限在部落制、村社制和庄园制等模式，尚未将中国的家户制视为一种经济社会组织体制。这不仅极大影响了对中国的认识，而且也不利于中国的决策行为。（参见徐勇：《中国家户制传统与农村发展道路——以俄国、印度的村社传统为参照》，《中国社会科学》2013 年第 8 期）

会单位，“户”是政治单位。“户”的出现具有革命性意义，这就意味着个人从狭隘的地域共同体走了出来，成为更大的共同体——国家的成员。这一革命发生于春秋战国时代，后来为秦王朝所定制。可以说，秦王朝正是凭借家户获得了统一中国的基础，进而又将这一基础制度化，形成家户制。秦始皇的伟大功绩不仅仅在于修建万里长城，更重要的是再生产出一代代自主的家户农民。

家户制的价值在于寻找到农业生产的最佳组织单位，同时使人得以超越狭隘的地域共同体及其由此产生的人对人的依附关系。农民作为生产者是国家的“编户齐民”，是在经济社会政治地位上平等的、具有独立自主身份的“自由人”①。而部落制、村社制和庄园制都与共同体内部的奴役有关，农牧民具有奴隶制的特性。正是自主的家户农民，为创造中国灿烂的农业文明提供了基本的动力。

其一是责任机制。当人从地域共同体走出来，不仅意味着个人的独立和自主，更意味着要承担相应的责任。血缘关系是最古老最原始也是最基本的关系。家庭是由血缘关系构成的。在中国，以姓氏命名的家庭单位很早就产生了，而村庄地域共同体则是很晚才出现的。古代中国人的自由不是个体自然人的自由，它是以家庭为单位的自由。每个个体都是家庭的一分子，只有当履行了对家庭的责任之后才能获得相应的回报。家庭内部的关系是不均衡的，而是一种对等关系和分工关系，即“父慈子孝”“男耕女织”。每个家庭成员都要根据其名分承担相应的责任。如费正清所说，这种家庭制度的“一个好处是，一个人自动认识到他在他的家庭或社会中所处的地位。他有一种安全感，因为他知道，如果他履行了指定给他的那部分职责，他可指望这体系内的其他成员反过来也对他履行应尽的职责”②。家户制放大和强化了血缘关系，赋予中

---

① 当然，我们不能用现代眼光度量古代的自由，古代中国的农民自由是相对农奴制而言的。（参见徐勇：《东方自由主义传统的发掘——兼论东方只有专制主义吗？》，《学术月刊》2012 年第 4 期）

② 费正清著，张理京译：《美国与中国》，世界知识出版社，1999 年版，第 24 页。

国家庭成员以超强的责任。家庭成员不仅要养家糊口，还要传承血脉，由此促使他们拼命劳作，以最大限度获取生存发展资料。中国人在成家前，可以任性顽皮，而一旦成家，就肩负着无限责任。家户制实际上是一种责任制。这种责任不同于奴隶是基于外在压力，而是基于生命传递形成的内心认同①。

其二是压力机制。自主的家户农民在获得自主性的同时，也面临生存的竞争压力。部落制、村社制和庄园制缺失个体的自主，但会给成员提供相应的保护。在古代中国，农业进步和血统延续导致人口急剧增多。人多地少始终是根本性问题。而分家析产制度造成家庭土地和财富的经常性均分，不断缩小经营规模。尽管农民从国家那里获得了自主性，但代价是提供赋税和劳役。以上因素构成了家户农民强大的生存竞争压力。他们没有依靠和庇护，只能靠辛苦劳作和极端节俭才能勉强度日。

其三是希望机制。自主的家户农民具有自主支配其行为的制度化可能。由于狭隘地域关系的突破，使古代中国的土地支配权可以自由流动，“田无常主”。对于每个农民来说，发家致富以光宗耀祖是他们的梦想。尽管这种梦想对于绝大多数人是不可能实现的，但它给人以希望，并促使人全力以赴去实现这一梦想。部落制、村社制和庄园制在提供其成员基本保障的同时，并没有一般成员发家致富的制度化可能。在与印度村社制相伴随的种姓制下，低种姓的人根本没有改变世代命运的任何可能。在俄国村社制下，个体家庭的发家致富甚至成为一种耻辱。

正是由于以上合力，造就了中国家户农民的勤劳和进取心：“敬时爱日，非老不休，非疾不息，非死不舍。”（《吕氏春秋集释·士容论·上农》）孟德斯鸠承认中国人的勤劳精神，韦伯更是对中国人的勤劳

① 有人将当下农村家庭内部青年人对年长者的劳动和财富的获取视之为“代际剥削”，实在是照搬概念，对中国家庭关系缺乏深刻的理解。

给予极高评价："中国人的勤奋与劳动能力一直被认为无与伦比。"① 正是这种勤奋与劳动能力造就了灿烂的农业文明。同时，家户制将血缘传承、财产传承与国家延续三位一体结合起来，为农耕文明在一个国家内的长期延续提供了重要基础。远古以来，无论经历多么大的历史曲折，只要有人，有以土地为生的农民，以农耕文明为基础的国家就会延续下来。

（二）内生性的政府能力

中国农民得以较早地从狭隘的共同体中走出来，成为自主性的家户农民，相伴随的是政府的产生。只有具有超越狭隘性的政府的产生，才有可能形成更大范围的国家共同体，并将狭隘共同体成员变为国家共同体的"编户齐民"。政府作为一种建立在大规模地域基础上、以赋税和强制为支撑的政治组织，具有动员资源、统驭社会的能力，它能够获得其他社会力量所不可能具有的强大能力，并在扩大统治规模基础上形成更大的帝国。在世界文明进程中，先后产生了各种政府，并形成了不同的帝国，有的帝国规模相当大，政府能力也相当强大。但就帝国延续的历史看，没有哪一个帝国能够如中华帝国延续那么长的时间。其重要原因就是中华帝国作为一个农耕帝国，其强大的政府能力具有内生性，是国家内部提供了持续不断的公共需求和能力，且高度制度化。

其一是内生的公共建设需求。中华帝国是以农耕作为其存在基础的。农耕的重要条件是水利。中国有着世界上独一无二的农耕条件，就在于有两条世界大河——黄河和长江及其相应的水系。大江大河及其水系给农业带来了优越条件，也可能因为水患给人们造成灭顶之灾。而将水患变成水利，绝非一姓一族一地可以完成的。在世界历史进程中，正是治水的需要推动了中国先民率先超越血缘和地缘的限度，形成规模更

① 马克斯·韦伯著，王容芬译：《儒教与道教》，商务印书馆，1995 年版，第 115 页。

大的国家共同体。中国因此很早就有“大禹治水”的传说。“当尧之时，天下犹未平，洪水横流，泛滥于天下……禹疏九河，瀹济漯，而注诸海；决汝汉，排淮泗，而注之江。然后中国可得而食也。当是时也，禹八年于外，三过其门而不入，虽欲耕，得乎？”（《孟子·滕文公上》）也正是在治水的过程中，政府能力得到了增强。马克思对东方社会与西方社会作过对比，认为东方社会的国家有一个重要职能，就是公共工程。“节省用水和共同用水是基本的要求……在东方，由于文明程度太低，幅员太大，不能产生自愿的联合，因而需要中央集权的政府进行干预。所以亚洲的一切政府都不能不执行一种经济职能，即举办公共工程的职能。这种用人工方法提高土壤肥沃程度的设施归中央政府管理。”① 中华帝国作为世界上最为典型的农耕帝国，其政府都设有专门的包括治水在内的公共机构，如清王朝的工部。

其二是内生的武装防卫需求。农业耕作的特点是在固定的土地上进行反复生产。特别是中国的农耕生产以家户为单位，组织规模较小。而中国西北方却是干旱少雨的高原游牧地区。恶劣的自然环境时常造成西北方的游牧民族对东南方农耕地区的侵扰。固定在农地上的单个家户是很难抵御以部落为单位且流动性极强的游牧民族的。单个家户和村落只能寻求超越游牧部落的力量的保护，这一力量就是更为强大的组织——政府。中华帝国正是在与边缘地带的部落民族的战争中形成和发展的，其政府具有保护本国民众不受侵犯的职能，如古代政府的兵部。

其三是内生的社会管理需求。在古代世界，部落、村社和庄园既是经济社会单位，又是政治单位，拥有许多国家才能拥有的权力，如司法权。中国的家户主要是经济社会单位，其作为政治单位主要是对国家的责任，而不是权力。由于土地、山林、河流、住宅等资源边界的不确定性，家户之间、扩大了的家户——宗族之间以及由若干家户共同构成的村落地方之间，乃至这些组织内部经常发生冲突。这些冲突有些是依靠

① 《马克思恩格斯选集》第1卷，人民出版社，2012年版，第850~851页。

家户、家族进行自我调节的，但有相当一部分需要国家加以调节，由此内生出社会管理的职能，如古代政府的礼部和刑部。

社会内生的公共需求形成了政府的强大能力。一是动员能力。无论是修建公共工程，还是军事防御，都需要征用大量的人力和物力，在短时间内迅速有效进行动员和集聚，如万里长城、大运河的修建。二是汲取能力。政府的存在和职能的履行都是建立在对社会资源的汲取基础上的。古代中国强化“户”为单位，主要目的就是更便于直接从家户手中汲取资源。相反，部落、村社和庄园作为地方自治单位，具有抵制外部力量汲取资源的功能。三是组织能力。政府是超越血缘和地缘的强制性组织，拥有将一个个小规模的家户组织为一个整体加以管理的强大能力，单个的家户个体是无法抗拒政府这一强大组织的。

古代中国作为农耕帝国，其强大的政府能力不仅仅来源于内生需求，而且加以制度化，其主要制度支撑便是郡县制。郡县制与家户制可以说是帝国体制的两大支撑。

郡县制与中央集权国家的形成相伴随。随着帝国规模的扩大，统治者对土地和人口的直接管理显得捉襟见肘，必须形成稳定的地方行政体制代表中央行使管辖权。秦王朝最早实行郡县制，在一定意义上正是凭借郡县制统一了中国，之后更是凭借郡县制统治国家。郡县制的突出特点是通过服从中央的地方政府，将中央权力带到全国各地，保证在全国形成统一的法律、统一的制度，获得国家统一性。政府的动员、汲取和组织能力依托郡县制加以落实。正因为如此，在中国，县制作为完备的基层政权得以长期延续，相当一部分县从设立至今都未改变过。这在世界历史上是极其少见的。

在马克思主义看来，国家是阶级统治的工具。这一论述具有普遍性。但是不同的国家，其政府能力及相应的制度有所不同。古代中国与其他帝国一样，都具有统治和压迫的性质。但是，与其他帝国不同的是政府能力的性质及其体制性的支撑。在世界文明史上，古罗马帝国、蒙古帝国和奥斯曼帝国等都是大规模的帝国，其规模和能力甚至远远超过中华帝国。但这些帝国的根基是商业和游牧业，帝国的建立主要依靠军事征服，帝国的维系也主要依靠暴力强制。它们强大的政府能力主要源于外部性的暴力强制，而不是满足内生的公共需求。被统治者更多的是基于恐惧而不是需求才服从统治。因此，帝国只是一种外部性力量，这种外部性力量为维系统治会无节制地进行掠夺，最后造成帝国内部的反抗。同时，军事帝国也未能建立起稳定的地方建制，将政府能力制度化，以保持其可持续性。世界史专家斯塔夫里亚诺斯对此有过精辟的阐述，他在对比中国和印度时说：在印度，“村一级以上的政府通常被看作外人强加的多余的和寄生性的赘疣。所有这一切同中国的情况截然不同，在中国，帝国官僚制度给社会提供了强大的政治内聚力。中国农民周期性地造反，以实质上一模一样的‘好’政府来取代‘坏’政府”①。专攻现代化道路的学者巴林顿·摩尔也作过比较：“中国也像印度那样每隔几年就要遭受一次灾荒。但从很早的时候起，中国农民就为自己的能力和精耕细作而普遍感到自豪。”②

（三）调适性的国家治理

古代中国作为农耕帝国能得以长期延续，并创造出最为灿烂的农业文明，不是自动发生的，而是人为地经营或治理的结果。

与具有流动性的游牧业和商业不同，农业的特性是稳定。人在固定的土地上精心耕作和经营才能获得理想的结果。在耕作过程中，人们必须面对各种问题，并有效处理问题，由此就形成了经营或治理的理念。治理在中国的国家形成和发展中具有重要地位。远古时期的“大禹治水”便反映了治理在中国的地位和作用。

---

① 斯塔夫里亚诺斯著，迟越、王红生等译：《全球分裂——第三世界的历史进程》，商务印书馆，1993年版，第235页。

② 巴林顿·摩尔著，拓夫、张东东等译：《民主和专制的社会起源》，华夏出版社，1987年版，第267页。

随着帝国这一更大规模的国家共同体的产生，对治理的要求更高。一般来讲，帝国均是家族统治，如韦伯所说的“家产官僚制国家”①。农耕帝国的农耕思维更追求家族对国家的经营，将国家作为家族产业精耕细作，以保持其可持续性，实现江山永固。这就使得农耕帝国的治理具有调适性的特性。帝国统治者深知经营国家与经营庄稼一样，既有风调雨顺，也有灾害频频。帝国统治必须因时而变，不断调适治理方式。

其一，以民为本的治理思维。

中华农耕帝国实行“编户齐民”，将社会民众都纳入国家体系，成为国家的子民。国家统治者是最大的“地主”，全国的子民都成为为国家干活的“长工”。“地主”与“长工”存在于一个国家共同体之中，“地主”对“长工”进行盘剥，但这是有限度的，否则被视为缺乏正当性的“苛政”。其中的道理就是没有了“长工”，“地主”也难以存在。因此，作为一项事业经营的统治者必须明白国家治理以民为本，统治权威需要从民众的内心同意中获得。正因为如此，在君民关系方面，古代强调“民贵君轻”：“民为贵，社稷次之，君为轻。”其内在的根源是“民能载舟，亦能覆舟”。当民在国家治理中具有“本位性”时，民众也就获得了某种可延续的积极性。而世界上其他古代帝国均由军事征服而来，军事征服的战败者成为任人驱使的奴隶，统治者根本不可能将奴隶作为“人民”，更不可能“以民为本”。建立在奴隶统治基础上的帝国可能凭借暴力创造瞬间辉煌，但缺乏延续性。

其二，具有弹性的治理政策。

国家统治具有强制性，这是国家的天性。但国家治理也具有两种方式，一是暴力压制的刚性统治，一是体恤民力的柔性治理。中国远古时期就有极具智慧的治理方式，如“大禹治水”的宜疏不宜堵。随着帝国的形成，远古的治理智慧仍然在发挥作用。尽管统治能力大大增强，

① 马克思·韦伯著，康乐、简惠美译：《中国的宗教 宗教与世界》，广西师范大学出版社，2004年版，第8页。

但因为有“以民为本”的治理思维，统治者的治理政策具有弹性，能够吸取前人治理的经验和教训，根据不同条件和问题进行调适。这种调适能够给民众提供自主性和积极性，从而创造更大的财富。西汉初吸取秦朝短命的教训，在战乱之后实行“与民休息”的政策，从而创造了所谓“文景之治”。唐初也是如此，创造了所谓“贞观之治”的太平盛世。中国的统治者十分注重借鉴前人的治理经验和教训。一部浩繁的《资治通鉴》便是治国之道的集中体现。古代其他帝国主要依靠军事征服而形成，也主要依靠军事暴力加以维护，使其治理之策极具刚性和征服性，要么是通过暴力强制对人身的征服，要么是通过宗教对人心的征服。作为外部性力量的臣服者，社会缺乏自主性及相应的进取性。

其三，竞争开放的治理精英。

在农耕帝国，国是家的放大，家是国的缩小。国家的规模扩大后，仅仅依靠“君主”当家远远不够，由此需要雇佣“管家”代主人管理国家事务，形成一个“职业经理人”阶层。这就是帝国官僚。帝国官僚的特性是竞争开放，将天下精英吸纳到治理体系中来，代统治者经营国家。帝国官僚阶层是在“政治市场”中充分竞争形成的，最早来源于春秋战国时代的“士”。“士”不论先赋性的出身门第，而是完全依靠自己的知识与能力获取地位。随着帝国的形成，通过竞争开放选拔治理精英逐步制度化了，即科举制的建立。科举制通过定期考试选拔出有“亲民爱民”“忠君报国”思想的“管家”，让他们处理各种国家事务，因此成为农耕帝国体系的支柱，“为中国提供了一个有效率而且稳定的政府”①。古代其他帝国则主要依靠军事征服而形成，并主要依靠军事贵族加以统治。军事贵族具有身份等级限制，无法形成竞争充分的“政治市场”，也难以网罗天下英才作为治理者。

自主的小农为社会发展提供了动力和财富，内生的政府能力为社会

① 斯塔夫里亚诺斯著，迟越、王红生等译：《全球分裂——第三世界的历史进程》，商务印书馆，1993年版，第316页。

发展提供了制度性保障，有效的国家治理为社会发展提供了调节机制，使得中国在稳定的国家版图上得以长期延续下来，形成统一稳定的政治共同体。这在古代世界历史进程中是少见的。正如费正清所评价的："尽管中国疆土广袤而各地景象又千差万别，但这次大陆始终维持一个政治统一体，而欧洲却未能做到这一点，这是不足为奇的，因为维系整个中国在一起的生活方式，比我们西方的更加根深蒂固，并且自古一直延续到今，可以说是更加源远流长。"① "近代学者的研究表明，中国并不是那些多少世纪毫无变化的世界早期帝国的残存实例。事实恰恰相反。" "制度和文化的持续性曾经产生了体现为气势澎湃和坚守既定方针的惯性，而并非不动的惰性。"② 而中国的变化动力来自自身内部，特别是作为财富创造者的农民。否则就无法解释在西方还未进入中国之前，中国何以有世界最为持久和灿烂的农业文明了！

三、时间是弯曲的：农耕帝国的惰性与基因缺陷

人类社会的发展不是直线，而是呈螺旋式上升。这一论断对于理解古代中国特别合适。在比较中发现中国时，以下几个基本事实是不可忽视的。一是中国曾经创造了世界上最为灿烂的农业文明，但也经常性地使文明受到毁灭性破坏；二是中国的帝国历史是世界上最长的，却是以若干王朝的轮替实现的；三是中国有着具有世界性影响的治国学说，但国家治理却是以一治一乱方式实现的。由此使得中国的延续性具有很强的回返性，其历史经常会拐个弯，貌似已在新天地的门口，突然间又折返到前进的起点。费正清因此将中国的变化分为两类，一类是"持久性的变革"，指"不可逆转的趋势"；一类是"周期式的变动"，指"钟摆

① 费正清著，张理京译：《美国与中国》，世界知识出版社，1999 年版，第 8 页。
② 费正清著，张理京译：《美国与中国》，世界知识出版社，1999 年版，第 30、75 页。

式的变动"①。而西方人看待中国恰恰是后者，并由此形成偏见。我们在指出中国发展"持久性的变革"主旋律的同时，确实也不可忽视其"周期式的变动"的副线。其深刻的根源同样隐藏在农耕帝国的内在基因之中。

（一）"自由人"的依附性

自主性的人是文明创造与积累的动力。古代农耕帝国在社会关系方面造就了一个个"自由人"，使人们得以超越狭隘的人对人的依附关系。但是，这种超越只是相对于人对人的直接隶属和等级关系而言。农耕帝国使人获得某种自主性的同时，也伴随着其他的依附关系，从而限制了人的进取性和创造性，形成文明进程中的"惰性"。

其一是人对土地的高度依赖。

农业是一种人们在固定的土地上重复生产的产业。人们在土地上日复一日、世世代代的重复生产，形成了人对土地的熟悉和感情。同时，在古代，只有土地才能给人们提供稳定的生活和财富来源，是最为可靠的资源。由此便产生了对土地的依赖，用费孝通先生的话讲这是一种"黏性"。人们即使在家乡实在难以生存不得不背井离乡，其目的也只是换一个地方继续耕种而已。

分家析产的财产继承制、国家的人口和赋税制度又进一步强化了这种"黏性"，形成一种制度化的"黏性"。"诸子均分"的土地财产继承制度使家庭内部的每个成年男性都有可能获得一份均等的土地财产，由此造成土地的不断重分和细碎化。这一制度无法进行财富积累和规模经营，其结果是不断再生产出只能拥有小块土地的小农。小块土地无论怎样精耕细作，其产量和剩余都是有限的。因此，小农经济总体上只能是"糊口经济"。同时，国家为获得稳定的赋税，以户籍制等方式将人口

① 费正清著，张理京译：《美国与中国》，世界知识出版社，1999 年版，第 163 页。

限制在土地上。对土地的制度化“黏性”导致人们难以走出土地，寻求更为广泛的生存发展空间。

而在西欧庄园制条件下，人们耕种土地的历史并不长，对土地的依恋远远不如中国人那么深厚。更重要的是，土地财产实行长子继承制，非长子根本没有可能继承土地财产，他们成年后必须寻求新的生存来源。而在土地不能买卖的庄园制条件下，他们也不可能依靠买卖土地重建与土地的关系。为此，他们只能从土地上走出来，利用良好的贸易条件从事工商业，一个新型的阶级在世界历史进程中率先走出土地的羁绊而产生。

其二是对家庭的高度依赖。

农业耕作依靠的是世代传递的经验，传递方式主要是在家庭内部从家长那里获得。同时，人的生命也要以家庭方式传递。由此形成人对家庭的依恋。而家户制和国家法律则大大强化了人对家庭关系的依赖，形成制度化的“黏性”。在家户制条件下，人只是家庭中的一员，只有根据其名分对家户承担责任才能获得成员资格。在家庭内部，每个人都具有其特定的名分地位，形成长幼有序、男女有别的秩序。违背秩序将被视为“大逆不道”。而国家的家族连带制造成“一损俱损、一荣俱荣”的格局，从制度上强化了家庭固有秩序。由此将人限制在家庭秩序内，难有代际上的突破。

在西欧庄园制长子继承制条件下，走出庄园的人是单个个体，他们不再有长辈家庭所依赖，必须独自闯天下。他们所获得的自由是作为自然人的个体自由，这使得他们较少人际关系的羁绊，更大程度依靠自我的力量自主发展，由此造成近代个人主义的兴起，成为世界历史进程中的新兴力量。

其三是对国家的高度依赖。

在农耕帝国，国家的产生有强大的内生需要，小农对国家有一种天然的崇拜。正如马克思在讲到法国小农时说到的，“他们不能代表自己，一定要别人来代表他们。他们的代表一定要同时是他们的主宰，是高高站在他们上面的权威，是不受限制的政府权力，这种权力保护他们不受其他阶级侵犯，并从上面赐给他们雨水和阳光。所以，归根到底，小农的政治影响表现为行政权支配社会”①。在农耕帝国，国家统治者成为全国土地的终极所有者，不仅可以对无主地进行分配，而且可以利用国家垄断性权力直接支配土地，成为土地的最高主人。这种土地所有权与国家统治权合二为一的土地制度更加强化了人们对国家权力的崇拜。即便人们铤而走险进行反抗，也只是改变权力的占有者，而不是改变制度化的国家权力。“王侯将相宁有种乎!?”不是不要“王侯将相”，而是取而代之，且将此作为人生的荣耀。

在农耕帝国，商人是一个异数，是最有可能具有突破性和进取性的阶层。但是，在强大的国家权力格局下，商人关心的是与权力的结合，获得垄断性利润。费正清对此的认识很有见地：“按照中国的传统，经济生活中的人经营得最得法的，不是依靠增加生产，而是依靠增加他在已生产出来的产品中可取得的份额。他愿意靠他在竞争中直接胜过他的同伙来发财致富，而不是依靠征服自然或更多地利用自然资源或使用改进的技术，来创造新的财富。这是因为从很早以来，中国的经济就表现为由最大数量的人共同争取少量的自然资源，而不是去开发大陆和新的工业。从事创新的企业、为新产品争取市场的推动力，不如争取垄断、通过买通官方取得市场控制权的推动力来得大。中国的传统做法不是造出较好的捕鼠笼来捕捉更多的老鼠，而是向官府谋取捕鼠专利。”②

在中世纪的西欧，商人阶层并无国家所依赖，相反他们还需要有一个统一的国家来保护他们。只是这个国家是按照他们的理想创造的一个属于自己的政治共同体。由此产生了所谓资产阶级革命，使得西方在世界历史进程中率先按照新兴的资产阶级意愿建立起新兴的国家，并因此

---

① 《马克思恩格斯选集》第1卷，人民出版社，2012年版，第763页。

② 费正清著，张理京译：《美国与中国》，世界知识出版社，1999年版，第46页。

获得了征服世界的能力，尽管这种能力伴随着一系列带给其他国家的痛苦。

（二）官僚惰性

农耕帝国依靠郡县制及其相应的官僚体系管理国家。官僚体系而不是市场体系将无数个小农粘连在一起，形成强大的国家及其国家能力。但是官僚体系一旦生成就难以避免产生其内在的惰性，抑制着社会的发展，甚至导致王朝秩序的破坏。

1. 官僚的责任制是对上负责，保证中央集权治理。但对上负责造成了官僚的被动性，他们的主要职责是维护秩序，保证国家税收兵役的完成，很难有推动地方经济发展的自主性动力。因此，“这也是一个抑制独创性、培养顺从性的制度”①。这种体制难以保障政府持续不断地有效履行其公共性职能。正如马克思所说：“农业在一个政府统治下衰败下去，而在另一个政府统治下又复兴起来。在那里收成取决于政府的好坏，正像在欧洲随时令的好坏而变化一样。”②

2. 官僚的上升通道狭窄。科举制的开放竞争性使得天下英才进入官僚体系，但是官僚体系内部却缺乏开放的竞争体系。一则在于中央高层权力有相当一部分属于非竞争性，由与皇帝最亲密的人或者关系最密切的人执掌，包括皇亲国戚、宦官等。特别是元朝、清朝等朝代有相当一部分官职仅仅是凭借其族群身份而垄断，形成了一个身份固化的阶层。这个阶层阻碍了大部分官员依靠业绩正常上升的通道，使得他们缺乏有所作为的积极性。古语“家贫思贤妻，国难思良将”。只有在国难之时，精英人才才有可能破壳而出。二则在于官僚体系缺乏必要的政绩考核所形成的上升通道，官员的上升只能通过各种“关系”，如门生故

---

① 斯塔夫里亚诺斯著，迟越、王红生等译：《全球分裂——第三世界的历史进程》，商务印书馆，1993年版，第316页。

② 《马克思恩格斯选集》第1卷，人民出版社，2012年版，第851页。

旧、亲友乡党等保荐提名，由此形成私人性的恩庇关系。这种具有人身依附关系的体系抑制了官员的职务活力，使得他们不得不用相当一部分甚至主要精力去寻找各种升迁门路，而不是创造性地行使职务权力。

3. “管家”自肥。官僚是皇帝雇佣的“管家”。皇帝以极其低廉的正式报酬雇用“管家”，并以“君子重义”的儒家思想教导“管家”。但是，官僚是一个职业阶层，特别是在古代中国，要成为官员需要全家族力量的支持，一旦获得官职则会光宗耀祖，甚至世代恩庇。当官与发财，升大官与发大财始终联结在一起。由此造成官僚利用其“管家”身份获取各种非正式好处。而这些“好处”主要是侵占公众利益，造成社会成员负担沉重，严重抑制了社会财富的积累，甚至造成王朝的颠覆。所以，古代中国的官僚自肥形成了一个结构化的利益集团，贪官屡禁不绝。如费正清评价的：“官员们靠我们今天称之为‘系统化的贪污’行为来谋生，而这种行为有时变成了敲诈勒索。这是错综复杂的私人关系制度必然会出现的伴生物，而每个官员则必须跟他的上司、同僚和下属保持那样的关系。”① 正是这种结构化的关系，因此他将政府视为“有组织的‘贪污集体’”②。大量官僚地主的存在也阻碍了一般社会成员依靠生产获取财富的可能，甚至造成大量农民的破产。

（三）权力任性

农耕帝国属于家产制国家，由此形成理论与事实的二律背反。理论上是“天下为公”“以民为本”，但国家的家产制属性又使其事实上成为“家天下”“以君为上”，造成公共权力的私人化。“天下为公”“以民为本”的学说缺乏制度性支持，也就难以约制公共权力的使用，从而形成权力任性，即权力的随意性。

1. 权力的公共性与私人性难以界定。古代国家权力使用具有双重

① 费正清著，张理京译：《美国与中国》，世界知识出版社，1999年版，第107页。
② 费正清著，张理京译：《美国与中国》，世界知识出版社，1999年版，第106页。

属性。一是满足公共需求，如大型水利工程、灾害救治、军事防御等；二是满足统治者的自身需求，如皇家的消费。但是这两种属性的权力缺乏清晰的边界限制。如秦始皇可以集聚大量人力财力修建长城驿道，同时又为自己修建奢华的陵墓，其统治的残暴性引起全国性反抗。大量官僚也特别热衷于公共工程和皇家事务，可以在“办公差”过程中自肥。古代中国许多有作为的皇帝之所以充满争议，便在于权力的公共性与私人性之间缺乏明确的界限，由此造成的权力任性积累了巨大的民怨，所引起的反抗又极大地伤害了社会的累积式发展。

2. 社会权力无能为力。古代中国的土地属于国家终极所有，一般社会成员对土地和财富的占有都是建立在承认和服从国家统治的前提基础上。不仅一般农民，即使占有财富较多的社会成员也无法抗拒国家权力，由此造成国家权力行使缺乏社会的制约而呈随意性。比如，税收是国家的支柱，也是国家权力行使的主要领域。在古代中国，是否收税，收多少税完全由统治者决定，无须取得纳税者的同意。当超出纳税者承受能力时，纳税者也没有制度性渠道加以抵制，最后只能采用暴力反抗。摩尔指出：“社会系统中缺少有效率的机构来制止官员的压榨行为这一点，可以说是中国社会中最基本的结构性弱点之一。”① 中国古代王朝的更迭在相当程度上是由于民众负担沉重引起的，由此又影响了社会的延续性发展。

3. 最高权力不受节制。古代中国的国家权力行使最终定于君主一人，没有其他体制性权力对最高权力加以约制。这对最高权力的行使者要求特别高。中国政治特别强调“治道”，即治理要有道，要有方，便是如此。但能够真正掌握“治道”的人不具有体制上的普遍性。如果最高权力的行使者作为明君圣主励精图治，则民众有幸；如果统治者“暴虐无道”，社会毫无力量加以纠正，最后只能采用以暴易暴的方式

① 巴林顿·摩尔著，拓夫、张东东等译：《民主和专制的社会起源》，华夏出版社，1987 年版，第 135 页。

改朝换代。由此造成政治上的“代际周期律”：第一代君王打江山，第二代君王注重建设，第三、四代延续并伴随大量问题的产生，第五、六代之后开始进入下行通道。中国历史上著名的“文景之治”“贞观之治”“康乾盛世”均产生于第二代至第四代之间。由此使得中国社会的发展和民众生活极具代际偶然性，其向上的延续性经常会中断。

不可否认，帝国对民众的保护是以民众提供赋税为前提的。由于国家和地主的双重剥夺，中国民众的沉重赋役是世界上最为深重的其中之一。他们除了遭受经济剥削，还要遭受超经济强制。但是，自主、自在和自足的生活始终是农民的梦想。当他们的理想状态生活得不到基本保障时，他们并不是完全屈服于命运的摆布，而是奋起反抗，从而迫使统治者让步，“轻徭薄赋”“与民休息”，改变土地占有关系，“均分土地”，由此或多或少地推动着社会的进步。“因为每一次较大的农民起义和农民战争的结果，都打击了当时的封建统治，因而也就多少推动了社会生产力的发展。”① 只是这种造反是缺乏先进生产力和先进思想条件下的反抗，因此属于“有造反而无革命”②，王朝的周期律仍然左右着中国发展的步伐，“社会基础停滞不动，而夺得政治上层建筑的人物和种族却不断更迭”③。特别是具有随意性的暴力反抗，表现为一种“野性的、盲目的、放纵的破坏力量”④，从而造成对文明的巨大伤害，影响了中国发展的延续性。

四、未了的接力：与历史接续的创新型中国道路

尽管中国的发展道路极具回返性，但总体上是持续发展的，并没有

① 《毛泽东选集》第2卷，人民出版社，1991年版，第625页。

② 斯塔夫里亚诺斯著，迟越、王红生等译：《全球分裂——第三世界的历史进程》，商务印书馆，1993年版，第318页。

③ 中共中央马克思恩格斯列宁斯大林著作编译局编：《马克思恩格斯论中国》，人民出版社，1997年版，第114页。

④ 《马克思恩格斯选集》第1卷，人民出版社，2012年版，第854页。

停滞不前。“在几千年的历史发展中，中华民族创造了悠久灿烂的中华文明，为人类作出了卓越贡献，成为世界上伟大的民族。”① 但是，近代以来，中华民族遭遇了前所未有的文明挑战，这就是在西方率先崛起的工业文明。

中国历史上屡遭游牧文明的挑战，但是，由于农耕文明的优越性，使得中国有足够的消化能力去应对挑战，即便是异族入主中原也会被同化。但工业文明显然比农业文明程度更高，不受自然的约制，使工业文明创造财富的能力远远高于农业文明。“以手工劳动为基础的中国工业经不住机器的竞争。牢固的中华帝国遭受了社会危机。”② 面对强大的工业文明的挑战，已进入下行通道的晚清帝国缺乏足够的能力去应对。伴随帝国数千年的沉疴与惰性在新型工业文明的挑战下暴露无遗。“满族王朝的声威一遇到英国的枪炮就扫地以尽，天朝帝国万世长存的迷信破了产。”③

虽然晚清王朝难以应对前所未有的挑战，但中国并没有消极坐等命运的摆布，而是在其内部生成出强大的自我变革力量④。

其一是农耕帝国的整体性为中国的国家延续提供了底气。尽管受到外来挑战，但长期以来的大型国家的统一性、整体性和由家国一体产生的内聚力使得远道而来的外国力量难以分别统治中国。据马克思描述，在第一次鸦片战争时，民众还是抱着东方宿命论的态度屈从敌人的暴力，但之后则是“所有中国人普遍奋起反抗所有外国人的局面”，因为这是“‘保卫社稷和家园’的战争”，“是一场维护中华民族生存的人民战争”⑤。只有作为近邻的日本，因为晚清帝制崩溃造成国家四分五裂

① 习近平：《在庆祝中国共产党成立95周年大会上的讲话》，《光明日报》2016年7月2日，第2版。

② 《马克思恩格斯全集》第10卷，人民出版社，1998年版，第277页。

③ 《马克思恩格斯选集》第1卷，人民出版社，2012年版，第779页。

④ 马克思曾经尖锐地指出：“印度本来就逃不掉被征服的命运，而它过去的全部历史……就是一次又一次被征服的历史。……他们就在这个一无抵抗、二无变化的社会的消极基础上建立了他们的帝国。”（《马克思恩格斯选集》第1卷，人民出版社，2012年版，第856~857页）

⑤ 《马克思恩格斯选集》第1卷，人民出版社，2012年版，第798页。

才得以深入中国的腹地。即便如此，中国的国家整体统治仍然执掌在本国人手中，沦陷的只是部分地区，并且激发出更为顽强的抵抗力量。正如斯塔夫里亚诺斯所说：“混乱不堪的印度比高度有组织的中华帝国容易遭受外国的入侵和操纵。”①

其二是面对挑战，率先觉醒的仁人志士不仅激发出保持种族延续的能量，更有强盛国家的历史使命，并凝聚为“落后就要挨打”和复兴中华的共识。在马克思看来，“与外界完全隔绝曾是保存旧中国的首要条件，而当这种隔绝状态通过英国而为暴力所打破的时候，接踵而来的必然是解体的过程，正如小心保存在密闭棺材里的木乃伊一接触新鲜空气便必然要解体一样”②。正是在这一背景下，那些“睁大眼睛看世界”的一代又一代知识精英努力接受先进思想，并以空前的力量动员全社会参与，通过激烈的革命方式推翻帝制和旧的上层建筑，着力清除历史延续下来的沉疴痼疾。推翻帝制和建立人民共和的两次革命，其烈度和深度在世界历史进程中是空前的，并产生出改天换地的巨大能量。在摩尔看来，印度在现代化道路上始终步履蹒跚、徘徊不前，或许是没有经历一场暴力革命付出的代价③。

在中国内部生成的强大变革力量最为集中地体现于中国共产党的诞生。“中国产生了共产党，这是开天辟地的大事变。这一开天辟地的大事变，深刻改变了近代以来中华民族发展的方向和进程，深刻改变了中国人民和中华民族的前途和命运，深刻改变了世界发展的趋势和格局。”④ 在中国共产党领导下的变革极大地改造了国家，使古老的中国重新焕发出活力，并推动中国步入走向中国特色社会主义道路的全新历

① 斯塔夫里亚诺斯著，迟越、王红生等译：《全球分裂——第三世界的历史进程》，商务印书馆，1993 年版，第 235 页。

② 《马克思恩格斯选集》第 1 卷，人民出版社，2012 年版，第 780~781 页。

③ 参见巴林顿·摩尔著，拓夫、张东东等译：《民主和专制的社会起源》，华夏出版社，1987 年版，第 5 页。

④ 习近平：《在庆祝中国共产党成立 95 周年大会上的讲话》，《光明日报》2016 年 7 月 2 日，第 2 版。

史轨道。而在这一过程中，历史保留下来的积极元素发挥了重要作用。1949 年建立的中华人民共和国，其历史转折意义就在于实现了国家空前的独立和统一。秦王朝统一中国，事实上是“统而不一”，国家权力并没有直接进入广大乡村和边疆地区，即“皇权不下县”和“皇权不到边”①。而中华人民共和国借助革命的力量将国家政权直接延伸到县以下和边疆地区。这其中就有长期历史延续的郡县制的基本制度架构，由此保证国家权力可以持续不断向下和向边延展，迅速建立起现代国家体系。革命改变了国家的统治者，而没有改变历史延续下来的行政架构。更重要的是，革命为制度形式注入了崭新的内容，将以人为本的理念发展到为人民服务，强化人民的主体性，并由此激发了广大人民的热情和积极性。通过革命建立起来的人民民主政权及其制度体系，在中国历史上第一次将权力赋予普通民众，从而第一次建立起国家与广大民众之间的有机联系，由此也为中国特色社会主义道路的形成奠定了基本的政治制度基础。

总体上看，近代以来的中国变革是以革命的方式进行的。革命的思维建立在对过去的彻底否定基础上。马克思、恩格斯在《共产党宣言》中充分表达了这一思维逻辑，这就是“两个决裂”。这种革命性思维在社会转变的关节点上是十分必要的。但革命性思维不会因为革命的结束而停止，它有可能成为惯性思维延续到后革命时代。这种思维有可能影响对历史延续中积极因素的承接。1949 年中华人民共和国的建立，不是历史上的改朝换代，而是以建立社会主义为目标的制度革命。只是这一新型制度的建立是前所未有的探索。受革命性思维的影响，缺乏对中国历史延续性及其造成这种历史延续性的积极因素的正确认识，从而出现了历史的曲折。如家户制内在的家庭经营形式仍然有强大的生命力，但因担心其引起社会分化而遭受彻底否定。在农业社会主义改造中建立

① 参见徐勇：《大碰撞：国家一体化进程中的边疆治理》，《南国学术》（澳门）2015 年第 3 期。

的人民公社体制，借鉴了苏联的农业集体化。而苏联农业集体化在相当程度上来源于俄国久远的农村村社制。人民公社体制在抑制社会分化、举办水利工程、支持国家工业化战略方面发挥了重要作用，但未能充分依据本国历史和国情，特别是忽略了长期历史以来的家户制的积极作用，从而抑制了农业生产力的发展。

历史的曲折和挫折没有终止中国的发展，而是激发起执政党和中国人民的反思，重新思考中国的发展道路。特别是以放权搞活为核心的农村改革成就极大地鼓舞了探索中国道路的胆识和勇气。农村改革的最大特点是重新确立了家户经营的自主地位，吸纳和承接了历史上的家户制积极因素。特别是通过废除人民公社体制，将亿万农民从原有体制和土地上解放出来，极大调动了农民的积极性。农村改革的成就不仅在于经济迅速增长，更是促使执政党对中国发展道路的探索，并形成中国特色社会主义的思路。其主要特点是走自己的路，不照抄照搬他国模式。走自己的路就是要符合中国国情，其中包括承接中国历史的优秀传统。只是这种与历史延续性的对接是一种创新型的接续①。

改革开放是决定中国命运的关键，也是中国特色社会主义道路形成的节点。中国的改革开放具有前所未有的广度和深度。特别是社会主义市场经济体制的确立，极大地激活了中国长期历史上的积极因素，推动了中国经济社会的发展。“中国这个世界上最大的发展中国家在短短 30 多年里摆脱贫困并跃升为世界第二大经济体，彻底摆脱被开除球籍的危险，创造了人类社会发展史上惊天动地的发展奇迹，使中华民族焕发出新的蓬勃生机。”② 而中国的改革开放之所以能够取得巨大成就，与中国长期历史积累的底气和底色相关。

---

① 参见胡锦涛：《高举中国特色社会主义伟大旗帜　为夺取全面建设小康社会新胜利而奋斗——在中国共产党第十七次全国代表大会上的报告》，人民出版社，2007 年版；胡锦涛：《坚定不移沿着中国特色社会主义道路前进为全面建成小康社会而奋斗——在中国共产党第十八次全国代表大会上的报告》，人民出版社，2012 年版。

② 习近平：《在庆祝中国共产党成立 95 周年大会上的讲话》，《光明日报》2016 年 7 月 2 日，第 2 版。

首先，中国的改革开放是以本国为主体的主动性改革开放。这与长期历史延续的人的自主性和国家统一性密切相关。近代以来，个人的自主性提升到国家层面转换为国家的自主性。1949 年后得以迅速实现国家的统一，也在于长期历史以来的郡县体制为现代国家提供了形式要件。国家的自主性和统一性为中国的改革开放提供了基本的主体性的历史条件，使得改革开放的内容和形式具有自主选择性，先改什么，后改什么，开放什么，开放到什么程度，都以本国利益为基点，目的是有利于生产力发展。

其次，正是由于国家的主体性和自觉性，使得改革开放能够将一切有利于发展的积极要素最大限度集聚在一起，从而创造了中国经济持续高速增长的奇迹。从世界超大农业文明国家看，这一奇迹无疑是世界独一无二的。创造奇迹的元素包括长期历史延续的积极元素，如在经济发展中发挥关键作用的开放市场、积极政府与勤奋劳动，都可以从历史中找到源流。“中国奇迹”具有工业文明和农业文明两种文明优质要素的叠加优势①。这进一步说明 3 000 年历史并不都是历史的惰性，其中也有非常积极活跃的要素，只是这些要素在相当程度上被消极制度压抑了。一旦消极制度被改革，原来被压抑的积极因素就会以极大的能量释放出来。

最后，改革开放后所取得的成就，使得执政党从自己选择的道路中获得足够的自信，并根据变化了的情况及时调整治理思维和方式，以实现对变化了的超大国家进行有效治理。比如，当市场经济发展与固有意识形态相冲突时，执政党提出“三个代表”思想，强调执政党要与时俱进；当经济社会发展出现不平衡的格局时，执政党提出“科学发展观”，走统筹发展之路；当中国成为世界经济大国并伴随大量新问题之时，执政党提出了全面推进国家治理体系和治理能力现代化，由此不断

① 参见徐勇：《农民理性的扩张：“中国奇迹”的创造主体分析——对既有理论的挑战及新的分析进路的提出》，《中国社会科学》2010 年第 1 期。

深化和推进中国特色社会主义道路。

中国道路绝不是凭空而来的，而是有着足够的历史底气，因此它具有可持续性而不是断裂性。在中国道路的历史底气中的积极因素，不仅在当下中国发展中发挥着积极作用，而且在赋予其创新性的时代含义后，使其在具有中国特色的同时也获得了相当的世界普遍意义。

其一，人是文明的创造者，只有自主的人才能充分激发起创造性。中国道路的核心要素是以人为本，充分激发和调动人的积极性和创造性。而世界的历史就是人的解放史。人从一切束缚和压制中解放出来，从而创造出灿烂的世界文明。古代中国人民率先从狭隘的地域共同体中解放出来，创造了世界最为灿烂的农业文明，近代以来的革命和改革再次将人从压制关系中解放出来，“人民立场是中国共产党的根本政治立场”①，并因此获得了巨大的人民力量，创造了中国发展奇迹，最终形成了中国道路。从人的自主性和创造性看，中国道路蕴含的历史价值具有世界普遍性。

其二，人类进入文明的标志是国家的产生。自有国家之后，国家就具有强制性，并生成出超越个人的能力。但是，只有那种内生于社会需求并造福于人类的国家能力才具有可持续性。相反那种外在于社会需求的横暴国家能力无论多么强大都是难以持续的。中国的国家起源于公共需求，其公共职能一直延续下来，近代以来的革命和改革更是赋予国家公共职能应当性，要求国家不断满足民众需求，推进国家治理体系与治理能力现代化，从而获得空前的政府能力，使得中国经济社会得以迅速发展。从内生于民众需求的政府能力看，中国道路蕴含的历史价值具有世界普遍性。

其三，人类社会始终处于不断变化之中。只有根据变化的社会进行可调适的治理才能推进社会有序发展。没有一成不变的社会，也就没有

---

① 习近平：《在庆祝中国共产党成立95周年大会上的讲话》，《光明日报》2016年7月2日，第2版。

一成不变的治理模式。只有适合于不同情况、能够推动社会发展的治理才是人们所期盼的治理。中国从“大禹治水”开始，国家治理就一直处于不断的调适之中，只是调适的范围、程度和性质有所不同而已，即使是近代以来的中国革命和改革，也属于国家治理如何因应时代的变化而加以调适，根据时代要求求变，根据历史国情求变的内容和方式。从可调适的治理看，中国道路蕴含的历史价值具有世界普遍性。

正如西方谚语所说，罗马不是一天建成的，中国道路也不是短时间形成的，它是在漫长的历史进程中，经过无数代人努力而形成的。漫长的历史进程为中国道路提供了丰富的积极基因，增强了中国道路的延续性，使中国道路获得了深厚的历史自信。这种自信来自历史深处，而不是瞬间的辉煌。近代以来，由于屡遭侵略，使得国人缺乏自信。随着国运的翻转，国人的自信有所增强，但因为缺乏从“世界进程”的角度对中国长时段历史的理性检视，道路自信的底气还不足。只有在世界进程中充分发掘中国历史基因的积极因子，才能重新发现中国，发现中国并不是一直“落后”，更不是永远“落后”，由此建立起强大的道路自信。

当然，我们也不能因为获得了历史自信而失去了自我反省。历史对于现实和未来永远具有两面性。应该看到，在中国道路的历史底色中也还积淀着大量消极元素。这些元素同样会在新的历史条件下顽强地再现和再复制，与中国的发展如影相随。比如制度黏性、官僚惰性、权力任性等无时无刻不在侵蚀着国家健康的肌体，甚至有可能恶性生长，使得中国道路还充满着相当的不可预见性。从“文明更替”看，当两种文明优质要素叠加优势不复存在，而两种文明中的劣质要素叠加的劣势就有可能出现。从“国运兴衰”看，中国历史上的代际政治衰退率仍然有待克服。这也是中国道路在获得自信的同时，还存在有可能造成不自信的元素，也是世界对中国道路出现巨大争议的重要原因所在。我们在承认中国道路的历史延续性中积极元素的同时，也要重视历史延续性中的消极元素，从而以创新性变革加以克服。正如中共十八大报告所指出的："发展中国特色社会主义是一项长期的艰巨的历史任务，必须准备进行具有许多新的历史特点的伟大斗争。"①

因此，伟大的中国道路还只是开始，远没有终结；但中国道路形成的巨大延续性势必将推动中国以不断的创新开辟新的未来。"办好中国的事情，关键在党。中国特色社会主义最本质的特征是中国共产党领导。"② 在中国，"持久性的变革"是发展主线，并最终在世界文明进程中形成独特的中国道路，关键在于有先进的中国共产党的领导；而"周期式的变动"只是副线，并最终会为主线所克服，同样在于中国共产党领导下的持续变革，尽管这是一个未了的漫长接力过程！

（原载《中国社会科学》2016年第9期）

① 胡锦涛：《坚定不移沿着中国特色社会主义道路前进为全面建成小康社会而奋斗》，《十八大报告辅导读本》，人民出版社，2012年版，第14页。

② 习近平：《在庆祝中国共产党成立95周年大会上的讲话》，《光明日报》2016年7月2日，第2版。

“郡县制”“封建制”的历史纠缠与斗争

摘　要：通过有效的国家结构来组织和治理国家，一直都是超大规模国家的治理难题。中国是一个长期延续的超大规模的政治统一体。为维系这一政治统一体的延续，历史上采用了“郡县官僚制”这一当时最先进的制度，但长期延续的“宗法封建制”却与之纠缠。作为正式体制的宗法封建制退出后，它的残余形态仍然存续了相当长的时间；即使是在郡县官僚体制下，也存在自我封建化的问题。因此，在中国历史上，“郡县制”与“封建制”不是简单的替代关系，而是呈现出一种你中有我、我中有你的历史纠缠状态，并且为寻求解决这种历史纠缠进行了顽强而长久的斗争。造成这一政治现象的支配性因素，是人类相继产生的血缘关系与地域关系的叠加。当以地域关系为基础的国家产生之后，血缘关系仍然以地区的形式延续下来，建立在血缘关系基础上的封建制得以延续，并且与郡县官僚制形成历史纠缠。虽然血缘关系会自然生成政治信任，但利益关系也会淡化血缘关系。由于封建制与建立在地域关系基础上的中央集权制是不兼容的，因而最终被替代。但郡县制的重要特点是“唯上”，只是行政权力的集装器，是“制”而不是“政”，一旦“政”有误，“制”只是配合而不是限制；即如果皇帝决策失误，甚至推行暴政，郡县制不仅发挥不了限制性作用，反而会放大决策失误和暴政。因此，郡县制只是解决了超大规模国家的行政联结，没有也不可能解决有效的政治联结问题，因为那已超出郡县制本身的功能了。所以，即使在宋元明清时期，郡县制弊端也没有太多实质性改变，那种试图将“封建分权制度”与“郡县集权制度”嫁接起来的设想是注定难以实现的。只有到了中华人民共和国成立后，创新了关系模式，实行以政党为核心的超大规模国家的政治联结，才使得国家治理跃升到新的高度。

关键词：郡县官僚制；宗法封建制；历史纠缠；关系叠加

国家作为一个地域性政治共同体，由整体与各个部分构成，从而形成国家结构。通过有效的国家结构来组织和治理国家，一直是超大规模国家的治理难题。中国是一个长期延续的超大规模政治统一体。为维系这一政治统一体的延续，历史上采用了“郡县官僚制”这一当时最先进的制度，但由于长期延续的“宗法封建制”与之纠缠，因而经历了顽强而长久的斗争。本文试图从关系叠加的视角，对这一问题进行探讨。

一、两种制度的历史纠缠及其相关问题

德国思想家恩格斯认为，国家的第一个特征是按地区划分国民①。与自然形成的血缘团体不同，按地区划分国民，是国家政权按地区对国民的再组织和治理，由此形成国家整体与部分、中央与地方的关系，并配置相应的国家权力。这显然是比自组织的血缘团体高级、复杂得多的社会工程。特别是对中国这样的超大规模国家而言，国家组织和治理更为困难，统一与分裂长期伴随着国家进程。中国在进入以地域关系为主的帝制国家后，通过自上而下的“郡县制”来组织和治理国家；然而，

① 恩格斯：《家庭、私有制和国家的起源》，《马克思恩格斯选集》第4卷，人民出版社，1995年版，第170页。

那些长期延续的血缘关系基础上的“封建制”残片仍然遗留下来并且渗透于“郡县制”之中。

所谓“郡县制”，是以皇帝为代表的中央，通过直接任命地方官员等方式直接管理地方。在这一制度下，由中央到郡县地方再到乡里，国家实行自上而下的组织和治理，基层和地方服从皇权中央，官员由中央任命，根据官职获得薪酬，“秉皇帝命以治郡，法令由一统，不能自由妄行处置”①。尽管“郡”作为地方建制单位的名称后来有所变化，但其实质没有变化。所谓“封建制”，指国家统治者将地方分封给自己的家族成员或有功者，由其对地方进行自主组织和治理。“分化是封建政治的一大特点……天子虽拥有天下所有的土地人民，但他不将他们都握在一人的手掌里，而是将他们分赐给许多同姓异姓的贵族。”② 地方有较大的自主权，中央政令只达到分封的地方。分封地方的首领实行家族世袭，凭借出身血统自然获得利益。“今夫封建者，继世而理。”③ 从权力主体角度看，“郡县制”的实质是“郡县官僚制”，“封建制”的实质是“封建贵族制”。从权力资源分配的角度看，郡县制的地方自主权力小，封建制的地方自主权力大。“‘封建’一词并非对欧洲中世社会‘feudalism’的翻译，而是中国的传统制度。”④

学界通常认为，秦始皇统一中国后，实行的便是郡县官僚制。但事实上，在秦始皇统一中国后，封建制延续了相当长的一段时间，直至唐、五代，之后作为一种正式的体制才基本退出历史舞台，但封建制的残余形态仍然存续了相当长的时间。即使是在郡县体制下，也存在自我封建化的问题。因此，在中国历史上，郡县制与封建制不是简单的替代关系，而是呈现出一种你中有我、我中有你的历史纠缠状态，并且为寻

① 瞿同祖：《中国封建社会》，上海人民出版社，2005 年版，第 166 页。
② 瞿同祖：《中国封建社会》，上海人民出版社，2005 年版，第 165 页。
③ 柳宗元：《封建论》，《柳河东集》，上海人民出版社，1974 年版，第 46 页。
④ 鹤间和幸著，马彪译：《始皇帝的遗产：秦汉帝国》，广西师范大学出版社，2014 年版，第 462 页。

求解决这种历史纠缠进行了顽强而长久的斗争。

在以往的研究中，对此问题的认识存在三种不足：一是将两种制度视为简单的替代关系。有学者以此作为中国历史分期的依据，如提出所谓“唐封建说”①。二是注意到了两种制度并存叠加的现象，但未能解释这一现象发生的内在机理。换言之，未能说明是什么因素造成了制度的叠加。三是仅仅从制度的角度叙述了两种制度的存在，没有从行为角度来研究制度替代的人为努力。以上三种不足，从根本上说，是只注意到现象而没有寻找内在的依据。这也正是中国学人长期延续的“述而不作”的习惯所限。因此，黑格尔在《历史哲学》一书中直率地表达了对中国学者缺乏理论建树的批评：“在中国人中间，历史仅仅包含纯粹确定的事实，并不对于事实表示任何意见或者理解。他们的法理学也是如此，仅仅把规定的法律告诉人；他们的伦理学也仅仅讲到决定的义务，而不探索关于他们的一种内在的基础。”② 客观地看，黑格尔的话并不全是偏见。这就需要我们寻找理论与方法分析政治现象，以回应他的不满。

马克思的理论与方法可以为相关研究提供指南。在他看来，人是社会关系的总和。政治现象受制于客观的社会关系。“在研究国家生活现象时，很容易走入歧途，即忽视各种关系的客观本性，而用当事人的意志来解释一切。但是存在着这样一些关系，这些关系决定私人和个别政权代表者的行动，而且像呼吸一样地不以他们为转移。”③ “现实的关系决不是国家政权创造出来的，相反地，它们本身就是创造国家政权的力量。”④ 当然，客观的关系不是一成不变的，它随着社会的发展而不断

---

① 朱春荣：《中唐封建说》，《齐齐哈尔师范学院学报》1988 年第 2 期，第 64~67 页。作者这里所说的“封建”，指的只是社会形态，但唐朝作为古代社会的一个重要分期界限，则有广泛影响。

② 黑格尔著，王造时译：《历史哲学》，商务印书馆，2007 年版，第 83 页。

③ 马克思：《摩塞尔记者的辩护》，《马克思恩格斯全集》第 1 卷，人民出版社，1956 年版，第 216 页。

④ 马克思、恩格斯：《德意志意识形态》，《马克思恩格斯全集》第 3 卷，人民出版社，1960 年版，第 378 页。

发展和丰富；只是这种发展和丰富不是简单的替代，而是相互叠加，从而造成了国家演化和国家治理的发展性、复杂性和曲折性①。因此，以关系叠加的视角来观察中国郡县制与封建制的历史纠缠问题，可以更深层地了解其内在基础和缘由。

二、以地域关系为基础的郡县制总体趋势

经过较长时间和大规模战争，秦始皇得以统一中国。但如何组织和治理一个超大规模国家，很快成为统治者的难题。即使是雄才大略且刚愎自用的秦始皇，也不得不召开会议，商讨国家如何组织和治理的问题。

中国自夏、商到周，由于血缘关系的长期延续，均是主要利用血缘关系的力量进行国家组织和治理，直至周代形成成熟的封建制度。血缘关系是一种自组织的力量，即当事人依据自然形成的血缘关系组织成为一个群体，并依据血缘关系进行自我治理。国家组织只是这种血缘组织的放大和扩展。秦始皇统一中国，灭掉原有主要以血缘关系为基础构建的诸侯国家。形成了一个地域规模超大的帝制国家。新型的帝制国家重新定义人口，并要依据地域而不是血缘关系将重新定义的人口组织起来，并进行有效治理。“有决定意义的已不是血族团体的族籍，而只是常住地区了；现在要加以划分的，不是人民，而是地区了；居民在政治上已变为地区的简单的附属物了。”② 以地域关系为基础，对国家的组织和治理有着更高要求，也更有难度。

如果从组织的生成看，可分为原生组织、次生组织和再生组织。以血缘关系为纽带的氏族是原生组织，是自然形成的。早期王制国家将血

---

① 徐勇：《关系中的国家》，社会科学文献出版社，2019 年版，第 1 卷。

② 恩格斯：《家庭、私有制和国家的起源》，《马克思恩格斯选集》第 4 卷，人民出版社，1995 年版，第 115 页。

缘关系加以延伸和扩展，血缘关系与政治关系相结合，形成次生组织。这种次生组织是在原生组织基础上自然而然生长出来，统治者顺势而为建构的。而在次生组织基础上建构的帝制国家则属于再生组织，它不是基于血缘关系的延伸和扩展，而是通过国家政权的力量对社会的重新组织。这种组织已与原生组织和还带有很多原生组织特性的次生组织相距很远了，而与完全的国家形态更接近了。摩尔根描述了这一历史进程，他指出："政治社会是按地域组织起来的，它通过地域关系来处理财产和处理个人的问题。其顺序相承的阶段如下：首先是乡区或市区，这是这种组织的基本单位；然后是县或省，这是乡区或市区的集合体；最后是全国领土，这是县或省的集合体。"① 这显然与原始社会依照血缘性的性别和世系组织氏族完全不同，"在古代社会里，这种以地域为基础的方式是闻所未闻的"②。而在中国，实行这种闻所未闻的方式的难度更大。

其一，秦始皇统一中国后的国家规模特性。组织规模与组织方式密切相关，组织规模越小，自组织越容易；反之，组织规模越大，自组织越困难。基于血缘关系的氏族部落组织，是当事人的自我组织，其规模较小，之后因战争等需要结成氏族部落联盟，扩大组织规模。而在中国，由于治水和战争的需要，组织规模超越氏族部落而不断扩大，直至秦始皇统一中国成为大一统的超大型国家。在中国，从国家的初生直到大一统国家的建构，主要依靠的是外部性的他组织，只是在一定阶段利用了血缘关系的自组织力量。马克思对组织规模与组织形式有过深刻论述。他在谈到治水时说："节省用水和共同用水是基本的要求，这种要求，在西方，例如在佛兰德和意大利，曾促使私人企业结成自愿的联合；但是在东方，由于文明程度太低，幅员太大，不能产生自愿的联

① 路易斯·亨利·摩尔根著，杨东莼、马雍、马巨译：《古代社会》上册，商务印书馆，1977年版，第6、7页。

② 路易斯·亨利·摩尔根著，杨东莼、马雍、马巨译：《古代社会》上册，商务印书馆，1977年版，第6、7页。

合，因而需要中央集权的政府进行干预。所以亚洲的一切政府都不能不执行一种经济职能，即举办公共工程的职能。”① 规模越大，越需要外部性的自上而下进行组织。

其二，秦始皇统一中国后的基本组织特性。大规模组织的维系，取决于基本组织的特性。在摩尔根看来，“基本单元的性质决定了由它所组成的上层体系的性质，只有通过基本单元的性质，才能阐明整个的社会体系”②。他在论述雅典政制时说：“以类似方式组织起来的一百个乡区将决定雅典共和国的总体活动。基本单元是怎样的，其复合体也是怎样的。”③ 秦始皇统一中国，主要是依靠战争的推动。尽管统一中国后，重新定义了人口，实行私有地主经济和个体生产，但分散的自然经济性质没有变。这种农业经济使得广大人口分散居住在不同地域，并形成特有基本组织和政治属性。在马克思看来：“小农人数众多，他们的生活条件相同，但是彼此间并没有发生多种多样的关系。他们的生产方式不是使他们互相交往，而是使他们互相隔离。”④ “在自给自足的小农经济基础之上，一般都缺乏把各个地域联系起来的组织力量。”⑤ 一方面，个体小农经济在政治上要求高于他们之上的行政权力从外部加以整合，“小农的政治影响表现为行政权支配社会”⑥；另一方面，个体小农经济具有自给自足性，他们对以捐税为条件的行政权力又具有天生的疏离感。费孝通对此总结道：“乡土社会是个小农经济，在经济上每个农家，

---

① 马克思：《不列颠在印度的统治》，《马克思恩格斯选集》第 1 卷，人民出版社，1956 年版，第 762~763 页。

② 路易斯·亨利·摩尔根著，杨东莼、马雍、马巨译：《古代社会》上册，商务印书馆，1977 年版，第 234 页。

③ 路易斯·亨利·摩尔根著，杨东莼、马雍、马巨译：《古代社会》上册，商务印书馆，1977 年版，第 273 页。

④ 马克思：《路易·波拿巴的雾月十八日》，《马克思恩格斯选集》第 1 卷，人民出版社，1956 年版，第 677 页。

⑤ 金观涛、刘青峰：《兴盛与危机：论中国社会超稳定结构》，法律出版社，2011 年版，第 24 页。

⑥ 马克思：《路易·波拿巴的雾月十八日》，《马克思恩格斯选集》第 1 卷，人民出版社，1956 年版，第 678 页。

除了盐铁之外，必要时很可关门自给。”① 这种对政府的疏离感又会埋下政治分离的种子，加大了维护政治一统的难度。“小农经济的分散性，始终是一种对统一的瓦解力量。”②

其三，秦始皇统一中国后的地域特性。国家是以地域为单位的，其组织和治理与地域特性相关。秦始皇统一中国前的诸侯国家组织与地域特性较为同一。秦始皇统一中国后，将大量具有不同特性的地域包括进来，不仅国家规模扩大了，更重要的是国家地域的异质性增强了。这种异质性，由于自然地理条件而使得各地区相互隔绝和封闭，阻隔着国家整体的形成。“铺设于全国大范围的道路网是帝国的生命线，就中央而言，任何地方道路的中断，都意味着妨碍了对那里的统治。”③ 秦始皇统一中国后，力图通过修建驰道等方式打通各地方的联系，推动政令一统和畅通，但毕竟国家规模超大，自然地理条件不一，各地经济社会发展不平衡，特别是有大量特殊性的边缘地带，使得维护国家政令一统十分困难，容易造成地方与中央、地方与地方之间的分裂和断裂。例如，“汉代的诏书从长安送至敦煌需要五十天”④。

其四，秦始皇统一中国后的经济特性。国家组织和治理需要相应的经济能力。秦始皇统一中国，不是经济有了突破性发展的产物，而是战争的结果。秦始皇统一中国后，不仅国家规模扩大，而且主要依靠国家这一特殊的公共权力加以组织和治理，其治理成本迅速提高。但是，秦始皇统一中国后的经济能力并没有质的飞跃。相反，主要依托国家权力组织和治理的体制为各种权力主体获取私利提供了便利，国家汲取能力更强，与国家创富能力形成强烈反差。其后果是，财富创造者得不到再

---

① 费孝通：《乡土中国 生育制度》，北京大学出版社，1998年版，第63页。

② 金观涛、刘青峰：《兴盛与危机：论中国社会超稳定结构》，法律出版社，2011年版，第36页。

③ 鹤间和幸著，马彪译：《始皇帝的遗产：秦汉帝国》，广西师范大学出版社，2014年版，第62页。

④ 鹤间和幸著，马彪译：《始皇帝的遗产：秦汉帝国》，广西师范大学出版社，2014年版，第46页。

生产和正常生活的必要条件，从而造成对国家权力的反抗，使国家在维护整体利益时面临巨大的潜藏危机。

正是基于以上原因，秦始皇统一中国后，对超大规模国家如何进行有效的地域联结，形成规范国家整体与部分、中央与地方关系的制度，便成为一道迫在眉睫的重大难题。统一与分裂，一直伴随着帝制国家的国家演化与治理过程，“分久必合，合久必分”被视为中国历史进程的一个规律。有学者甚至认为：“对中国而言，分裂、分治的时间是主要的，统一的时间是非常短暂的。”① 姑且不论这一观点是否准确，但从秦始皇统一中国开始，便开始寻求合适的制度以推进统一，避免分裂。

秦统一中国后，在关于如何组织和治理国家时有两种意见：一是实行郡县制，一是延续封建制。作为国家制度，这两种制度基于两种关系。郡县制基于地域关系，封建制基于“血缘—地域”关系。郡县制是国家按地区进行组织和治理。郡县是一种地区单位。无论什么人，都存在于一定的地区单位中，国家通过政权组织将不同地区的人联结起来，并形成中央直接管辖下的国家整体。封建制是国家按照血缘关系分封与继承土地和人民。封地是一种“血缘—地域”单位，包括同姓诸侯国或异姓诸侯国。国家通过血缘性的封地，形成一个整体。“在周初健全的宗法制中，大宗的精神号召作用，其重要性远大于他个人的权力影响。所以，他们把宗法制度跟政治制度连为一体，在当时是最适合环境状况的一种最有效的政治制度。”② 但是，“经过夏商周三代上千年的逐渐演变，地域关系开始在国家政治中日益重要……只不过当时的地域关系依然受血缘关系的支配并服务于血缘关系而已”③。由于战国七雄中的秦统一中国，是经历了长达数百年的战争而实现的，而诸侯国之间

---

① 葛剑雄：《统一与分裂——中国历史的启示》，商务印书馆，2013年版，第83页。

② 管东贵：《从宗法封建制到皇帝郡县制的演变——以血缘解纽为脉络》，中华书局，2010年版，第151页。

③ 刘文瑞：《中国古代政治制度：地方体制与官僚制度》，中国书籍出版社，2018年版，第6页。

发生战争，就是因为联系国家的整体与部分、中央与地方的血缘纽带断裂而造成的；长时间的战争，又进一步割断了血缘关系的纽带。秦能够统一中国，也正是得力于强化地域关系，弱化血缘关系，形成强大的中央权力，进而具有了郡县制的基础。

中央集权与郡县制是一体的。秦始皇统一中国后，将原来分布于诸侯国的权力集中于中央，并通过建立服从中央王朝的地方体制行使对各地方的管辖权。“天下共苦战斗不休，以有侯王。赖宗庙，天下初定，又复立国，是树兵也，而求其宁息，岂不难哉！”因此，秦始皇理所当然地选择了郡县制，使其成为皇权中央集权体系的重要基石，“海内为郡县，法令由一统”①。皇权中央大权独揽，地方权力来自中央的授予并服从中央权力。“秦遂并兼四海，以为周制微弱，终为诸侯所丧，故不立尺土之封，分天下为郡县。”② 郡县制取代分封制的本质，是在国家体制中以地域关系取代血缘关系，由部族国家变成疆域国家③。王亚南因此指出：“秦始皇及其以后的许多专制王朝，不把领土、领民交于其诸子功臣治理……而大权独揽，对诸子功臣仅‘以公赋税重赏赐之’，此似与周代大有区别。”④ 对于地域关系主导的帝制国家来说，实行郡县制势所必然。唐朝柳宗元高度评价了郡县制对于帝制国家的意义：“秦有天下，裂都会而为之郡邑，废侯卫而为之守宰，据天下之雄图，都六合之上游，摄制四海，运于掌握之内。”⑤

三、血缘关系延续下的封建制与自我封建化

秦始皇统一中国后，选择郡县制以实现超大规模国家的政治联结是

---

① 司马迁：《史记·秦始皇本纪》，中华书局，1982年版，第239页。

② 班固：《汉书·地理志》，中华书局，1962年版，第1542页。

③ 刘文瑞：《中国古代政治制度：地方体制与官僚制度》，中国书籍出版社，2018年版，第10页。

④ 王亚南：《中国官僚政治研究》，商务印书馆，2010年版，第45页。

⑤ 柳宗元：《封建论》，《柳河东集》，上海人民出版社，1974年版，第43页。

历史的必然；但问题在于，由于秦始皇期待的二世、三世以至万世的秦王朝，仅仅三世便遭灭亡，郡县制也因此受到质疑，传统的封建制仍然得到一定程度的沿袭。毛泽东对此概括道："如果说，秦以前的一个时代是诸侯割据称雄的封建国家，那末，自秦始皇统一中国以后，就建立了专制主义的中央集权的封建国家；同时，在某种程度上仍旧保留着封建割据的状态。"①

为什么在实行郡县制后还在某种程度上仍旧保留封建割据的状态，从而形成制度纠缠？对此，需要将其置于制度背后的依赖关系以及国家进程的框架下加以分析。

马克思和恩格斯认为："家庭起初是唯一的社会关系。"② 梅因则认为："'人'的一切关系都是被概括在'家族'关系中的，把这种社会状态作为历史上的一个起点，从这一个起点开始，我们似乎是在不断地向着一种新的社会秩序状态移动。"③ 以血缘关系为基础的原始社会是人类的共同出发点，但当人类步入文明社会后，便因不同的条件而形成不同的路径。在西方，"以血族团体为基础的旧社会，由于新形成的各社会阶级的冲突而被炸毁；代之而起的是组成为国家的新社会，而国家的基层单位已经不是血族团体，而是地区团体了"④；"平民的胜利炸毁了旧的血族制度，并在它的废墟上面建立了国家"⑤。由于农业生产等历史条件，中国在产生了以地域和财产关系为基础的国家政权后，以血族团体为基础的旧社会不仅没有被炸毁，反而以新的地区的形式保留和延续下来，使得中国的国家进程具有与西方不同的路径。

---

① 毛泽东：《中国革命和中国共产党》，《毛泽东选集》第2卷，人民出版社，1991年版，第624页。

② 马克思、恩格斯：《德意志意识形态》，《马克思恩格斯选集》第1卷，人民出版社，1956年版，第80页。

③ 梅因著，沈景一译：《古代法》，商务印书馆，1959年版，第96页。

④ 恩格斯：《家庭、私有制和国家的起源》，《马克思恩格斯选集》第4卷，人民出版社，1995年版，第4页。

⑤ 恩格斯：《家庭、私有制和国家的起源》，《马克思恩格斯选集》第4卷，人民出版社，1995年版，第169页。

侯外庐通过比较后认为："'古典的古代'是从家族到私产再到国家，国家代替了家族；'亚细亚的古代'是由家族到国家，国家混合在家族里面，叫做'社稷'。因此，前者是新陈代谢，新的冲破了旧的，这是革命的路线；后者却是新陈纠葛，旧的拖住了新的，这是维新的路线。前者是人惟求新，器亦求新；后者却是'人惟求旧，器惟求新'。""旧人就是被氏族血缘纽带所束缚着的人。"① 这意味着，"希腊、罗马的国家完全冲破了家族血缘关系的束缚，家族与国家之间不存在结合的关系；而中国的国家仍处在家族血缘关系的束缚之中，家族与国家处于相结合的状态"②。这种相结合的状态，便是郡县制与封建制形成历史纠缠的重要原因。

基于信任的政治服从是维护国家统一的基本条件。郡县制基于地域关系，地方官员与中央更多的是利益关系，这种关系并不产生天然的政治信任。封建制则基于血缘关系，这种血缘关系会产生一种天然的信任和忠诚，并形塑出"一损俱损，一荣俱荣"的利益和命运共同体。"古人有言曰'爱之欲其富，亲之欲其贵'。故王者疆土建国，封立子弟，所以褒亲亲，序骨肉，尊先祖，贵支体，广同姓于天下也。是以形势强而王室安。"③ 这在于"同姓同德，异姓异德"。在血缘关系纽带下，牵一发动全身，中央王朝一旦有事，会有同姓地方诸侯主动加以维护。汉代班固因此高度评价封建制："亲亲贤贤，褒表功德，关诸盛衰，深根固本，为不可拔者也。"④ 秦王朝的迅速覆灭，相当程度在于中央缺乏亲戚诸侯地方的卫护。"子弟为匹夫，内亡骨肉本根之辅，外亡尺土藩翼之卫。"⑤ 贾谊在总结秦朝灭亡时也说：

---

① 侯外庐、赵纪彬、杜国庠：《中国思想通史》，人民出版社，1957年版，第1卷，第11~12、16页。

② 岳庆平：《中国的家与国》，吉林文史出版社，1990年版，第42页。

③ 司马迁：《史记·三王世家》，中华书局，1982年版，第386~387页。

④ 班固：《汉书·诸侯王表》，中华书局，1962年版，第391页。

⑤ 班固：《汉书·诸侯王表》，中华书局，1962年版，第393页。

“子婴孤立无亲，危弱无辅。”[①] 正是基于此，封建制在秦朝灭亡后再度抬头。

汉朝建立初，实行郡县制与封建制并行，除王朝中央直接管辖的郡县外，大量地方分封给异姓诸王。但是，汉初的“封建”与西周的“封建”有了很大不同。西周的封建是层级分封，周天子分封诸侯，诸侯再逐级往下分封，直至不可再分的社会基本单位。而在汉初的封建制下，只是对一定地域的分封，一定地域之下未能再分。由于西周的分封与基于血缘关系的宗法制相联系，由上一级的大宗往下再分，但经过数百年的战争，过往的宗法制度已被破坏，国人不再是模拟血缘关系的亲人，而是基于地域关系的帝制国家同一的“黔首”。在吴稼祥看来，“商鞅变法解构氏族之后，任何分封都不是在复制西周制度，而是在重复战国故事”[②]。帝制下的封建制“是在皇帝直接统治的郡县之外，由诸侯、列侯分治领地的制度”[③]，因此，与西周相比，汉初的分封至多为半封建制，即从中央与地方的关系来讲，分封的地方归属于王，但分封地方内部并不是实行层级再分封，其治理形态与郡县制类似。“这些王国的重要官吏是汉朝廷派遣去的，法令也是汉朝廷制定的。”[④]

即使是半封建制，因地方权力过大而挑战中央的事件很快上演，异姓王与中央关系迅速破裂。因为，异姓王尽管在立国初被封为王，但在家天下的帝制下始终存在一种不安全感：皇帝既可以封王，也可以灭王，一切都在于条件和时间。这种不安全感，使得异姓王生活在一种政治恐惧之中，并且不知所措，往往会做出令王朝中央更不放心的举动，造成中央与地方关系的破裂。汉初，王朝中央与异姓王地方的蜜月时间

① 贾谊著，王洲明、徐超校注：《过秦下》，《贾谊集校注》，天津古籍出版社，2010年版，第13页。

② 吴稼祥：《公天下：多中心治理与双主体法权》，广西师范大学出版社，2013年版，第247页。

③ 鹤间和幸著，马彪译：《始皇帝的遗产：秦汉帝国》，广西师范大学出版社，2014年版，第462页。

④ 范文澜：《中国通史》第2册，人民出版社，2015年版，第44页。

不长，异姓王很快便一一被歼灭。为汉朝取得天下做出重大贡献的韩信为此悲叹："狡兔死，良狗烹；高鸟尽，良弓藏；敌国破，谋臣亡。"①

王朝中央在歼灭异姓王的过程中分封同姓，以同姓王掌管地方。"高祖子弟同姓为王者九国，唯独长沙异姓……何者？天下初定，骨肉同姓少，故广强庶孽，以镇抚四海，用承卫天子也。"② 封同姓为王，一则在于"家天下"的宗室共享，二则在于血缘关系毕竟有自然生成的信任和亲近的成分，三则中央比较省力，吕思勉评论说："以一个政府之力统治全国，秦始皇是有此魄力的，或亦可以说是有此公心，替天下废除封建，汉高祖却无有了。既猜忌异姓，就要大封同姓以自辅，于是随着异姓诸侯的灭亡，而同姓诸国次第建立。"③ 这是因为，"宗法社会中，所信任的，不是同姓，便是外戚"④。但汉高祖刘邦过高估计了血缘关系的作用，刚封吴王，便有悔意，严肃嘱咐："天下同姓为一家也，慎无反！"⑤ 很快，同姓王又成为新的危险。原因在于，血缘关系也是靠不住的，也有一个由亲到疏的演化过程，甚至因为利益反目为仇。血缘关系既有强大的内聚力，也有相当的排他性。利益关系不仅会淡化基于血缘关系的信任，还会造成隔阂。在利益面前，最亲近的人往往是最危险的人。正如秦王朝建立之初主张实行郡县制的李斯所说："周文武所封子弟同姓甚众，然后属疏远，相攻击如仇雠，诸侯更相诛伐，周天子弗能禁止。"秦始皇也表示："天下共苦战斗不休，以有侯王。"⑥

汉初同姓王与中央关系因血缘关系而结合，又因为利益关系而破裂。从地域关系看，全国整体是由各个地方部分构成的。地方权力主体实际掌握和管理着本地。在郡县制下，中央可以通过郡县直接掌握地

① 司马迁：《史记·淮阴侯列传》，中华书局，1982年版，第553页。
② 司马迁：《史记·汉兴以来诸侯王年表序》，中华书局，1982年版，第115页。
③ 吕思勉：《中国通史》，上海人民出版社，2015年版，第303页。
④ 吕思勉：《中国通史》，上海人民出版社，2015年版，第304页。
⑤ 司马迁：《史记·吴王濞列传》，中华书局，1982年版，第615页。
⑥ 司马迁：《史记·秦始皇本纪》，中华书局，1982年版，第239页。

方。郡县无权改变国家制度，地方官不能施行个人的政治主张。“郡邑不得正其制，守宰不得行其理。”① 而在封建制下，地方权力主体对于分封的地方有较大的支配权，包括行政权、财政权，乃至军事控制权，并因为可以世袭权力和财富而有自我膨胀的本能。“所谓王国，是从其领土的角度来考虑的，它们父子相传；或许国与郡之间的根本区别就在这个方面；郡守各人的任期由中央政府委任。”② 与此同时，封地有什么权力、义务并不清晰，存在诸多模糊性。“在‘封土而治’‘分地而食’的条件下，每个封建贵族都能把他支配下的领民、领土看为自给自足单位，这虽与初期较不发达的自然经济形态相关联，但每个自给体，都不免带有离心的、独立的倾向。”③ “高祖有天下，三边外畔；大国之王，虽称蕃辅，臣节未尽。”④ 分封地方权力愈大，自主性和实力愈强，对于中央的威胁愈大。汉代“天下初定，郡国诸侯各务自拊循其民。吴有豫章郡铜山，濞则招致天下亡命者盗铸钱，煮海水为盐，以故无赋，国用富饶”⑤，经济实力强大后导致中央号令不动。“今大国专治异政，不禀京师，恐不可传后。”⑥ “一代代人的过去，各藩王同皇帝的亲戚关系便日益疏远，皇帝对于中央权力抓得越紧，藩属反抗的倾向就越发强烈。”⑦ 但毕竟是同姓，在处理上与异姓王有所区别。王朝中央对于公开反叛的同姓王采用的是公开压制；除此之外，更多的是缩小分封地方组织，弱化分封地方权力，使之不具有挑战中央的能力，造成地方对中央的依存。通过一系列举措，与帝制中央集权制相呼应的郡县官僚制由此确立。“刘邦恢复的封建制无法有效运作，而不得不回到郡县制的历

---

① 柳宗元：《封建论》，《柳河东集》，上海人民出版社，1974 年版，第 45 页。

② 崔瑞德、鲁惟一编，杨品泉等译：《剑桥中国秦汉史》，中国社会科学出版社，1992 年版，第 509 页。

③ 王亚南：《中国官僚政治研究》，商务印书馆，2010 年版，第 46 页。

④ 司马迁：《史记·律书》，中华书局，1982 年版，第 135 页。

⑤ 司马迁：《史记·吴王濞列传》，中华书局，1982 年版，第 615 页。

⑥ 司马迁：《史记·礼书》，中华书局，1982 年版，第 121 页。

⑦ 罗曼·赫尔佐克著，赵蓉恒译：《古代的国家——起源和统治形式》，北京大学出版社，1998 年版，第 266 页。

史潮流中来。”①

然而，随着汉朝灭亡，超大规模的中国出现了第一次长时间的分裂割据，封建制再次复活，西晋达到高潮。其背后仍然受关系叠加的支配。

长期以来，中国的国家组织和政权更迭主要依靠血缘关系为基础的血族团体。这是由原生的血缘关系自然形成的信任和依赖决定的。在取得国家政权后，统治者总是期待利用家族的力量维护政权。“一来同是族人，看在祖宗的关系上，自当如此，才不负同族的情分。二来以流血得来的领土和人民，交与异族人去负责治理，实在不放心。惟有同一祖先的族人才能同甘共苦，不至于有意外的激变。”② 从西周的“封建亲戚，以藩屏周”，到秦国统一进程中的分封制，再到汉初的分封同姓王，均是如此。“由于政治现实上必须有可依恃的力量才能应付危难，血缘以外又没有发展出其他的替代品，因此仍只有求助于血浓于水的亲人。所以，尽管每个皇帝跟先帝所立的宗藩之间容易出现紧张关系，但也没有办法废除封建制，而只好尽量把最亲近的人（儿子、同父同母弟）立为宗藩，以建立新的最可靠的支持力。”③ 这种传统一直延续到西晋。

西晋是替代曹魏获得政权的。曹魏政权的开创者曹操能力超强，但曹魏政权的延续十分短暂。在西晋统治者看来，这是因为缺乏宗室藩屏的保障。王夫之在《读通鉴论·晋武帝》中评论说：“魏之削诸侯者，疑同姓也。晋之授兵宗室以制天下者，疑天下也。”西晋建国之时，晋武帝分封二十七个同姓王，以郡为国；又大封异姓士族为公、侯、伯、子、男等爵位，他们也有封地，目的是想造就一个能够藩屏帝室的皇族势力。因此，赋予了宗室王很大的政治、军事、财政权力，如可以裁撤

① 管东贵：《从宗法封建制到皇帝郡县制的演变——以血缘解纽为脉络》，中华书局，2010 年版，第 164 页。

② 管东贵：《从宗法封建制到皇帝郡县制的演变——以血缘解纽为脉络》，中华书局，2010 年版，第 111 页。

③ 瞿同祖：《中国封建社会》，上海人民出版社，2005 年版，第 31~32 页。

州郡武备，可以在自己封国内自置军队，自行选用封国中文武官员，允许宗室王出镇和参政、收取封国的租税等。这么多权力，就是西周诸侯也不具备，实际上等于给了地方王侯干预中央政府的权力。

晋武帝赋予分封宗室如此大的权力，显然是过于相信血缘关系的力量，相信基于血缘关系产生的天然信任和权威。然而，血缘团体又有天然的自我扩张性。地方王侯在实力不断增长的过程中，也会有扩大力量甚至问鼎中央的期待。而当时的分封制也为这种期待提供了合法性。当中央权力足够强大时，这种期待还只是一种意愿。一旦中央权力衰弱，这种期待便会转化为行动。当作为外戚的皇后贾南风把持中央大权时，这一期待终于转化为行动。其结果则是因为争夺中央权力而造成“八王之乱”，中国再次跌入分裂的深渊。

西晋封建制的失败，从根本上表明，封建制与皇权中央集权制这一国家根本制度是格格不入的。封建制是与宗法制相配套的制度体系，核心是血缘关系。郡县制是与中央集权制相配套的，核心是地域关系以及代表地域所有人的皇权中央。汉朝出现的封建制，实际上是嵌入到中央集权体制中的，与中央体制具有天然的排斥性。从汉到晋，封建制不仅难以解决超大规模国家的政治联结问题，反而造成的是分裂割据。在经历了长时间的分裂割据后，国家进程又回到中央集权郡县体制之下，再没有出现正式的封建制度了，只是保留着某些残余形态，如明朝的分封藩王。

尽管作为正式制度的封建制不复存在，郡县制成为主流。但郡县官僚体制并不是绝对简单地与皇权体制自动耦合的。“郡县制并非独自发挥作用的，而是在与国家政治、财政、地方社会、经济变化等多种多样的关系中得以发挥作用的。”① 与封建制一样，它同样面临着在全国整体与部分、中央与地方之间的权力资源分配问题，并有自我封建化的倾向。

① 纸屋正和著，朱海滨译：《汉代郡县制的展开》，复旦大学出版社，2016年版，第17~18页。

西周实行封建制，地方诸侯拥有政治实体权力，即孟子所说："诸侯之宝三：土地、人民、政事。"① 只是诸侯的这三宝，也成为日后对抗周天下，进行兼并争霸的实力。经过兼并战争，直至秦始皇统一中国，实行郡县制，实际上是将原有地方诸侯权力集中于皇帝之手。在郡县体制下，权力集中于中央，直接管辖郡县，并通过郡县直接管理人民，从而形成自上而下的"条条"关系。与此同时，中央必须依靠郡县地方行使权力，郡县地方在一定的地域范围行使治权，从而形成地域为基础的"块块"关系。"条条"与"块块"之间，存在着权力资源的配置以及权力主体对执掌权力的自我认知。地域规模愈大，这一问题越突出。

所谓自我封建化，是指郡县地方官员受中央委托行使地方管辖权，但不受中央节制，成为不受中央统一政令节制的一方"土皇帝"，垄断甚至世袭地方权力。它与封建制有所不同。封建制是天子授土授民，具有合法性。而自我封建化，则是地方首脑利用中央的委托自行其是，将地方作为自己为所欲为的"土围子"，造成下级官员和民众对其人身依附，直至权力家族化和世袭化，甚而反叛中央。

自我封建化自郡县制产生以来便已出现，只是程度不同而已。汉初承袭秦制，但郡守权力更大，拥有立法权。地方首脑可以自行选拔官员，下级绝对服从上级。这有助于发挥地方主动性，但又可能造成地方官员对首脑的人身依附。"行政长官就特别容易与属吏建立一种人身依附关系，容易形成强固的关系网络。"② 东汉后期，作为一种特殊时期产生的特殊职位——刺史升格为执掌军、政、民管理大权的地方最高行政长官——州牧。"领州牧者实力雄厚，握有军、政、民、财、司法一方大权，威震朝廷，地位特崇……中央对州牧缺乏有效控制，带来了尾大不掉、地方抗令等问题，严重威胁着中央集权。"③ "州地广民众，州

① 《孟子·尽心下》，中华书局，2006年版。

② 白钢：《中国政治制度史》上卷，天津人民出版社，2016年版，第236页。

③ 刘文瑞：《中国古代政治制度——地方体制与官僚制度》，中国书籍出版社，2018年版，第20页。

牧有所凭借，起而反抗中央，中央难以应对。外重内轻，干弱枝强，所以刺史改牧乃是中央集权分解为地方割据的一种过程。”①

自我封建化造成的最突出后果是，军事权力对地方事务的支配。军事权力是有组织的暴力，也是中央得以控制地方最强大的实力。春秋战国时期，王制中央权威下降，诸侯国不受中央节制，重要原因在于诸侯国执掌的军权日益增大。在帝制下，尽管军事权力为中央所执掌，但因为军事需要，要分别为地方军事首领所执掌和实际运用。“（汉）高祖平定天下后，令每个郡、国组织军队”，“郡守掌握郡的军事权”②。当这种权力一旦与地方行政权结合，便会造成地方实力急剧增强，并威胁到中央权力。最为典型的是唐朝的藩镇叛乱造成军阀割据，并导致唐朝灭亡。

四、为代替旧办法所进行的顽强而长久的斗争

一种制度由生成到演化再到定型，并发挥其制度效能，有一个过程。这在于制度受关系的制约。但是，关系并不是固定不变的。人们会以自己的行动突破旧的关系模式，寻求新的制度。恩格斯在《家庭、私有制和国家的起源》一文中，确定了国家与氏族组织不同的两个标准，分析了由氏族社会向国家组织转变的雅典、罗马、德意志三条不同的道路。他指出：“按照居住地组织国民的办法是一切国家共同的。因此，我们才觉得这种办法很自然；但是我们已经看到，当它在雅典和罗马能够代替按血族来组织的旧办法以前，曾经需要进行多么顽强而长久的斗争。”③ 在中国，郡县制作为一种国家制度的确立到广泛实

① 萨孟武：《中国社会政治史·先秦秦汉卷》，生活·读书·新知三联书店，2018年版，第488页。

② 纸屋正和著，朱海滨译：《汉代郡县制的展开》，复旦大学出版社，2016年版，第83页。

③ 《马克思恩格斯选集》第4卷，人民出版社，1995年版，第171页。

行和最终确立，也经历了顽强而长久的斗争。

郡县体制并不必然保障中央有效管辖地方。秦始皇统一中国实行郡县制，是为了帝制国家长治久安。但在郡县体制下，朝代仍然多次更迭，甚至发生了藩镇动乱这样的大事件。这不能不使人对郡县体制提出质疑，甚至主张回归封建制。为了回应这种质疑，唐朝的柳宗元写下著名的《封建论》。在他看来，西周国家成败均在封建制，秦朝灭亡在苛政而不在郡县制。汉初实行封建制造成的恶果，证明秦以来实行郡县制是正确的。唐朝出现政治乱象不在于州县，而在于军队。封建制的结果是皇帝政令只能行于封国，不能控制诸侯王，无法及时改善封国治理状况。相反，在郡县制下，皇帝政令畅通于郡县，直接控制守宰，可以及时改变郡县治理状况。只要善于掌握军队，谨慎选用地方官员，便可以实现有效的国家治理。

柳宗元主张郡县制，从根本上说，这一制度与皇权为代表的中央集权体制是一致的，而封建制与皇权体制却是不相容的。唐朝的藩镇动乱不是因为郡县制，而恰恰是自我封建化造成的，为了克服这种自我封建化，必须建立起与纵横集权相协调的郡县体系。

所谓纵横集权，表现在两个方面：在中央，横向集权于皇帝，纵向集权于中央；在地方，横向分权于不同机构和人员，纵向集权于中央。

郡县制的常态运行，首先取决于中央有足够的权威和能力，能够有效控制地方。由此需要中央权力高度集中，如果政出多门，中央权力多元化，势必造成地方无所适从，或者地方仅仅服从中央某一权力主体，便无法实现统一的政治联结。帝制国家之初，中央设立宰相，且有较大权力，其中包括人事权。汉武帝从中意识到相权的存在不利于中央权威的集中统一，多次换相。自此至后，君权愈来愈强，相权愈来愈弱，直至废除相制。这种专权，是中央集权以有效控制地方的需要。只有统一的中央权威，才能增强中央对地方的控制能力。

郡县制的常态运行，还取决于地方官员接受中央的管辖，服从中央的命令，缺乏与中央抗衡的能力。

其一，地方权力分立。封建制的重要特征是封建地方军政合一，地方拥有合法的军事权。郡县本质上是行政建制单位。在帝制国家早期，由于历史的延续，地方政府首脑拥有一定的军事权力。之后，帝制国家努力分解地方权力，避免地方权力中心化。在宋朝，地方行政与军事权力分离。“兵权收归中央之后，所有地方行政长官——知州、知县等，只管民，不管军，至多协管驻军训练和后勤，军队调动权皇帝独揽。”①皇权中央力图通过横向分权制衡来扼制地方力量膨胀和自我封建化。

其二，加强中央自上而下的“条条”管理。随着郡县体系的完善，中央不断强化自上而下的“条条”管理，地方官员由中央直接任命。例如，“宋太祖任命朝官知县事，朝廷直接控制县政权，从基层来削弱州镇……宋朝中央的权力一直控制到县一级，州镇不能专横了”②。由此可以做到“朝廷以一纸下郡县，如身使臂，如臂使指”③，而与中央直接任命官员相配套的是官员录用的科举制的建构。“科举制从根本上解决了汉魏时期地方士族豪强通过选才任官弄权于地方的问题，从此以后，士人对地方长官的依附被割断了，‘士为知己者死’的侠义使得入仕者竭智尽心以报主恩，皇权在无形之中得到了极大的加强。”④ 宋朝的“强干弱枝”是中央集权体制最为形象的表达，目的是达到“天下一家，中国一人”⑤。

其三，加强对地方权力的监督。在封建制下，中央对地方缺乏监

---

① 吴稼祥：《公天下：多中心治理与双主体法权》，广西师范大学出版社，2013 年版，第 264 页。

② 范文澜：《中国通史》第 5 册，人民出版社，2015 年版，第 25~26 页。

③ 陈邦瞻：《宋史纪事本末》卷 2，中华书局，2015 年版。

④ 孙季萍、冯勇：《中国传统官僚政治中的权力制约机制》，北京大学出版社，2010 年版，第 202 页。

⑤ 王宇：《从“强干弱枝”到“天下一家”：论宋人对中央集权制批判的深化》，《政治学研究》2018 年第 3 期，第 94~102 页。

督，更多的只是一种道德约束。伴随郡县制的建立，中央对地方的直接监督便产生了，专门设立了中央监督地方的机构和职位。“秦和西汉初期，在郡置监御史，作为中央在地方上的耳目。”① 随着帝制体系的发展，中央对地方的监督日益发达。除了常规的机构监督外，中央大量委派官员到地方巡视。汉武帝任命十三名刺史，“他们直接对中央政府负责，每一个刺史负责视察帝国中包括一批郡和国的指定的区域。他们调查皇帝的政府运转的情况，如果发现压迫、无能或者贪污的证据，就直接上报”②。唐初，“为了加强对地方的监控，就有了按道遣使出巡之制”③。明代有巡按，“巡按不但权重，具有较大的威慑作用，而且所察极为广泛，几乎无事不可过问”④。明代皇帝还设立东厂、西厂这样的特务机构用以监督地方。

其四，强化地方官员的流动性，实行异地为官。随着地方官员因长期任职产生的自我封建化，中央开始强化地方官员的流动性，实行异地为官，当地人不得在当地为官。唐初，“不许地方官员任职于原籍所在的州，家族纽带和个人联系会影响他们对朝廷的忠诚。他们也被定期调离，以防止形成自己的新地方势力”⑤。“宋代官职，从中央到地方都是以兼领为主，州县三年一轮。”⑥

其五，调整行政区划建制，弱化地方实力。中央除了将最信任的人委派到重要地方以外，还调整地域行政区划建制，防止地方实力过强造成对中央的威胁。“汉郡八九十，形错诸侯间，犬牙相临，秉其阨塞地

---

① 白钢：《中国政治制度史》上卷，天津人民出版社，2016 年版，第 238 页。

② 崔瑞德、鲁惟一编，杨品泉等译：《剑桥中国秦汉史》，中国社会科学出版社，1992 年版，第 173 页。

③ 刘文瑞：《中国古代政治制度：地方体制与官僚制度》，中国书籍出版社，2018 年版，第 57 页。

④ 刘文瑞：《中国古代政治制度：地方体制与官僚制度》，中国书籍出版社，2018 年版，第 92 页。

⑤ 陆威仪著，张晓东、冯世明译：《世界性的帝国：唐朝》，中信出版社，2016 年版，第 64 页。

⑥ 刘文瑞：《中国古代政治制度：地方体制与官僚制度》，中国书籍出版社，2018 年版，第 84 页。

利，疆本干弱枝叶之势。”① 元朝形成的省制，在行政区划上，许多省份与其他省份在地域上形成犬牙交错、互相制衡形态，同时贫富搭配。“秦汉以来，地方行政区划大多依山川地形的自然界限或历史传统等因素来确定，而自元代始，行省区划不惜打破自然地理界限，不顾区域经济联系的需要，人为地造成犬牙交错局面……这些特殊的措施与建制均旨在尽力扼制地方独立的可能，使地方力量在层层阻碍与相互制约中无法稍越雷池。”②

到明清，中国的郡县体系日益完善。一方面是中央权力高度集中于皇帝，另一方面是地方权力高度集中于中央，由此实现了超大规模国家有效的政治联结。中国再未发生汉、唐末年那样的大分裂。但是，高度集权的郡县体制也存在诸多问题。郡县制集权，并不一定保障地域大国有效的政治联结。柳宗元对郡县制的论断有一定的片面性。他虽注意到郡县制是与帝制相结合的，因此再实行封建制已不可能，但没有也不可能指出帝制的弊端。在帝制下，最高权力如果发生问题，郡县制只会助力，而起不到限制作用。柳宗元既指出了封建制“私其卫于子孙”的实质，强调帝制才是“公天下”——不是一家之天下，而是疆域范围内所有人的天下，实行郡县制势所必然；也看出了秦朝实行郡县制的私心，“其情，私也，私其一己之威也，私其尽臣畜于我也”③，只是没有将郡县制与帝制的私心联系起来。例如，皇帝决策失误，甚至推行暴政，郡县制不仅发挥不了限制性作用，反而会放大决策失误和暴政。“秦始皇使中央政府过于集权，上层领导的一个失败立刻会影响全局。”④ 这在于郡县制的重要特点是“唯上”，只

① 柳宗元：《封建论》，《柳河东集》，上海人民出版社，1974 年版，第 46 页。

② 孙季萍、冯勇：《中国传统官僚政治中的权力制约机制》，北京大学出版社，2010 年版，第 181 页。

③ 柳宗元：《封建论》，《柳河东集》，上海人民出版社，1974 年版，第 46 页。

④ 费正清、赖肖尔著，陈仲丹、潘兴明、庞朝阳译：《中国：传统与变革》，江苏人民出版社，1992 年版，第 61 页。

是行政权力的集装器，是“制”而不是“政”。“政”如果有误，“制”只是配合，而不是限制。因此，郡县制与封建制一样，有其长处，也有其弊端。郡县制越是趋于高度集权，其弊端越是明显。在高度集权体制下，“唯命是从则比较安全，造就易于扼杀下层的主动性”①。正如钱穆在评价郡县制所说：“自汉迄唐，就已有过于集权之势。到宋、明、清三朝，尤其是逐步集权，结果使地方政治一天天地衰落。”② 在宋代，地方“一兵之籍，一财之源，一地之守，皆人主自为之也”③；而地方力量则显得十分空虚，以致“敌至一州，则破一州；至一县，则破一县”④。“‘天子’通过过度的中央集权亲自治理‘天下’，既不合理，也不可能，引发了极其负面的客观效果。”⑤ 由此有了对郡县制的审视，并试图改变郡县制弊端的构想。

唐代初期，便有官员提出，“把封建分权制度与州县集权制度嫁接起来，由诸王世袭地方守令，由朝廷选用其治下的官吏，史称‘世封刺史’制度。贞观五年十一月，太宗下诏，厘定世封刺史名单和制度”⑥。宋代的朱熹认为，封建制的优点是：“根本较固，国家可恃”；“君民之情相亲，可以久安而无患”；“不以天下为己私，分与亲贤共理”。其缺陷是：“若封建非其人，且是世世相继，不能得他去。”而郡县制的缺陷是，郡县长官“一二年辄易，虽有贤者，善政亦做不成”，故“君民不亲”⑦。他也认为，在尊君卑臣的帝制下，封建已不可行，因此主张将“封建”杂建于郡县之间，将政与制结合起来。

---

① 费正清著，张理京译：《美国和中国》，世界知识出版社，1999 年版，第 105 页。

② 钱穆：《中国历代政治得失》，九州岛出版社，2012 年版，第 168~169 页。

③ 叶适：《始论》，《叶适集·水心文集》卷 4，中华书局，1961 年版。

④ 脱脱等：《宋史·文天祥传》卷 177，中华书局，1977 年版。

⑤ 王宇：《从“强干弱枝”到“天下一家”：论宋人对中央集权制批判的深化》，《政治学研究》2018 年第 3 期，第 94~102 页。

⑥ 吴稼祥：《公天下：多中心治理与双主体法权》，广西师范大学出版社，2013 年版，第 252 页。

⑦ 黎靖德编：《朱子语类》卷 108，中华书局，1986 年版。

明清时期，黄宗羲对封建制与郡县制作了比较，认为“封建之弊，强弱吞并，天子之政教有所不加；郡县之弊，疆场之害苦无已时”①。为此，他主张加强对郡县官员的监督。顾炎武则对郡县制进行了大量专门的论述。在他看来，“封建之失，其专在下；郡县之失，其专在上”，主张“寓封建之意于郡县”②。这里所说的“封建”只是一个名义，实质是将封建的某些长处引入郡县体制中，以革除郡县制所具备的官僚集权和腐败的弊端，实行分权分治。“他所讲的封建，却并不是要‘特权’，只是要‘分权’。中央早把权分给与地方，中央垮了，地方还可有办法。”③ 郡县官僚不仅要对上负责，也要对下负责。

其实，在“封建制”“郡县制”的特性和利弊背后，还受到血缘关系和地域关系的支配。从地域关系看，郡县制不可代替，帝制时期已不可能再回到封建制了。但郡县制“专在上”造成“君民不亲”，又不如封建制，只是这种特点恰恰是与高度集权的帝制相配合的。郡县制解决了超大规模国家的行政联结，而没有也不可能解决有效的政治联结问题，因为那已超出郡县制本身的功能了。在帝制体系下，国家权力要将广阔地域内的不同人群实行有效的政治联系，核心是帝制，是皇帝将天下作为“公天下”而不是“家天下”，是“圣上”时时处处英明，而这是帝制不可能做到的。郡县制只不过是帝制体系下的地方行政制度，是服从于高度集权的帝制的。不改变高度集权的帝制，郡县制“专在上”的问题也很难改变。所以，试图将“封建分权制度”与“郡县集权制度”嫁接起来的设想是注定难以实现的。例如，唐代初期已准备实行的“世封刺史”，后因连拟定的刺史都感觉为难而不了了之，这是时代所限，而非人力所及。

只有到了中华人民共和国建立之后，创造了全新的关系模式，以政

① 黄宗羲：《方镇》，《黄宗羲全集》第1册，浙江古籍出版社，1985年版，第22页。

② 顾炎武：《郡县论一》，《亭林先生遗书汇辑（四）》，凤凰出版社，2011年版，第2527页。

③ 钱穆：《中国历代政治得失》，九州岛出版社，2012年版，第168~169页。

党为核心实行超大规模国家的政治联结，才使国家治理跃升到新的高度。但是，面对新的全球关系，这种政治联结也面临诸多挑战，需要通过国家治理体系与治理能力现代化的顽强而长久的斗争，才能应对挑战。

（原载《南国学术》2022 年第 2 期）

族与群：中国社会与国家关系的底色与当代价值

——以关系叠加为视角①

摘　要：本文从关系叠加的视角，以“族”和“群”为基点分析中国的社会与国家关系的特点与变迁。在中国悠久的历史中，产生了中国特有的社会，这就是“族”和“群”。由中国的“族”和“群”可以看出：中国的社会与国家相互渗透、国家组织社会并高于社会、国家治理能力具有特殊价值。这一特点构成了中国社会与国家关系的底色，并深刻影响着中国的历史进程。进入世界关系的时代后，一方面，传统的家族共同体解体，个人挣脱家族共同体，形成具有独立意识、利益和权利的个体；另一方面，要通过国家的力量将分散的具有不同利益的人联合为一个整体，并形成强大的国家认同。“族”与“群”这一古老的话语因此获得当代价值。

关键词：族；群；中国；社会；国家

社会与国家的关系无疑是一个古老而又常论常新的命题。20 世纪 90 年代，这一命题在中国一度流行，其背景是伴随市场化的不断推进，人们理所当然地认为中国会产生一个“市民社会”，西方国家的市民社

① 本文与华中师范大学中国农村研究院王美娜博士合作发表。

会理论在中国学界产生了广泛的影响。但中国的实践发展，并没有产生一个与国家相独立和抗衡的“市民社会”。这使得我们不能不从中国的历史与实践出发认识中国的社会与国家的关系。在中国久远的历史上，产生了中国特有的社会，这就是“族”和“群”。由中国的“族”和“群”，可以看出中国社会与国家的相互渗透、国家组织社会并高于社会、国家治理能力具有特殊价值的特点。这一特点构成了中国社会与国家关系的底色，并深刻影响着中国的历史进程。本文试图从关系叠加的视角，以作为中国社会底色的“族”与“群”为基点，探讨中国社会与国家关系。

一、关系：社会的本质与变迁

“社会”作为一个学术概念是近代才从西方传入的。从“社会”这一概念的产生开始，社会便是与个人相对而言的。“社会，即联合起来的单个人。”① 那么，单个人是如何联合起来的呢？为什么个人与这个人而不是那个人发生联合呢？其内在纽带便是关系，人们通过相互之间的关系联合为社会。马克思认为：“社会不是由个人构成，而是表示这些个人彼此发生的那些联系和关系的总和。”② 个人通过各种联结和关系，形成社会。任何人一出生就生活在各种联结和关系之中，都不可能脱离社会而存在。因此，“人的本质不是单个人所固有的抽象物，在其现实性上，它是一切社会关系的总和”③。关系不仅是人的本质，也是社会的本质。没有关系，也就无所谓社会，社会正是由于各种关系而形成的。

在社会关系中，生产关系与利益关系贯穿人类始终，是根本性的关

① 《马克思恩格斯全集》第46卷（下），人民出版社，1980年版，第20页。
② 《马克思恩格斯全集》第30卷，人民出版社，1995年版，第221页。
③ 《马克思恩格斯选集》第1卷，人民出版社，2012年版，第139页。

系。这是因为，人要生活，必须获得生活资料，从而要进行生产并会在生产中形成生产关系。这种生产关系决定了不同的人能够从生产中获得什么，从而决定人的得失和利益关系。与此同时，利益关系存在于各种社会联结中，要以社会联结作为自己的载体。社会联结是通过交往将一个个单个的人联系为一个组织群体。马克思认为："社会关系的含义是指许多个人的合作。"①

社会是由各种关系构成的。但关系是一个不断地由简单到丰富的过程，处于各种关系中的人是一个由整体到个体的演变过程。马克思指出："我们越往前追溯历史，个人，从而也是进行生产的个人，就越表现为不独立，从属于一个较大的整体：最初还是十分自然地在家庭和扩大成为氏族的家庭中。"② "家庭起初是唯一的社会关系。"③ 英国法律史学家梅因认为，"在以前，'人'的一切关系都是被概括在'家族'关系中的，把这种社会状态作为历史上的一个起点，从这一个起点开始，我们似乎是在不断地向着一种新的社会秩序状态移动，在这种新的社会秩序中，所有这些关系都是因'个人'的自由合意而产生的"④。

人们最初的起点是由血缘关系构成的血族群体，之后的关系不断扩展和演化。只是在不同国家，关系扩展和演化的方式有所不同，有的地方表现为一种关系替代另一种关系。恩格斯以雅典城邦为例指出："以血族团体为基础的旧社会，由于新形成的各社会阶级的冲突而被炸毁；代之而起的是组成为国家的新社会，而国家的基层单位已经不是血族团体，而是地区团体了。"⑤ 与西方国家不同，由于农业生产方式，东方中国的社会关系运动的特点，不是一种关系对另一种关系的简单替代，而是相互叠加，即当新的关系产生之后，旧的关系仍然发挥着作用。侯

---

① 《马克思恩格斯全集》第3卷，人民出版社，1960年版，第33页。
② 《马克思恩格斯选集》第2卷，人民出版社，2012年版，第684页。
③ 《马克思恩格斯选集》第1卷，人民出版社，2012年版，第159页。
④ 梅因著，沈景一译：《古代法》，商务印书馆，1996年版，第96页。
⑤ 《马克思恩格斯选集》第4卷，人民出版社，2012年版，第13页。

外庐对西方与中国文明进程的特点做过比较，在他看来："'古典的古代'是从家族到私产再到国家，国家代替了家族；'亚细亚的古代'是由家族到国家，国家混合在家族里面，叫做'社稷'。因此，前者是新陈代谢，新的冲破了旧的，这是革命的路线；后者却是新陈纠葛，旧的拖住了新的，这是维新的路线。前者是人惟求新，器亦求新；后者却是'人惟求旧，器惟求新'。""旧人就是被氏族血缘纽带所束缚着的人。"①

通过对关系变迁的特点的认识，我们可以更好地把握中国社会与国家关系的底色和特性。

二、血缘关系的扩展：以国立族

与其他文明体一样，中国社会最初的出发点也是基于血缘关系。但与其他文明体所不同的是，由于农业生产方式，中国的血缘关系不仅长期延续下来，而且在新的形式下得以扩展。由血缘关系构成的"族"便是最初的中国社会。

"族"是同一血缘关系的人的联合，是多于和高于个人的血缘群体。人们通过血缘关系的联结，形成家庭、家族、宗族等。"族"源于原始社会的氏族。"凡在氏族制度流行而政治社会尚未建立的地方，一切民族均处在氏族社会中，无一超越此范围者。"② 摩尔根注意到东方中国与其他国家的共同属性和不同特点，东方中国的特点就是血缘关系基础上的氏族组织长期存续。他指出：在亚洲，"社会的转化延续得最长，部落同民族二者彼此相互的影响最频繁"③。"在中国人当中流行一

① 侯外庐、赵纪彬、杜国庠：《中国思想通史》第1卷，人民出版社，1957年版，第11~12页、第16页。

② 路易斯·亨利·摩尔根著，杨东莼、马雍、马巨译：《古代社会》上册，商务印书馆，1981年版，第66页。

③ 路易斯·亨利·摩尔根著，杨东莼、马雍、马巨译：《古代社会》下册，商务印书馆，1981年版，第359页。

种特殊的家族制度，这种制度似乎含有古代某种氏族组织的遗迹。……中国人称民众为百姓（Pih-sing），意指‘一百个家族的姓’。"① "当野蛮阶段早已过去之后，它们竟一直维持到现代，这却是值得惊异的事，同时，这也是他们这个民族十分固定的又一证据。"②

中国的"族"与其他地方一样，最初主要是指家庭、家族之类的小的血族共同体。族是由一个个个体组成的整体，但组成族的个体依从于"族"这一整体之中，不具有独立性。"族"通过与生俱来不可改变的血缘关系这一自然关系，将若干个个体包裹在族体之内。每个人都归属于某一族类，并以姓氏为其身份符号。"异姓则异德，异德则异类。"（《国语·晋语》）但是，在中国，"族"的范围不断扩大，以一个家族为核心形成更大的部族和国族，将众多小的血族共同体联合为一个更大的血族共同体，即所谓"天下一家"。这种更大的血族共同体表现为两个方面：一是在长期历史上形成的有一定范围的族类。"'非我族类，其心必异。'楚虽大，非吾族也，其肯字我乎？"（《左传·成公四年》）二是通过祖先认同建构起来具有更大包容性的族类。比血缘群体更大的社会群体，包括后来所形成的民族，尽管是不同的人，但是同根同源；承认同一祖先者，便是同一类人，所谓"炎黄子孙"。只要认祖归宗，作为同类人便具有正当性。"血亲联系对于中华民族来说是最重要的联系。一旦认同共同的祖先，就有拉不开扯不断的兄弟亲情。不论是出于纯朴的感性认知还是作为华夏宗法礼乐文明的理论基点，都没有比血缘联系更密切的人际关系了。中国人特别讲究血浓于水，强调的就是这种亲缘的天然紧密联系。"③ 因此，黄帝被视为华夏民族所有人都共同认同的"天下共祖"。在中国的历史文献中记载，"帝禹为夏后而别氏，

---

① 路易斯·亨利·摩尔根著，杨东莼、马雍、马巨译：《古代社会》下册，商务印书馆，1981年版，第361页。

② 路易斯·亨利·摩尔根著，杨东莼、马雍、马巨译：《古代社会》下册，商务印书馆，1981年版，第362页。

③ 许殿才、汪高鑫、王志刚：《历史文化认同与中国统一多民族国家》第1卷，河北人民出版社，2013年版，第16~17页。

姓姒氏。契为商，姓子氏。弃为周，姓姬氏”（《史记·五帝本纪第一》）。夏、商、周尽管朝代有所不同，但人们从姓氏上都可以追溯到共同的祖先，而无论这一祖先是真实还是虚拟的。楚人后来因为认同共同的祖先而成为华夏民族的一员。

中国的“族”之所以得以不断扩展，其重要原因是“以族成国”。国家政权本来是阶级对立和阶级冲突的产物，但是，在中国，由于农业社会个体化不够和阶级化不足，阶级分化被血族团体所包裹。国家是由个别家族和部族获得政权之后组织起来的政治共同体，诸如夏、商、周，按照政治共同体的方式重新界定社会成员，因此有了夏人、商人、周人。“‘夏’作为夏族的名称，原是取名于夏国和夏王朝，……夏国的建立和夏王朝的出现，是夏族孕育和形成的标志。商，原是商族先祖居住的地名，亦为夏王朝统治下的一个诸侯国名，商君汤灭夏，又以商为国名，建立了商王朝的统治，族名也改称为商，使国名、王朝名和族名合一。”① 夏由此被作为华夏民族的开端。“其后分封，用国为姓。”（《史记·夏本纪》）与血缘氏族组织不同，国家是地域关系的产物。但是，在早期中国，个别家族和部族取得政权之后，按照血缘家族关系组织国家。“夏代国家组织的一个显著性特征，是国家政治结构中血缘姓族制度与国家组织的叠合，在这里，姓族始终是政治单位中的重要组成部分，国家（即王朝）实行‘家天下’的姓族统治。”② 这种姓族实际上是由原始部落延伸而来，以血缘联系为基础的社会集团——部族。最为典型的是周朝的分封建国。在周天子之下，按照血缘关系层层分封，直到最基本的社会单位，由此将所有的人纳入有着共同祖先的天下体系之中，即“天下一家”。在这一体系中，根据血缘关系分为不同层级，并通过共同祖先将不同层级的人整合为一体。“国之大事，在祀与

① 江应梁：《中国民族史》（上），民族出版社，1990 年版，第 56 页。

② 陈剩勇：《中国第一个王朝的崛起——中华文明和国家起源之秘破译》，湖南出版社，2002 年版，第 371 页。

戎。”（《左传·成公十三年》）从成熟的周朝看，中国的社会表现出突出的特征，即族在国中，国族合体，社会与国家的关系相互渗透。

从“族”的多层次角度看，作为中国社会单位的“族”与国紧密相连，国族合体。与此同时，国家政权又高于族。这是因为国家政权具有特殊的强制力。只有通过这种具有特殊强制力的国家政权，才能将不同的族人、家族组织起来，形成更大的族群和族类，从而在族群和族类的竞争中生存和发展。没有具有超越个别族群的地域性国家政权的组织和保护，各个族群便处于一盘散沙或者软弱无力的状态，难以在族群之间的竞争冲突中延续下来。所以，与作为人群共同体的“族”相比，作为政治共同体的国居于更重要地位。

正是因为国高于“族”，对国家治理能力有着更高要求。如果国家缺乏治理能力，就难以履行保护其治下族群的生存和发展的职能，国家政权也会更替，商取代夏，周取代商，便是如此。在春秋战国的兼并争霸战争中，大量的邦国被兼并，由邦国组织起来的族群被消灭或者兼并。正因为如此，孔子在谈到仁政时，强调“继绝世”。在中国的国家演化进程中，国与“族”合体，国与“族”的命运紧密相连，并取决于国家能力。

三、地域关系的扩展：以国建群

经过漫长的春秋战国时期，中国的社会结构发生了巨大变化。一方面，随着生产力发展和频繁战争，原有的家族共同体发生裂变，以个体家庭为基本单位重新结合为社会，个体家庭之间的竞争加剧；另一方面，国家开始挣脱血缘关系的束缚，通过地域关系将各个个体家庭联结和组织起来，形成地域性国家。这种以利益为基本指向的地域性国家之间竞争激烈，形成所谓“战国”。

正是在此背景下，荀子提出了“群”的概念。“人生不能无群，群而无分则争，争则乱，乱则离，离则弱，弱则不能胜物，故宫室不可得而居也，不可少顷舍礼义之谓也。能以事亲谓之孝，能以事兄谓之弟，能以事上谓之顺，能以使下谓之君。君者，善群也。群道当，则万物皆得其宜，六畜皆得其长，群生皆得其命。故养长时，则六畜育；杀生时，则草木殖；政令时，则百姓一，贤良服。”（《荀子·王制》）

在荀子看来，“群”是相对于个人而言的社会。只是他所说的“群”不是“群而无分”的自然状态。这种自然状态显然不是理想状态，而是类似于霍布斯基于“丛林法则”的自然状态。所谓“群而无分则争，争则乱，乱则离，离则弱，弱则不能胜物”。荀子所说的“群”是一种“有分”——基于礼义的社会状态。每个人在这一社会状态中都有自己的名分，都根据自己所处的位置，与他人建立联系，行礼义之道，即“能以事亲谓之孝，能以事兄谓之弟，能以事上谓之顺，能以使下谓之君”。

那么，这样一种有秩序的社会是如何形成的？依靠的是作为国家和文化代表的“君”。“君者，善群也。”君要善于将人们凝聚成群。只有通过君，才能使离散的人各有其分，各得其所。在荀子看来，人生不能无群，但需要君来组织群。在君主的治理下，形成一个集个人为群体的群众社会。所谓“宰制万物，役使群众”（《史记·礼书》）。显然，从“群”的含义看，作为国家代表的君是大于和高于“群”的。这一思想来自深刻的历史经验。在战国时代，个体家庭开始突破族群共同体的束缚，有了相当程度的独立和自由，人们得以成为独立的编户齐民。但是诸侯国之间的剧烈兼并战争，又使得这些趋于个体化的个人被组织到国家体系中，成为国家的依附者。没有国家的统治和组织，就难以形成有组织和有秩序的群体，也难以在激烈的竞争中获得生存和发展，即“群而无分则争，争则乱，乱则离，离则弱，弱则不能胜物”。这是包括荀子在内的思想家从长期的兼并战争中得出来的结论。他们亲眼看到和感受到，没有国家的保护，一个个家族因为争和乱而被毁。换言之，没有国家，就没有以家庭为基点的社会。“在中文里，国家包含着国和家，它是地域、民族与家庭组织的总和”；“家庭成为组织国家的基本单元，是国家的一个同构体”①。

“群”是国家建构的，同时也对国家治理能力提出了更高的要求。“君”不是先天“善群”，“善群”要有合适的国家治理之道。春秋战国时代呈“百家争鸣”势态，都在探索“善群”之道，其中最为典型是法家和儒家。

如果没有适合的治理之道，没有“善群”的国家治理能力，国家共同体就会解体，人们便会陷于“争则乱，乱则离，离则弱”的状态之中。自秦始皇统一中国之后，中国进入“分久必合，合久必分”的历史周期之中。其重要原因便是随着时间的推移，一些国家政权失去了“善群”的能力，不能有效组织和治理社会。但是，在分散的小农经济条件下，无数个个体家庭不能自动组织为政治组织。如马克思所说：“各个小农彼此间只存在地域的联系，他们利益的同一性并不使他们彼此间形成共同关系，形成全国性的联系，形成政治组织，……他们不能代表自己，一定要别人来代表他们。他们的代表一定要同时是他们的主宰，是高高站在他们上面的权威，是不受限制的政府权力，这种权力保护他们不受其他阶级侵犯，并从上面赐给他们雨水和阳光。所以，归根到底，小农的政治影响表现为行政权支配社会。”② 在中国的历史上，王朝更替是国家政权更迭并以新的国家政权再组织社会的过程，作为“群”的社会仍然是国家政权所建构的，因此有了汉人、唐人、宋人之说。

由此可见，在中国，即便社会关系由血缘关系主导转向地域关系主导，社会的基本构成由血缘性的“族”向地域性的“群”发生转变，但是，由国家政权组织社会、建构社会、治理社会的基本特点没有改

① 金观涛、刘青峰：《兴盛与危机：论中国社会超稳定社会结构》，法律出版社，2011年版，第50、52页。

② 《马克思恩格斯选集》第1卷，人民出版社，2012年版，第762~763页。

变，君主与民众以及国家与社会的关系没有改变。这是因为，无论“族”，还是“群”，都是在农业社会这一基本生产方式和文明形态的框架中产生的，它们都不可能因为利益关系而自动联结起来，并产生新的国家。只有在西方，由于特殊的地理条件，它们经历了具有革命意义的第三次社会大分工，产生了一个独立的经济利益和独立自我意识的阶级及其由阶级构成的新社会，并在这一新社会的基础上产生了新的国家。因此，在西方，是社会决定国家，这是所谓的“革命的路线”；而在中国，在第二次大分工基础上形成的农业生产方式及其产生的“族”和“群”，都不能因为利益关系自动联结为整体社会，只能通过国家组织和建构社会。这便是所谓的“维新的路线”，由此形成中国社会与国家关系的特性：人在家中的家族本位，家在国中的国家本位。严复翻译斯宾塞的《社会学研究》，取名《群学肄言》，专门引述荀子的话，将社会翻译成“群”。严复在序言中特别指出：可知中国言治之偏于国家，而不恤人人之私利。中国社会的这种特点可以用一个形象化的物体来比喻，就像鸡蛋：蛋黄包括在内层，然后是蛋白，最后是蛋壳；蛋壳是国家，蛋白是社会，蛋黄是家族；族在最内核，然后是社会，最外层是国家，把蛋壳打碎后的蛋黄和蛋白就会流失，即社会以国家为中心。

四、多重关系叠加：社会与国家关系的延续

传统中国的社会与国家关系是在相对封闭的地域社会里形成的。在漫长的历史进程中，人们生活在一定的地域里，形成相应的地域关系。只是这种地域关系在相当长时间处于相互隔绝状态之中，人只是“地域性的个人”，是一种“地域性的存在”①。这种地域性的存在包括不可分割的两个方面：其一，人们生活在一定的地域范围内。尽管其他地域有人的存在，但彼此间并没有形成直接联结；有世界，但没有产生世界关

① 《马克思恩格斯选集》第1卷，人民出版社，2012年版，第166页。

系，即人与世界的联结。其二，人们的生活缺乏彼此间不可分割的依赖和影响。地域性存在不仅仅指特定的地域限制范围，更包括地域上的人的相互交往及其彼此间的依赖和影响。人们的活动领域可以达到一定的地域范围，但在这一范围内的众多人彼此间并不发生联系，特别是缺乏彼此间的相互依赖和影响；有世界，但这个世界与人的日常生活无关。

进入 15 世纪，人类历史开始发生巨大的转折，这就是从“地域性存在”走向“世界历史”。地理大发现、商品经济，特别是工业革命，使“过去那种地方的和民族的自给自足和闭关自守状态，被各民族的各方面的互相往来和各方面的互相依赖所代替了”①。人与世界之间第一次建立起紧密的关系。在“世界历史”中，人们的存在方式发生了根本性的变革，这就是“世界历史性的而不是地域性的存在……地域性的个人为世界历史性的、经验上普遍的个人所代替”②。

世界关系建立在商品经济以及工业革命带来的工业化和城市化的基础之上。这种关系的形成使得社会发生了两个方向的变化。一是社会的个体化。个人从过往的血缘共同体挣脱出来，成为具有独立利益和权利的个体，并且这些独立的个体联合为新的社会，在西方表现为由独立的个人构成的“市民社会”。滕尼斯在《共同体与社会》一书中将市民社会专门定义为“社会”：“社会——通过惯例和自然法联合起来的集合——被理解为一大群自然的和人为的个人，他们的意志和领域在无数的结合中处于相互关系之中，而且在无数的结合之中也处于相互结合之中，然而它们仍然是独立的，相互之间对内部没有影响。”③ 在这样的社会，“每一个人都力争他自己的好处”④，“一切权利和义务都可能归结为纯粹的财富的规定和价值”⑤。二是独立的个人进入现代主权国家

① 《马克思恩格斯选集》第 1 卷，人民出版社，2012 年版，第 404 页。
② 《马克思恩格斯选集》第 1 卷，人民出版社，2012 年版，第 166 页。
③ 斐迪南·滕尼斯著，张巍卓译：《共同体与社会》，商务印书馆，1999 年版，第 108 页。
④ 斐迪南·滕尼斯著，张巍卓译：《共同体与社会》，商务印书馆，1999 年版，第 110 页。
⑤ 斐迪南·滕尼斯著，张巍卓译：《共同体与社会》，商务印书馆，1999 年版，第 110 页。

体系。主权国家作为一种全新的国家形态而产生，“单一主权国家被认为是国际政治的基本单元，人们根据外交实践中普遍接受的原则处理国家之间的关系”①。世界开始由一个个独立的主权国家所构成。在独立的主权国家内部，作为享有公民权利的个人集合体的人民居于统治地位。

19 世纪，中国开始进入世界体系，建立起世界关系。中国的社会与国家及其相互关系开始发生根本性变化。但是，中国是被迫进入世界体系中的。一方面，传统的家族共同体解体，个人挣脱家族共同体，形成具有独立意识、利益和权利的个体。为了解放个性，个人要求进行家庭革命，甚至提出毁家。但是，这一思潮不是经济社会发展自然生长的产物，而是基于国家失败和落后的产物。“破家为国”，即家庭革命是为了国家革命，国家仍然处于首要地位。1978 年后，市场经济、城市发展、工业化等，带来社会的个体化。个人成为独立的利益主体，个人本位日益突出，人们不再只是通过家庭处理财产和个人问题。个人的社会关系日益丰富，以血缘关系为基础的“族”的单位日益弱化，多种联结而形成的“群”日益活跃，这一变革是历史上前所未有的。另一方面，中国作为一个独立的政治主体面临激烈的世界竞争，在相当长时间里作为半殖民地而缺失主权国家地位，即使获得国家独立之后，也由于其特有的文化和制度而面临强大的外部压力。后发现代化和面临强大的外部压力，使得中国不可能沿袭西方发育一个独立的“市民社会”并由其产生和决定政治国家的路径。中国是在商品经济发展很不充分的条件下先建立独立的主权国家，然后在国家主导下推动市场经济发展。在这一过程中，国家始终居于主导地位。市场经济形成的个体化很难形成与国家相独立，甚至相抗衡的“市民社会”。相反，只有通过国家力量才能将那些各个追求自身利益并相互冲突的个人联结为一个整体，以

① 斯塔夫里阿诺斯著，吴象婴、梁东民、董书慧等译，梁东民审校：《全球通史：从史前史到 21 世纪》（第七版修订版）下册，北京大学出版社，2006 年版，第 397 页。

应对激烈的外部竞争。这一格局对于国家治理能力要求特别高。国家治理体系和治理能力现代化作为一个重大命题被提了出来。

在中国的文明进程中，中国的社会及其社会关系发生了重大变化，由狭隘的血缘关系扩展到地域关系，再由地域性关系扩展到世界关系，但社会与国家关系的基本属性仍然保持其一致性。这是因为，面临内部分散的社会和外部强大的压力，中国只有通过国家政权的力量才能组织和建构一个有秩序的社会，形成一个由国家主导的共同体，并对国家能力提出了特别高的要求。正是中国的社会与国家关系的基本属性具有一致性，因此作为中国社会底色的“族”与“群”在当下仍然有重要意义。血缘关系、地域关系与世界关系相互叠加，共同塑造中国的社会与国家及其相互关系。这是因为，世界关系是由一个个独立的主权国家所构成，主权国家是世界体系的基本单元，任何人都首先归属于所属国家，然后才是世界一员，国家认同具有特殊地位，而作为中国社会底色的“族”和“群”在建构中国国家认同方面扮演着重要角色。

在中国，作为人群共同体的“族”具有多层次性：既有血缘关系的个别性家族、宗族，又有扩展性血缘关系并与地域关系重叠的共同性民族、国族；进入世界体系，不同血缘和地域关系的人凝聚为一个具有整体性的中华民族共同体。这一共同体以中华人民共和国这一政治主体为依托，并立于世界民族之林。有着共同的祖先认同并由国家建构的“族”的历史底色对于铸造中华民族共同体意识具有特殊价值。与美国等国家不同，中国的现代主权国家是从长期历史中延续而来的，“祖宗之国”的属性特别明显。因共同祖先形成的“族”以及延伸的“天下一家”意识，有助于将独立的个体凝聚为一个具有共同认同感的整体。

在中国，“群”是由血缘关系扩展到地域关系的产物。地域关系造成了家庭个体化和个体家庭之间的分散与冲突，只有通过国家才能建构起有秩序的“群”。当下尽管处于世界关系之中，人们超越了地域性存在，但人们仍然是以独立的主权国家作为基本生存和发展之地。全球化、市场化加剧着个体化及其具有独立利益的个体之间的竞争与冲突，只有通过国家的力量才能将这些分散独立的人们组织和凝聚为一个有秩序的整体，并参与世界体系的竞争。“群而无分则争，争则乱，乱则离，离则弱，弱则不能胜物。”这一社会与国家关系对于国家治理体系与治理能力现代化提出了特别的要求，没有国家治理体系与治理能力现代化，国家就无法组织和凝聚社会，参与世界竞争。

正是从以上意义，人们愈来愈重视从中国内在的历史演化中去寻求对中国社会与国家关系的认识，去发现中国社会与国家关系的底色及其演变，“族”与“群”这一古老的话语重新回到人们的视野之中。

（原载《政治学研究》2022 年第 2 期）

天下一家：人类命运共同体的家户起源

摘　要：“人类命运共同体”的提出无疑是对既有理论的巨大超越，但这一思想和主张不是凭空想象出来的。它既有现实和未来的需要，也有传统文化中的思想源泉。其中，中国历史上长期延续的家户命运共同体是重要的思想资源。在传统中国，人们喜欢用“天下一家”来描绘所有人和谐共处的理想图景。这一理念，源于独特的中华文明进程。人类的共同起点是血缘家庭单位。由于市场交换和宗教传播，西方世界率先“出家”。由于定居农业和祖先崇拜，中国的文明进程长期“在家”。家户是中国社会的基本组织单位，也是中华文明的根基。在中国，家户是生活、生产、利益、情感、认同等多重要素构成的命运共同体。这种命运共同体内生出原生性、依赖性、互惠性、对等性、共享性等机理，支撑着共同体的持续运转。中国的儒家文化将这种基于家户日常生活的机理提升为意识形态，用“一家”定义“天下”，建构命运共同体的理想图景。“人类命运共同体”是在人类进入各民族相互交往日益紧密的时代提出的崭新理念，是对家户、阶级、国家等组织单位的巨大超越，它强调人类命运的共同性。与家庭、阶级、国家相比，“人类”涉及地球上的所有人，是“类”的共同体。这一共同体既尊重不同人群和国家的差异性，更注重人类的共同性，注重每个人命运均与他人的命运息息相关。生活在地球村的人们，尽管各自的利益存在巨大差异，但也面临着共同的问题，需要每个人共同参与、共同解决。如果没有人类整体的存续发展，个体也难以存续发展；只有通过共同创造涉及每个人福祉的幸福生活，世界所有人才能像一家人一样和谐共处。从人类文明进程看，共同体与人类构成的单位相关。单位愈小，共同体的构成愈容易；单位愈大，共同体的构成愈困难。由于人类命运共同体是全球范围所有人的共同体，境界高，推进难，所以，更值得向往和努力。

关键词：人类命运共同体；家户

“天下一家”是古代中国人描述所有人的关系犹如一家人一样的和谐共处景象，也成为当今人类命运共同体的认识源泉：“世界各国人民都生活在同一片蓝天下、拥有同一个家园，应该是一家人。世界各国人民应该秉持‘天下一家’理念，张开怀抱，彼此理解，求同存异，共同为构建人类命运共同体而努力。”“人类命运共同体，顾名思义，就是每个民族、每个国家的前途命运都紧紧联系在一起，应该风雨同舟，荣辱与共，努力把我们生于斯、长于斯的这个星球建成一个和睦的大家庭，把世界各国人民对美好生活的向往变成现实。”① 由于人的认识是有根源的，任何话语的表达和概念建构都是与文明的积淀分不开的。中国之所以用“一家”来定义“天下”，主张世界同是“一家人”，并以“和睦的大家庭”比喻人类命运共同体，其重要背景，不仅在于中华文明进程长期未“离家”，还在于家户是中国长期延续的基本单位，更在于家户基本单位内含的命运共同体特性及其机理。可以说，“人类命运共同体”思想得以提出，与中华文明积淀及其智慧密切相关。

① 习近平：《携手建设更加美好的世界》，《人民日报》2017年12月2日。

一、家户单位与中华文明进程

人的本质是社会关系的总和。人是以各种组织单位的方式生存和延续的。不同的组织单位具有不同的特点。从社会关系看，人类存续的基本单位主要有：以血缘关系为基础的单位，包括部落、家庭等；以地域关系为基础的单位，包括村落、城市等；以利益关系为基础的单位，包括阶级、阶层等；民族、国家等则是更大的组织单位，但都是在基本单位上构成的。在摩尔根看来，人类社会的“基本单元的性质决定了由它所组成的上层体系的性质，只有通过基本单元的性质，才能阐明整个的社会体系”；“基本单元是怎样的，其复合体也是怎样的”①。马克思也非常善于运用人类社会的基本组织单元观察和研究更大的社会体系。他在分析印度为什么不断地被征服和重建的原因时，认为与其古老的村社组织这一基本组织单元密切相关：“从远古的时候起，在印度便产生了一种特殊的社会制度，即所谓村社制度。这种制度使每一个这样的小结合体都成为独立的组织，过着自己独特的生活。”② 其表现为：“村社的边界很少变动。虽然村社本身有时候受到战争、饥荒或疫病的严重损害，甚至变得一片荒凉，可是同一个村名、同一条村界、同一种利益，甚至同一个家族却一个世纪又一个世纪地保持下来。居民对各个王国的崩溃和分裂毫不关心；只要他们的村社完整无损，他们并不在乎村社转归哪一个政权管辖，或者改由哪一个君主统治，反正他们内部的经济生活始终没有改变。”③

基本组织单元决定着更大社会体系的特性，也规制着不同社会体系

① 路易斯·亨利·摩尔根著，杨东莼、马雍、马巨译：《古代社会》上册，商务印书馆，1977 年版，第 234 页。

② 马克思：《不列颠在印度的统治》，《马克思恩格斯选集》第 1 卷，人民出版社，1995 年版，第 764 页。

③ 马克思：《不列颠在印度的统治》，《马克思恩格斯选集》第 1 卷，人民出版社，1995 年版，第 764~765 页。

的文明进程。

人类最初和原生的联结与关系是，“在狭窄的范围内和孤立的地点上发展着”的血缘关系，人们以此组织为家庭以及扩大了的亲族。“我们越往前追溯历史，个人，从而也是进行生产的个人，就越表现为不独立，从属于一个较大的整体；最初还十分自然地在家庭和扩大成为氏族的家庭中。”① “亲属关系在一切蒙昧民族和野蛮民族的社会制度中起着决定作用。”② 血缘关系可以说是人类最初始和本源的关系。恩格斯因此认为：血缘“家庭起初是唯一的社会关系”③。依照血缘关系组成的家庭，是人类社会共同的出发点。

古希腊世界率先“出家”。随着生产力的发展，私有制和交换、财产差别，使用他人劳动以及阶级的对立等新社会成分的生长，“以血缘团体为基础的旧社会，由于新形成的各社会阶级的冲突而被炸毁；代之而起的是组成为国家的新社会，而国家的基层单位已经不是血族团体，而是地区团体了”④。对立性的阶级超越了狭隘的血缘家庭，国家以范围更广的阶级为基本单位组成，属于典型的阶级国家。伴随古希腊罗马文明的衰落是蛮族的进入，宗教由此兴起，且进一步弱化了血亲家庭关系。“基督教一千数百年的训练，使得牺牲家族的小群而尽忠于超越家族的大群的要求，成了西方一般人日常呼吸的道德空气。”⑤

与古希腊西方世界不同，中国的文明进程一直是“在家”。其特点是：以家组国。中国以农业生产为主。农业生产以土地为生产资料。土地与其他生产对象不同，在于其空间地域的不动性。“定”是农业生产

---

① 马克思：《〈政治经济学批判〉导言》，《马克思恩格斯选集》第2卷，人民出版社，1995年版，第2页。

② 恩格斯：《家庭、私有制和国家的起源》，《马克思恩格斯选集》第4卷，人民出版社，1995年版，第25页。

③ 马克思、恩格斯：《德意志意识形态》，《马克思恩格斯选集》第1卷，人民出版社，1995年版，第80页。

④ 恩格斯：《家庭、私有制和国家的起源》，《马克思恩格斯选集》第4卷，人民出版社，1995年版，第2页。

⑤ 岳庆平：《中国的家与国》，吉林文史出版社，1990年版，第226页。

生活的特质。人们以家庭组织的方式“在狭窄的范围内和孤立的地点上”从事物质生产和“种的繁衍”。血缘关系、生产关系与地缘关系相互重叠，血缘组织、生产组织与地域组织三位一体，家庭因此成为社会的最基本单元，并长期延续。

孤立分散的农民家庭无法形成一个相互有机联系的阶级整体。“各个小农彼此间只存在地域的联系，他们利益的同一性并不使他们彼此间形成共同关系，形成全国性的联系，形成政治组织，就这一点而言，他们又不是一个阶级。”① 在农业社会条件下，利益性的阶级关系寓于血缘性的家庭关系中，阶级组织寓于家庭组织中。社会的基本单位是家庭而不是阶级。如费正清所说：“中国家庭是自成一体的小天地，是个微型的邦国。从前，社会单元是家庭而不是个人，家庭才是当地政治生活中负责的成分。”② 国家由无数个家庭组合而成。一个地方一个家庭，若干个血缘关系的家庭形成一个村落，若干个村落组成一个国家。基于血缘关系的“祖赋人权”及其祖先崇拜，强化着血缘家族意识。作为中国第一个以地域关系建立起来的秦帝国，不仅没有淡化血缘家庭关系，反而通过造就一个个独立的家户，强化了人们的血缘家户意识。在社会学家韦伯看来：“氏族，在西方的中世纪实际上已销声匿迹了，在中国则完整地被保存于地方行政的最小单位，以及经济团体的运作中。并且，氏族发展的程度是世界上其他各地，甚至是印度，所不能及的。”“中国的氏族性家族组织，在与世界其他文明中的氏族发展（多半是断绝）相对照之下，不管其内在本身有多少变化，其中的氏族血缘纽带（或拟血缘性的凝聚关系），历数千年，一直到近代，恒为一切关系中极具支配性的一道锁链。”③ 他在论述“中国法”时专门引述道：“氏

① 马克思：《路易·波拿巴的雾月十八日》，《马克思恩格斯选集》第 1 卷，人民出版社，1995 年版，第 677 页。

② 费正清著，张理京译：《美国与中国》，世界知识出版社，1999 年版，第 22 页。

③ 马克斯·韦伯著，康乐、简惠美译：《中国的宗教 宗教与世界》，广西师范大学出版社，2004 年版，第 140、9 页。

族团体在中国从未崩解，不像在西方，氏族团体早因城市的发展和基督教的缘故而瓦解了。”① 因此，在中国，当国家产生以后，血缘关系及其组织并没有如古希腊国家那样被割断和淡化，反而在国家组织中延续下来。“家是最小国，国是千万家。”“家庭放大而成为国家。”

血缘性家户作为基本单位长期存续，并深刻影响和制约着中国的文明进程，成为理解中国的一把钥匙。

二、家户是多重单位叠加的命运共同体

人们在长期的共同生活中，会形成相对稳定和持续的共同体。这些共同体有其自身的特点，并因为其特点而发生变化。

人类以个体的方式存在。从人与他人的交往看，可以分为以下共同体：（1）生产共同体：基于共同生产而形成的共同体，如家庭、部落、集体经济组织、企业等。（2）生活共同体：基于共同的日常生活形成的共同体，如家庭。（3）情感共同体：基于共同的爱好和情感形成的共同体，如俱乐部等。（4）利益共同体：基于共同的利益形成的共同体，如阶级、阶层、群体等。（5）命运共同体：基于共同的生存发展命运而形成的共同体。

不同的共同体的稳定性和持续性有所不同。生产、生活共同体由于当事人的意愿不同而会改变，如家庭承包替代人民公社、夫妻离婚，等等。情感共同体因为情尽而散。利益共同体因为利散而散。命运共同体有着共同情感、共同利益、共同价值，超越了一般的狭隘的情感、利益，属于最高层次的共同体。

在中华文明进程中，家户是基本组织单位，是具有多重属性的命运共同体。

---

① 马克斯·韦伯著，康乐、简美惠译：《法律社会学》，广西师范大学出版社，2005年版，第231页。

家户是基本的生产和生活共同体。农业生产的组织方式不同于工业，其与自然的交换和分散性特质决定了最合适的组织单位是家庭。中国之所以得以创造出世界最为灿烂的农业文明，在于找到了最适合农业生产的家户制，“几千年来都是个体经济，一家一户就是一个生产单位”①。正是由于家户为单位的物质生产能够为人们的生存提供源源不断的源泉，使得家庭这一基本生活单位更为稳固并得以持续。

家户是基本的利益共同体。家户是基本的产权单位。农业与自然条件交换。自然条件中最为稀缺的是可耕土地。劳动是财富之父，土地是财富之母。土地的占有、经营和继承都是以家户为单位进行的。在家户制下，国家的税收、劳役、管理、秩序等活动是以家户为基本单位进行的，实行家族连带。为了维系家户的存在，家户成员必须努力从事生产劳动和遵纪守法。

家户是情感共同体。人的生命因家庭而产生。在家户制条件下，人们终生在家。家庭为个体遮风避雨，并在共同生活中建立起默认一致的共同情感，被马克思、恩格斯称为“家庭关系基础上的温情脉脉的面纱”②，被滕尼斯称为“和睦或家庭精神”③。由于家庭是基本单位，人们在长期历史上形成家规、家教、家风、家传习俗，以维持家户共同体的存续。

家户是具有超越性的命运共同体。正是由于血缘、利益的相关性和与生俱来的情感，造成家户成员对家户的高度认同感和归属感，并形成“一损俱损，一荣俱荣”的生存发展格局。家户成员的行为不是纯粹的个人行为，而是关涉家户兴衰的家户行为。家户成员因此将“发家致富”和“光宗耀祖”视为自己的荣耀与责任。家户制在本质上是一种责任制，即在特定的外部环境下家户成员对自己的行为与境况的自我负责。

---

① 毛泽东：《组织起来》，《毛泽东选集》第3卷，人民出版社，1991年版，第931页。

② 马克思、恩格斯：《共产党宣言》，第1卷，《马克思恩格斯选集》，人民出版社，1995年版，第275页。

③ 斐迪南·滕尼斯著，张巍卓译：《共同体与社会》，商务印书馆，1999年版，第74页。

正因为家户是以生产、生活、利益、情感为基础同时又超越其上的命运共同体，因此成为中国人的生活之根，“家和万事兴”是基本准则，“安居乐业”是理想境界。中华文明得以长期延续、破碎重建，在于有家户这一命运共同体为根基。

三、形成家户命运共同体的机理

家户作为命运共同体，不是外部性的组合，而有其内在的机理。

一是原生性。在滕尼斯看来：“人们在共同体里与同伙一起，从出生之时起，就休戚与共，同甘共苦。”① 人的生产首先是生命生产。生命生产以家户为单位，生在什么家庭，与生俱来，不可改变。出身不由己，命已事先定。生命生产将个人与家户的命运联结起来。基于血缘家庭关系产生的祖先崇拜观念，其根源在于，是祖先赋予自己生命及其存在的正当性。人们理所当然，不言自明地会认为：没有祖先哪有我？人们作为家庭成员资格，是因为与祖先的关系，与生俱来的。正如韦伯所说：“氏族的凝聚，无疑地，全然仰赖于祖先崇拜。”“不管怎样，在历史时期，中国人民最根本的信仰是对于祖先——虽然并不止于自己的祖先，但特别是对自己的祖先——的神灵力量的信仰。”② 得到马克思、恩格斯高度评价的摩尔根，对比人类社会基于血缘关系形成的组织的延续时，专门针对中国说：“当野蛮阶段早已过去之后，他们竟一直维持到现代，这却是值得惊异的事；同时，这也是他们这个民族十分固定的又一证据。”③ 正是因为原生的血缘关系的连续性，便得家户能够不断地实现再生产和再复制。

---

① 斐迪南·滕尼斯著，张巍卓译：《共同体与社会》，商务印书馆，1999 年版，第 74 页。

② 马克斯·韦伯著，康乐、简惠美译：《中国的宗教 宗教与世界》，广西师范大学出版社，2004 年版，第 140、141 页。

③ 路易斯·亨利·摩尔根著，杨东莼、马雍、马巨译：《古代社会》下册，商务印书馆，1977 年版，第 363 页。

二是依赖性。在农业自然经济形态下，人们“在狭窄的范围内和孤立的地点上”从事生产生活，并形成人对人的依赖关系。每个人都以一个具体的角色存在，要么是父，要么是子，要么是夫，要么是妻，要么是亲，要么是友，相互之间形成互相以对方为存在依据的关系，谁也离不开谁。离开了人对人的依赖关系，生产生活就难以存续。

三是互惠性。人与人之间的相互依赖是以人与人之间的相互恩惠为前提的。中国分家定居的标志是“在一口锅里吃饭”。家户成员的关系是相互恩惠，各个人都从家户中获得相应的好处。

四是对等性。家户作为共同体，由一定成员所构成，并会形成上下尊卑关系，只是这种关系不是单向，而是双向对等的。等级地位不是一种特权，更多的是一种责任。费正清对比美国依靠契约与中国依靠习俗的治理方式时指出：“尊卑制（与我们那种由契约关系决定的个人独立制相反）的一个好处是，一个人自动认识到他在他的家庭或社会中所处的地位。他有一种安全感，因为他知道，如果履行了指定给他的那部分职责，他可指望这体系内的其他成员反过来也对他履行应尽的职责。”① 正是这种“对等”关系，使得人们愿意按照家庭人伦习俗支配自己的行为。

五是共享性。中国家户的鲜明特征是“同居共财”，人生使命是“守家立业”“传承香火”“光宗耀祖”，由此激发起劳作的动力。特别是劳作之后的成果共享，实行“诸子均分”，意味着每个家庭成员都在为家庭做出贡献后得到成果共享，而不是“长子”独享。滕尼斯将“家庭”定义为“共同体”的重要原因是：“共同体的生活是相互的占有和享受，是占有和享受共同的财产。”②

存在决定意识。作为传统中国意识形态的儒家经典在相当程度上是对血缘家庭关系内在机理的提炼，并规范着人的行为。如从人生使命

① 费正清著，张理京译：《美国与中国》，世界知识出版社，1999年版，第24页。
② 斐迪南·滕尼斯著，张巍卓译：《共同体与社会》，商务印书馆，1999年版，第76页。

看，“不孝有三，无后为大”①，生命继替是人生职责；从人生活动看，“教以人伦：父子有亲，君臣有义，夫妇有别，长幼有序，朋友有信”②；从人生关系看，“父慈子孝、兄友弟恭、夫正妇顺、内外有别、长幼有序、礼义廉耻”③ 等。

更为重要的是，在长期历史上，基于以家组国、家国同构的事实，人们从血缘家庭关系及其组织中寻找组织和治理国家的依据，并模拟血缘家户关系建构理想社会图景。“天下一家”便是传统文化中对理想社会的美好向往。早在远古，尧便提出了：“克明俊德，以亲九族；九族既睦，平章百姓；百姓昭明，协和万邦。”④ 即主张先由家族和谐，扩展到社会和谐，乃至不同邦族之间的和谐。中国古代经典《礼记·礼运》中提出“圣人耐以天下为一家”，即道德高尚的人将天下看成一家。尽管国比家大，天下比家、国大，但天下万众要像一家人一样和谐共处，实现“天下大同”。“天下一家”因此成为中国传统文化对美好社会图景描绘的重要思想资源。

四、人类命运共同体的历史超越性

人的交往与人的认识是不断扩展的。当下提出的“人类命运共同体”是人们在更大范围、更高层次上的美好追求，具有前所未有的历史超越性。

首先，超越了家户。家户是“在狭窄的范围内和孤立的地点上”从事物质生产和“种的繁衍”。基于血缘关系而产生的家庭组织具有天生的狭隘性。从社会生成看，人类社会由氏族到个体家庭，本身就意味着私有意识的产生。家庭具有强大的内聚力，但这种内聚力又是以排他

① 《孟子·离娄上》，中华书局，2012 年版。
② 《孟子·滕文公上》，中华书局，2012 年版。
③ 林俊：《林氏族范》，百度百科，https://baike.baidu.com/。
④ 《尚书·尧典》，中华书局，2012 年版。

性作为前提的。中国从原始氏族社会走向家庭社会的标志就是由“天下为公”到各亲其亲、各子其子的“天下为家”。人们根据血缘亲近关系决定自己的行为，形成自家人、本家人的家庭认同，同时也有了“非我族类，其心必异”“血统正宗，非种必锄”的排他意识①。特别是国家是拥有特殊公共权力的高级组织。在以家组国的中国，由个别家族垄断国家权力，造成“家天下”，更加强化了血缘家庭的排他性。而作为全人类的命运共同体理念，无疑是对家户共同体的巨大超越。

其次，超越了阶级。阶级是因为经济利益关系而产生的更大的社会集团。尽管中国的文明进程一直是“在家”，但并非不存在阶级关系，只是阶级关系更多地是以家庭单位表现出来。特别是越到现代社会，基于经济利益关系的阶级单位表现得愈突出，甚至超越了狭隘的血缘家庭关系。如我国曾提出：“贫下中农是一家。”“贫下中农”便是超越家庭的更大的组织单位。这一单位能够将同一阶级的更多人凝聚在一起。但是，从阶级产生和阶级特性看，阶级本身就是社会分化的产物。人类因为对生产资料、财富占有不同而分为不同阶级，并内生出阶级矛盾、阶级对立，甚至是你死我活的阶级斗争。马克思、恩格斯早在《共产党宣言》中就论述了这一特点，认为“资产阶级撕下了罩在家庭关系基础上的温情脉脉的面纱，把这种关系变成了纯粹的金钱关系”②。以阶级为单位的社会具有本阶级的凝聚力，也具有对其他阶级的排斥性。作为全人类的命运共同体，无疑是对阶级社会的巨大超越。

最后，超越了民族国家。民族国家是现代交往中因为利益、权力和领土的界定而形成的政治共同体。民族国家是现代世界更高级的组织形态，是历史和文化共同体与政治和领土共同体的融合。不同的家庭、阶

① 李松有：《内合外拒：边陲宗族的生存与绵延——桂北枧村调查》，徐勇、邓大才主编：《中国农村调查》（总第4卷·村庄类第3卷·华南区域第3卷），社会科学文献出版社，2017年版，第649、721页。

② 马克思、恩格斯：《共产党宣言》，《马克思恩格斯选集》第1卷，人民出版社，1995年版，第275页。

级、民族通过民族国家融合为一体，具有共同利益，形成对国家的认同，产生爱国主义或民族主义意识形态。民族国家之间的交往是多方面的，但更多的是利益关系。爱国主义或民族主义本身便意味着对自己所在国家的最高忠诚。正是基于民族国家，在国际交往中，人们经常所恪守的是“没有永远的朋友，只有永远的利益”的原则。

与家庭、阶级、国家相比，“人类”涉及地球上的所有人，是“类”的共同体。它意味着，对历史上过往的家庭、阶级、民族国家等共同体的历史性超越。这一共同体既尊重不同人群和国家的差异性，更注重人类的共同性，注重每个人命运均与他人的命运息息相关。面对人类共同性的问题，每个人共同参与，共同解决，以共同创造涉及每个人福祉的幸福生活，让世界所有人像一家人一样和谐共处。

人类命运共同体的提出无疑是对既有理论的巨大超越。但这一思想和主张不是凭空想象，既有现实和未来的需要，也有传统文化中的思想源泉。其中，中国长期历史上延续已久的家户命运共同体是重要的思想资源。

家户作为社会的基本单位，是多重共同体叠加基础上的命运共同体。人们生于家庭终于家庭。尽管家庭成员不同，但家庭共同性始终超越于家庭差异性之上，家庭个体与家庭整体的命运息息相关，“一个整体必须有所局限，才能发挥作用”①。人类进入“世界历史”进程以后，“过去那种地方的和民族的自给自足和闭关自守状态，被各民族的各方面的互相往来和互相依赖所代替了”②。生活在地球村的人们，尽管各自的利益存在巨大差异，但也面临着共同的问题，需要共同参与解决。没有人类整体的存续发展，个体也难以存续发展。

共同体与其人类构成的单位相关。单位愈小，共同体的构成愈容

① 斐迪南·滕尼斯著，张巍卓译：《共同体与社会》，商务印书馆，1999年版，第54页。
② 马克思、恩格斯：《共产党宣言》，《马克思恩格斯选集》第1卷，人民出版社，1995年版，第276页。

易；反之，单位愈大，共同体的构成愈困难。人类命运共同体是全球范围所有人的共同体，境界更高，推进更难，也更值得向往和努力。

（原载《南国学术》2019 年第 2 期）

中国家户制传统与农村发展道路

——以俄国、印度的村社传统为参照①

摘　要：能够对现代社会产生长远影响的本源型传统，构成现代社会发展的基础性制度。在东方国家的本源型传统中，不同于俄国和印度的村社制，中国是家户制，并在此基础上形成独特的中国农村发展道路。其中包括：以家户经营为基础的农业经营组织，家户内部农工商结合基础上的农工商互补经济，家户互助合作基础上的农村合作形式，家国共治基础上的农村治理体系。在中国农村发展进程中，尽管家户制一度被抛弃，但仍构成当下及未来农村发展的制度底色。在当下及未来的中国农村发展中，需要高度重视和深入挖掘这一基础性制度和本源型传统，在传统与现代之间建立起必要的关联，才能形成具有中国特色的发展道路。

关键词：本源型；传统家户制；村社制；中国农村

① 本文系教育部人文社会科学重点研究基地重大项目“现代化进程中的世界农村与农民问题研究”（11JJD840007）的成果。2011年4月，中央农村工作领导小组办公室在中南海召集10名专家座谈农村发展会议。办公室主任、著名学者陈锡文在会上谈到在一个有着悠久的东方村社传统中如何推动农村发展的问题，并希望专家们加以研究。本文算是对陈主任提示的一个应答，虽然可能是不完满的答卷。2012年5月4日，在复旦大学陈树渠比较政治发展研究中心开幕演讲中，本人发表了题为《莫把外国当中国——东方村社制与家户制比较》的主题演讲，从方法上提出了理解历史变迁的三个基本命题：第一，起点决定路径；第二，原型规制转型；第三，以微观机理理解宏大问题，由此为本文建立了方法论基础。在此一并致谢相关单位和个人！

当下中国正处于传统与现代的历史转换之中。在探索现代社会发展道路的过程中，注重传统的“延续性”与注重超越传统的“创新性”同样重要。那些能够对现代社会产生长远影响的本源型传统，构成现代社会发展的基础性制度，是现代社会的历史起点和给定条件。诺贝尔奖获得者阿马蒂亚·森在为其著作中译本写的序言说：“中国必须在建设其未来的同时不背弃其过去”，并特别引述了一句中国经典名句“与古为新”①。中国是有着悠久农业文明传统的东方大国，由此型构了当代中国的一个基本国情——“大国小农”，即由数亿个农户构成的农民大国；并在长期历史进程中形成了特有的“中国特性”，其中包括特有的中国家户传统。这一传统既不同于以西欧为代表的“西方”庄园制传统，也不同于以俄罗斯和印度为代表的“东方”村社制传统。在某些方面，东方传统中的差异甚至大于东西方之间的差异。因此，只有通过深入细致的比较，才能准确把握具有“中国特性”的本体制度，进而从传统中寻求当今中国农村发展道路的历史脉络和未来走向，建立传统与现代的关联性。本文试图就传统、中国家户传统及农村发展道路进行一些探讨。

一、对“传统”“东方”的再认识

自废除人民公社体制以来，我国一直将家庭经营作为农村基本生产经营制度。2013 年中央 1 号文件首次提出的“家庭农场”，仍是将家庭作为基本生产经营单位。一家一户的生产经营可以说是中国农村发展的本体性问题。但中国学界对此缺乏深入的讨论。王沪宁在 1991 年出版的《当代中国村落家族文化——对中国社会现代化的一项探索》中较早注意到了中国传统文化与现代化的关联性，但没有正面讨论中国农村

① 阿马蒂亚·森著，任赜、于真译：《以自由看待发展》，中国人民大学出版社，2002 年版，第 20 页。

社会的本体问题①。1990年代后期，张乐天在《告别理想：人民公社制度研究》一书中，将村落制度视为中国农村的本体传统。但秦晖认为这是日本学者的看法，更具有日本农村本体制度的特点，并为此发表了《"大共同体本位"与传统中国社会》，将人民公社视为对中国"大共同体本位传统"的强化②。在新近关于社会主义新传统的讨论中，也有学者主张将人民公社视为当今中国的新传统③。那么，如何认识历史传统，支配中国农村发展并长期发生作用的传统制度究竟是什么呢？

社会的变迁受历史惯性的支配，经过长期社会历史形成并积淀的社会因子会对当今及未来社会的变化及路径产生规制性影响，形成一个社会发展的"底色"或"根基"。当形成"传统"的社会条件仍然存在，"传统"就会继续发生影响。正如马克思所说："人们自己创造自己的历史，但是他们并不是随心所欲地创造，并不是在他们自己选定的条件下创造，而是在直接碰到的、既定的、从过去承继下来的条件下创造。"④ 因此，问题首先在于我们如何认识和理解"传统"。

"传统"实在是一个定义十分模糊和复杂的词语。从社会科学研究来看，它可以从两个方面度量。其一，它是建构性概念，是新与旧的比较和区分，旧的属于传统。作为建构性概念，它又分为两种话语体系。一是革命话语，对传统持根本否定态度。马克思、恩格斯在《共产党宣言》中说："共产主义革命就是同传统的所有制关系实行最彻底的决裂；毫不奇怪，它在自己的发展进程中要同传统的观念实行最彻底的决裂。"⑤ 这里，"传统"就是指"旧"的私有制及其私有观念；而革命就是要"破旧立新"。"旧"与"新"是二元对立，相互排斥的。中国

---

① 王沪宁：《当代中国村落家族文化——对中国社会现代化的一项探索》，上海人民出版社，1991年版。

② 秦晖：《农民中国：历史反思与现实选择》，河南人民出版社，2003年版，第298~309页。

③ 《开放时代》杂志自2006年以来连续数次举办会议讨论社会主义新传统问题。

④ 《马克思恩格斯选集》第1卷，人民出版社，2012年版，第669页。

⑤ 《马克思恩格斯选集》第1卷，人民出版社，2012年版，第421页。

进入20世纪后的前70年，革命话语占主导地位，对待传统是持批判和否定态度的。1950年代开始的农业社会主义改造也属于这一范畴。二是现代话语。德国社会学家韦伯从权威属性的角度，对社会进行了分类：传统社会、现代社会和介于两者之间的卡里斯玛社会。传统社会属于前现代社会，是与现代社会不同的一种社会形态。现代话语体系虽然没有简单地批判和否定"传统"，但它还是属于二元分析法，将传统社会与现代社会对立起来，而没有注意到二者的联系。20世纪70年代以来的中国思想界，现代话语体系逐渐占主导地位。

其二，它是叙述性概念，是从过去、现在和未来的时间维度度量的。这是历史的话语体系。传统是过去出现的东西，是历史的产物。但是，历史是由不同事物构成的总和，那么，"传统"究竟包括哪些东西呢？这是历史话语体系的困境。有人因此将"传统"分为"大传统""小传统"，如中华人民共和国成立以来的"前30年传统"和"后30年传统"等。

总的来看，传统是一个相对性、历史性的概念，是与当下和现代性相对而言的。正处于现代化进程中的社会之所以要关注传统，是因为进入现代化进程必须面对如何对待传统的问题。由此产生了两种主张：一是传统主义。每当现代化发展中遇到问题时就会主张向传统回归，从传统中寻求解答现实问题的秘方，如马克思曾经批判的"死人抓住活人"。对于这一主张是否可行暂且不论，但其存在着难以解答的问题：传统是什么，向什么传统回归？如当今中国有革命传统，也有儒家传统，而这两个传统却存在内在的价值冲突：前者强调对既定秩序的破坏，后者强调对既定秩序的维护。就中国农村发展道路而言，有人民公社传统，也有更久远的家户经济传统，那么究竟向什么传统回归呢？所以，传统主义存在着内在的逻辑矛盾。

二是与传统主义相对的现代主义。自现代化成为当代社会的价值取向以来，"现代"便具有话语优势，它适应当下社会的需要并确定社会发展的价值取向。但现代主义话语有一个致命弱点，就是忽视或者无视当下是由过去而来。在本文看来，现代承接传统，恰恰是那些长期历史形成的“传统”因子深刻地影响和制约着现代社会的发展。美国学者摩尔对此有过深刻的见解：“在两大文明形态起承转合的历史关节点上，分崩离析的传统社会所遗留下来的大量阶级因子，会对未来历史的造型发生强烈作用。”① 只有正视或者尊重传统，才能汲取当下发展的丰富资源，使社会步入链接式发展轨道，而不至于大起大落。

我们研究传统，除了保存历史文明以外，更重要的在于研究它对当今和未来社会发展所产生的影响。过去的不一定都属于传统，许多过去的东西在整个历史长河里只是一瞬间。而传统犹如人体基因，它具有重复性和可复制性。它不可能被简单地消灭，也难以作最彻底的“决裂”。因此，从对当今影响的角度，可以将传统定义为能够对当今，甚至未来发生影响的价值、行为和规范及与此相关的历史条件。由此可以对传统加以分类：一是本源型传统，即能够对当下和未来产生深远影响并长期发挥作用的传统。这种传统对于现代社会发展具有本源性，构成了现代社会发展的基础性制度，也可以说是现代社会发展的历史本体。二是次生型传统，即在历史上产生并会对当下产生一定影响，但不具有基础性作用的传统。三是派生型传统，即在历史上产生但属于本源型传统派生出来并发挥当下影响的传统。

在讨论中国农村发展道路时，有人将改革前的人民公社作为传统加以继承。其实，人民公社虽然存在20多年，但在某些方面，它恰恰与中国的本源型传统是脱节和背离的，甚至是反传统的，如“一大二公”的公社正是对中国长期历史上的“一小二私”的家户传统的否定。在相当程度上，人民公社是借鉴苏联的农村社会组织形式，是“以俄为师”的产物。由此，就需要进一步讨论东方社会。

① 巴林顿·摩尔著，拓夫、张东东等译：《民主和专制的社会起源》，华夏出版社，1987年版，第2页。

在思想界，自亚里士多德以来，流行的是“东西方”的二元世界观。人们将以西欧为代表的世界称为“西方”，将以俄罗斯、印度和中国等为代表的世界称为“东方”。东西方是两个不同的世界，有着不同的历史并形成不同的传统。这种二元划分除了简单化以外，还有一个致命的问题，就是忽视或者漠视了东方社会内部的差异。其实，无论是西方世界，还是东方世界，其内部都有很大的差异性。西方世界的英、德、法，各有不同；东方世界的俄、印、中，相差甚大。在某些方面，所谓东方世界内部的差异并不亚于东西方世界之间的差异。因此，要认识“中国特性”，除了与西方世界相比较外，还应该与东方世界相比较，特别是与曾经对中国道路产生重大影响的俄国和与中国毗邻的印度比较。

当下的中国正处于以工业化、城镇化与农业现代化为导向的历史转折点上，中国农村发展道路也处在一个传统农业社会向现代工业社会的转折之中。这一过程不是非此即彼的更替，既不可能简单地回归传统，也不能无视传统。合理的选择是面向现代，背靠传统；尊重传统，走向现代。但首先必须弄清楚，什么是中国农村发展的本源型传统及由此形成的基础性制度。

二、两种东方传统：村社制与家户制

在现代社会科学看来，独特的地理位置使西方有着悠久的商业文明；而东方则以农耕文明为主。但是，东方农业文明传统也有不同的表现和类型。不了解它们之间的差别，哪怕是细微的差异，都无法充分准确把握东方农业文明传统对后来农村发展道路的影响。所谓差之毫厘，失之千里。

17、18 世纪，西方国家通过革命建立起以私有制和雇佣劳动制为基础的资本主义制度，迅速走向现代化；进入 19 世纪，非西方国家在走向现代化过程中则面临另一种挑战：是“西化”，还是固守传统的“本土化”。俄国最早面临这一重大路向问题。这一则在于俄国在地理上是最接近西方的东方大国；二则在于俄国是最早向现代文明转型的东方大国；三则在于向现代文明转型中的俄国知识分子为寻找不同于西方国家的发展道路，开始深入挖掘本国的传统。其中，最重要的传统资源，就是西方没有而在俄国存在久远，并被视为“俄国人精神”的村社制。

村社制源远流长。它源于原始社会，一直延续到20世纪。从形式看，俄国的村社制分为三个阶段和三种类型：一是自然生长阶段的原始村社类型；二是沙俄时期国家建构的地方性村社；三是苏联时期国家建构的国家集体农庄。尽管这三种类型在性质和内容上有所不同，但制度形式是相通的，都强调整体性、一元性、一致性，同一群体基本平均。这种特性一直延续到苏联解体之后。否则，我们很难理解苏联解体之后推行“土地私有化”之困难重重。这说明，村社制是俄国发展的基础性制度和本源型传统，“侵犯村社就是侵犯特殊的俄罗斯精神”①。

作为一种社会组织形态，村社有以下主要特征：土地“公有”，并通过村社定期重分来保持社员之间的平均占有；国家税赋以村社为单位承担，村社通过贫欠富补达到平摊负担；实行劳动者之间的组合，村社鼓励共同耕作；村社通过社员会议共同管理，强调集体本位②。村社既是生产组织和社会组织，更是农民的精神共同体，集体主义和平均主义是村社的基本原则和行为规范。正因为如此，农民村社又称为农民公社，具有共有、共建、共享、共管的原始共产主义特性。

村社制是以村社集体为本位的组织形态。这种组织形态的一个基本前提就是村社集体必须有一个集体人格权威。土地的定期重分、税赋的

---

① 金雁、卞悟：《农村公社、改革与革命——村社传统与俄国现代化之路》，中央编译出版社，1996年版，第103页。

② 金雁、卞悟：《农村公社、改革与革命——村社传统与俄国现代化之路》，中央编译出版社，1996年版，第71~119页。

贫欠富补、劳动的相互组合、召集社员会议进行管理，都需要一个能够代表集体的强有力的人格权威。如果说早期的权威还寓于村社之中，那么后来就愈来愈凌驾于村社之上，特别是在无数个村社的基础上矗立着更强大的国家专制权威。在俄国统治者看来，管理无数个分散的个体农民比通过一个整体性的村社代为管理要困难得多。因此，俄国统治者愈发强化村社的整体性，限制社员的个体性，极力将农民牢牢束缚在村社土地上。村社成为俄国专制统治的社会基础。随着村社制的发展，产生出农奴制。与西欧的庄园农奴制相比，俄国的农奴制是最为极端的。农民除了人身上必须依附于领主以外，还必须依附于生活其中的村社及其人格权威，并受到国家的严密监控。"农民的农奴化过程就是领地制度与村社制度牢固结合的过程。农民的农奴化本质是村社的农奴化。"①

进入 19 世纪，俄国废除了农奴制，但是村社组织这一传统资源却为俄国知识分子所高度重视，甚至过度挖掘。他们希望借助村社公有制抵制源自西方的资本主义私有制，走出俄国自己的发展道路，由此导致民粹主义的产生。民粹主义主张"到民间去"，认为村社农民"天生就是社会主义者"，俄国能够走出一条不同于西方的发展道路就在于自己有而西方没有的村社制。经历 19 世纪后期和 20 世纪初期的短暂农村变革和分化之后，1920 年代开始了大规模的苏联农业集体化。农村集体化初期的集体农庄有三种形式：农业公社、共耕社和农业劳动组合；集体化后期，劳动组合被作为基本，甚至唯一的形式，以更加便于国家对农业产品的汲取和对农民的控制。

进入世界视野的另一东方国家是印度，印度也是西方殖民主义进入东方的第一个大国。印度不仅是古代四大文明发源地，且有着自己特有的制度传统，其中之一就是本源性的村社制。作为原生形态的村社制，印度与俄国相类似：土地公有，耕地由村社掌握；村社是基本的纳税单位，实行高度自治。印度也存在农奴制，但与俄国的村社农奴制相比，

① 罗爱林：《试论村社制度对俄国社会的影响》，《俄罗斯中亚东欧研究》2008 年第 4 期。

印度表现为村社种姓制。作为“一套等级服从的制度”①，种姓制根据人的血缘关系将人的等级固化和永久化。高种姓的人世袭高等级职业和地位，低种姓的人世袭低等级职业和地位，相互之间横亘着不可逾越的鸿沟。这种制度更加抑制人的独立性、主动性和创造性。马克思这样评价印度的村社种姓传统：“这些田园风味的农村公社不管看起来怎样祥和无害，却始终是东方专制制度的牢固基础，它们使人的头脑局限在极小的范围内，成为迷信的驯服工具，成为传统规则的奴隶，表现不出任何伟大的作为和历史首创精神。”②

英国殖民主义进入印度后对古老的村社制度有很大冲击，但村社传统仍然顽强地保留下来。20世纪印度的精神领袖甘地倡导废除种姓制，并由此招致暗杀；但他在争取独立中将村社制作为印度的根基，认为70多万个村社是印度的基础。而村社恰是种姓制的堡垒，是产生种姓的社会组织基础。因此，国家虽然从法律上废除了种姓制度，但种姓社会仍然顽强地存在。高种姓的人牢牢地将低种姓人群限制在村社土地上，只要村社存在，依附其中的种姓制就仍然保留。正如摩尔所说：“种姓制度在当时和现在起到组织村庄共同体生活的作用，构成了印度社会的细胞和基本单元。”③

作为东方农业文明古国，中国早期也存在原始公社制。但是，与俄国、印度相比，中国农业文明传统更有自己的特性。对当今中国存在深刻影响的是秦始皇之后的自由个体家户制度，即“两千年皆秦制”。秦始皇的伟大功绩不在于修建万里长城，而在于形成了一个能够不断再生产亿万自由家户小农的制度。正如毛泽东所说：“几千年来都是个体经

① 巴林顿·摩尔著，拓夫、张东东等译：《民主和专制的社会起源》，华夏出版社，1987年版，第309页。

② 《马克思恩格斯文集》第2卷，人民出版社，2009年版，第682~683页。

③ 巴林顿·摩尔著，拓夫、张东东等译：《民主和专制的社会起源》，华夏出版社，1987年版，第255页。

济，一家一户就是一个生产单位。”[1] 而恩格斯在谈到作为东方专制制度基础的农村公社时，主要指的是俄国和印度。他指出，“各个公社相互间这种完全隔绝的状态，在全国造成虽然相同但绝非共同的利益，这就是东方专制制度的自然基础。从印度到俄国，凡是这种社会形态占优势的地方，它总是产生这种专制制度，总是在这种专制制度中找到自己的补充”[2]。

如果将家户、村落和国家分为三个层次的组织形态，中国的家户和国家是最强大的组织形态，村落群体则相对较弱。在中国，私有制和国家产生的标志就是由以往的天下为公变为“家天下”。家户组织在中国有久远和牢固的基础。自由的个体家户农民更是一种久远的理想形态。唐尧时的古歌谣《击壤歌》描述道：“吾日出而作，日入而息。凿井而饮，耕田而食。帝力于我何有哉？”随着生产力的发展，家户组织的独立性愈来愈强。秦始皇统一中国期间实行军功地主制，弱化人身依附关系，家户成为主要生产单位。统一中国后为获取税赋，编制户口，无论是地主还是农民都成为同一的“编户齐民”，都是国家的子民。农民在人身上是自由的，独立生产、经营和生活。“纳完粮，自在王。”

而中国农村基层社会组织的名称一直处于变动之中，汉代为乡里，明清为保甲。这些基层社会组织的功能和权威远远不如俄国和印度的村社，也没有形成完整的村社制度。中国村落是由一家一户自由小农形成的，具有“自由人联合体”的特性。著名比较历史学家摩尔认为：“中国的村庄，像其他国家一样，是农村社会的基本细胞。但和印度、日本甚至欧洲的一些地方相比较，中国的村庄显然缺少凝聚力。”“中国的村庄与其说是生活和功能性的共同体，还不如说是许多农家的聚居地。”[3] 与俄国和印度的村社传统相比，自由、独立的小农家庭构成中

① 《毛泽东选集》第3卷，人民出版社，1991年版，第931页。

② 《马克思恩格斯全集》第18卷，人民出版社，1964年版，第618~619页。

③ 巴林顿·摩尔著，拓夫、张东东等译：《民主和专制的社会起源》，华夏出版社，1987年版，第165~166页。

国村落社会的内核，是村落社会存在的根基。以强大的习俗为支撑的完整的家庭制度和以强大的国家行政为支撑的完整的户籍制度共同构成的家户制，是中国农村社会的基础性制度或本源型传统。在金耀基先生看来，“在传统中国，家不只是一生殖的单元，并且还是一社会的、经济的、教育的、政治的，乃至宗教、娱乐的单元。它是维系整个社会凝结的基本力量”①。

家户制与村社制的内容和特性有极大的不同。村社制具有一元性、一体性，更强调整体性和个体对整体的依赖性、依从性；家户制具有二元性、混合性，更强调个体性（非西方意义的自然人个体，而是家户个体）和个体之于整体的相对独立性、差异性。从生产关系和上层建筑看，俄国和印度的村社制与中国的家户制有以下典型差异：一是村社制的财产属于村社共有，家户制的财产属于家户个体所有；二是村社制下的纳税单位是村社，家户制下的纳税单位是家户；三是村社制下的村社是地方自治单位，具有行政功能和地方权威性，家户制下的村落是家户基础上自然形成的自然村，主要是家族自治功能。

中国的家户制不仅源远流长，而且影响深刻。费正清评论道：“中国是家庭制度的坚强堡垒，并由此汲取了力量和染上了惰性。”② 在当下和未来的中国农村发展中，必须高度重视和深入挖掘这一基础性制度和本源型传统，精心厘定本国的制度传统资源，才能形成具有中国特色的发展道路。否则，“中国特色”很可能是“他国特色”，“中国道路”很可能是“别国道路”。如前所述，在1990年代学术界关于中国农村社会本体问题的讨论中，秦晖主张中国农村社会是“大共同体本位”传统，但这只是强调了中国农村社会受国家的控制较强，而未涉及农村社会的基点。事实上，中国的“国”是以“家户”为根基的，而且家户与国并不是完全重合的。如果是“大共同体本位”，很容易得出农民为

① 金耀基：《从传统到现代》，中国人民大学出版社，1999年版，第24页。

② 费正清著，张理京译：《美国与中国》，世界知识出版社，1999年版，第21~22页。

"国家农民"的结论。而在中国历史上，只有"国家官员""国家职工"的说法，即使是高度国家化的人民公社，也没有"国家农民"的体认。正因为对中国农村社会本体问题缺乏深入的认识，很容易将与村社类似的公社看成自己的传统，错将他国特色视为"中国特色"。

三、家户经营传统与农业经营组织

在中国，以血缘关系为基础的家户长期居于主导地位，是整个社会的基本组织单位，是中国传统社会的"细胞"。由此形成数千年中国的家户经营传统。

家户是最基本的组织单位，这在全世界都是如此。而在中国，家户则成为一种基本的经营组织体制，并具有核心地位。这主要由以下因素决定。第一，自然禀赋是组织存在的基础。中国是一个自然禀赋适宜农耕的国度，适宜的气候和土壤条件使得家户生产成为可能。俄国的村社制共同劳动显然与寒冷的气候条件相关，家户的独立生产十分困难，更需要集体相互依存。村社制实际来自早期人类的集体狩猎时代。第二，财产继承制是组织单位再生产的机制。中国告别原始社会是从"天下为公"到"天下为家"的转变。中国实行"分家析产制"，家户是财产分配和继承单位。成年男子可以平均分配和继承家庭财产，由此导致一个个小家户的不断再生产。在中国，村落的共同财产不仅数量很少，且不承担再分配和继承功能。而俄国的土地财产属于村社所有，村社分配土地财产，由此造成个人对村社而不是家户的依赖。印度的种姓制使那些低等种姓家庭几乎毫无财产可继承。但是，"种姓制度为无地的劳动者提供合适的职业，……对他们的社会地位的评价主要看他们的工作而不是依据财产的多寡"①，村社因此具有凝聚力。第三，税收制度是组织

① 巴林顿·摩尔著，拓夫、张东东等译：《民主和专制的社会起源》，华夏出版社，1987年版，第169页。

单位延续的制度依据。早在2 000多年前，中国就建立了统一的中央集权。而国家存在的基础是农业财政——有土地的家庭成为国家的税收单位。古代中国政府专门设立“户部”，主管户口与财政。在中国，“家”是社会单位，“户”则是国家组织民众的政治单位，具有政治社会意义。因此，传统中国的财政实际上是农户财政，政府需要保护和鼓励家户制。而在俄国，村社是国家税收单位，农民个人不直接与国家发生联系。“征税对社不对户，贫户所欠富户补。”① 在印度，低种姓家庭基本没有纳税的条件和基础。第四，意识是组织延续的动力机制。由于家族既是经济共同体，又是政治和社会共同体，因此中国人的家族意识特别强烈。中国人以男性姓氏为正宗，家族兴盛为人生至高目标，如“发家致富”“光宗耀祖”等。而俄国村社制下，“发家”几乎没有可能，且“村社舆论谴责热爱劳动和渴望致富、出人头地的思想”②。在印度，“作为劳动组织，种姓是在农村中造成耕作不良的一个原因”③。因此，如果说俄国村社制属于集体主义，印度村社制强化了种姓主义，那么，中国历史上长期存在的是家户主义，家户单位是中国长期延续的传统。

中国的家户经营有利于调动农业生产积极性。其一，土地为家户所有或者家户经营，这就使家户有可能自由支配自己的产品。地主可以通过土地获得地租，佃农在合理的地租条件之下可以获得尽可能多的生产产品，而自耕农更是可以通过自己努力生产获得更多的产品。在生产和报酬紧密联系的条件下，家户有可能改善自己的生存状况。尽管成为“地主”只是少数人才能实现，但获得土地从而“发家致富”始终是推动中国农业生产的基本动力，而这只有在家户制的基础上才有可能。由此，也锤炼出中国农民特有的“勤劳”品质：“敬时爱日，非老不休，

① 金雁、卞悟：《农村公社、改革与革命——村社传统与俄国现代化之路》，中央编译出版社，1996年版，第76页。

② 罗爱林：《试论村社制度对俄国社会的影响》，《俄罗斯中亚东欧研究》2008年第4期。

③ 巴林顿·摩尔著，拓夫、张东东等译：《民主和专制的社会起源》，华夏出版社，1987年版，第275页。

非疾不息，非死不舍。”① 孟德斯鸠、韦伯都对中国人的勤劳给予极高评价②。而村社制若干年平分土地，抑制了农民对土地的更多渴求，也限制了其积极性。其二，土地为家户所有或者家户经营，使得家户可独立完成生产全过程，不需要外部性监督，因此可最大限度减少外部监督形成的成本。费孝通根据农村调查认为：“在现有农作技术下，分工的不发达使两个人在一起工作并不比两个人分开各自工作为便利和效率高。”③ 对于地主而言，将土地租佃给农户以后自己不需要再干预生产过程。而对于直接生产者的农民来说，生产经营过程完全是自主性的，“偷懒”是对自己可能陷入饥饿和破产的自我惩罚。而在由若干家户构成的村社劳动组合中，除非每个人都有极高的劳动自觉性，“怠惰”是不可避免的。

家户经营创造了灿烂的中国农业文明。如著名历史学家孙达人所说：“没有个体小农就没有战国秦汉以来的新时代，就没有与这个时代相适应的、领先于世界的新文明。”④ 但是，家户经营获得经济效益的同时，也会带来非均衡的社会后果。一则会出现社会分化。不同家户由于其生存资源和劳动差异会产生不同的结果，一部分会陷入土地很少，甚至没有土地而造成的贫穷之中。二则是缺乏必要的社会保障。家户经营造成家户成为自己生命活动的责任单位，天灾人祸完全由家户自我承受，缺乏来自社会的保护和支持，而自我保护功能弱的穷人因此可能陷入悲惨的命运之中。相对而言，村社制犹如一具外壳，虽然抑制自由发展，但能够遮风挡雨，给村社成员提供一定的社会保障，具有“安全阀”的作用⑤。因此，家户制是有分化的效益和缺乏保障的“勤劳”，

---

① 《吕氏春秋集释·士容论·上农》。

② 马克斯·韦伯著，王容芬译：《儒教与道教》，商务印书馆，1995年版，第115页。

③ 费孝通：《乡土中国 生育制度》，北京大学出版社，1998年版，第179页。

④ 孙达人：《中国农民变迁论——试探我国历史发展周期》，中央编译出版社，1996年版，第80页。

⑤ 巴林顿·摩尔著，拓夫、张东东等译：《民主和专制的社会起源》，华夏出版社，1987年版，第309页。

村社制是没有效益的平均和有保障的“怠惰”。

当然，对于中国传统家户条件下的家户生存状况不能仅限于微观机制，还应放在宏观背景下考察。总体上看，中国古代社会的农民属于“普遍性贫穷”或者说“勤劳式贫穷”。这种贫穷的根源不仅仅是微观经营机制，至少应重视三个因素。其一是人地矛盾。在马克思看来，人类生产有两种形态，一是物质生产，一是人口生产，二者要达到大致均衡。但在中国，人口再生产始终快于物质再生产，而土地资源总是有限的，在生产力没有显著进步的情况下，必然出现人多地少的矛盾。即使土地占有处于均衡状态，也会因土地规模太小而难以脱离贫困。在中国历史上，许多地方并没有地主，或者地主占有量极小，人们仍然处于贫穷状态，可以说是“平均式贫穷”。其二是剥削率畸高。中国很早就建立起皇帝—官僚统治体制。这一体制的运行需要大量的财政支撑，其财政来源主要是农业。一般家户要承受地租和赋税双重剥夺，即使是富户也要承受赋税。这种赋税既沉重又没有额度，很容易超出家户能承受的限度，从而造成反抗。事实上，中国历史上的农民起义不少是由地主领头或者参与的。其三是财产继承。如前所述，在中国家户体制下，财产继承实行平均主义的分家析产制。前辈积累的田产由于儿子的均分，容易很快就重新陷入贫穷状态。

可见，中国的贫穷状态与家户制有一定联系，但不是唯一原因，甚至不是主要原因。进入 20 世纪以后，现代取向的价值观对传统家户给予尖锐的批判，家户传统受到严峻的挑战。但即使如此，现实主义的政策也不得不尊重家户传统。孙中山先生提出“耕者有其田”，家户则是“耕者”组织单位。以毛泽东为代表的中国共产党人实行土地革命和土地改革，将土地分给农民，其组织单位仍然是家户。民主革命时期实行的减租减息政策，目的也是为了调动农户的生产积极性。

中华人民共和国成立以后，土地改革将农村社会成员变成了平均占有土地的农户。当时的中国共产党人认为，土地改革以后的农民具有两个方面的积极性，一是个体农户发家致富的积极性，一是共同富裕的社会主义积极性。但从革命话语看来，个体农户具有私有性和落后性，与社会主义是格格不入的。为此，土地改革后很快进行对农业（主要是个体经济）的社会主义改造。而中国从来没有集体经济的传统，因此只能以最早实行社会主义集体化的苏联“老大哥”为榜样，认为只有“社会主义的集体农庄才是完全的社会主义”①，将“共同劳动，计工计酬，集中经营”作为改造农村的蓝图。在这一蓝图下形成的人民公社体制与长期历史形成的家户单位传统实行了最彻底的“决裂”。人民公社体制下，土地等生产资料为公社所有，集体劳动，平均分配，公社成为国家的纳税单位，“发家致富”不仅没有可能，更被视为“资本主义道路”而受到批判。有人认为，实行公社制是国家为了更好地从农民手中获得产品。尽管有这种客观后果，但实行公社制的主观目的还是为了社会主义理想目标。因为在历史上，国家的力量远没有1949年后强大，照样可以获取大量产品和劳役。

公社制在对弱者的保障方面有一定成效，但严重后果是农民个体的自主地位下降了，压抑了生产积极性。著名的农村政策专家杜润生先生评论人民公社时说：“它的体制背离了农业生物学特性，使农民疏远土地，无从建立起持久不衰的劳动兴趣和责任感，从而影响他们的生产积极性。”② 他还认为，苏俄集体化的设想是针对俄国村社传统提出来的，“其愿望显然是含有一定的合理性的。但是要把它照搬到中国，就产生了‘对象’上的差异”③。但与苏联的集体农庄有国家保护不同，中国公社的农民生存得依靠自己寻求出路。因此，自人民公社一成立，传统的力量就顽强地表现出来。公社体制不得不后退到“三级所有，队为基

① 中华人民共和国国家农业委员会办公厅编：《农业集体化重要文件汇编》（上），中共中央党校出版社，1982年版，第98页。

② 杜润生：《杜润生自述：中国农村体制变革重大决策纪实》，人民出版社，2005年版，第98页。

③ 沈志华：《新经济政策与苏联农业社会化道路》，中国社会科学出版社，1994年版，序。

础”的经营体制，进一步则是“包产到户”不断兴起，只是未能突破体制框架。直到1980年代初，中国实行家庭经营，与家户单位传统相衔接。可见，公社制并不是中国固有的传统，恰恰背离了中国的本源型传统。家户传统不是简单的能够替代，更不是简单能够“消灭”的，即使有所“中断”，也会再“复活”。

改革开放以来，家户经营体制显示出极大的活力。但是，以家户经营体制为核心的农村发展道路也受到了严重挑战。一是仅仅依靠农业的农民的生活状况未能得到根本改变。其显著标志是作为农村家户承包制改革旗帜的安徽省小岗村，被认为是“一夜之间脱贫，30年未能致富”。二是出现社会分化。农村社会由公社体制下的平均状态变为一个有贫富分化的社会。三是保障体系脆弱。对社会弱者的保障和救助因为人民公社体制的废除而受到弱化。

这一背景下，所谓的传统主义得到复活，主张恢复公社体制传统。如前所述，公社并不是中国特有的传统，在相当程度是“舶来品”①。更重要的是，将农村的现实困境完全归之于家户经营体制是不恰当的。首先，造成农村困境的人多地少矛盾没有消除。在人均耕地只有两亩的条件下，依靠农业的家户经营致富是困难的。其次，改革开放以来，农民负担一度十分沉重，压抑了农民的农业生产积极性。再次，人民公社时期的社会保障依靠的是农业内部建立的，只是一种低水平的保障。这种保障已无法适应社会大环境的变化和农民的需求，由此需要国家给予支持。21世纪以来，国家在农村实行免费义务教育、新型农村医疗、新型农村养老等，就是试图建立以国家为主的社会保障体系。因为农村发展一度出现的困境而简单否定家户体制，并主张向公社传统回归是缺乏充分根据的。

如果说公社制是以“现代”组织形式对家户经营传统形成冲击，

① 毛泽东在兴办人民公社时曾将三国时代吃饭不要钱作为古已有之的传统资源。其实，这种现象只是道教的一种教义行为，而不是普遍性的制度行为。

而当今的现代农业再次对家户经营传统提出了挑战。显然，现代农业需要现代经营组织单位。作为传统的组织形式，家户经营一个最突出特点就是经营规模太小。没有规模就没有效益，没有效益就没有投入；没有投入也就无法扩大，甚至无法延续再生产。尽管改革开放以来，中国的农业综合生产能力大大提高，但家户的生产能力却相对低下①，这必然会影响中国农业的持续发展。因此，对于家庭经营能否适应现代农业生产存在不同的认识。一种主张以“公司”替代家户经营，一种主张固守家户经营。本文认为，家户经营传统在中国延续已久，家户单位这一组织外壳完全可以继承。这是由农业生产特性决定的。至今为止，农业生产仍然无法实行工厂化作业，仍然无法超越对自然的依赖。农业生产的自然周期性决定了忙闲不均，不同于可以不间断生产的工厂作业。因此，家户单位是节约型的农业生产组织，可以根据季节不同，灵活经营。作为分配单位，它可以不需要外部监督及由此而来的监督成本。可见，即使是现代农业生产也需要从家户单位传统中汲取精华。当然，家户单位传统也需要赋予其新的生命活力。一是创造良好的外部条件，将有能力的农民吸引到农业生产中，提高家庭经营能力。二是家庭单位不再是孤立的生产经营单位，而应该成为整个现代农业生产链条中的一个环节。在这一过程中，家户单位传统获得新生，转换为现代农业生产组织。

从中国的过去、当下与未来看，农业生产出现了并将出现家户制、公社制和公司制三种形态。家户制是由来已久的本源型传统，是当下中国的基本经营制度。公社制作为一种“舶来品”在中国存续了20多年，在某些方面仍然产生着一定影响，其集体主义取向作为一种精神仍然成为某些人的美好记忆，但已无法复制和再生，特别是重新替代家户制。随着现代农业发展，公司将成为农业经营的一种重要组织形式，但

① 徐勇、林冠：《论农业生产能力与农户生产能力提高的非均衡性——以社会化小农为分析视角》，《江汉论坛》2011年第8期。

在农业生产特性的制约下，它也无法替代家户体制。当然，这一切都取决于家户体制的提升，以适应现代农业的发展和新农村建设。家庭农场可能是将传统家户与现代农业结合起来的最佳选择。

四、农工商结合传统与农工商互补经济

在漫长的农业文明岁月里，中国创造了世界上无与伦比的农业文明，同时又伴随着农民的普遍贫穷，存在着世界上最为突出的农民问题。造成这一历史悖论的原因很多，其中最为重要的原因之一是人多地少。呈几何级增长的庞大人口堆积在有限的土地上，人均占有的土地资源不断细碎化，所获得的产品也十分有限。人们只能在有限的土地空间内寻求生存的可能，由此形成在家户基础上的农工商结合传统。

一家一户为单位、自给自足的生产方式是中国农业的基本生产方式。所谓自给自足，就是农村社会成员的基本生活物品主要、甚至完全依靠自己。要维系简单的温饱生活，除了农业生产以外，还需要手工业劳动，这就有了“男耕女织”。手工劳动是农民得以满足基本生活需要的重要条件。除了家庭内部手工业以外，家户以外的务工并以此获得劳务收益是农民生活的重要条件。特别是在缺乏土地等生产资料的家庭，劳动力处于剩余状态，需要通过出卖劳动寻求生路。首先是在本家户附近为大户帮工，其中有时间较短的“短工”，也有长年累月为他人做工的“长工”。这种务工尽管主要是农业劳动，但不是为自己的劳动，而是通过为他人劳动交换自己所需要的收益。当然，这种劳动收益取决于劳务供给。如果当地不能提供更多的劳务供给，便会出现进城或者到外地务工。如农忙季节专门从事割麦子的“麦客”，远走他乡寻求生存之道的“走西口”“闯关东”“下南洋”等。

除务工以外，经商也是农民获得收益的活动之一。这种活动最初或者普遍的是简单的产品交换。因为农民的许多日常用品是本家户难以生

产和满足的，如作为生产用品的铁器、作为日常生活必需品的盐等，因此集市贸易成为农村普遍的经济活动，也是维系农民日常生活的必要条件。中国农村社会也被有的学者视为一个集市社会①。在此基础上，农民萌发了商业意识，一部分人脱离或者半脱离土地专事商业活动，有的甚至远离故土，如“走西口”“闯关东”“下南洋”中相当一部人是从事商业活动。

农业基础上的打工经济和经商活动在中国由来已久，人们并不只是固守土地和固守单一的农业活动。特别是这种农工商结合是建立在家户基础上的，是家户生产经营和生活延续的重要条件，是对家户农业经济的重要补充。中国的家户实际是一种农工商结合的生产和生活单位。农工商结合是中国家户制的重要特点，维系和推动着中国农业文明。

首先，农工商结合为农民提供了更多的生存机会，维持了家户经济基础。在古代中国，不仅人多地少，而且土地流动率高，人口占有土地极不均衡。除了部分自耕农可以勉强维持生计外，相当一部分农民缺乏甚至没有生产资料。即使是有土地等生产资料的成员，也可能因为天灾人祸而陷入困境，甚至绝境。务工经商可以为农民提供更多的生存机会，特别是那些人多地少的家户，只有从事务工经商活动才能贴补家用，维持生计，在残酷的生存条件下寻得一条活路。所以，在中国，愈是人多地少的地方，愈是人多地少的家户，农工商结合，特别是工商活动就愈活跃，如中国东南沿海地带便是民间工商活动最活跃的地区。很难想象，如果没有工商活动作为补充，中国的家户制能够长期维系。

其次，农工商结合为农村人口发家致富提供了希望，成为家户发展的动力。一般来讲，以劳务为主的务工活动和简单的经商活动收益十分有限，只能简单贴补家用，维持生计。但是，有些特殊的务工活动，特别是经商活动，可以获得较高的收益，甚至发家致富。在中国，许多地

① 施坚雅著，史建云、徐秀丽译：《中国农村的市场和社会结构》，中国社会科学出版社，1998年版。

主得以成为地主，就是依靠从事工商活动积累的资本；纯粹依靠农业劳动购买田产、成为地主几乎是不可能的。而地主又可分为两类：一类是土地主，即纯粹依靠从土地上获得收益的地主；一类是工商业兼地主，即从事工商业活动并获得收益的地主。前者不仅收益小而且风险大，如果农业生产歉收或者绝收，地主也会陷入破产；后者不仅收益大而且风险相对小，因为有多种收益。因此，工商业地主成为地主经济的发展方向。这种发家致富的可能性，为人们的勤奋劳作提供了动力和示范。在中国，一方面是安土重迁，故土难离；另一方面是许多人离土离乡，别妻离家，外出务工经商，一旦成功便可家族兴旺，光宗耀祖。可见，农工商结合为中国农村发展注入了活力，并进一步巩固了家户传统。

农工商的分工分业是一般规律，但不同国家有不同表现形式。与中国相比，俄罗斯恰恰是人少地多，辽阔的土地为人们提供了更多的生存机会。在俄罗斯农村发展历程中，也存在农业与手工业的结合。但在村社体制下，农业和手工业是在村社单位基础上结合的。在村社劳动组合中，有的人从事农业，有的人从事手工业活动，是一种专业化分工。人们从事农业和非农业活动所获得的收益没有太大差别。而在村社基础上的农奴制下，农奴为主人提供的劳务是无偿的，自然也是被迫的。由于生活相对平均且有一定保障，俄罗斯农民没有外出务工的冲动，“甚至不敢想象没有村社自己能否生存”①。而且，村社制也限制了成员外出务工经商，俄国统治者更是从法律制度上严格限制农民外出。事实上，“农民的农奴化是通过剥夺农民的自由迁徙权、将其固着在领地（村社）上来实现的”②。因此，俄罗斯农村犹如静静的顿河一样，是一个相对静止的社会。

印度农村也存在农工商活动。但在村社种姓制下，村社成员是按照家庭种姓从事不同产业活动的，高种姓家族的人从事高级活动，低种姓

---

① 米罗诺夫著，王清和译：《历史学家和社会学》，华夏出版社，1988年版，第64页。
② 罗爱林：《试论村社制度对俄国社会的影响》，《俄罗斯中亚东欧研究》2008年第4期。

家族的人从事低级活动。本来，职业化分工有利于产业发展和生活改善。但这种种姓职业化分工的世代传递，决定了低种姓的人无法改变其悲惨命运，所获收益也十分有限。而且，高种姓的人不愿意也不允许低种姓的人离开村社外出务工经商。因此，低种姓的农民不可能通过非农业活动改变其命运，其生活状态犹如恒河一般是固定不变的。

农工商结合是中国农村家户制的重要组成部分，也是中国农业文明不断累积的动力源泉。但在古代中国，工商业活动空间有限，农工商结合毕竟是低层次的，绝大多数农民仍然处于贫困状态。因为如此，进入20世纪以后，家户制被视为落后的传统加以抛弃，并选择了集体化的道路，其方式则是极具俄国特色的公社体制。与家户制的农工商结合不同，公社体制下的农工商活动是在公社组织基础上的内部分工，类似于俄国村社的劳动组合的专业分工。无论是从事农业，还是非农业生产活动，都是以工分的方式取得相差不大的报酬，都缺乏生产自主性和积极性。在公社体制下，农村社会成员几乎没有外出务工的可能。由于国家实行统购统销体制，主要商业活动为国家所控制，家户个体的商业活动受到严格限制。在极左的“文化大革命”年代，集市自由贸易作为“三自一包”的“修正主义路线”受到批判，连农民卖鸡蛋以换取日常生活用品的活动都被视为要割掉的“资本主义尾巴”。这极大地影响了农民正常的生活。

但是，传统的力量是无限的，并会自己不断开辟前进的道路。在生存空间有限且有务工经商传统的东南沿海地区，家户个体性的工商活动从来没有停止。许多家庭内的一些成员通过外出务工做小买卖来贴补家用。出于生存压力，基层干部也默认这种活动。这种农工商结合的历史传统随着公社制的废除和家户经营制的兴起而复兴。这就是邓小平所说的：乡镇企业的异军突起。

改革开放以来，农工商结合的传统不仅焕发了历史活力，而且跨越到新的高度，形成农工商互补经济的农村发展道路。农村实行家庭承包以后，农民摆脱了饥饿状态，过上了梦寐以求的温饱生活，但农民的生活还不宽余。改革开放以后中国出现的“富裕村”都不是依靠农业致富的，且这类富裕村人口仅占中国农村人口的极少数。外出务工因此成为大多数农民家户的选择，也成为农户的重要收入来源。自 1990 年代以来，非农收入开始成为农户收入，特别是现金收入的主体部分。农工商结合传统不仅巩固了家户经营制，为家户经济带来了活力和动力，而且富裕了农民，促进了农村发展。中国数亿农民背井离乡在外务工，经历着千辛万苦，基本动力便是改善家庭经济状况。中国农民不仅进了城，而且出了国。许多农民家庭由地道的农户成为专门从事工商活动的专业户，有的迅速发展成为“农民企业家”，而工商经济活跃的沿海地区也成为中国农村率先进入小康的地区。

根据马克思主义理论，小农经济由于其脆弱性，在市场经济条件下很难避免破产的命运。因为，市场经济是货币经济，而小农户是最缺钱的。他们在以实物为主的自然经济条件下面临的风险更小，在货币经济条件下面临的风险更大，贫富分化也更突出。这正是马克思主义经典作家希望改造小农经济的重要原因所在。改革开放以来，农民通过外出务工经商，进行自我“以工补农”，成功地避免了大量家户陷入困境甚至破产的命运。而改革开放以来的中国农业发展，正是以一个个没有破产的家户为重要支撑的。

相较而言，俄国缺乏家户基础上的农工商结合传统。在当今，尽管俄国实行了较为彻底的土地私有化政策和比中国更高的国家补贴农民政策，但由于农业生产者缺乏以工补农和以工富农的传统和效应，因此农业生产和农村发展并不理想，与其丰厚的自然条件更不成比例。在印度，尽管大量农民开始脱离土地，但他们进城后仍然从事的是低级工作，收入也有限，并形成了一个个贫困者居住的“贫民窟”。

不容讳言，中国农村和农民仍然处于不发达和不富裕状态，愈来愈多的农民离开土地，农村出现“空心化”趋势。而要稳住农民，必须富裕农民。其中，要弘扬家户基础上的农工商结合传统，形成农工商互补经济。一是家户成员分工分业，一部分适宜非农产业活动的人从农业分离出去，将土地留给愿意从事农业活动的家庭成员种植，以扩大家庭经营规模。二是从各个层次将工商业活动产生的利润尽可能返还农业生产领域，以增加农民收入。

五、家户互助合作传统与农村合作道路

1990年代，曹锦清在其《黄河边的中国》一书中提出中国农民“善分不善合”，并由此引起了一场讨论。其实，中国农民并不是天生的“善分不善合”，而是特别地注重互助合作的对象和范围。可以说，家户互助合作的“合”的传统与家户之间的“分”的传统一样悠久。

中国有着悠久的家户制传统，一家一户是基本的生产和生活单位。但是，家户并不是完全孤立的，即便是独处一地的单家独户，也会与外界发生联系，不可能“鸡犬之声相闻，老死不相往来”。相反，离开与他人的互助合作，单家独户是很难生存下去的。只是在中国，家户之间的互助合作主要是在以家户为单位的家族范围内进行的。

家户互助合作的对象主要是家族邻里成员，是与本家户地域相近的人。农业生产是以土地为基础的，人们依土地而居，分散性是其重要特点。农村因此流行着“远亲不如近邻，近邻不如隔壁”的话语。而在悠久的农业文明中，中国的村落大多是在亲缘关系的基础上形成的，许多村庄的成员属于同一姓氏，有共同的祖先，村庄的名称往往都是由某一姓命名的。因此，农村社会实际是亲族社会。地域相近的人更多的是本家族的人，或者沾亲带故的人。

家户互助合作的基础是家族信任。互助合作意味着不同家户之间的共同活动，活动者相互之间信任是互助合作的基础。社会交往的对象可分为陌生人、熟人和亲人。其中，亲人的信任基础最为牢固。家族成员

不仅地域相近，更重要的是血缘相同。家族社会除了共同利益以外，还有情感等因素。家户在互助合作中首先选择与自己血缘和地域相近的“亲戚”，即所谓“亲帮亲，邻帮邻”。这种基于家族信任的互助合作成本是最低的。

家户互助合作的范围很广泛。在生产活动中有换工，农忙时你帮助我，我帮助你。日常生活中的互助更多，农村社会成员每逢生活中的“大事”，如婚丧嫁娶，一家一户都不可能单独完成，需要他人，特别是亲戚的“帮忙”。农村社会成员遇到“天灾人祸”，生计困难时，也会找亲戚帮助。家族之间的“帮忙”不会以赤裸裸的利益来算计，而是长期互相帮助的感情积累。即使地主也是族人，也要尽族人的义务，而且要为当地尽更多的道德义务才能建立起社会威望。只有那些城居地主才与农民是赤裸裸的利益交换。

家户互助合作的效果是彼此间能够获得增益。家户互助合作建立在一家一户难以完成或者完成不好的事情之上，互助合作的结果必然是彼此间都能够增加收益。这种互助合作以家户为基础，以增加收益为目的，是一种双方自愿性的互助合作，没有外部的干预和压力。

正因为如此，中国农民有互助合作的积极性和历史传统。可以说，离开了以家户为单位的家族互助合作，中国的家户制是难以维系下来的。孙中山先生因此认为：“中国人最崇拜的是家族主义和宗族主义”，“中国人的团结力，只能及于宗族而止”①。当然，中国农村的互助合作传统主要还限于弥补家户制之不足的一种简单的、非持续的互助行为。只是在家户生产和生活困难，或者为了解决一家一户解决不了的公共问题时，才有互助合作的需要。一般情况下，家户能够自我解决的尽可能由本家户自行解决。因此，这种互助合作的成效是十分有限的。

进入20世纪以后，中国实行土地改革，农民普遍分得了属于自己的土地，有了自我生存的基础。但相当一部分农户却缺乏独立生产的能

① 《孙中山选集》下卷，人民出版社，1956年版，第590页。

力，久而久之，分给自己的土地也可能因为能力不足而失去，从而再度沦入贫困状态。于是，在一些地方开始了农民的生产互助行为。中国共产党领导人高度评价这种互助是“半社会主义”的，认为互助合作是中国农村发展的方向，并向全国推广。但在这一过程中，家户制互助合作传统被抛弃，走向合作社，直至后来的人民公社制。其原因有三个方面。

一是中国土地改革首先是从经济较为贫穷的北方“老区”开始的。北方地区由于战乱频繁，自然条件恶劣，农民的生产能力普遍不高，有超越家户互助合作的积极性。相反，在经济较为发达的南方，家户生产能力较强，对于超越家户的互助合作的积极性不高，如位于东南的浙江省就成为抵抗合作化运动的重要地区。

二是合作社及后来的人民公社是不同家户之间的劳动合作和土地集体共有，这在中国历史上没有制度根基。以合作社和人民公社为载体的集体化在相当程度上借鉴了当时的苏联集体农庄制，而苏联的集体农庄制可以说是俄国历史传统延续的产物，如村社共有土地基础上的共同劳动，这种共同劳动超越了家户单位。因此，由村社共同劳动过渡到集体农庄是十分自然的。这正是 19 世纪马克思认为俄国有可能跳过“资本主义卡夫丁峡谷”直接过渡到社会主义的重要原因。斯大林则将村社劳动组合视为农业集体化的依据，能够使集体化“比较容易和比较迅速地发展”①。而中国恰恰缺乏村社制的历史传统，农民熟悉的是单家独户的“单干”。

三是传统的家户制被视为与社会主义格格不入的东西被压制。在中华人民共和国成立之初，领导人认为中国要发展农业生产，要避免贫富分化，只能走集体化道路。而传统的家户制与集体化是相互排斥的。中国集体化过程中，由互助组到初级合作社，再到高级合作社，最后到人民公社，正是一步步弱化家户制的过程。只有弱化家户制才有可能实行

① 《斯大林全集》第 12 卷，人民出版社，1955 年版，第 136 页。

集体共同劳动，共同分配。由于家户制被弱化，建立在家户制基础上的互助合作传统也不复存在。

作为合作化产物的公社制，实行集体共同劳动和共同分配，理论上超越了家户制互助合作。在集体合作时期，确实也兴办了许多以往家户制基础上不可能做到的公共工程和公益事业。但是，集体合作的实践并没有完全产生预期成效。一则共同劳动的效率建立在自愿劳动基础上。家户制的一个重要特点是自愿劳动，家户基础上互助合作是一种自愿行为。而集体化进程中的互助合作在相当程度上是外部力量的作用，是农民的“被合作”行为。二则共同劳动的效率取决于共同分配的合理性。而农业劳动的复杂性决定了分配的复杂性，很难做到真正的按劳分配。因此，公社集体劳动只能按照大致平均的方法进行分配，而这又会挫伤劳动者的积极性，从而弱化集体合作的积极性。如前所述，家户制不存在分配问题。三则集体合作的成效不仅来自共同劳动，更重要的来自新的生产要素的增加。公社制的集体合作只是劳动力与劳动力的相加，并没有增加新的生产要素。相反，封闭和平均分配的公社制还妨碍着新的生产要素的进入。在缺乏持续不断的增益的激励下，农民也缺乏集体合作的积极性。可见，公社制的集体合作尽管在形式和规模上超越了家户制互助合作，但却背离了家户制互助合作传统的精髓，这就是自愿合作和增益合作。这也是公社集体合作难以延续的重要原因。

1980年代初，国家主张在农村实行家庭承包基础上的统分结合的双层经营体制，家庭承包经营取代公社体制，公社集体合作也不复存在。“分”主要是家户劳动、家户经营，“统”主要是集体劳动、集体经营。但是，除了非农产业村庄以外，全国农业地区基本上都是分户经营，统一经营基础上的集体合作基本不再存在。这正是曹锦清先生得出中国农民“善分不善合”的重要原因。但这并不是农民的“天性”决定的，实在是农业生产劳动的复杂性及其集体合作的困难所然。事实上，尽管公社集体合作不复存在，但农民的专业合作却迅速发展起来。

从合作对象和范围看，农民的专业合作已远远超出公社集体合作；其合作基础仍然是家户制，继承了家户互助合作的自愿传统，更重要的是能够引入新的生产要素，获得更多收益。

改革开放以来，特别是市场经济向乡土社会的渗透，乡土社会的互助合作基础受到了极大挑战。但是，一家一户不可能完全独立从事生产经营活动，更不可能完全独立满足生活需要。农村社区建设因此提了出来。社区最早本来就是指基于信任和合作基础的乡村社会共同体，只是这种信任和合作日益为开放的农村社会所冲击。农村社区建设因此成为国家的建设目标。但在实现这一目标中，除了政府支持以外，更重要的还是利用中国家户传统中家族信任与合作的积极因素。这种因素是长期历史自然形成的，是其他因素很难替代的。

六、家国共治传统与农村治理体系

村落是农民生活的基本组织单位，但是否构成基本的治理单位各国却不相同。俄国和印度的村社制下，村社不仅是基本的社会组织单位，也是基本的治理单位。俄国地域辽阔，国家统治者鞭长莫及，主要利用农村村社进行治理。"从行政警察的角度来看，村社也更加方便，放一群牲口，总比一头一头地放来得轻松。"① 印度历史上长期是松散的帝国，宗教和语言极为多样化，国家统治者不断变更，而唯一不变的是农村村社。因此，在俄国和印度，村社是自治单位，具有高度的自治权。只是这种自治并不是村民平等的自治，而是村社权威人格主导的自治。村社治理不仅包括一般民事，同时代行政事。村社既是村社内部成员的治理单位，同时也是国家的基本政治单元和负责单位。

与俄国和印度不同，自秦王朝之后，中国就逐步建立起帝国官僚统

① 转引自罗爱林：《试论村社制度对俄国社会的影响》，《俄罗斯中亚东欧研究》2008年第4期。

治，代表国家权力的皇权通过不同层级的官僚一直延伸到县域地方，实行郡县制，即所谓“皇权不下乡”。皇权之所以不下乡，除了交通和治理成本的因素以外，很重要的原因有家户制作为支撑。“每个农家既是社会单位，又是经济单位”①，还是“政治责任单位”。国家统治直接面对的是家户，家户是交纳税收和服劳役的对象。社会成员如有违犯国家法律和政府意志的事情，实行家户为单位的“家族连坐”的连带惩罚。与之相应，国家对社会成员的表彰和奖励也是以家户为单位，上可以光宗耀祖，下可以福及子孙。家户作为融社会、经济和政治于一体的单位，具有强大的自组织和自治功能。因为，作为家户成员的代际传递的自组织体系，家庭是一个由于时间序列不同而形成的纵向组织单位，由此形成家庭内部的老人权威和长幼有序的秩序，即“男女有别、长幼有序”和“父为子纲、夫为妻纲”的制度规范。这种权威和秩序是内生的，并内化于家庭成员的精神之中，具有强大的自治力量。费正清因此认为，中国式家庭的“一个好处是，一个人自动认识到他在他的家庭或社会中所处的地位。他有一种安全感，因为他知道，如果他履行了指定给他的那部分职责，他可指望这体系内的其他成员反过来也对他履行应尽的职责”②。家户是个人的社会保障和安全根基。国家只要稳固了家户，不仅能够获得财政、兵役，而且能够获得秩序和忠诚。“国之本在家”，“家齐而后国治”③。正因为家户是一个经济上自给自足、政治管理上自治自洽的单元，国家统治无须下乡直接管理；而郡县制是以家户制作为基础的。

相对国和家而言，村落在中国农村治理体系中并不具有俄国和印度村社一般的地位和功能。如前所述，自秦以后，中国农村的基层组织体系一直处于变动不定的状态，但总的趋势是官方色彩愈来愈淡，民间色彩愈来愈浓。重要原因就是家户组织日益成熟和发达④。在古代中国，

---

① 费正清著，张理京译：《美国与中国》，世界知识出版社，1999年版，第25页。
② 费正清著，张理京译：《美国与中国》，世界知识出版社，1999年版，第24页。
③ 《礼记·大学》。
④ 徐勇：《非均衡的中国政治：城市与乡村比较》，中国广播电视出版社，1992年版。

不仅村的边界经常变化，就是村的名称也不断变动。村落主要是由家户扩大而成的自然村，大多以姓氏命名。这种自然村并不具有行政功能，更不是严格的自治单位。村落领袖同时是家族权威，但士绅主要是起到一个连通上下、官民的政治沟通作用。“官”事只能由官管，行政司法权控制在官府。即使是地主，也不允许拥有控制地方行政、司法和支配农民人身的权力。与此同时，官府也不直接插手民间社会事务，民事由民管。民间事务主要通过家户及其扩展的村落社会办理。由此，形成家国共治，官事官管、民事民管的农村治理体系。家户既是国家治理的根基，也是社会自治的单元。

家户作为纵向的自组织单元，所形成的权威与秩序更为牢固。与家户不同，村社是一种家户横向的组织单位。这种横向的组织单位不具有历时性自然形成的权威，更需要某种外部性的制度加以强制。俄国和印度的村社都建立在人身依附关系的农奴制基础上。没有人对人的依附，就无法构建村社整体权威与秩序。著名的印度《摩奴法典》便以其严格的法条形式固化村社种姓的等级服从关系。因此，村社制与农奴制是相互依赖的，而中国的家户制恰恰与自由小农是相互依存的。

1949年后，特别是人民公社体制造成中国农村基层社会的重大断裂，其基本特点就是公社集体取代家户农民。“公社”而不是家户成为社会、经济和政治组织。它是国家基于对传统家户制改造的产物，在形式上类似于村社集体。公社主要是国家组织而成的，属于家户之间形成的横向组织，需要外部性力量巩固其权威和秩序。尽管在强大的国家力量面前，农民依从了这种横向组织，但并不具有对传统家户那样的认同基础。正因为如此，与人民公社相伴随的，是不断在农村进行的社会主义教育运动，以解决“一小二私”的家户意识之于“一大二公”的集体意识的抗拒。但即使如此，公社体制也不得不向家户治理传统妥协。1960年代初，在经历了严重的经济困难之后，中央制定农村工作60条，明确了公社治理机制为“三级所有，队为基础”，队是生产小队，即原有的家户紧密相连的自然村落。同时，仍然将家户作为政治责任单元，以家庭成分作为治理的重要依据。

1980年代初，家庭承包制经历数次崛起，最终突破公社体制。与之相伴的是农村治理体系的变化，即出现村民自治。与家庭承包一样，村民自治是向家户自治传统的复归，实际上是以家户为基础的自治①。当然，这不是简单的复归。自治的事务是一家一户解决不了的村落公共社会事务，主要发生于传统的地域相近的自然村落。因此，在1987年通过的《中华人民共和国村民委员会组织法（试行）》中规定，以自然村为基础建立村民委员会。但是，取代公社组织建立的村民委员会，必须面对公社组织的历史制度遗产。因此，村民委员会最早都建立在原公社之下的生产大队基础上，是以生产大队为单位的。

村民委员会尽管在法律上属于村民群众自治组织，但事实上属于国家对公社体制后的农村社会的重组，具备国家行政管理的功能。村民委员会管辖地域属于“行政村”，而不是自然村。“行政村”的建立、规模和运行主要是国家组织行为，而不是农民的自组织行为。因此，实行村民自治以来，农村治理体系始终存在着两大内在的、难以克服的矛盾。一是大量的国家行政事务需要基层组织承担，村民委员会被行政化，连村民委员会的干部也被称之为“村官”。官事“民”办，民事“官”办，官民难分，行政压制自治。二是村民参与管理社会公共事务的制度难以实施而被“悬空”。在实行村民自治过程中，确立了民主选举、民主决策、民主管理和民主监督制度，以发挥群众的参与作用。但这一制度很难从“墙上”落地，重要原因就是行政村的范围太大，村民直接参与成本太高，效果不好。政治参与建立在政治信任基础上。范围愈大，政治信任建立愈难。正因为如此，许多地方的村民自治仅仅限于三年一次的

① 尽管村民自治的制度设计是以作为自然人的个体为单位的，强调一人一票，但村民自治的实际运作中，经常出现家庭成员，特别是户主代为家庭成员投票，且得到制度上的允许，有的地方甚至推行“户代表制”。

村干部选举，对日常事务的参与很少，村民自治制度被“悬空”。而村干部面对成千农户，也很难处理好村民事务。仅仅依靠村民委员会进行农村治理缺乏稳固的基础，国家治理难以“落地”和入户。

历史总是会在困境中自我寻找出路。面对村民自治制度的困境，一些地方开始探索自治单元的下沉。主要特点是将行政和自治分离，行政村主要从事政府委托的行政事务，同时发挥长期历史形成的自然村的自治功能；而自然村的自治基础又在于家户。首先以一家一户为政治责任单位，提倡各家“看好自家门，管好自家人”，形成基础性秩序。随后以家户为单位建立纯民间性的理事会，共同参与和共同管理村落共同事务。可以看出，无论是具备东方俄国村社制特点的公社治理，还是引入西方民主竞争要素的村民自治治理，都不可忽视和回避家户制在农村治理体系中的基础性作用。

从中国农村发展道路变迁可以看出，与同为东方世界的俄国、印度的村社制不同，家户制才是中国农村发展的基础性制度，属于能够不断再生和复制的本源型传统。尽管在历史进程中的表现不一样，但形式和内核相同。尽管一度中断，但总是会顽强地存在和再生。在现代化进程中，需要尊重家户传统，而不是蔑视；完全可以利用家户传统，而不是简单的“决裂”。相反，不考虑历史持续性的“现代”，很可能是貌似现代，其实很传统；貌似进步，其实很落后。这是因为，“制度和文化的持续性曾经产生了体现为气势澎湃和坚守既定方针的惯性，而并非不动的惰性”①。“家户制”作为中国农村社会发展的本体，在中国农村发展中产生的是历史的惯性，而不是历史的惰性，完全可以“与古为新”。

（原载《中国社会科学》2013 年第 8 期）

① 费正清著，张理京译：《美国与中国》，世界知识出版社，1999 年版，第 75 页。

农民改变中国：基层社会与创造性政治

——对农民政治行为经典模式的超越

摘　要：中国的实践产生中国经验，要求突破原有的分析模式。如果说是市民改变了西方，在当代，则是农民改变了中国。农民作为社会被改造者，为改变自己的生活和命运，以其一系列的自主行为，不断突破政策和体制障碍，并创造出新的替代性体制模式，从而表现出伟大的作为和历史首创精神。这一行为模式是对“压迫—反抗”的农民政治行为经典模式的超越，也是“底层社会与抗争性政治”的分析框架难以解释的。农民改变中国这一实践需要寻求新的解释模式，这就是“基层社会与创造性政治”的分析框架。“基层社会”由社会分工和社会分层而产生，“创造性政治”强调政治行为对制度变迁的作用，是上层与基层的互构性政治。

关键词：农民；基层社会；创造性政治

中华人民共和国成立后，特别是1978年以后，中国创造了伟大的经济奇迹，积累了丰富的经验，同时也对一些传统的理论模式提出了挑战。在执政党看来，“改革开放是决定当代中国命运的关键抉择”①。改

① 胡锦涛：《高举中国特色社会主义伟大旗帜　为夺取全面建设小康社会新胜利而奋斗——在中国共产党第十七次全国代表大会上的报告》（2007年10月15日），人民出版社，2007年版，第10页。

革开放不是个别领导人的突发奇想，而是来自基层，特别是来自农民的一系列首创行为的推动。如果说是市民改变了西方国家，那么，农民则改变了当代中国——在农民群众和基层干部构成的基层社会的推动下，超越了农民政治行为的经典模式，形成了特有的创造性政治。这是中国实践和中国经验对人类政治发展进程的重要贡献，同时也需要创造新的理论，特别是新的分析范式加以概括和解释。

一、农民政治行为的经典模式及其限度

实事求是地说，无论是作为指导思想的马克思主义，还是现代社会科学，其基本的理论范式都来自西方国家。这其中既有超越国别的一般性概括，也有来自西方国家的经验。由于现代西方国家基本都是产生于市民社会，是市民而不是农民改变了西方的历史进程，因此，在西方社会科学中，大都将农民作为社会的保守力量对待，并形成了对农民政治行为的经典解释模式。

农民随农业社会而产生的社会群体，而将农民作为一个群体加以研究则是工业文明产生以后的事情。因此，在现代社会科学的视域里，农民具有传统和现代的两极化属性：农民是传统社会的主要成员，也是任何跨入现代国家必须面对的社会群体。19 世纪是工业革命的时代，与手工劳动相匹配的农民被普遍视为“历史的弃儿”。马克思是最早将农民置于传统与现代的历史转折点上分析农民及其行为特征的。他从法国小农的经济社会分散性特点出发论述了农民的政治保守性，认为“他们不能代表自己，一定要别人来代表他们。他们的代表一定要同时是他们的主宰，是高高站在他们上面的权威，是不受限制的政府权力，这种权力保护他们不受其他阶级侵犯，并从上面赐给他们雨水和阳光。所以，归根到底，小农的政治影响表现为行政权支配社会”①。马克思从生产

① 《马克思恩格斯选集》第 1 卷，人民出版社，1995 年版，第 678 页。

方式的角度，认为小农政治行为模式主要是保守性，是对皇权的崇拜、顺从和迷信。后来，马克思在论述亚洲国家农民时，更是说道："这些田园风味的农村公社不管看起来怎样祥和无害，却始终是东方专制制度的牢固基础，它们使人的头脑局限在极小的范围内，成为迷信的驯服工具，成为传统规则的奴隶，表现不出任何伟大的作为和历史首创精神。"①

真正将农民作为社会科学研究对象加以研究是进入 20 世纪后。这是因为，20 世纪在非西方国家发生了一场场革命，而这些革命都与农民相关。同时，产生农民革命的国家大都属于传统农业社会。在传统农业社会里，国家与农民关系表现为分散的小农与强制的国家的关系。这种关系在政治上则表现为压迫与反抗、顺从与叛乱，或者说是"顺民与仁政""暴民与暴政"的循环往复。由此也形成解释农民政治行为的经典模式，即"压迫—反抗""顺从—叛乱"的两极化分析框架。农民对于国家而言，要么是依从者，要么是反抗者。

20 世纪的学者基本上都是沿用经典模式来认识和解释农民政治行为的。美国历史学家巴林顿·摩尔在其名著《民主和专制的社会起源》一书中指出，正是由于印度农民的消极抵制和中国农民的积极革命，决定了两个国家的前途和命运。美国著名的政治学者亨廷顿则系统论述了农村和农民在发展中国家政治过程中的角色，认为"在现代化政治中，农村扮演着关键性的'钟摆'角色"；"农村的作用是个变数：它不是稳定的根源，就是革命的根源"②。美国另一个知名学者斯科特，则以第三世界农民的日常反抗为样本，提出了著名的"弱者的武器"的观点，他认为："在第三世界，农民很少会在税收、耕作模式、发展政策或繁琐的新法律等问题上去冒险与当局直接对抗；他们更可能通过不合

① 《马克思恩格斯选集》第 1 卷，人民出版社，1995 年版，第 765 页。

② 塞缪尔·亨廷顿著，王冠华等译：《变化社会中的政治秩序》，生活·读书·新知三联书店，1989 年版，第 266~267 页。

作、偷懒和欺骗去蚕食这些政策。”① 以上的研究主要是以 20 世纪 70 年代前发展中国家政治发展中农民政治行为为对象的。

进入 20 世纪 90 年代以后，随着中国农民群体性事件的增多，一些学者开始关注农民的政治行为，但他们运用的分析框架仍然是经典模式。如美国学者欧博文及其指导的学生李连江提出了“依法抗争”的观点，中国学者于建嵘则在其基础上进一步提出了“依理抗争”的观点。

经典模式解释农民政治行为时，有两个事实依据或理论假定：其一，以农民与国家的两极对立关系为前提。农民作为经济和政治弱者，要么是顺民、依附者、保守者，要么是暴民、反抗者、革命者。其二，农民是历史的被动者，即使是激烈的反抗，也是迫不得已，以自己微不足道的反抗获得一线生机。他们只是为了使自己的痛苦命运得到稍稍改善，而没有对造成其痛苦命运的体制给予冲击和突破。一旦命运稍有改善，他们很快又成为传统体制的依附者。他们犹如钟摆，只是来回晃荡，简单重复。简言之，在他们身上，看不到新的发展，“表现不出任何伟大的作为和历史首创精神”。

然而，当我们用经典模式来观察 1949 年之后即当代中国农民的政治行为时，却面临着困惑和困难：一是当代中国农民与国家的关系模式既不是根本的对立，也不是简单的顺从。他们并不是要以革命性的激烈对抗方式改变国家基本制度和政治统治，也不是对国家意志和行为的盲目依从，而是以其一系列的自主行为促使国家改变政策和行为模式。二是农民在接受体制安排时，当发现这一体制安排并不能满足其要求后，他们便以自己的行为不断冲击和突破体制性障碍，创造出新的体制和行为模式，由此表现出了“伟大的作为和历史的首创精神”。农民是积极行动者，更是历史创造者。这一农民政治行为超越了农民政治行为的经

① 唐姆斯·C.斯科特著，郑广怀等译：《弱者的武器》，凤凰出版传媒集团、译林出版社，2007 年版，第 3 页。

典模式，形成一种新型的农民政治。

以上困惑和困难，需要我们以中国农民式的首创精神，超越经典模式，对当代中国农民政治行为进行解读，建立新的分析范式。

二、农民的首创行为对体制障碍的突破

相对于西方国家而言，中国是一个典型的东方国家。其特点是有着悠久的农业文明，有着世界上最多的农民（迄今仍然如此），有着最为典型的一家一户自给自足生产的小农，有着凌驾于无数个小农基础上的庞大专制国家。因此，农民政治行为的经典模式在中国表现得尤其明显。笔者曾经概括了传统中国农民的政治行为模式，认为农民的政治行为是两个极端：逆来顺受和官逼民反①。

也正因为如此，作为典型的东方国家，中国农民的政治行为必然表现出自己特有的性质。早在20世纪的上半叶，毛泽东便形成了对中国农民的特有认识。毛泽东作为中国的马克思主义者，运用马克思主义“哪里有压迫，哪里就有反抗”的观点，对于中国农民的革命性给予了充分的评价，认为中国革命本质是农民革命，农民是革命的主力军，是积极行动者。也正因为如此，中国共产党依靠农民取得了新民主主义革命的胜利。革命胜利以后，中国进行了一系列的社会主义改造，并建立起中国式的社会主义制度。在毛泽东看来，社会主义制度建立后，仍然存在生产力与生产关系、经济基础与上层建筑之间的矛盾。在解决矛盾的过程中，他强调要依靠群众、相信群众（包括农民群众），但对矛盾表现形式的认识有偏差，对农民的行为变化也未及深入思考。

中国共产党依靠农民取得国家政权以后，成为可以利用强制性政权实现其意志的执政党，成为可以利用政权力量改造旧制度和建构新制

① 徐勇：《非均衡的中国政治：城市与乡村比较》，中国广播电视出版社，1992年版，第107页。

度、重新塑造社会和人民生活的执政党。执政党在改造社会时所面临的则是一个农民占全国人口百分之八十以上的社会。农民不仅仅是国家政权的依靠力量，也成为国家政权所改造的传统力量。因此，革命后的中国共产党对待农民面临强大的张力：一方面农民仍然是社会改造的依靠者，另一方面农民又是社会改造的对象。这是后革命时代中国共产党面临的一道难题，同时也决定了农民政治行为的二元性特点。

作为民主革命和革命后社会主义制度的依靠者，农民从革命中获得收益：他们获得了祖祖辈辈梦寐以求的土地①。杜润生对此评价为，“农民取得土地，党取得农民”②。从根本上说，农民对当代中国基本政治制度是认同的。即使是1959—1961年的三年严重经济困难时期，农民也没有采取激烈反抗的方式表达自己的利益诉求。而在一般历史学家的研究看来，中国历史上只要是饥饿引起大面积民不聊生，必然会导致农民起义和叛乱。三年经济困难时期未出现激烈的反抗，这一事实因此成为西方学者理解当代中国的一个重大“不解之谜”。其实，这一谜底就在于，经历了长达数十年农民革命之后，农民对革命的领导者——共产党是基本认同的，并抱有战胜困难的信心。他们是新社会制度的依靠者，他们面对的国家治理者不再是传统的专制统治者和压迫者，而是能够引导他们前进并能带给其幸福的新型政党和国家。这正是农民与国家的关系不再是二元对立对抗关系的重要制度基础。

与此同时，农民作为一种传统力量，又被现代取向的执政党视为被改造的对象。中国共产党作为一个现代政党，所要建立的是一个现代工

---

① 民主革命的先行者孙中山提出了“耕者有其田”的战略主张，但他在策略上主张“和平土改”，由政府购买地主的土地分给无地和少地的农民。而辛亥革命后中国面临的主要任务是国家统一，结束军阀割据，统治者既无心也无力于土地改革，无法满足农民的紧迫要求。中国共产党诞生后，特别是毛泽东在江西建立革命根据地后，实行“打土豪，分田地”的政策，能够尽快满足农民的土地需求。土地革命和土地改革一直成为暴力斗争的伴随物，并支持着革命战争的胜利。

② 杜润生：《杜润生自述：中国农村体制变革重大决策纪实》，人民出版社，2005年版，第20页。

业国家和社会主义制度，而农民作为小生产者和小私有者都不适应执政党的目标要求。所以，土地制度改革后很快开展了对农业的社会主义改造，随后又建立起社会主义的人民公社制度。在执政党看来，工业化和社会主义是包括农民在内的全国人民的根本利益所在。尽管在这一过程中，农民的利益会受到一定损失，但从根本上看他们还是受益者①。为此，毛泽东在新中国成立前夕就强调，“严重的问题是教育农民”②；新中国成立后又一再强调，在农村进行社会主义教育。但是，农民的利益与国家利益并不是机械的叠加，两者利益不仅有差别，甚至有冲突。这主要是由特定的政策和体制造成的。在以工业化和计划经济为主导的政策和体制下，农民群体的利益受到的损害更多一些。如果说工人从国有体制中获得了“铁饭碗”庇护的话，那么，农民仍然端的是要自己找饭吃的“泥饭碗”。于是，正是农民而不是理论上的先进阶级——工人阶级成为特定政策和体制的不认同者，直至以自己特有的行为表达自己与政策和体制意志所不同的要求。他们作为社会改造的对象，从维护自己利益和改善生活的要求出发，不断冲击和突破既定的政策和体制性障碍，创造新的行为模式，最后促使政策和体制的改变由此表现出伟大的作为和历史的首创精神。

传统模式解释农民政治行为时，更多的是将农民作为破坏者的面目展现的，无论是改变统治体系还是使政策受到蚕食，无论是“依法抗争”还是“依理抗争”。这的确是传统农民政治行为的特征。农民作为传统生产方式的承载者，他们更多的是对命运的屈从或者临死反抗，其结果只是改变个人命运，而不是改变决定他们命运的制度。这正是马克思将农民视之为政治保守者的重要原因。但是，当代中国农民的一系列自主行为，不只是改变了自己的命运，而且引发了整个政策和体制的变

① 在新中国建立初期确立工业化总路线时，毛泽东与梁漱溟就工业化中农民利益问题有过一场尖锐的争论（《毛泽东选集》第5卷，人民出版社，1977年版，第105页）。

② 《毛泽东选集》第4卷，人民出版社，1991年版，第1477页。

迁。对此，我们可以列举以下关键词作为证明：

1. “生产力暴动”。20 世纪 50 年代初期，执政党提出了农业社会主义改造的任务，其中的重要内容就是要消灭农民小生产，用毛泽东的话说，马克思主义就是要“使小生产也绝种”①。农民作为小生产者，的确有互助合作的愿望。事实上，中国历史上的农民都不完全是孤立分散的，他们依靠家族组织解决一些一家一户解决不了的问题。土地改革后，农民有了一小块属于自己的土地，但个体经营困难多，特别是那些贫困农民困难更多，他们有互助合作的愿望。执政党适应这一要求，提出走农业合作化道路。但是在推进合作化的过程中出现了“过快过急”的问题，一些地方简单粗暴地将农民财产“归公”，从而引起农民强烈不满，并以宰杀牲畜的“闹事”方式表达这一不满。有领导干部将较大规模的农民闹事称为“暴动”。此事引起毛泽东的高度重视，他借用“暴动”一词对农民的行为进行了分析，作出了“生产关系要适应生产力发展”的重要论断。他说：“生产关系要适应生产力的发展，否则生产力会起来暴动，当前农民杀猪宰牛就是生产力起来暴动。”“它实质上是农民群众，主要是中农群众对于党和政府在农村中的若干措施表示不满的一种警告。”②“生产力暴动”可以说是新中国成立后农民第一次以自己的方式表达对党和政府若干措施不满的自主行为，其直接后果是促使执政者意识到，在新的国家里也必须注意生产关系与生产力相适应的规律，否则就会受到惩罚，即使是作为依靠对象的农民也会“闹事”。

2. “包产到户”。由于农民的“警告”没有起到太大作用，执政者的思维以巨大的惯性继续扩展，不仅合作化运动迅速发展，而且很快建立起人民公社。合作社及其后来的人民公社将生产资料归为社有，实行

---

① 薄一波：《若干重大决策与事件的回顾》（上卷），中共中央党校出版社，1991 年版，第 351 页。

② 薄一波：《若干重大决策与事件的回顾》（上卷），中共中央党校出版社，1991 年版，第 367、371 页。

集体劳动，由此必然产生对劳动的管理及其劳动产品的分配问题。作为依靠者的农民一方面成为新制度的依从者，而作为劳动者的农民另一方面又得为自己的生计考虑，于是他们力求在制度内寻求满足其生计需要的办法，这就是通过“包产到户”，将劳动与收益尽可能紧密联系起来。1957 年，浙江省永嘉县率先实行包产到户。1959 年，河南、江苏、湖南、湖北、陕西、甘肃等地在人民公社体制下实行包产到户。20 世纪 60 年代初，包产到户更是遍布全国范围。尽管包产到户被视为“一小二私”，与“一大二公”的体制相背离，屡遭压制，但却有顽强的生命力，管制一有松动就冒出头来，直至 1978 年后成为整个中国改革的突破口。1982—1984 年，中共中央连续发布三个 1 号文件，对包产到户为基础的家庭承包制给予了高度肯定和评价，后作为中国农村的一项基本经济制度确认下来①。包产到户不仅是对统得过死的人民公社体制的突破，而且促使农村商品经济发展，并带动了一系列的体制突破和创造。包产到户还对产权制度和理论作出了贡献，它在集体所有权基础上衍生承包权、经营权、收益权等一束权利，既可以通过集体所有保障集体成员对土地及其公共财产的公平占有，同时也可以充分发挥农民个人积极性，避免人人所有、人人无责的“公地悲剧”。

3.“瞒产私分”。进入现代化的国家都有一个为工业化进行原始积累的问题。西方国家大都通过海外经商和殖民的方式获得原始积累。对于落后国家而言，工业化的原始积累主要来自本国，特别是农民。苏联的现代化道路的一个重要问题是将“农民挖得太苦”，毛泽东对此进行过批评。但是，中国的工业化道路需要农民提供更多的产品，而统购统销和人民公社体制则为实现这一目标提供了极大的便利，并很容易造成向农民拿得太多的问题。面对这一体制，农民出于维持生计的需要，以“瞒产私分”的方式表达其要求。“瞒产私分”是相对于国家定产定购而言的，它是指农民及其所在的基层单位为了获得更多的粮食及其他农

① 具体情况可参见徐勇：《包产到户沉浮录》，珠海出版社，1998 年版。

产品而隐瞒真实的产量和不经同意而分配产品。这种情况在高指标、高征购时期特别突出，甚至演变为一种普遍的农民行为，并得到地方和基层领导人的默认。1959 年，毛泽东指出：“大家看到，目前我们跟农民的关系在一些事情上存在着一种相当紧张的状态，突出的现象是在一九五八年农业大丰收以后，粮食、棉花、油料等等农产品的收购至今还有一部分没有完成任务，再则全国除少数灾区外，几乎普遍发生了瞒产私分，大闹粮食、油料、猪肉、蔬菜‘不足’的风潮，其规模之大，较之一九五三年和一九五五年那两次粮食风潮都有过之无不及。”① 同年初，毛泽东在广东省委的一份报告上批示说：“公社大队长小队长瞒产私分粮食一事，情况严重……在全国是一个普遍存在的问题，必须立即解决。”他甚至不得不承认：“生产大队小队普遍一致瞒产私分，深藏密窖，站岗放哨，保卫他们自己的产品，反批评公社、上级的平分主义、抢产共产。我以为生产队的做法基本上是合理的。”它是农民“反抗的一个集中表现”②。杜润生则认为：“正因为‘大集体经济’吃不饱饭，甚至饿死了人，农民就要想办法，避免风险。其办法，一种是在体制内自己采取一些能吃饱肚子的做法，包括社员和干部互相串通的应变办法，即日后我们所说的‘瞒产私分’，这是一种无权者的抵制。”③除了“瞒产私分”以外，农民还通过“偷”“捡”等方式获得农产品。方式之多，根本无法统计④。农民的“无权者的抵制”不是毫无意义的，它直接促使国家调整与农民的关系。20 世纪 80 年代初，农村改革的重要内容之一是“让利于民”，减少对农民的征购任务，让农民有一

---

① 中共中央文献研究室编：《毛泽东文集》第 8 卷，人民出版社，1999 年版，第 9 页。

② 《建国以来毛泽东文稿》第 8 册，中央文献出版社，1993 年版，第 52、62、70 页。

③ 杜润生：《杜润生自述：中国农村体制变革重大决策纪实》，人民出版社，2005 年版，第 83 页。

④ 高王凌对农民的抵制行为进行了较为详细的调查，并将农民的这一行为定义为“反行为”。具体内容可参见高王凌：《人民公社时期中国农民“反行为”调查》，中共党史出版社，2006 年版。笔者对此进行过专门研究，可参见徐勇：《论农产品的国家性建构及其成效——国家整合视角下的“统购统销”和“瞒产私分”》，《中共党史研究》2008 年第 1 期。

个休养生息的机会，后来形成中央农村工作的基本方针，这就是“多予，少取，放活”。“欲取之必先予之”，成为中国正确处理国家与农民关系的一条重要经验。

4.“自由买卖”。中国历史上的农民一家一户生产，属于自给自足的自然经济。虽然有自由交易行为，但数量极少。20世纪50年代初，国家建立了统购统销制度。这一制度对农产品实行了最严格的国家垄断经营制度，农民历史上的自由买卖行为也受到前所未有的限制。但是，公社并不能满足农民所有的生活需要。特别是在一些人多地少的地方，农民的日常生计难以维持。为此，出现两种农民行为：一是“吃救济粮”，等待政府救济；一是走出土地的束缚，进行“自由买卖”，以简单的商品交易获得生活资料。这一行为因为与统购统销体制相背离，并有可能引起社会分化而受到严厉批判和限制，甚至以“投机倒把”的名义受到严厉打击，但是它一直以“偷偷摸摸”的方式顽强地存在着，直到80年代初浮出水面。随着家庭联产承包制的推行，以市场为导向的自由交易活动得到肯定。1985年，中共中央1号文件提出了关于进一步活跃农村经济的十项政策，改革统购统销体制，鼓励自由交易。以市场为导向的“自由买卖”是中国农村商品经济发展的先声，直接促进了农村经济由传统自然经济和国家高度控制的计划经济向市场导向的商品经济的转型，实现了农村经济形式的历史性跨越。

5.“乡镇企业”。中国历史上的农业经济具有农业与手工业结合，以工补农的特点。费孝通更是主张发展农村工业，以解决农民生活富裕和城市工业化带来的城乡差距问题。20世纪50年代，中国建立社会主义公有制制度，这一制度又分为城市国家所有制和农村集体所有制，并由此形成城乡二元结构。50年代建立的人民公社提出兴办社队企业，但主要是满足乡村内部的需要，以作为农业的一种补充。特别是在“以粮为纲”的政策下，社队企业的发展受到限制。但是，社队企业一直存在着，特别是1978年以后，包括社队企业在内的乡镇企业得到迅速发展。乡镇企业一出现就以市场为导向，以灵活多变的经营方式将长期沿袭的计划经济体制撕开一个个口子，对管得过死的国有企业体制构成强大的威胁，促使国有企业体制改革。乡镇企业的发展使中国农民摆脱历史上的贫困，走向富裕之路。乡镇企业创造的财富不仅占中国经济的半壁江山，更重要的是导致整个经济体制的根本转变——从计划经济走向社会主义市场经济，而由乡镇企业转型而来的民营经济又成为社会主义市场经济体制下最有活力的部分。特别是通过乡镇企业的发展，能够有效化解现代化进程中必然产生的城乡差距这一世界性难题。

6.“村民自治”。中国传统乡村社会实行国家管理与乡村自我管理的结合，但国家管理只是悬浮在乡村之上的“无根统治”。20 世纪 50 年代，中国建立起人民公社体制。为了解决基层干部与社员群众之间的矛盾，执政党提出“民主办社”，强调干部参加劳动。但是在“政社合一”的高度集权管理体制下，社员群众不能支配自己的劳动和产品，只能依附于公社管理，民主办社遭遇着体制性障碍。80 年代初，实行包产到户，公社管理体制松弛，公共事务面临无人管的状况。在广西一些地方，由村民自己选举领导人，自己制定章程，进行自我管理①。这一做法为急于解决公社体制废除后重组农村的中央领导所重视，并将农民群众自治组织以法律形式确认下来，形成村民自治制度。在实行村民自治过程中，农民群众又创造了民主选举、民主决策、民主管理和民主监督的形式。村民自治不仅使历史上从未有过民主权利的农民享有管理基层事务的权利，使现代民主进入乡土社会，而且为中国民主发展提供了宝贵经验——民主跟着利益走，与人民的利益密切相关；中国的民主政治建设必须着眼于基层，着力于基础。由村民自治实践中产生的“四个民主”上升为整个社会主义民主体制的一般要求。民主中国正因为有了

① 笔者为弄清村民自治的起源，于 2000 年在广西壮族自治区进行了数月调查，并在此之后又进行了调查，收集了大量资料。详细情况可参见徐勇：《伟大的创造从这里起步》，《炎黄春秋》2000 年第 9 期。

村民自治而从文本走向现实。

7. "农民流动"。在中国历史上，农民是土地的附着物。20 世纪 50 年代，中国实行了统购统销、人民公社和城乡户籍管理制度，将农民牢牢地限制在土地上。实行家庭联产承包责任制以后，农民有了人身活动的自由，但是，国家对农民的自由流动特别是进城务工经商还是给予了种种限制，许多地方政府甚至明文规定非本城市户籍的人口只能从事某些工作，非本城市户籍人口不能享受相应的待遇。然而，获得人身活动自由的农民进行了自我解放，走出乡土，外出务工经商，最后形成大规模的"民工潮"。农民流动对于改变中国具有极其深远的意义：它使大量的农村剩余劳动力有了出路，农民得以自我"以工补农"；它提供的廉价劳动力为中国创造大量外汇，使中国成为世界上外汇储备最多的国家；它帮助中国"以流动替代革命"，实现了经济高速发展与政治相对稳定的良性互动；它突破了一系列非国民待遇的体制性障碍，使农民也得以享有平等的国民待遇。

以上事实说明：如果说改革是决定中国命运的关键，那么，农民则是改革的突破者和原创者。1978 年后中国改革之所以能够取得巨大成就，关键就是尊重实践、尊重群众的首创精神。邓小平在著名的南方谈话中说："农村搞家庭联产承包，这个发明权是农民的。农村改革中的好多东西，都是基层创造出来，我们把它拿来加工提高作为全国的指导。"① "乡镇企业容纳了百分之五十的农村剩余劳动力。那不是我们领导出的主意，而是基层农业单位和农民自己创造的。"② 江泽民在纪念农村改革二十周年时也说道："人民群众是创造历史的真正动力。包产到户、乡镇企业和村民自治，都是在党的领导下我国亿万农民的伟大创造。"③ 胡锦涛在谈到发展基层民主时表示，"要深入把握新形势下发展社会主义基层民主政

① 《邓小平文选》第 3 卷，人民出版社，1993 年版，第 382 页。
② 《邓小平文选》第 3 卷，人民出版社，1993 年版，第 252 页。
③ 《江泽民在安徽考察工作时的讲话》，《人民日报》1998 年 10 月 5 日。

治的规律和特点，尊重人民群众的首创精神，善于把人民群众在社会主义基层民主政治实践中创造的好经验好做法上升为政策，把成熟的政策上升为法律法规，不断提高社会主义基层民主政治建设的水平”①。

当代中国农民的一系列创造行为，不只是改变了自己的命运，而且引发了整个制度的变迁。这就是所说的，中国的改革是自下而上的改革。当然，这里不是有多么高明，农民的行为是一种自觉的制度变迁行为。但是，农民的行为确实使执政者意识到政策和体制的不合理性。正是农民一系列、持续不断地自主行为，促使当政者反省：为什么我们主观上是为人民谋利益，客观上却得不到农民群众的拥护；“为什么严重的问题在于教育农民”，而农民却不听教育，仍然自行其是？通过反思，当政者进行了较大的自我调整和改革。

一是改变政治战略，从“过快过急”的理想主义回至现实，明确社会主义初级阶段的定位，并由此确立党在社会主义初级阶段的基本路线。定位“初级阶段”的基本事实依据就是中国是农村人口占多数的国家，农业生产力落后。新中国成立后，之所以由被视为政治保守者的农民不屈不挠地突破政策和体制的限制，从根本上说是因为“过快过急”的政治战略与农村现实和农民要求不相适应。从人民公社体制到家庭联产承包责任制的改革，被一些人视为“倒退”，实质上不过是使生产关系“倒退”到与生产力和农民要求相适应，否则就会出现“生产力暴动”。与土地打交道的农民是天生的现实主义者，他们的行为促使当政者改变了政治战略，并由此改变了中国。

二是改变政策取向，从国家利益至高无上走向尊重个人利益。农民作为新国家的依靠者，认同于当代中国的基本制度。但是，国家利益并不等同于个人的具体利益。计划经济和国有体制使非农民群体具有国家身份，如“国家职工”“国家干部”等，使之成为国家的庇护者。农民则没有获得这种国家身份，国家也没有为他们提供其他国家人员那样的

① 《胡锦涛主持政治局学习强调保证群众行使民主权利》，新华网，2006年12月1日。

福利保障，他们必须依靠自己的劳动满足生计需要，也最容易与国家政策和体制相碰撞。正是通过农民一系列突破体制的行为，促使当政者改变政策取向，从着眼于对农民的教育到着眼于农民的物质利益，以调动农民的积极性。中共十一届三中全会公报指出，“调动我国几亿农民的社会主义积极性，必须在经济上充分关心他们的物质利益，在政治上切实保障他们的民主权利”①。正是调动了广大人民群众的积极性，改革后的中国才能面貌一新。

三是改变管理体制，从权力过分集中的体制走向下放权力，让基层和群众有更多的权利。千百年来，中国的农村社会长期实行分户经营。新中国建立以后，国家全面实行权力高度集中的计划经济管理体制。这一工业化管理体制与农业社会最不相适应，也因此受到农民而不是理论上的“先进阶级”的一系列挑战。同时，在整个计划经济管理体制下，农村社会又是相对薄弱的环节。这又为农村率先突破体制性障碍提供了便利。农村因此成为整个中国改革的突破口，而率先一步的农村改革及其成就使执政党更加认识到改革的必要性，从而将改革引向城市及其各个领域，推动着全面改革，最终改变了中国。

当代中国农民突破体制障碍的行为，主要表现为农民日常生活实践活动，看起来微不足道，没有革命那样轰轰烈烈，但正是这些微不足道却不约而同的日常行为，却引发和推动了中国的伟大改革。正如获得1974年诺贝尔经济学奖的哈耶克所说：“在实践中，恰恰是平凡大众在面对变化不定的环境处理其日常事务的过程中所采取的无数微不足道且平实一般的小措施，产生于种种为人们所普遍接受的范例。这些小措施的重要性并不亚于得到明确公认并以明确的方式传播于社会的重大的知识创新。”②

---

① 中共中央文献研究室、国务院发展研究中心：《新时期农业和农村工作重要文献选编》，中央文献出版社，1992年版，第10页。

② 弗里德利希·冯·哈耶克著，邓正来译：《自由秩序原理》（上），生活·读书·新知三联书店，1997年版，第27页。

三、基层社会与创造性政治：一种解释框架

农民改变中国，不仅是改变了他们自己的命运，更重要的是改变了决定他们命运的体制，并创造出更适应他们需要的制度。这一伟大的中国实践及其积累的中国经验是现有的理论分析框架难以给予充分解释的。对此，必须寻求新的理论分析范式。

对于农民政治行为的研究，迄今仍然沿用的是经典的“压迫—反抗”二元模式。近年来，为解释中国日益增多的群体性事件，“底层社会与抗争性政治”的分析范式影响很大。但是，我认为这一分析范式是有限度的。它不仅难以解释农民行为引起的制度变迁，就是解释一般的群体性事件也是要小心谨慎的①。在裴宜理教授看来，“中国是世界上研究抗争性政治最好的实验室”；“中国的抗争性政治至少可以上溯到公元前3世纪一直到陈胜和吴广那里，并一直延续到今天”②。然而，当代中国毕竟已发生很大变化，“底层社会与抗争性政治”的运用必须了解这一分析框架背后的话语逻辑及其社会背景作为解释农民政治行为经典模式的一种分析框架，其背后的话语体系是革命话语，其理论是冲突理论。

“底层社会”是依据精英—大众的关系加以界定的，它内含着等级统治和阶级对立关系③。这一分析框架由来已久。早在工业革命时期，随着资本的占有将社会分裂为无产阶级和资产阶级两大阶级时，马克思

---

① 于建嵘是近年来研究群体性事件最早，同时也是影响最大的学者之一。他在研究中运用了美国著名政治学者同时也是其引荐者——哈佛大学的裴宜理女士的相关理论，并发表了一系列专门的论文。尽管于建峰是我指导的博士，裴宜理女士是我所在单位聘请的客座教授，但我觉得还是可以在学术上与他们进行讨论的，这可能更会促进学术友谊。

② 裴宜理：《底层社会与抗争性政治》，《东南学术》2008年第3期，同期还发表了一系列有关抗争性政治的论文。这组论文可以说是运用“底层社会与抗争性政治”研究中国问题最有分量的一组论文。

③ 就“底层社会”的含义，我在2009年3月29日的一次会议上专门请教过著名社会学家郑杭生教授。他认为，“底层社会”有等级制的含义。对此我深为认同，并感谢郑教授的教诲。

主义就提出了阶级理论。在马克思主义看来，由于对生产资料占有的不同，引起社会分化，出现社会差别，社会分裂为统治和被统治、剥削和被剥削、压迫和被压迫两大阶级，并带来阶级矛盾。这种矛盾是对立、对抗，不可调和的，只能通过被统治、被剥削、被压迫的阶级对统治、剥削和压迫阶级进行阶级斗争，才能推动社会进步。因此，这种斗争具有历史的合理性、道义的正当性和社会的进步性。

到了20世纪，阶级分化和冲突理论进一步发展为政治学广泛运用的社会和政治分析理论。意大利政治学家加塔诺·莫斯卡在《统治阶级》一书中明确指出："在所有的社会中，都会出现两个阶级：一个是统治阶级，一个是被统治阶级。前一个阶级垄断权力并且享受权力带来的利益。而另一个阶级，也就是人数更多的阶级，被第一个阶级以多少是合法的、又多少是专断和粗暴的方式所领导和控制。被统治阶级至少在表面上要供应给第一个阶级物质生活资料和维持政治组织必需的资金。"① 由于对权力的占有不同，社会分为统治阶级和被统治阶级，分别构成不同的权力社会，而没有权力的社会大众处于权力金字塔体系的底层，从而形成所谓"底层社会"②。在执掌权力的统治者看来，那些无权无势的底层"小人物"是微不足道的，但这些底层人物也会用各种方式抵制和反抗统治者和统治行为，从而形成所谓"抗争性政治"。在西方国家，抗争性政治形成了一种社会运动。在发展中国家，抗争性政治主要表现为最弱势的农民群体一种自觉或不自觉的集体行动。

"底层社会与抗争性政治"的分析框架基本是对"压迫—反抗"经典模式的沿袭。它的内在逻辑是：社会分为有权的统治精英和无权的社会大众；统治精英和底层民众的关系是对立、对抗的；底层民众只有通过的集体反抗行为才能改变自己的命运；这种反抗行为具有历史和道义

① 加塔诺·莫斯卡著，贾鹤鹏译：《统治阶级》，译林出版社，2002年版。

② 尽管还没有发现对"底层社会"的明确定义，但它大抵可以说是由一群无权无势的人构成的社会。

的天然合理性。

毫无疑问，“底层社会与抗争性政治”具有很强的解释力。但任何一种分析框架都必须谨慎地使用，都是有一定边界的。特别是对于1949年革命后的中国来说，更需要充分考虑其社会的变化。事实上，作为阶级斗争理论大师的毛泽东，在20世纪50年代就已在寻求新的社会分析范式，提出了著名的“人民内部矛盾”理论。在毛泽东看来，社会主义社会仍然存在着矛盾，基本矛盾仍然是生产力和生产关系之间、经济基础和上层建筑之间的矛盾。但社会主义社会的矛盾不是对抗性的矛盾，它可以经过社会主义制度本身得到不断调整和解决。在社会主义社会，大量存在的是非对抗性的人民内部矛盾，应该用民主的、说服教育的方法去解决。正确处理人民内部矛盾成为国家政治生活的主题①。“所有制问题基本解决以后，最重要的问题是管理问题。”② 解决这一问题不能运用以往急风暴雨式的阶级斗争方式。邓小平也就如何处理社会矛盾特别是群众“闹事”（相当于现在所说的“群体性事件”或“集体抗争”）发表了看法。他不赞成那种大规模“闹事”的“大民主”，而提倡在宪法和法律制度范围内解决问题、通过各种方式反映群众意见的“小民主”，认为：“我们是不赞成搞大民主的。大民主是可以避免的，这就要有小民主。如果没有小民主，那就一定要来大民主。”③ 显然，50年代新的社会制度建立后，执政者已开始根据社会制度的变化转变政治思维，从执政、建设和治理而不是革命的角度思考如何处理新的社会矛盾。只是这一探索由于多种原因而中断，革命思维再度活跃，提出了“继续革命”理论，结果导致了“文化大革命”的发生。而发动“文化大革命”的重要依据就是无权无势的“小人物”受

---

① 毛泽东：《关于正确处理人民内部矛盾的问题》，《毛泽东文集》第7卷，人民出版社，1999年版，第204~244页。

② 中央文献研究室：《毛泽东传（1949—1976）》，中央文献出版社，2003年版，第1044页。

③《邓小平文选》第1卷，人民出版社，1994年版，第273页。

到各种各样的“当权派”的压制，由“小人物”构成的群众运动天然合理。由此可见，“底层社会与抗争性政治”内在的“造反有理”的逻辑在社会主义制度下的运用是需要十分慎重的，不可轻用，更不可滥用。

同时，“底层社会与抗争性政治”沿袭的是传统农民行为的经典模式。这一模式解释了民众抗争的起因、条件、策略，但没有能够解释抗争所引起的后果，特别是没有能够深入解释民众抗争引起的制度变迁。因为，对于农民或者底层社会成员来说，他们的抗争是不得已的，只有通过抗争才有可能改变其命运，但他们并没有创造出一种新的体制，因此，他们的命运犹如钟摆一样，处于循环往复之中。这也是马克思认为农民没有任何伟大的历史首创精神的重要原因所在。而在当代中国，农民的行为不仅改变着自己的命运，而且冲击着体制，并发明替代性的新体制，使他们的命运获得了一个新的天地。所以，要解释这一行为模式，必须有新的分析范式，这就是本文提出的“基层社会与创造性政治”。

“基层社会与创造性政治”与“底层社会与抗争性政治”的思维模式和话语体系有很大的不同。后者是革命性思维和话语，前者是建设、执政、治理性的思维和话语。

“基层社会”是与“上层社会”相对而言的，一般指与经济基础联系较多的社会领域，包括直接从事生产（物质生产和精神生产）的社会民众及与民众直接联系的管理者，如通常所说的基层和地方干部。“基层社会”是一个社会学用语，是由社会分工引起的社会分化、社会分层出现的一个概念。它与“上层社会”有矛盾、冲突的一面，也有一致、合作的一面；由于矛盾激化可能会导致恶性对抗，但更多的是治理得当而出现的良性互动。而“底层社会”更多地具有等级制属性，处于权力金字塔体系的底座部分，不断受到统治者的施压，当压力难以承受之时便会抗争和造反。这种抗争更多的是社会对立、冲突和对抗，是由于矛盾激化引起的恶性对抗。

“创造性政治”是指基层社会为改变自己命运和创造自己的幸福生活而进行的一种创造性的政治活动。“创造性政治”可以分为革命性创造，即通过暴力抗争的方式推翻统治政权，主要在于破坏一个旧世界——这种创造并不是经常出现和发生的；也可以分为建设性创造，即通过各种日常行为改变束缚生产力发展和改善民生的体制，创造一个新的世界——这种创造是经常出现和发生的。“抗争性政治”重在破，打破旧的秩序，但并不一定能够产生新的秩序，或者说与制度创新没有必然联系，即使有，也可能是“新瓶装旧酒”。“文化大革命”中讲的“破字当头，立在其中”，实际上破了很多东西而并没有新的“立”，或者说破了许多不该破的，“立”的也不都是“新”的，如“万岁，万岁，万万岁”的复活①。而“创造性政治”必须是反映生产力发展和能够改善人民生活的政治行为，其检验的标准就是邓小平所说的是否有利于生产力发展、是否有利于提高人民的生活水平。“创造性政治”正是在这两个方面获得历史和道义的合理性。

“创造性政治”和“抗争性政治”的主体和动力也有所不同。革命话语下的“抗争性政治”非常强调底层社会民众抗争的历史价值，将创造性主体唯一化、单极化了。例如，毛泽东提出，“人民，只有人民，才是创造世界历史的动力”②。“人民创造历史”是毛泽东的重要见解，但这一论断并不否定领导者或者统治者对历史的创造甚至是决定性创造。毛泽东自己也多次高度评价了从孔子到孙中山等伟大人物在中国历史上的伟大作用。邓小平也表示，“没有毛主席，至少我们中国人民还要在黑暗中摸索更长的时间”③。相对于“抗争性政治”而言，“创造性政治”强调基层社会的创造性，特别是原始创造力，但不排斥领导者

---

① 连毛泽东本人对这一称呼都感到“讨厌”。参见中央文献研究室：《毛泽东传（1949—1976）》，中央文献出版社，2003年版，第1558页。

② 《毛泽东选集》第3卷，人民出版社，1991年版，第1031页。

③ 《邓小平文选》第2卷，人民出版社，1994年版，第345页。

或者统治者的创造作用；相反，没有先进的领导者或者开明统治者的作用，群众性创造有可能不断夭折，难以由一束火花而扩散为满天光明。因此，如果说“抗争性政治”是上层与下层的冲突性政治，那么，“创造性政治”更多的是上层与下层的互构性政治，它强调历史推动的“合力”。

通过以上比较可以看出，“底层社会与抗争性政治”是有特定使用领域的，而“基层社会与创造性政治”的包容性更强，更能解释农民改变中国并超越农民政治行为经典模式这一事实。

当代中国农民的政治行为不是基于推翻基本制度和基本秩序的革命性行为。他们的政治不满和政治抗争，主要是出于对政策和体制的不满和抗争。所以，即使是 1959—1961 年三年严重经济困难时期，也没有爆发大规模的农民反抗。从“生产力暴动”到“包产到户”，再到“乡镇企业”“村民自治”“农民流动”，都是农民为改善生活而不断突破政策和体制束缚。这种突破，不仅破坏了旧体制，更重要的是创造了一种可替代的新体制的雏形或萌芽形式。

本文所说的“农民改变中国”是指引起中国改革这一决定当今中国命运关键的原创力是农民，但并不是说只有农民才是改革的唯一动力。事实上，中国改革是由农民群众的原始要求、基层干部的呼应推动以及地方和中央决策者的主动提升共同作用的结果。

作为中国改革先声的农村改革的原始动力是农民。“生产力暴动”还只是农民的一种“警告”，没有引起体制性变革。从“包产到户”开始的体制创新，都与基层、地方和中央领导的呼应、支持和推动密切相关。

以“包产到户”为例。包产到户最早出现于浙江省永嘉县。农民的“包产到户”做法直接得到当时县委特别是主管农业的李云河书记的主动支持和积极倡导。20 世纪 60 年代初，“包产到户”之所以能在安徽省大面积推广，得益于当时的省委书记曾希圣的支持。而“包产到户”在全国各地兴起后更是得到众多中央领导者的重视和支持①。邓小平由此发表了后来被称为著名的“猫论”的一段话，他说：“生产关系究竟以什么形式为最好，恐怕要采取这样一种态度，就是哪种形式在哪个地方能够比较容易比较快地恢复和发展农业生产，就采取哪种形式；群众愿意采取哪种形式，就应该采取哪种形式，不合法的使它合法起来。”② 70年代末，万里在安徽省支持和推广包产到户，更具有政治的自觉性和主动性。他提出了著名的“好政治和坏政治”的观点。他说：“只要老百姓有饭吃，能增产，就是最大的政治。老百姓没有饭吃，就是最坏的政治。”③ 正是在群众要求、基层干部呼应、高层领导推动的合力下，中国的包产到户才能由星星之火发展为农村基本经济体制。在这一过程中，离开了哪一方面，都不可能形成一种全国性的体制。而这一事实，正是“基层社会与创造性政治”的分析框架才能给予解释的。

（原载《学术月刊》2009年第5期）

① 参见徐勇：《包产到户沉浮录》，珠海出版社，1998年版。
② 《邓小平文选》第1卷，人民出版社，1994年版，第323页。
③ 转引自赵树凯：《万里与农村改革》，《中国发展观察》2009年第1期。

农民理性的扩张：“中国奇迹”的创造主体分析

——对既有理论的挑战及新的分析进路的提出

摘　要：在中国，农民占多数，长期以来被视为传统保守的力量。长期日常农业生产方式下形成的农民理性，在农业社会内部的功效是有限的，主要是生存理性。而这种理性以其惯性进入工商业社会后会形成扩张势态，产生一种农民理性与工业社会优势结合的“叠加优势”，释放出其在传统农业社会和现代工商业社会都未有的巨大能量。要理解“中国奇迹”，必须理解中国农民；要理解农民，必须理解农民理性。以农民理性中的关键性词语来说明农民理性扩张是如何造就“中国奇迹”的，需要跳出传统与现代二元对立的思维定式，高度重视社会变革中的民性、民情及民意。

关键词：农民理性；中国奇迹；创造主体

早在1994年，林毅夫就与他人合著了《中国的奇迹：发展战略与经济改革》一书，从新制度主义的角度，提出了著名的比较优势理论[①]。进

① 林毅夫、蔡昉、李周：《中国的奇迹：发展战略与经济改革》，上海三联书店、上海人民出版社，1994年版。

入新世纪以后，特别是近年来，有关讨论更多①。随着中国经济的高速发展和政治相对稳定，“中国奇迹”及其相关的“中国模式”“中国经验”“中国道路”等“中国性”成为热门议题，各种看法和观点纷纷纭纭，但认识视角主要是制度主义的。这些认识毫无疑问有相当高的价值，但历史创造的主体问题显然被忽视了。有关“中国奇迹”及其“中国模式”“中国经验”“中国道路”等“中国性”的观点，与其说是展示了一个不可思议的社会经济现象，不如说是提出了一个未曾预料的重大问题：“中国奇迹”是中国人创造的，而中国人的主体是农民。那么，为什么在一个充满传统主义的农民国度里，能够在短时间创造出一个“中国奇迹”？我们不能离开中国人讲“中国奇迹”，也不可离开“农民性”谈“中国性”。本文试图透过社会历史表象，从人这一创造主体的角度对“中国奇迹”的发生与发展加以分析。

一、对传统经典理论的挑战及其新的解释框架

无论持什么观点，从学术研究的角度看，要解释“中国奇迹”，必须回答两个问题：它是何人创造，又是何时创造？这两大问题对传统经典理论构成强大挑战，是传统经典理论难以回答的。

毫无疑问，当今中国的发展及“中国奇迹”是在传统农业社会向现代工业社会转变中发生的。传统与现代的二分法长期以来是社会科学界流行的经典理论。这一理论主要来源于西方工业社会的建立时期，为20世纪初韦伯所奠基。从社会科学发展来看，韦伯是一个分类学的经典代表，特别是他将社会分为传统社会与现代理性社会，它们之间的魅

① 2009年7月1日创刊的《中国社会科学报》在头版，并用了四个版面讨论相关主题。(参见童力：《中国道路：全球视野与历史维度》)《中国社会科学》2009年第5期发表了主题为“全球视野下的中国道路：1949—2009”的系列论文。

力型社会只是一个过渡的非常规类型①。至此之后，传统被视为落后，现代被视为进步，便成为社会科学的定论，甚至成为不容置疑和挑战的意识形态。传统社会是农业社会，作为传统社会因子的农民，自然是落后的传统社会因子，在他们身上没有任何进步的动力，只是固守传统的消极力量。因此，在整个20世纪上半叶，被视为传统保守力量的农民基本上没有进入社会科学研究的视野。

但世界社会科学界完全没有预料到的是，正是“保守”的农民促成了一个个新兴国家的崛起；而新兴国家面临的主要问题仍然是农民的贫困问题。于是，自20世纪60—70年代起，传统农民被纳入社会科学研究的视野，“出现了所谓‘农民学辉煌的十年’。有人甚至说这一时期农民研究领域取得的划时代进展可以与物理学领域中牛顿定律的发现相比拟”②。尽管农民成就了这一意义上的革命，但是，社会科学界对农民的作用仍然估计得很不充分。美国学者亨廷顿是研究传统社会向现代社会转变的政治学家。与前人相比，他对农民的历史地位和作用给予了较为积极的评价，但他也只是将农民视为一种稳定性力量，认为：“在现代化政治中农村扮演着关键性的‘钟摆’角色。”“农村的作用是个变数：它不是稳定的根源，就是革命的根源。”③ 至于农民在革命后的经济发展中的作用却语焉不详。摩尔可以说是西方社会科学界最重视农民作用的大师。他突破了西方固有的传统与现代二分法的理论模式，特别是发现，“在两大文明形态起承转合的历史关节点上，分崩离析的

① 这种社会分类学在西方社会科学界十分流行，如涂尔干的“机械团结”与“有机团结”的分类，梅因的“身份社会”与“契约社会”的分类，滕尼斯的“礼俗社会”与“法理社会”的分类，莱德费尔德的“民俗社会”与“都市社会”的分类等，大体都是传统社会与现代社会分类的延展。

② 参见“农民学丛书”总序。转引自J.米格代尔著，李玉琪、袁宁译：《农民、政治与革命——第三世界政治与社会变革的压力》，中央编译出版社，1996年版，第2页。

③ 塞缪尔·亨廷顿著，王冠华等译：《变化社会中的政治秩序》，生活·读书·新知三联书店，1989年版，第266~267页。

传统社会所遗留下来的大量阶级因子，会对未来历史的造型发生强烈作用”①。因此他将代表作《民主和专制的社会起源》一书的副标题定为“现代世界诞生时的贵族与农民”。摩尔充分估计到农民的革命性作用，他强调：“现代化进程以失败的农民革命为起点，在 20 世纪，它却经由成功的农民革命而进入高潮。那种认为农民只是历史客体，是一种社会生存状态，是历史变化的被动承受者，而与历史变革的动力无缘的观点，已经站不住脚了。”但他对革命后农民的建设作用却持极端否定态度，认为：“农民为摧毁旧建筑提供了动力，然而在以后的再建设工作中却毫无贡献。”②

以上传统经典理论自然无法解释“中国奇迹”的产生。这是因为，“中国奇迹”是在一个十分传统的国度里产生的。中国是一个世界上农业文明最为悠久的国家，形成了强大的农业文明传统。中国也是一个世界上农村人口占多数的国家，一直到 1990 年代，中国的农村人口仍然占世界农村人口的五分之二。中国还是一个典型的以家庭为基本单位的农民国家，即农民主要是生产经营规模较小、相对独立的农业生产者，农民个体的力量相对薄弱。在一般理论看来，在这样的国家，由于强大的政治动员，可以兴起一场轰轰烈烈、改天换地的革命，却因农民先天的惰性或者说保守性而难以创造出经济发展的奇迹。然而事实恰恰相反，正是在这样的国度，产生了一个令世人瞩目的“中国奇迹”。中国直到 1978 年改革开放时，80% 以上的人口为农村人口，或者是纯粹的农民，他们是创造“中国奇迹”的主体。如果离开了农民谈“中国奇迹”只能给人以如此结论：好像“中国奇迹”是从天而降，是某个神灵的恩赐。因此，我们不能离开人这一世界主体谈经济社会发展，离开农民谈论中国。“农民性”与“中国性”密切相关。要理解“中国奇

---

① 巴林顿·摩尔著，拓夫、张东东等译：《民主和专制的社会起源》，华夏出版社，1987 年版，第 2 页。

② 巴林顿·摩尔著，拓夫、张东东等译：《民主和专制的社会起源》，华夏出版社，1987 年版，第 368、389 页。

迹”，必须理解中国农民；要理解中国农民，就必须突破以往传统与现代二元对立的经典思维模式，寻求新的解释框架。

尽管摩尔对革命后农民的作用评价过低，但他对两大文明形态起承转合的历史关节点上的农民所给予的注意，还是十分有启迪意义的。如果我们将“中国奇迹”与农民联系起来，就需要研究农民及其行为活动。为此，本文试图建立在文明形态起承转合的历史关节点上农民理性扩张的分析进路。

如果要将农民与“中国奇迹”联系起来，首先必须问“谁是农民”？所谓农民，一般是指从事农业生产活动的人。但是，中国是一个有着漫长农业文明和短暂工业文明的国家，从事非农业产业的人群也主要来自农村。在中国，三代从事非农产业的人群占极少数。因此，这种代际的关联决定了即使未从事农业产业的人群也深深浸淫和具有深厚的农民意识或者“农民性”。这种农民意识深深影响着中国人，直至中国领袖。所以，本文所说的农民主要是指从事农业生产活动的人，同时也包括具有农民意识的人。

农民作为主体，必然有其理性。当然，关于农民是否有理性，也是20世纪六七十年代“农民学”讨论的一个热点问题，由此出现了所谓“理性小农”“道义小农”等尖锐对立的观点①。产生争论的原因，也是在于传统经典理论对“理性”的界定。古典经济学家亚当·斯密提出了“经济人理性”的假说。根据这一假说，只有那些以最小的代价获得收益的人才符合经济理性。韦伯在其基础上，又将“算计”作为衡量是否具有经济理性的尺度。后来关于农民理性的争论都源自于此。“经济理性”是一个重要的分析概念，但也有其限度。这是因为，理性是一个历史性概念。理性作为一种主观意识，来自特定的生产方式和环境，是客观环境的主观反映。马克思认为：“人们是自己的观念、思想

① 参见“农民学丛书”总序。转引自J. 米格代尔著，李玉琪、袁宁译：《农民、政治与革命——第三世界政治与社会变革的压力》，中央编译出版社，1996年版。

等等的生产者，但这里所说的人们是现实的、从事活动的人们，他们受自己的生产力和与之相适应的交往的一定发展——直到交往的最遥远的形态——所制约。"① 古典经济学的"经济人理性"也只是资本主义市场经济环境的产物，并不是先天就有，也不是永恒不变的。从人的主体性、历史性看，农民也是具有理性的。农民在长期的农业生产活动中会形成特有的意识、态度和看法，它们在特定的环境下是合理的，也是有效的②。理性除了是客观环境的反映以外，它一旦形成还会形成自主性，即思维惯性。虽然环境发生了变化，但深深植根于社会心理结构中的意识，作为一种文化基因，会继续支配人的行为。这就是近些年文化人类学所重视的惯习。历史愈长，惯习愈牢固。即所谓的过去告诉未来，经验支配选择。对于中国来说，数千年的农业文明传统的积淀，深深影响着农民，直至每个中国人的行为。因此，所谓农民理性，是指农民在长期农业生产活动中形成的意识、态度和看法，它们不仅来自本人感性经验，还是长期传统的积淀。

理性支配着人的行为。理性的作用范围和功效有所不同。理性受制于环境，有时环境改变了，人们仍然会按自己惯有的理性行动，从而有可能产生理性在原有环境下所不可能有的巨大能量。这就是理性扩张。理性扩张是指在特定场域内形成的理性扩展到其他场域，从而使自己的功效得以扩展。这是因为，任何理性都是在特定的社会中发生的。而社会的发展伴随兴起、成长、发展、衰退的生命周期。这种生命周期受制于社会成本的支配③。愈是成熟的社会，支配社会运转的社会成本愈高，生命活力愈会衰减。这就是为什么新兴社会往往是生命活力最为旺盛的社会，成熟社会往往是生命活力下降的社会。当在一种社会环境下

① 《马克思恩格斯选集》第1卷，人民出版社，1995年版，第72页。

② 一般来说，合理性和有效性是理性的两大要素。（参见胡荣：《理性选择与制度实施——中国农村村民委员会选举的个案研究》，上海远东出版社，2001年版，第29页）从广义看，理性不过是人类选择自己行为的能力，这种选择受制于特定历史条件，换言之，在特定条件下对自己行为作出合理的选择，以获得最大收益，就是理性的。

③ 社会成本是指维持社会正常运转所需要或者所支付的费用或代价。

形成的理性惯性进入到其他社会时，不仅可能激活原有的潜力，而且可能产生一种其他社会场域所不具有的特有功效，形成所谓的“叠加优势”和爆炸性的“突变”①，实现理性的扩张。这在两种文明形态起承转合的历史关节点上，表现得尤其突出。产生于西方世界的商人资本和工业资本如果不是走向世界，进行殖民扩张，就不可能实现其资本理性，或者说早期城市商人伦理的扩张。商人伦理在西方社会更替时发挥了巨大能量，形成了后来韦伯所说的资本主义精神。如果说是商人改变了西方，那么，农民则改变了中国②。农民不仅成就了中国革命，而且促使了中国改革，也创造了经济发展的“中国奇迹”。

在我们回答何人创造了“中国奇迹”的同时，还必须回答何时创造的问题？同样的农民，同样的农民理性，为什么在长期的历史中只能产生十分有限的能量，而近 30 年来则产生出了巨大的功效？这取决于环境的改变。就国内而言，是改革开放促使传统农业社会向现代工业社会的大转变；就世界而言，是发达国家的社会成本日益高昂、生命活力相对衰减、欠发达的新兴国家迅速崛起的大变革的交替时期。中国的改革开放不仅适应了国内社会转变的要求，也适应了世界格局的变革。改革开放前，中国主要是农业社会。农民理性与农业社会是相匹配的，其作用也是有限的，主要适应于生存的需要，或者说是生存理性。“在一元经济条件下，假如不存在土地所有权的集中，那么农户间的收入差距即使存在也不会很显著，即表现为一种‘大众贫困’。”③ 改革开放后，中国走向工商业社会，二元经济结构不仅更为明显，更重要的是处于结构性开放状态，农民可以自由跨越经济结构，向非农领域流动。农民面

① 任何一种文明形态都有其内在的优质因素，即通常所说的“精华”。这些优质因素在原有文明形态框架下所产生的作用是相对有限的。但在两种文明形态转换中，不同文明形态中的优质因素可能会重合，而形成“叠加优势”，产生为原有文明形态框架所局限的巨大能量。

② 参见徐勇：《农民改变中国：基层社会与创造性政治——对农民政治行为经典模式的超越》，《学术月刊》2009 年第 5 期。

③ 沈红等：《边缘地带的小农——中国贫困化的微观理解》，人民出版社，1992 年版，第 25 页。

对的工商业社会是一个全新的世界。在别国已成熟的工商业社会及其理性原则，对于中国农民则十分陌生。而农民闯入或者卷入这一陌生世界之时，仍然会按照其在农业社会形成的理性行事。农民理性的优质因素与现代工商业社会的优质因素的有机结合，会释放出传统农业社会和现代工商业社会都未有的巨大能量，产生“叠加优势”①。农民理性正是在这一起承转合的历史关节点上得以扩张，由生存理性扩展为发展理性，从而成就了“中国奇迹”。

二、农民理性扩张怎样造就“中国奇迹”

农民理性是农民在长期的农业生产环境中形成的意识、态度和看法，它们不是来自经典文献，而是来自日复一日的日常生产和生活。由于中国的文化经典主要是记录和提供国家治理的学说，来自下层的农民的思想和行为模式并没有较多见诸经典文献。相对文化经典而言，农民习以为常的日常生活哲理对他们的影响更大，也更为持久。本文所说的农民理性主要便是农民通过自身及其前辈的活动经验形成的意识、态度和看法，它们更多见诸谚语等常用话语之中。为此，本文将以农民理性中的关键性词语来说明农民理性扩张是如何造就“中国奇迹”的。

（一）勤劳

勤劳是指辛勤地劳动，将劳动视为生活的源泉，也是人生最重要的价值，它是农民理性的最基本要素。这是由农业生产特点和方式决定的：农业生产高度依赖于自然，受大自然支配，是自然环境的依附者。

① 事实上，中国共产党在对改革开放以来的中国特色社会主义道路的总结中，已注意到人类文明的优质因素相互结合的问题。如党的十五大报告提出：“把社会主义同市场经济结合起来，是一个伟大的创举。”（参见江泽民：《高举邓小平理论伟大旗帜，把建设中国特色社会主义事业全面推向二十一世纪》，中共中央文献研究室：《中共十三届四中全会以来历次全国代表大会中央全会重要文件选编》，中央文献出版社，2002年版，第423页）胡锦涛总书记在中共十七大报告的基础上，进一步提出了“十个结合”。

传统农业主要依靠两大生产要素，一是土地，一是劳动。生产的增长主要依靠劳动投入。有所劳才有所得，多一分劳动多一分收获。劳动不仅是生存的目的，而且是一种人生态度，是人的一项“天职”。特别是在人多地少的中国，“强劲的体力多于良田”①，更需要通过不断的劳动投入才能得以生存或者积累财富。而中国的农民在人身上是自由的，他们与农奴不同，能够将劳动与收入联系起来，有劳动积极性。中国农民可以说是世界上最为勤劳的群体，没有劳动时间限制和劳动条件要求。“勤扒苦做”“起早贪黑”是高尚的、为人称道的行为；“休息是不符合道德要求的”②，“游手好闲”“好吃懒做”“偷懒耍滑”更为农民所鄙视。毛泽东指出：“中国人从来就是一个伟大的勇敢的勤劳的民族”③，又说，“中华民族不但以刻苦耐劳著称于世，同时又是酷爱自由、富于革命传统的民族”④。韦伯也认为：“中国人的勤奋与劳动能力一直被认为无与伦比。”⑤

但在传统农业社会，农民勤劳难以致富。首先是自然条件限制。农业生产受自然约束，其收获受季节的限制，劳动产品的增长是有限的。直至改革开放前，我们还可以经常看到，由于没有化肥，农民只有通过不断松土，增加劳动投入，以获得多一点点，甚至微不足道的产品。这种劳动投入愈来愈多，收益却不能相应增长，甚至为负收益的现象，在黄宗智看来属于“经济内卷化”⑥。其次，农业文明时代主要是人与土地的关系。土地资源总是有限的，产品总量难以增长。在人多地少的条件下，土地平均占有至多也只能是勉强度日。如果要获得比他人更好的生活，必然要占有更多的土地，由此就会造成土地兼并，即利己必损

① 费正清著，张理京译：《美国与中国》，商务印书馆，1987年版，第12页。

② H. 孟德拉斯著，李培林译：《农民的终结》，社会科学文献出版社，2005年版，第186页。

③ 《毛泽东选集》第5卷，人民出版社，1977年版，第5页。

④ 《毛泽东选集》第2卷，人民出版社，1991年版，第623页。

⑤ 马克斯·韦伯著，王容芬译：《儒教与道教》，商务印书馆，1995年版，第115页。

⑥ 黄宗智：《华北的小农经济与社会变迁》，中华书局，1986年版。

人。当土地兼并严重，就会产生战乱，用暴力的方式重新分配土地，将富人变穷，即“富不出三代”。所以，传统农业社会是一个贫穷而平均的社会，勤劳并不能致富，勤劳的功效是十分有限的，表现为“勤劳的贫穷”，或者说是“有效率的贫穷”。

进入工商业社会，勤劳则会产生巨大的能量。工商业社会的生产可以超自然约束，财富增长总量是无限的。人可以更多地征服自然、改造自然，在实现财富增长的同时扩大需求并不断满足扩大了的需求，从而达致“勤劳革命”①。由于产品总量增长的空间增大，人们有可能在本人财富增长的同时也使他人的财富并不减少。在工商业时代，资本收益的同时，也能使劳动的绝对收益增长。在这种条件下，社会并不一定要以暴力战乱的方式重新分配财富。财富的积累有了可能。但在一个成熟的工商业社会，财富积累速度是有限度的。这是因为工商业社会是人为建构起来的社会，出于种种原因，人们对于劳动时间和劳动条件加以各种约束，如“八小时工作制”“双休日工作制”“未成年人劳动保护制”等。这就是所谓的现代性，或者说工业劳动理性的建构。而这种现代性意味着生产成果的时间受到限制，或者需要支付愈来愈多的社会成本。

对于刚进入工商业社会的农民来说，他们主观上并不知晓这些现代性，而仍然用他们千百年形成的勤劳习惯行事。这种农民式的勤劳可以在工商业社会产生巨大的能量。改革开放以来，中国经济是最有活力或者说在世界上最有竞争力的经济，世界新华人经济、沿海外资经济和民营经济，这三大经济体的主体都是农民。他们的劳动时间在世界上是较长的，他们的劳动条件在世界上的要求是较低的②。由此生产出世界上最廉价的商品，并占领世界市场，形成了对成熟工商业社会的巨大冲

① 参见彭慕兰著，史建云译：《大分流——欧洲、中国及现代世界经济的发展》，江苏人民出版社，2003年版，第88页。

② 根据相关统计数据，仅仅是在可以进行比较的2001—2006年间，中国人的工作时间平均高出西方发达七国平均工作时间，每年达708小时。而对于从事非农产业的农民来说，工作时间会更长。

击。一些外国人认为中国人开厂经商不讲规则，没有时间和条件限制。其实他们不知道，这些中国人主要是农民，在农民劳动心理习惯中，是没有白天黑夜、没有星期六星期天的意识的。

改革开放后兴起的企业的员工主体是农民工，主要从事的是制造加工业等初级产业，普遍采用的是做多少得多少的计件工资制，而不是通行的计时工资制。计件工资表现比较直观，管理简单。计件工资制与农业劳动报酬相类似，也是做多少得多少。马克思认为："'计件工资'促进了工人个性的发展，从而促进了自由精神，独立性和自我监督能力的发展。"① 为了获得更多的劳动收入，劳动者会自动投入更多的时间，生产更多的产品。在工商业社会，"时间就是金钱"，多投入劳动时间就有可能获得更多的收入，这是传统农业社会所不可能有的。所以，在新兴企业里并没有因为劳动时间长、劳动条件差而出现员工"闹事"，"闹事"的主要原因是付出了劳动而没有获得收入。相反，在相当多的农民工看来，有事做，能够加班，就可以有更多收获。在一双具有"现代性"的眼睛看来，农民工做的是最脏、最苦、最累、最危险的工作，但在农民工看来则是"自由选择"：一则可以比农业生产有更多收获，近20年农民普遍盖了新房，其主要经济来源就是打工。农民现金收入中，外出务工经商的收入比例不断上升，已远远超出农业劳动收入。农民事实上早已开始自我的"以工补农"。沈红等人的实地调查说明"二元经济中劳动力的再配置……产生了'双重效益'，一方面曾经属于剩余或者说不尽其用的劳动力现在处于充分就业的状态；另一方面仍留在农业领域的劳动力的边际产品和平均产品也相应获得了增加，其结果农户总体经济状况有了改善"②。诺贝尔经济学奖获得者刘易斯对传统部门通过现代部门获益给予了精

① 马克思：《资本论》第1卷，人民出版社，1975年版，第605页。

② 沈红等：《边缘地带的小农——中国贫困化的微观理解》，人民出版社，1992年版，第29页。

当的评价，认为："传统部门通过该部门的人口随缘转入现代部门挣钱并给家里汇款而分享现代部门的利益。"① 二则农民刚进入工商业领域时并没有劳动时间和劳动条件的意识和要求，挣钱或者通过劳动挣到更多的钱是最高目的，也是人生的价值所在。尽管他们在外务工辛苦，但当他们一年一度回到家乡能够带回在家乡不可能获得的收入，他们内心会油然生起自豪感和满足感。中国能在短短 20 多年内成为世界上外汇储备最多的国家，不能不归功于不知疲倦的农民工这样一个群体。是勤劳而不是技术扩张了中国经济的竞争力。农民的勤劳理性与工商业社会提供的致富空间形成"叠加优势"成就了"中国奇迹"。

（二）节俭

生产和消费是日常生活中的主要内容。如果说农民理性在生产方面表现为勤劳的话，那么，在消费方面则表现为节俭，即努力节约，将消费支出降到最低限度。这是因为，农业生产收益有限，没有更多的财富可以消费。而农民的生产与消费是一体的，节支就意味着增收。同时，农业生产受自然天气影响很大，有丰年也有歉年，而外界不能提供相应的生活保障，农民只能依靠自己的积累进行自我保障，由此形成农民日常生活的节俭理性。

早期西方商业社会，为了积累财富，将节俭作为重要的生活理念。在亚当·斯密看来，社会中的资本存量是靠制造业中的工业企业家的"过度节俭"积累起来的②。只是这种节俭理念后来为日益扩张的社会消费主义所淹没。成熟的工商业社会是以市场为中心的，一方面，生产能力无限扩大；另一方面，消费欲望也迅速扩张。因此，在工商业社会

① 阿瑟·刘易斯著，施炜等译：《二元经济论》，北京经济学院出版社，1989 年版，第 151 页。

② 参见速水佑次郎著，李周译：《发展经济学：从贫困到富裕》，社会科学文献出版社，2003 年版，第 119 页。

里，人们的生活水平大大提高。今天一个普通平民的生活可能比一百多年前的皇帝还要好。但是，在成熟的工商业社会，经济是波动的，而且呈周期性波动。人们可以过上好日子，特别是在经济繁荣时期超前过上好日子，但却难以应对危机。因为，人们的需求是刚性的，即“由奢入俭难”。特别是发达国家的社会福利保障制度比较健全，促使人们愿意消费，甚至“超前消费”；加上各种营利机构以各种方式诱导、鼓励、刺激人们消费。这使得人们超出自己的能力，甚至超出自己的必要需求消费。由此就可能造成生产与消费、能力与欲望的脱节。发达国家近年出现的金融危机与国民的超前消费不无相关。

改革开放以来，中国步入以市场为中心的工商业社会，人们的生活水平大大提高，这是无可争议的。同时，农民的节俭理性继续发挥着作用。这是因为，中国在进入工商业社会初期，尚没有建立起成本很高的社会保障体系，特别是农民基本上没有多少保障。他们必须依靠自身的力量寻求正常生活的保障，将消费限制在自己能力的范围内。量入为主、适度消费、储蓄优先、防范风险仍然是消费生活的重要原则。正因如此，改革开放以后，中国成为外汇储备最多、民众储蓄率很高的国家。尽管政府一再强调拉动消费，但民众仍然十分谨慎地消费。将资金投入再生产，以钱生钱，或者更多地储蓄以应对不测，仍然是民众的主要选择。与“高工资、高消费、低储蓄”的西方发达国家相比，中国则表现为“低工资、中消费、高储蓄”的经济类型。

节俭理性在经济波动剧烈的今天发挥了极其重要的作用。一方面，中国可以通过资本的滚动不断扩大再生产，由一个资本短缺的国家进入到一个资本剩余的国家，国家“不差钱”。另一方面，高储蓄率使国家和民众都有足够的能力应对经济危机。在国际金融危机中，西方国家只能利用历史遗留的金融垄断地位和成本高昂的保障体系来度日，中国则可以充分利用高储蓄而从容应对。

（三）算计

一般认为，商人是精于算计的。在韦伯看来，西方国家之所以能够率先进入资本主义，就在于算计。其实，农民也是会算计的。由于资源和财富有限，使农民不能不考虑如何使自己的损失最小化或收益最大化，以满足自己和整个家庭正常生活的需要。诺贝尔经济学奖获得者舒尔茨认为，“农民在他们的经济活动中一般是精明的、讲究实效的和善于盘算的”①。但是，与商人的算计不同，在农业社会，农民的算计是缺乏交换的算计，是如何对仅有的“存量财富”进行精打细算的算计，主要是基于生存，遵循“安全第一”，是一种“过日子经济”。这种理性在传统农业社会只能平安度日，难以致富。

在西方国家，随着工商业社会的成长，在资本逻辑的推动下，以交换生钱的商人算计发挥到极致，资本形式从商业资本向产业资本转换，进一步向金融资本扩展。金融资本追逐的是以钱赚钱，以小钱赚大钱，短时间获得暴利。特别是随着经济全球化和信息技术的发展，居世界金融主导地位的国家可以利用其金融优势地位，过度发行货币，造成金融流动性过剩，“虚拟经济”严重脱离“实体经济”，出现一个个“经济泡沫”，也留下了一个个巨大的赚钱空间。正当西方商人理性醉心于“以钱生钱”之时，中国的老实巴交的农民登上了历史舞台，参与到世界经济过程中。而当农民进入工商业社会以后，他们不在乎赚哪些钱，只在乎有没有钱赚。只要赚钱，做什么都行。中国出口主要是日常生活用品，虽然利润薄，但保证有钱赚。因为，人们可以不坐飞机，不开奔驰汽车，但不可以不穿衣或家用。中国民营经济，或者说以农民为主体的工商业经济的崛起，主要背景是原有国有计划经济体系不完善、缺乏活力，出现了大量的日常生活用品需求，而民营经济满足了这一需要。

① 西奥多·舒尔茨著，郭熙保、周开年译：《经济增长与农业》，北京经济学院出版社，1991年版，第13页。

即便是有极其微薄的利润，农民商人也会做。这种算计已超出了“过日子经济”的限制，财富效应大大扩展。当民营经济走向世界之后，获得的赚钱空间更大。它们所经营的日常生活用品是发达国家不屑于制造和经营的，也是其他发展中国家未能进入世界市场的。在农民出身的中国民营企业家看来，哪怕赚一分钱，只要有钱赚就是值得做的。中国短时间创造的巨大外汇储备正是在一分钱一分钱的迅速积累上形成的。正是农民的算计理性与世界大市场赚钱空间的“叠加优势”成就了“中国奇迹”。

（四）互惠

有人说中国农民天生“善分不善合”，其实“分”与“合”都存在。农民互助合作由来已久。因为一家一户无法完成生产和生活全过程，特别是在农忙时期，农民都会以换工等形式互帮互助，实现的是互相均衡收益，即互惠。农民在日常生活中的互助互惠行为更多，如“患难相恤，守望相助”，婚丧嫁娶等生活大事的邻里之间互相帮忙，资金互惠的“抬会”等。“帮帮忙”成为传统中国人的口头语，也是人生的价值所在。斯科特通过观察，认为：“互惠这条道德原则渗透于农民生活乃至整个社会生活之中。”“它意味着被接受下来的礼品或服务为接受者带来了相应的义务——有朝一日要以相当的价值给以回报。”① 而“建立和维持互惠关系主要取决于信任、公平和相互尊重的性质。”②“乡土社会里从熟悉得到信任。”③ 但在农业社会里，这种互惠只是为了顺利度日，是同质要素的叠加，难以使财富得到增长。

商业社会是一种由于交换和竞争引起的互不信任的分立性社会。这

① 詹姆斯·C.斯科特著，程立显等译：《农民的道义经济学：东南亚的反叛与生存》，译林出版社，2001年版，第215~216页。

② V.奥斯特罗姆、D.菲尼、H.皮希特编，王诚等译：《制度分析与发展的反思——问题与抉择》，商务印书馆，1996年版，第110页。

③ 费孝通：《乡土中国 生育制度》，北京大学出版社，1998年版，第10页。

种社会分立在西方源远流长，由古希腊罗马时期的奴隶制，到中世纪的封建农奴制，再到庄园黑奴制。特别是早期的西方商人是在封建社会的夹缝中生长出来的，充满着不是你输就是我赢的尔虞我诈，并随着财富增长出现了社会分化和社会冲突。工业革命后整个社会又裂变为利益尖锐对立的资产阶级和劳动阶级，劳资尖锐对立和冲突。这一传统一直沿袭下来①。为了缓和矛盾，20 世纪以后，西方发达国家实行“高工资、高福利、高消费”的社会制度。但这种制度需要支付高昂的社会总成本，从而降低了在世界市场上的竞争力。

中国农民进入工商业社会时，没有形成西方意义上的阶级，也没有阶级的自我意识②，更没有界限分明（如奴隶制）的两大阶级对立和冲突。阶级利益冲突和对立为温情脉脉的宗族乡亲人情伦理关系所稀释。这就是梁漱溟先生所说的“中国人缺乏阶级意识（阶级自觉），尤不习于阶级观点（本于阶级眼光分析事物）”③。当历史上长期形成的农民式互惠理性进入工商业日常生活之中，使劳资合作有了可能。当地人出地，外来资本出钱，外来农民打工，实现三方受益。尽管老板赚了钱，但农民没有什么反感，因为他们也从中获得了比在家务农多得多的收益。改革开放以后，沿海地区的许多工厂被称为“血汗工厂”，资本在中国获得的利润率大大高于其他地方（这也是外资纷纷进入中国的重要原因之一），但劳资之间的冲突频率和烈度却远远低于其他国家，甚至是远比中国落后的非洲国家。为此，社会才有可能在经济尚不发展的条件下不需支付高昂的社会成本，建立社会保障制度。中国的经济发展也从互惠理性中获得了巨大的活力和竞争力。中国的商品之所以能够行遍世界，连有着悠久工商传统的老牌西方国家也只能祭起贸易保护主义大旗，道理很简单：“一个便宜十个爱。”中国依靠廉价的商品叱咤世界

① 从某种意义说这也是“博弈理论”及类似思想在西方特别盛行的重要原因之一。

② 马克思对此有过精辟的分析，认为小农缺乏阶级的自我意识，因而“又不是一个阶级”。（参见《马克思恩格斯选集》第 1 卷，人民出版社，1995 年版，第 677 页）

③ 转引自善峰：《梁漱溟社会改造构想研究》，山东大学出版社，1996 年版，第 209 页。

市场风云，而廉价的商品来自廉价的劳动力，廉价的劳动力又来自劳资合作，劳资合作的源泉则是农民的互惠理性。这种合作互惠是异质要素的相加，可以形成增量财富。因此，农民的互惠理性与低廉的竞争成本结合形成的“叠加优势”成就了“中国奇迹”。

这种农民式的互惠理性提升到国家层面，就是改革开放后国家倡导的合作主义对外关系，形成国家间的合作模式。合作而不是冲突，对话而不是对立，互惠而不是互损，不仅为中国的国际形象大大添彩，而且增强了中国经济的总竞争力。

（五）人情

传统农业社会是一个“亲缘社会”和“熟人社会”。人们在村落里生于斯、长于斯、死于斯，长期的紧密交往形成亲情关系，因此农业社会又是一个“人情社会”，情感甚至大于王法。因为人情可以给人带来信任、依托、互助等各种好处。农民遇到本人无法解决的问题和面临陌生环境时，首先想到的是可以信任、依托和互助的亲戚乡邻这些“自己人”。但在传统农业社会，这种人情只是正常生活的需要，对于财富的增长和个人的发展没有多少作用。

现代西方世界是以商人的崛起而起步的。经常流动的商人面对的是一个“业缘社会”和“陌生人社会”，经济交往主要依靠契约等中介形式维系，有了纷争也是找专门的律师解决。但是中介机构并不直接创造财富，它们的存在是需要支付成本的。因此，工商业社会日益成熟的过程，也是社会交往成本日益高昂的过程。

中国农民闯入工商业社会时，没有多少商业理性的准备，更多的是农民的人情理性。在金耀基看来，“人情是‘制度性规范’，也即一个人在与他人往来时，他会自觉与不自觉遵从人情的规范而行事”①。农民外出打工的起始阶段，尚被视为应该加以限制的“盲流”，外部社会

① 金耀基：《中国社会与文化》，牛津大学出版社（香港），1992年版，第33页。

根本没有职业介绍性机构。即使后来有了职业中介等机构，也大多属于营利性质，甚至存在欺诈行为。在这一背景下，农民主要是依靠老乡、亲友介绍和带路。中国上亿农民工基本上都是依靠亲带亲、邻带邻的方式外出的。亲邻是熟人，也是信得过的人。亲邻之间长期建立的人情因素，保障了相互之间的依赖和依存关系。如果亲邻之间发生欺诈，就将面临长期积累的人情资本的流失，甚至本人及家族在乡里乡亲中抬不起头来。以农民为主体的民营企业也主要依靠本家族的人共同经营。面临陌生而竞争激烈的外部性工商业社会，只有长期交往过的本家、亲戚、朋友、老乡才是信得过的"自己人"，其他人是靠不住的"外人"。有好处时"自己人"共同享有，有了难处"自己人"共同度过。一般情况下，不需要外部性的中介机构介入自己的经济生活。这种人情理性可以大大降低交往成本，扩展致富效应。新制度主义创立者诺思对诸如人情这类非正式制度给予了合理评价，认为："过去解决交换问题的非正规方式又带到现在，使这些非正规约束成为社会长期连续变迁的重要源泉。"① 中国的上亿农民工如果依靠职业介绍机构介绍职业，不知需要多少机构，更不知这些机构需要支付多少成本。如果中国的农民工和民营企业遇到什么事都要寻求法律解决，也不知需要支付多少法律成本。而中介机构的成本最终会进入社会总成本之中，从而降低社会的总竞争力。人情可以说是农民进入陌生的工商业社会最重要的交往理性：依靠亲邻外出务工经商，既可以减少和避免外部性风险，降低外部性成本，获得更多收益，又可以进一步增进人情往来。人情可以说是改革开放后中国经济运行的助推剂和润滑剂。一般我们可以说人情是"传统的""落后的"，但改革开放后中国经济的高速发展过程中却大量存在甚至依靠人情因素。由此我们可以看到：改革开放以来，一方面是现代工商业社会的迅速发展；另一方面是"同学、同乡、同宗"这类传统人情

① 道格拉斯·C.诺思著，杭行译：《制度、制度变迁与经济绩效》，上海三联书店，1994年版，第51页。

因素的扩张。这是经济环境使然，也是农民的一种理性选择，在外部性风险和成本高昂的环境下，农民以人情来扩大交往，规避风险，降低成本，获得更高收益。农民能够降低成本和风险的人情理性与工商业社会提供的交往和赚钱空间形成的“叠加优势”成就了“中国奇迹”。

（六）好学

农业社会也是一个学习型社会。只是这种学习主要是经验式学习，学习内容是世代相传的农业经验，学习方式也是耳濡目染。不学习就无法承继家业，正常生产。更重要的是，传统农业社会的发展空间不多，要出人头地就只能做官，要做官就必须努力学习。因此，“耕读结合”、勤奋好学也是中国农民理性的重要内容。家里再穷也要让子女读书，或者家族供养一个有可能出人头地的学生。《论语》的第一句话就是学习，“学而时习之，不亦乐乎”。但是，传统农业社会的好学是不断地模仿和重复前代人的经验和知识，难以创造财富，即使是读书做官也是更多地占有财富而不是创造财富。所以，在古代世界，虽然中国是世界上“知识分子”最多的国家，但却没有与之相应的创造发明，仅有的“四大发明”也没有更多地应用于日常生产，创造财富。

工商业社会的最大成就是将知识转化为现实生产力，知识生产与物质生产同步发展。知识生产不仅大大促进了物质财富的增长，使当今社会的一般平民也能够过上宽裕生活，更重要的是知识生产成为一个产业部门，不断适应社会，甚至追逐社会的需求。发达工商业社会几乎是与知识创新同步发展的。但是，受经济影响，知识部门有时也可能脱离经济部门。如美国进入金融资本时代后，高端学校教育和尖端人才纷纷介入金融领域，教育部门也与实体经济相脱节。特别是发达国家的发达使这些国家形成一种“文明的傲慢”，不愿承认或者学习其他国家的优异之处，从而形成自我的封闭。

进入工商业社会以后，对于农民来说，是一个全新的世界。他们只有学习才能掌握生存发展的本领。因此，他们以全方位开放的心态去接受新鲜事物。同时，他们的学习又充满着农民的理性，根据自己的需要来安排学习的内容和方式，具有典型的经世致用的实用性特点。首先是模仿式学习，虽然不懂，但可以“照葫芦画瓢”，不需要支付多少学习成本就可以将他人花费甚大的东西学到手。其次是选择式学习。学习是经世致用而不是虚无缥缈的幻想，学习什么、不学什么、先学什么、后学什么，都根据自己的需要。学习他人的东西是为了自己更好的生活，而不是简单的照抄照搬。再次是创造式学习，在学习的同时根据自己的需要和社会发展趋势进行加工、提高，以创造出新的东西，而不是一般的“拿来主义”，由此就可以做到“青出于蓝而胜于蓝”。中国人走向世界，能够在举目无亲的异国他邦站住脚，并能出人头地，主要依靠的是中国农民式的勤奋和好学。优秀华裔美国人占美国总人口的比例大大超出其他族裔。改革开放后的中国农民能够行遍世界，除了勤奋以外，重要的因素还有学习。大量农民进城或到外地务工经商，对陌生世界一窍不通，主要依靠学习。那些成功的农民企业家，更是出类拔萃的学习典范。30 年的主动的全方位开放，使农民的好学理性的能量发挥到极致。林毅夫等人认为，中国经济高速增长的重要因素是技术进步的“后发优势”，其实现方式是向其他国家学习、模仿，由此大大节约自己投资开发研究的成本①。经世致用的农民学习理性与工商业社会的知识创造财富结合的“叠加优势”成就了“中国奇迹”。

（七）求稳

在传统农业社会，农民面对着一个不可预知的自然世界，他们最大的愿望和幸福是平安，求稳怕变，小富即安，“平安是福”，不折腾。同时他们也十分知足，能够娶妻生子，养家糊口，已是万福，他们没有

① 林毅夫、蔡昉、李周：《中国的奇迹：发展战略与经济改革》，上海三联书店、上海人民出版社，1994 年版，第 16 页。

太多不切实际的幻想，也没有多少资本供他们折腾。“没有选择是整个农民生活的特点。”① 因此，农业社会是一个追求安宁而不是变革的社会，是一个稳定机制强、动力机制弱的社会。农业文明只能以十分缓慢的速度发展，农民也只能日复一日地“重复昨天的故事”。

工商业社会是一个不断变革的社会，人们的物质欲望极速扩大，供给始终难以满足需求。为此，工商业社会的迅速发展也伴随着动荡不安。马克思在《共产党宣言》中写道：“生产的不断变革，一切社会状况不停的动荡，永远的不安定和变动，这就是资产阶级时代不同于过去一切时代的地方。”② 20 世纪，一方面是物质极大丰富，另一方面人类也付出了惨重的代价。工商业社会可以说是一个发展动力充足而稳定性较弱、平衡性较差的社会。这也是 20 世纪下半叶许多新兴国家充满着政治动荡的重要原因。

30 年来，中国经济高速发展，政治社会相对稳定，创造了所谓的“中国奇迹”。这是外国人评价“中国模式”的核心内容，也是外国人无法理解为什么能够做到这一点的“中国之谜”。其实，重要的谜底就在于求稳怕变的农民理性。新中国成立后的前 30 年，农民经历了土地改革的大变革之后渴求过上稳定安逸的生活，但是政策的多变也使他们饱尝了折腾的苦头。改革开放以后，农村政策符合农民意愿，但农民也强烈需要政策的稳定性。邓小平在 20 世纪 80 年代就多次表示，中国的基本政策不能变，农民最担心和最害怕的就是政策多变。1989 年政治风波刚平息，邓小平就强调政策不能变。1992 年，他又深有感触地指出：“为什么‘六·四’以后我们的国家能够很稳定？就是因为我们搞了改革开放，促进了经济发展，人民生活得到了改善。”③ 1980 年代，农民因为有好的政策而获得温饱，从而期盼稳定。1990 年代，由于负

---

① H.孟德拉斯著，李培林译：《农民的终结》，社会科学文献出版社，2005 年版，第 179 页。
② 《马克思恩格斯选集》第 1 卷，人民出版社，1995 年版，第 275 页。
③ 《邓小平文选》第 3 卷，人民出版社，1993 年版，第 371 页。

担沉重，农村出现不稳定因素。但是在深化改革和扩大开放中，工业发展吸收了大量农民，使得农民能够“以工补农”，有了新的生存机会。他们仍然期盼着稳定，有更多的赚钱机会。这正是虽然1990年代农民负担沉重，但总体上农村稳定、没有出现挑战基本制度的危机的重要原因，也是西方世界多次预言的“中国崩溃”未能兑现的基本因素。因为，农民稳，中国就可以稳。改革开放以来，一方面推动变革，使人们获得财富；另一方面“小富即安”的农民理性促使国家能够在变革时代保持稳定。胡锦涛总书记在纪念改革开放30周年讲话中用了“三个不”（“不动摇、不懈怠、不折腾”），就是最好的概括。通过稳定促进发展的政策来稳定农村、通过提供发展机会来稳定农民进而稳定国家，已成为改革开放后的一项基本国策。追求稳定踏实的农民理性与工商业社会发展动力结合形成的“叠加优势”成就了“中国奇迹”。

（八）忍耐

中国农业社会里的农民是一家一户生产的小农，要在不可驾驭的自然环境下获得生存，必须具有高度的韧性，能够忍受一切艰难困苦。正如费正清所说：“在广阔的平原上，耐性的中国农民听任天气的摆布，依靠天赐的阳光和雨露。他们不得不接受世代不绝的水、旱、饥、疫等天灾。这同生活在地形多样化土地上的欧洲人的命运成鲜明对比。”①同时，为了应对艰苦的环境，必须寻求社会支持，形成良好的人际关系。农民在日常生活交往中非常注重人伦关系的和谐，为人处事尽可能避免纷争与矛盾，以和为贵，以“忍”为上。即使是对待官府的强迫一般也是极度的忍耐，只有到了生存也难以维持时才反抗，即“该出手时才出手”。中国农民的忍耐力是世界上独一无二的，由此也形成了世界上特有的“东方式隐忍”。但在农业社会里，农民的忍耐只是出于生存的需要，并不能根本改变其环境和命运。

---

① 费正清著，张理京译：《美国与中国》，商务印务馆，1987年版，第13页。

西方列强是在商人和海盗主导下崛起的，在资本扩张的诱导下，信奉强权，张扬个性，它们只会为一个自己所期待的目标不断地进攻，而绝不会忍耐。这也是进入 20 世纪以后产生两次世界大战的重要原因。战争无疑会使人类支付巨大的成本。

中国进入世界时，已是一个强权的世界，但农民的忍耐理性帮助了中国。在抗日战争时期环境极度恶劣的条件下，毛泽东提出了“持久战”。国家总体落后使中国不可能获得战争的速胜，但中国也不会因此而灭亡，因为中国是正义的一方，特别是中国人有着无与伦比的忍耐精神。1950 年代末和 1960 年代初的三年经济严重困难时期，中国得以平稳度过，也与农民忍耐理性相关。改革开放以后，农民进入或卷入一个全新的工商业世界，他们面临着不可预知的命运，也处于难以想象的艰苦条件下，但是农民以其坚忍不拔的忍耐精神克服着各种困难，不仅在未知和陌生的世界立足，而且改变着自己的环境和命运。有人认为，中国的改革是一种“渐进式改革”。事实上，就体制改革与人的关系而言，中国的改革力度是相当大的，如 1980 年代的“百万大裁军”，1990 年代国企改革中上千万工人下岗或者转换身份等。这在那些所谓“激进式改革”的国家是不可想象的。中国得以顺利度过“改革大关”与农民式的忍耐理性密切相关。邓小平在 1980 年代实施大裁军时多次强调，为了经济建设军队要忍耐。这种农民式的忍耐理性已上升为国家理性。改革开放以后，特别是世界社会主义制度遭到重大挫折时，邓小平提出了“韬光养晦”“不出头”的战略。“不出头”就可以埋头搞建设，积累实力，可以不成为他人攻击的对象。尽管局部、个别事件可能受到一些伤害，但从大局看就得忍耐。实力强大了，局部性个别事件也会减少。为此，中国提出了“和平崛起”的理念。这一理念希望在国家的崛起过程中尽量以和平方式处理与外部世界的冲突和矛盾，以减少崛起和发展的成本。富于忍耐的农民理性与工商业社会的扩张式发展结合的“叠加优势”成就了“中国奇迹”。

三、农民理性的嬗变："中国奇迹"的限度与持续

在起承转合的历史关节点上，特定的农民理性与工商业社会的优势结合，得以扩张，产生两种成熟社会都不具有的巨大功效。但是，理性是特定环境的产物，其内容、形式及其功效十分复杂。这种复杂性也使"中国奇迹"表现出其特有的限度并制约着其持续性。

农民理性具有特殊性。"中国奇迹"是事实，这是举世公认的。但是为什么这一奇迹发生于中国而不是其他国家，或者为什么当今其他国家没有出现经济高速增长和政治相对稳定的"奇迹"？重要原因之一，是数千年农业文明传承下来的农民理性。这种农民理性是中国特有的，是无法移植和难以模仿的。印度近年来经济发展迅速，但与中国还存在相当距离。其中的原因之一在于农民理性的功效。中国和印度的发展格局与农民相关的命题，摩尔早有论述，迄今仍然有相当的启示性意义。由特定的农民理性，或者说民情所决定的"中国奇迹"及其之后的"中国模式""中国经验""中国道路"因此更多地具有"中国性"，是"中国特色"的具体体现。正如我们不可轻易模仿西方模式、西方经验和西方道路一样，"中国模式""中国经验"和"中国道路"的影响、作用也是有其限度的，不可轻易推及，其他国家不可也难以照抄照搬。当然，由"中国奇迹"导出的"中国模式""中国经验""中国道路"是非常值得总结和分析的。为什么中国这样一个传统农业文明十分悠久的国度能够崛起一个世人关注的"中国奇迹"。这本身就是一个世界性命题：每个国家都需要根据自己的国情民意选择最适合自己发展的道路！

当然，在我们高度评价农民理性扩张对于创造"中国奇迹"的作用的同时，也必须意识到这种理性的扩张所付出的代价。这种代价可能短时间不明显，但随着时间的推移，其个人代价和社会成本会逐渐显

现。农业生产是一种简单劳动，处于自然状态，可以不需要时间、条件的要求。工业生产是一种复杂劳动，伴随着各种不可预知的风险。如工业生产可能出现一般农业生产不会出现的工伤、有害物质等。永不停息和反复运转的机器生产将人变成机器的一部分，劳动强度大和单一性强。特别是中国农民工从事的加工业、采掘业、建筑业等，劳动强度高，人身风险大。农民进入这些生产领域以后，虽然没有考虑劳动时间和劳动条件的要求，但也可能导致他们的健康受到损害，特别是这种伤害因为没有事先的合约而得不到必要的补偿，不仅给当事人造成痛苦，也会使社会付出成本。如沿海地区的工厂被称为“血汗工厂”，山西等地不断出现煤矿安全事故等。

农民理性的扩张在农业文明向工业文明转换的起承转合关节点上发挥了巨大作用，这种作用并不是永恒不变的。人的理性最终是环境的产物，环境在变，人的理性也会变。当农民进入工商业社会以后，他们最终会随着环境的改变而改变自己的理念、态度和看法。这样，两种文明形态中的“精华”要素交互形成的“叠加优势”就会慢慢失去，进入到社会常轨，农民理性也会由扩张而转化为收缩状态。从勤劳看，第二代农民工（主要指1980年代及其以后出生的人）基本没有经历农耕生活，他们更多接受的是工业理性，对劳动时间和劳动条件的要求大大高于其前辈。国际金融危机造成大量农民工回乡，政府前所未有地想方设法扩大农民工就业，但第二代农民工除了仍然要求工资待遇外，还附带着更多条件，如工作时间、工作条件和工作地点。政府对劳动者的保护措施正在得到加强，由农民理性扩张产生的低成本劳动已很难再有。近年来，中国国民生产总值由高增长进入到中度增长，甚至需要保增长，这与劳动成本的不断提升相关。从节俭看，新一代农民的消费更多市民化，加上政府为农民提供的保障愈来愈多，农民愿意消费，也敢于消费，储蓄意愿和储蓄率开始下降。依靠国民的“低工资、高储蓄”来保持经济高速增长已很难延续。从算计看，民营企业仍然习惯于赚小钱，而依靠廉价劳动生产廉价商品保持出口增长的空间已不大。正因如此，一些沿海地区的领导人近年倡导企业结构转型，从依靠廉价劳动和消耗资源的经济增长方式向依靠知识技术创新的经济增长方式转变。但这一转变过程却相当艰难，尤其是需要将传统的模仿式学习转变为创造式学习。而目前，中国的知识生产仍然局限于模仿式学习。中国现在是世界上博士数量和科技论文数量名列前茅的国家，但原创性的科技发明却微乎其微。市场经济强化了人的自利意识，农民的互惠理性因为进入开放和变化的市场社会以后而转变，他们遇到问题愈来愈多地寻求社会中介机构，社会成本因此增大。农业社会依赖于“向后看”而获得的稳定意识正在为市场经济的“横向比较”而产生的不稳定性所替代，人们对相对不利的环境愈来愈缺乏耐心。为此，政府不得不支付更多的社会成本来维护社会稳定。21 世纪以来，群体性事件不断增长，解决群体性事件的成本也在迅速增长。不断增长的社会总成本最终会降低经济总竞争力。这说明，“中国奇迹”也会随着时代的变化而变化。“奇迹”是相对而言的，如果“奇迹”是常态，就不再是“奇迹”了。

如果说农民理性由扩张到收缩是必然趋势，甚至反映了社会的进步，那么，需要注意的是农民理性扩张有可能形成“叠加劣势”。前文提到，农民理性与工商业社会的优质要素结合可以形成“叠加优势”，与此同时，它们二者中的劣质要素的结合也可能产生“叠加劣势”。这是因为，农民的理性也会变化，甚至畸变，当它与工商业社会固有的不良要素相结合，就有可能产生“叠加劣势”①。农民理性扩张不仅增加了国家财富，也使少数农民富裕起来了。这些富裕起来的农民（通常被称为“富一代”）在传统农民理性的惯性作用下，仍然保持勤劳、勤俭的特性，而他们的后代（通常被称为“富二代”）中的一些人不仅

① 正如任何一种文明形态都有其内在的优质因素，即通常所说的“精华”一样，任何文明形态也有其内在的劣质因素，即所谓的“糟粕”。这些劣质因素在两种文明形态转换中也可能重合，从而形成所谓的“叠加劣势”。

不具有勤劳、勤俭的特性，而且重享受轻劳动、重消费轻节俭，甚至在工商业社会消费价值的刺激下“斗富比阔”。如近年来浙江省不断发生的“飙车案”，主要成员便是“富二代”。中国历史上所说的“富不出三代”正在新的形势下发生。从学习看，小富之后的骄傲自满，甚至狂妄自大，开始抬头。从人情看，人情日趋淡薄，并为利益所替代，为了钱可以，甚至首先“杀熟”，如“传销”。为了人情而支付的社会成本高昂，如政商勾结的腐败。从互惠看，一部分“暴富”之人缺乏修养，“富而不贵”，不仅不尊重劳动和作为劳动者的平民，甚至“为富不仁”，从而造成社会的撕裂和对立，滋生“仇富心理”的民粹主义，有可能出现社会冲突，甚至激烈的社会对立。近几年出现的部分群体性事件并没有特定的指向，主要是社会不满情绪的发泄。如果社会不满得不到有效化解，日积月累就有可能发生“社会爆炸”。而这最终会葬送“中国奇迹”的成果，削弱“中国模式”“中国经验”和“中国道路”的影响力。

传统农业社会向现代工商业社会过渡期，农民理性得以扩张。但随着社会的变化，农民理性也会由扩张到收缩，再到衰减，直至蜕变。改革开放30年，是农民理性的扩张期，现在正进入收缩期。一方面农民理性扩张未完全消失，另一方面农民理性的能量在减小，并步入衰减时期。而随着农民逐步市民化，农民理性将最终为市民理性所替代。但长达数千年的农民理性不会简单或迅速地失去，它还会以新的形式展现在世界上。

四、小结

本文以农民理性为切入点解释“中国奇迹”的发生及其可能的变化，主要试图说明以下观点：

其一，走出传统与现代二元对立的思维定式。20世纪以来，中国正处于传统农业社会与现代工业社会的交替之中，现代性一直是社会追求的目标。出于改变现实的目的，现代性目标成为神圣、崇高、先进的化身，传统则被视为落后、退步、弃之不及的东西，由此形成了传统与现代二元对立的思维定式。而伟大的革命，特别是历史上最彻底的土地革命恰恰发生于传统最为深厚的中国；伟大的发展，特别是在世界上少见的经济发展奇迹，恰恰也发生于农民人口占多数的中国。这一历史进程要求我们走出传统与现代二元对立的思维定式。否则我们无法解释在一个农民国度里为什么会突然发生一个“中国奇迹”。近年来，随着中国经济的发展以及这种发展的独特性，兴起了传统文化热、国学热。人们又试图将中国的成功归之于东方特有的儒家文化，即传统主义取向。这种取向的重大缺陷是无法解释为什么在两千多年的儒家文明或者是农业文明时代，中国并没有腾飞而只能极其缓慢的发展。这种取向与现代主义取向一样，仍然局限在传统与现代对立的二元框架内。如果要对中国发展道路作出科学合理的解释和预测，必须走出传统与现代二元对立、非此即彼的思维定式。

其二，重视文明形态起承转合的历史关节点上的因素及其影响。20世纪以来，中国正处于文明形态的转换之中。这一历史转换是亘古以来从未有过的大事件。而在起承转合的历史关节点上，某种因素会发生重要，甚至关键性作用。以往，我们比较多地重视领袖人物的作用，这无疑是正确的。因为在一个农民占绝大多数人口的国度里，以领袖个人为代表的政治集团的感召、动员和组织作用是至关重要的。所以，邓小平认为，没有毛泽东，中国可能还要在黑暗里继续摸索一段时间①。而邓小平在改革开放中的关键性作用也是举世公认的。但在肯定历史关节点上的领袖作用的同时，我们往往忽视了人民大众的作用。没有亿万人民大众，领袖无论多么伟大都无法完成扭转乾坤的使命。那么，在中国，人民大众是谁呢？主体是农民。在中国，要成就任何伟业，都不可忽视

① 参见《邓小平文选》第2卷，人民出版社，1994年版，第345页。

农民的作用。本文的要旨就是要说明“中国奇迹”不是某一个神圣人物的作用，而与历史上从来都处于默默无闻状态的“泥腿子”——农民有关。但在现有关于“中国奇迹”“中国模式”“中国经验”和“中国道路”的研究中，几乎看不到作为中国人的主体——农民的影子，而离开了人这一主体，遑论什么“奇迹”“模式”“经验”和“道路”？

其三，重视社会变迁中的文化和民性民情民意因素。以往忽视农民的作用，重要原因是强调制度的功能。只要在少数领袖人物领导下改变了制度，就会带来所需要的一切。事实并不这样简单。制度是形式外壳，其内核则是文化。再好的制度如果没有相应的文化内核，就难以发挥其作用而沦为形式和空壳。多年来我们强调中国的发展必须符合中国国情，但没有将文化和民性民情民意视为国情的组成部分。事实上，文化和民性民情民意是活的国情，是软国情，它比地理、经济状况等硬国情更能发挥其主动性作用。正是从中国的民性民情民意出发，又适应农业社会向工业社会转变的要求，中国才能走出一条独特而有成效的道路，创造出举世瞩目的“中国奇迹”。本文的价值不仅是要说明农民理性扩张是如何成就“中国奇迹”的，更重要的是要说明长期历史形成的文化和民性民情民意在历史转换中的关键性作用。

其四，对于历史制度主义的分析框架给予足够重视。20世纪以来，由于中国的制度革命和改革成为主题，制度主义分析框架大行其道。在这种理论看来，只有改变了制度，一切会随之而变，因此它往往忽视了制度变迁中的历史因素。在马克思主义看来，“世界不是既成事物的集合体，而是过程的集合体”①。世界是一个历史过程，且是一个由人创造的能动过程。“历史不过是追求着自己目的的人的活动而已。”② 历史制度主义注重制度变革是一个历史过程，这一过程是由人这一历史主体所创造的，制度变革能否有成效，与特定的历史时期人的因素分不开。

① 《马克思恩格斯选集》第4卷，人民出版社，1995年版，第244页。
② 《马克思恩格斯全集》第2卷，人民出版社，1957年版，第118~119页。

现有分析“中国奇迹”“中国模式”“中国经验”和“中国道路”的论著恰恰缺乏对人这一创造历史的主体给予足够的关照。这也是写作本文的目的之一。

（原载《中国社会科学》2010 年第 1 期）

田野政治学与中国理论

伟大变革时代呼唤中国学术理论建构[①]

摘　要：中国共产党百年辉煌历程积累了丰富的实践经验，实现了中国两大历史性跨越。相较于实践，中国理论建构尚存在滞后性，伟大变革时代呼唤着中国理论的进一步建构。从“觉醒年代”到改革开放至今，中国现代学术理论历经“两个起点”，促进了社会科学中国化，获得了中国理论自觉。建构中国理论要致力于学术话语表达；要强化理论思维，实现由经验思维向理论思维的转化，创造具有标识性的概念；要“正本清源”，在融通各种理论资源的基础上推进自主性知识生产，形成累积性的知识生产线。

关键词：伟大变革时代；中国经验；理论建构；知识生产；理论主体性

时代是思想之母，实践是理论之源。中国共产党成立百年来的辉煌历程，是中国发生从未有过的历史巨变的伟大社会变革时代，在建设社会主义现代化强国的进程中积累了丰富的经验。在这一历史巨变的时代中，中国的学术理论取得了很大成就，但与伟大变革时代和丰富经验相比，学术理论建构又显得不足。史诗般的时代呼唤建构史诗般的学术理论。

① 本文与华中师范大学中国农村研究院石健博士合作发表。

两大跨越：理论建构的中国呼唤

习近平总书记在哲学社会科学工作座谈会上指出："人类社会每一次重大跃进，人类文明每一次重大发展，都离不开哲学社会科学的知识变革和思想先导。"① 学术理论的发展创新源自时代变化与实践发展。

现代思想理论首先产生于西方世界。它源自西方世界的巨大历史变革和历史经验的积累。辉煌的古罗马帝国崩溃之后，西方世界坠入"黑暗的中世纪"，神的力量凌驾于人世之上。但从14世纪开始，随着新兴经济萌芽的生长，西欧兴起了一个以人为中心的思想解放运动，成为建构新世界的思想先驱。先是"文艺复兴"，后是"思想启蒙"。这是一个"出现巨人的时代"。思想解放促进了经济社会的变革。伴随地理大发现、商品经济发展、资本主义生产方式的确立、现代民族国家的建构，现代工业文明社会得以定型。在这一过程中，新型的资本主义社会积累了丰富的经验，并显现出特有的矛盾。经历了长达数百年的历史变革过程，到19世纪，西方世界的学术理论出现了井喷和爆发之势。现代学术理论体系得以基本成型，产生出史诗般的学术理论和思想巨匠。这些思想迄今仍然影响着人类的历史进程。至此，"东方从属于西方"②，西方世界站在现代历史的制高点，不仅从物质上，而且要从精神上控制非西方世界。

中国是一个在固定的空间内长期延续的国家实体。"只有黄河、长江流过的那个中华帝国是世界上唯一持久的国家。"③ 但是，当历史进入人类彼此联系和相互依赖的"世界历史"进程中时，中国缺乏必要的竞争力，也缺乏孕育新世界的思想体系。在19世纪外国列强的不断

① 习近平：《在哲学社会科学工作座谈会上的讲话》，《人民日报》2016年5月19日。
② 《马克思恩格斯选集》第1卷，人民出版社，1995年版，第277页。
③ 黑格尔著，王造时译：《历史哲学》，上海书店出版社，1999年版，第122页。

侵略下，中国沦为半殖民地半封建社会，救亡图存成为时代主题。在遭受严峻“阵痛”的年代，中国表现出极强的韧性，“师夷长技以制夷”、戊戌变法、资产阶级革命等纷纷涌现于历史舞台。尤其是俄国十月革命和五四运动后，改造中国的需求加速了马克思主义中国化。在诸多探寻中国救亡图存道路的主体中，中国共产党成为根本性的内生变革力量。“中国产生了共产党，这是开天辟地的大事变。这一开天辟地的大事变，深刻改变了近代以后中华民族发展的方向和进程，深刻改变了中国人民和中华民族的前途和命运，深刻改变了世界发展的趋势和格局。”① 在中国共产党领导下，古老中国重新焕发活力，并以日益强大的姿态大踏步迈入现代中国。中华人民共和国成立后，尤其是改革开放 40 多年来，中国积极吸纳现代文明成果，实现了两个伟大跨越：从一个农业文明国家转变为现代工业文明国家，从一个半殖民地半封建社会转变为中国特色社会主义社会。当代中国站在了前所未有的历史高点。

在实现两大历史性跨越的过程中，中国的思想理论发生了巨大变化。中国共产党诞生于“觉醒年代”，之后不断探寻马克思主义中国化，取得了丰硕的成果。中国的现代学术理论从无到有，产生了一批开拓者和思想大家。但是，与中国实现两大历史性跨越的伟大变革时代相比，中国的学术理论建构还显得相当不够。

首先，现代学术理论发源于西方。在西方社会内部长期变革的历史进程中，内生出现代西方学术理论。而中国是在外部入侵的背景下进入现代世界体系的，并在这一过程中产生现代学术理论体系。中国的学术理论体系的建立有一个向西方学习的过程。在学习的过程中，还要消化、吸收和转换。现代学术理论的外源性，使中国在学术理论建构上必须付出比西方更多的努力。

其次，实践是理论之源。从 14 世纪至 19 世纪，西方学术理论建构

① 习近平：《在庆祝中国共产党成立 95 周年大会上的讲话》，《光明日报》2016 年 7 月 2 日。

经历了数百年时间，是在充分的经验事实基础上建构起学术理论的。而中国是在救亡图存的背景下产生现代学术理论的。中国的政治和社会变革实践具有压缩性特点，即在很短的时间内实现了其他国家要数百年才能实现的巨大历史变革。实践先行成为中国发展的鲜明特点。中国的历史性巨变提供了丰富的经验事实，但要在总结事实经验的基础上提升出史诗般的学术理论，需要一个艰巨的努力过程。

最后，时代巨变超越了原有的认知和预设。现代学术理论既是经验的产物，更是人为建构的成果。这是因为，与古代世界是自然历史的产物不同，现代世界是要更符合人的目的，具有很强的建构性。这种建构性往往以超越经验的理论认识和预设为条件。中国是在一个现代历史低点上崛起的，具有双重超越性，不仅在传统的农业文明基础上建立起一个现代工业文明国家，而且在扬弃资本主义社会的基础上走出了一条中国特色社会主义道路。“当代中国的伟大社会变革，不是简单延续我国历史文化的母版，不是简单套用马克思主义经典作家设想的模板，不是其他国家社会主义实践的再版，也不是国外现代化发展的翻版。”① 这种具有双重超越性的发展道路大大超出了人们的认知和预设。即使是成熟的西方理论的许多预设也在中国两大历史性跨越面前失灵。当然，中国的学术理论面对巨大的历史变革也缺乏足够的思想准备，从而难以产生具有重大影响力的成果。“在解读中国实践、构建中国理论上，我们应该最有发言权，但实际上我国哲学社会科学在国际上的声音还比较小，还处于有理说不出、说了传不开的境地。”②

中华民族伟大的发展历程为理论建构提供了富饶的孕育土壤，中国全面建设社会主义现代化国家的新征程向理论建构提出了新的时代命题。史诗般的伟大变革时代呼唤史诗般的学术理论。

---

① 《习近平谈治国理政》第2卷，外文出版社，2017年版，第344页。
② 《习近平谈治国理政》第2卷，外文出版社，2017年版，第346页。

两个起点：建构中国理论自觉

任何一种学术理论都是在特定历史起点上产生的，并受到特定时代的规定。

19 世纪中后期，随着国门打开，西方的现代学术理论开始传入中国。特别是在中国共产党成立前的“觉醒年代”，大量外来思想进入中国，思想理论空前活跃。这是中国现代学术理论的第一个起点。在这一起点上，中国的现代学术理论有两大成就。其一是初步建立起现代学术理论体系。中国有着悠久丰富的文化，但作为科学知识体系的现代学术理论是 20 世纪上半叶才逐步建立起来的。其二是在社会科学中国化方面迈出了重要一步。在中国现代学术理论体系中，社会科学基本是外来的。大量学者从海外引进社会科学，或者赴海外留学，直接接受西方社会科学的训练。但当他们进入中国场域、对中国进行实地调查、展开对中国问题的研究时，势必将西方社会科学理论与方法中国化，从而产生出中国化的学术理论。他们的著述将外来的社会科学理论方法与中国问题研究融合为一体，并凸显中国的主体性。

马克思主义中国化在推进社会科学中国化过程中发挥了重要作用。中国共产党是以马克思主义为指导的政党，在推动社会变革中开启了马克思主义中国化进程，并大大促进了中国理论的建构，最为突出的表现是对中国社会性质的认识。20 世纪 20 年代末，共产国际内部对中国社会性质问题发生争论。当时主持国际农民运动研究所东方部工作的匈牙利人马季亚尔认为：中国自原始社会解体后，既无奴隶社会，又无封建社会，而只是一种由亚细亚生产方式决定的“水利社会”；到 20 世纪初，西方资本主义传入中国后，中国也就成了资本主义社会，因此，中国农村就是资本主义的农村。陈翰笙不同意这种观点，认为马季亚尔讲的只是农产品商品化的问题，实际上农产品商品化早在宋代就开始了，如烟草、丝、麻等，但这只是商业资本，而不是工业资本。中国农村基本上是自给自足的自然经济，具有封建社会性质，不能说是资本主义社会。之后，在对马克思主义相关论述的引用下，中国共产党人将近代中国定性为半殖民地半封建社会。

对中国社会的认识促进了社会科学的中国化。现代社会科学的重要功能是对人类社会的认识，重要方法是社会调查。社会科学属于外来学科。当中国学者学习和接受社会科学，并以中国社会为对象进行社会调查时，势必促进社会科学的中国化，通过对中国的认识产生中国理论。20 世纪 30 年代，杨开道为瞿同祖所著《中国封建社会》一书作序时指出："中国社会科学的毛病，是只用国外的材料，而不用本国的材料。尤其是社会学一门，因为目下研究的朋友，大半归自美国，熟于美洲社会情形，美洲实地研究，所以美国色彩甚浓，几乎成为一个只用美国材料，而不用中国材料，不用欧洲材料的趋势。这种非常状态，自然会引起相当反感的。"① 他们积极行动起来，将社会学理论和方法与中国社会实际结合起来，对中国农村进行调查，自觉地倡导本土社会的研究取向。他们把社会科学中国化的实现路径归纳为："以试用假设始，以实地证验终。理论符合事实，事实启发理论，必须理论与事实糅合一起，获得一种新综合，而后现实的社会学才能植根于中国土壤之上，又必须有了本此眼光训练出来的独立的科学人才，来进行独立的科学研究，社会学才算彻底的中国化。"② 其中最为突出的代表是费孝通。费孝通以实地调查为基础完成的博士论文《江村经济》被誉为"人类学实地调查和理论工作发展中的一个里程碑"，成为国际人类学界的经典之作。其名作《乡土中国》的写作背后有西方社会学的理论与方法，但它是从中国大地上产生出的中国理论。它实现了"引进西方社会科学的实证方法研究中国社会事实，通

① 瞿同祖：《中国封建社会》，上海人民出版社，2012 年版，序言，第 3 页。
② 吴文藻：《论社会学中国化》，商务印书馆，2010 年版，第 4 页。

过二者的交互获得对中国社会具有解释力的理论”①。

遵循中国事实的研究推进了社会科学的中国化。中国现代学术理论尽管是近代以来才建立起来的，并接受了大量的外来知识，但有许多学者在对中国问题的研究中，将中华文明作为重要的学术资源，并形成独到的理论见解。如瞿同祖所著《中国封建社会》，就不是照搬外国有关“封建”的定义，而是从中国历史出发定义“封建”。其《中国法律与中国社会》，更是着力将中国法律置于中国社会中理解。

以第一个起点为基础，中国的现代学术理论取得了重要成就，并涌现了一批学术大家。但总体上看，在中华人民共和国成立前，中国与西方的关系处于极不均衡的状态，中国对西方的认识主要是仰视，遵循的是“拿来主义”。尽管在“拿来”的过程中，中国人有自己的独立思考和见解，但对于“拿来”的源头理论缺乏反思性批判。

中华人民共和国成立后，特别是改革开放之后，中国的现代学术理论站在一个全新的起点上，并取得了重大进展。首先是确立了马克思主义的指导地位。马克思主义的经典著作得到大量翻译和传播，马克思主义成为中国现代学术理论的指导思想。其次是全面建立现代学术理论的学科体系。邓小平于1979年指出：思想理论工作面临研究新情况、新问题的重要任务，需要发挥各个学科的力量进行研究。“政治学、法学、社会学以及世界政治的研究，我们过去多年忽视了，现在也需要赶快补课。”② 之后，中国建立了一个系统完整的学科体系，并以此为基础形成自己的知识生产系统。再次，更加广泛地吸收人类文明成果，特别是西方现代学术理论。商务印书馆出版的“汉译世界学术名著丛书”成为典型代表。最后，在社会科学中国化方面有了新的进展。中国学者在马克思主义指导下，从中国实际出发进行研究，产生了大量理论成果。

① 何明：《“魁阁时代”社会科学中国化的实践》，《广西民族大学学报》（哲学社会科学版）2019年第6期。

② 《邓小平文选》第2卷，人民出版社，1994年版，第180~181页。

与第一个起点相比，第二个起点具有鲜明的时代特点。中华人民共和国成立，特别是改革开放的深化，从根本上改变了中外关系，中国人由过往对西方的仰视转变为一种“平视”。这种时代变化促进了中国现代学术理论的转变。

其一，对外来理论不再只是简单的“拿来主义”，而有了反思性批判意识。如20世纪90年代西方的“市民社会”理论广泛流行，但人们也逐渐意识到这一理论在中国运用的局限性。

其二，对外来学说进行创造性转换，根据中国自身需要赋予其中国意义。如“治理”作为一个学术名词是20世纪90年代从国外传入中国的，但经过创造性转换，已经形成适应中国需要的国家治理理论。

其三，产生了“文化自觉”意识，力图从中国文明和中国道路自身获取理论资源。20世纪90年代末，费孝通先生提出“文化自觉”，他认为：“生活在一定文化中的人对其文化有‘自知之明’，明白它的来历、形成过程、所具有的特色和它发展的趋向……自知之明是为了增强对文化转型的自主能力，取得为适应新环境、新时代而进行文化选择时的自主地位。”① 这一思想促进中国学者增强从中国出发建构中国理论的自觉。

其四，获得了学术群体的中国理论自觉。以2016年习近平总书记在哲学社会科学工作座谈会上的讲话为标志，构建中国特色哲学社会科学成为国家战略目标，也成为现代学术理论的群体自觉行为。

习近平总书记在哲学社会科学工作座谈会上的讲话，为中国的学术理论指明了方向，同时也是一种迫切的期待。它反映了当代中国学术理论与伟大变革时代和丰富经验相比还有相当大的距离，具有重大历史性突破和世界级影响的理论成果尚不多。“总的看，我国哲学社会科学还处于有数量缺质量、有专家缺大师的状况，作用没有充分发挥出来。改变这个状况，需要广大哲学社会科学工作者加倍努力，不断在解决影响

① 费宗惠、张荣华编：《费孝通论文化自觉》，内蒙古人民出版社，2009年版，第94页。

我国哲学社会科学发展的突出问题上取得明显进展。”① 在新的历史起点上，建构具有重大影响力的中国理论成为迫切需求。

两种表达：学术话语和政治话语的分工

理论是人们对客观事物认识的成果。它可以通过不同的方式来表达。现代社会是一个分工分业的社会。一部分人专门从事知识生产，并以相应的概念、范畴、逻辑等方式加以表达，从而形成学术理论。人们从事知识生产肯定有一定的目的，只是这种目的是通过学术论证反映出来的，是一种具有学理性的学术表达。

现代西方世界的形成伴随着新思想的产生。新思想的表达有两种方式。其一是政治表达，即直接反映人们的政治意愿，用清晰明了的语言进行表述，如英国大宪章、法国人权宣言、美国独立宣言等。其二是学术表达，即运用知识和学术语言加以表达。这种表达尽管也会反映一定的思想倾向，甚至为一定政治目的服务，但主要是通过学术性的概念、范畴、逻辑加以论证。

西方学术理论的强大在相当程度上得益于其学术表达。这种表达具有思想的规范性和时空的穿透力。习近平总书记在哲学社会科学工作座谈会上的讲话中提到的他阅读过的洛克、孟德斯鸠、卢梭、黑格尔、克劳塞维茨、亚当·斯密、马尔萨斯、约瑟夫·熊彼特等人的著作，主要就是一种学术表达，并得到广泛的传播。这些著作尽管产生并适应于资本主义时代，但其影响远远超越资本主义世界。

在西方，即便是一些价值取向非常明显的思想，也往往是以一种学术表达的方式出现的。黑格尔是典型的西方中心主义者。“黑格尔武断地认为，世界精神的太阳最早从东方升起，东方文明（包括中国文明，

① 习近平：《在哲学社会科学工作座谈会上的讲话》，《人民日报》2016年5月19日。

以及印度、波斯、古埃及文明）是人类历史的童年，属最幼稚、最低等级的文明。希腊是人类历史的青年时代；罗马是人类历史的壮年时代。最后‘太阳’降落在日耳曼民族身上，实现了世界精神的终极目的，成为历史的最高阶段。”① 但他的论断是建立在对世界文明考察的基础上，并进行了严密的论证，尽管这种论证具有强烈的主观性。魏特夫的《东方专制主义》是一部大部头的著作，充满着对东方政治的偏见。但这部著作沿袭了自亚里士多德以来西方人对东方政治的界定，甚至大量引述了马克思、恩格斯的论述，论据看似相当充分。

马克思主义学说也有着两种不同的表达方式。其一是政治观点非常鲜明的政治表达，如《共产主义原理》《共产党宣言》等。其二是建立在充分理论论证基础上的学术表达。马克思撰写《资本论》，从商品这一细胞开始，分析商品的二重性和劳动的二重性，再到价值和剩余价值，渐次展开，发现了资本主义经济规律，并最终得出了资本主义必然灭亡的政治结论。这一论证过程便是学理性的研究过程。这种学理性的学术表达不是简单的政治宣示，而是对事物内在规律的理论反映，是一种以学术话语的方式进行的政治表达。马克思一生致力于理论建构："批判的武器当然不能代替武器的批判，物质力量只能用物质力量来摧毁；但是理论一经掌握群众，也会变成物质力量。理论只要说服人，就能掌握群众；而理论只要彻底，就能说服人。所谓彻底，就是抓住事物的根本。"② 马克思、恩格斯正是由于创立了一系列理论，形成了马克思主义，才在人类历史上产生了巨大而深刻的影响。

中国是在救亡图存的近代才开始新思想探索的历史进程的。出于紧迫的政治需要，中国的政治理论和政治话语表达强大，产生了马克思主义中国化的一系列重大成果。这对于中国实现两大跨越具有重大意义。但与此相比，中国的学术话语表达较弱，甚至与政治话语表达重叠，目

---

① 王绍光：《“中国精神”与〈中国精神读本〉》，《文化纵横》2019 年第 5 期。
② 《马克思恩格斯选集》第 1 卷，人民出版社，1995 年版，第 9 页。

前还未能产生类似洛克、孟德斯鸠、卢梭、黑格尔、克劳塞维茨、亚当·斯密等那样有广泛影响力的学者。当代西方社会科学之所以有强大的影响力，就是因为其以学术话语的方式表达，让人们自觉不自觉地受其规范，甚至思维模式化。由此很容易造成我国哲学社会科学“在国际上的声音还比较小，还处于有理说不出、说了传不开的境地”。

中国的现代学术理论是在改革开放之后得到整体性全面发展的。政治学、社会学、法学等学科的恢复重建，其一在于有大量问题要研究，其二在于这种研究要通过社会科学特有的方式。只是在相当长的时间里，这种研究的专业性和学理性尚未能充分显现。其学术表达的理论成果与伟大变革时代和丰富经验难以匹配。正因为如此，习近平总书记强调：“我们不仅要让世界知道‘舌尖上的中国’，还要让世界知道‘学术中的中国’、‘理论中的中国’、‘哲学社会科学中的中国’。”① 这就需要以我国实际为研究起点，“提炼出有学理性的新理论，概括出有规律性的新实践。这是构建中国特色哲学社会科学的着力点、着重点”②。要达到这一目标，必然要求致力于学术话语表达。

两种思维：由经验思维转化为理论思维

理论建构是一种知识生产活动，受知识生产者的思维制约。思维活动表现为两种方式。其一是经验思维，即以直观感受到的事实经验为依据，并通过事实陈述加以表达，注重于“是什么”。其二是理论思维，即以科学的理论、原理、定律为依据，对问题进行分析、判断。这种思维要对事实加以抽象，通过概念进行表达，注重“为什么”和“怎么样”。

人的思维方式与一定的历史环境相关。中国有着漫长的农业文明历

① 《习近平谈治国理政》第2卷，外文出版社，2017年版，第340页。
② 《习近平谈治国理政》第2卷，外文出版社，2017年版，第344页。

史，农业生产中“看得见，摸得着”“眼见为实，耳听为虚”的经验思维十分发达。这种思维有助于记录事实，对于建立中国人的历史感具有重要作用，使中国产生了《史记》《资治通鉴》等伟大的历史著作。与此相比，中国人的理论思维相对较弱。在黑格尔看来，“在中国人中间，历史仅仅包含纯粹确定的事实，并不对于事实表示任何意见或者理解。他们的法理学也是如此，仅仅把规定的法律告诉人；他们的伦理学也仅仅讲到决定的义务，而不探索关于他们的一种内在的基础”①。黑格尔的论断尽管带有相当的偏见，但某种程度上不能不说是一定客观事实的反映。

现代学术理论率先产生于西方。西方的学术理论基于西方国家的历史经验，同时将经验提升到理论的高度，通过定义、概念、范畴、逻辑加以理性论证，由此形成系统和可传播的知识体系。梁启超认为：“大抵西人之著述，必先就其主题，立一界说，下一定义，然后循定义以纵说横说之。”② 知识生产也具有“先占原则”，即“某些人由于对事物的认识在先，通过概念对事物加以定义，并能够广泛传播，就会形成‘先入为主’的认识，获得话语权。后人在接受这些概念时，自觉不自觉地会进入其相应的思维通道，形成格式化、规范化的思维。这就是思想意识的力量”③。西方的学术理论之所以具有广泛的影响，主要便在于他们的理论建构。

中国是在近代以后才逐步建立起自己的学术理论体系的。中国人在学习西方的过程中，也开始建构自己的理论。但总体上看，中国的理论建构意识和能力还不够。历史学本来是中国最古老的学问。近代以来，特别是中华人民共和国成立以来，历史学作为一门学科探讨重大问题，提出了不少有价值的理论。如范文澜先生主编的《中国通史》，除叙事

---

① 黑格尔著，王造时译：《历史哲学》，上海书店出版社，1999 年版，第 141 页。
② 梁启超：《论中国学术思想变迁之大势》，上海古籍出版社，2006 年版，第 36 页。
③ 徐勇：《学术创新的基点：概念的解构与建构》，《文史哲》2019 年第 1 期。

外尚有不少能够给人启迪的点评。而改革开放之后，历史学研究更多的是基于事实经验的叙事，对于事实背后的“为什么”问题缺乏深度研究，理论建构相对较弱。其中原因就在于“中国的学术传统长期延续的是‘述而不作’，即以经验思维来描述事实，而很少用清晰明确的概念加以表达”①。

政治学、经济学、社会学、法学等学科是在改革开放之后迅速发展的。这些学科的知识是大量从国外引进的，对于基于伟大变革时代和中国经验建构原创性理论非常不够。受经验思维所限，我们可以讲出“中国故事”，但难以提出“中国理论”，由此在世界思想“市场”中处于不利地位。当下中国存在的“有理讲不出”的被动境地，在相当程度上与理论思维较弱、理论建构不足有关。中国学者不仅要讲好“中国故事”，更要建构“中国理论”。故事具有地方性、经验性、具象性，理论才具有普遍性、一般性和抽象性。现代社会科学的重要特点是，不仅要基于经验，而且要将经验提升到普遍性理论的高度，进行理性论证。“虽然经验思维非常重要，但是要实现人类认识的进步，就必须实现由经验思维向理论思维的转化，因为经验是外在的、具体的、现象的、直观的，必须转化为内在的、一般的、本质的和理性的。”② 如美国学者斯科特所著《弱者的武器》一书，讲的是农民故事，但以政治权力体系中的“弱者”进行理论表达，由此获得了一般性和普遍性：凡是有“弱者”的地方，就会有“弱者的武器”。

恩格斯曾说：“一个民族要想站在科学的最高峰，就一刻也不能没有理论思维。”③ 这是因为理论具有规范意义。我们一旦进入他人建构的理论体系之中，就不可避免会受到其思维和话语体系的规制，从而很难产生与伟大变革时代和中国经验相匹配且具有广泛影响力的原创理

① 徐勇：《学术创新的基点：概念的解构与建构》，《文史哲》2019 年第 1 期。
② 李淑英：《恩格斯关于理论思维的阐释及价值》，《人民论坛》2021 年第 7 期。
③ 恩格斯：《自然辩证法》，人民出版社，2015 年版，第 43 页。

论。这就需要大力强化理论思维，建立理论自觉。

两种源流：从西方理论“消费者”到推进“自主性生产”

理论建构不是凭空想象，更非一日之功。它建立在对前人成果传承的基础上。随着现代社会的分工分业，由学校、科研机构、专业刊物等要素构成的专业化学科体系建立，已经形成了能够不断再生产知识产品的生产线。“知识生产是对一类事实加以概括、提炼、总结，并建构内在的逻辑关系，从而形成能够传播、学习、运用的知识体系。”① 知识生产线指的是学术知识在长期生产实践中形成的稳定性输出路线或路径。稳定的知识生产线有助于知识体系的建构与发展，形成多种标识，并确立相应的源流和根基。

现代学术理论率先在西方兴起，经过了数百年时间，西方国家已经形成了一条强大的知识生产线，可以不断生产和再生产知识产品。西方的知识生产线有两大特点：其一，通过概念创制，获得知识生产的话语权。知识生产的领导地位是由定义权的归属决定的。概念的定义权对知识生产领域尤其重要，定义权直接决定了知识话语的主导地位。在带有自身标识的知识生产线上，西方不断有新的知识产品出现。后来者要涉足这一领域，就不得不进入西方业已形成的“知识轨道”，接受既有理论的规范，深受这一知识生产隐性支配力的影响。其二，将一定的价值隐含于学术理论之中，从而获得思想影响力。人类在建构知识生产线的过程中，会自觉或不自觉地将自身价值与倾向注入其中，达到影响他者的目标。现代思想理论的重要特点是作为一种主张和理念的“主义”开始出现。“主义”既是知识生产者对客观世界的描述，又是一种超越客观世界的理想主张。“主义”的出现是世界思想发展历史的转折点。

① 徐勇：《用中国事实定义中国政治——基于“横向竞争与纵向整合”的分析框架》，《河南社会科学》2018 年第 3 期。

"至此，思想开始具有独立性，引导客观世界的发展，并规制着人们对客观世界的认识。"① 在中国现代学术理论体系的建立和发展过程中，势必要学习和借鉴西方的学术理论。但是，仅仅做西方理论的"消费者"是远远不够的，难以在伟大变革时代产生原创性的中国理论。

首先，西方的知识生产会受其时代限制。西方的现代学术理论是伴随着现代西方社会的成长而发展的。随着资本主义制度的成熟，西方学术理论至 19 世纪达到顶峰，之后则与资本主义制度一样，处于"小修小补"阶段，宏大建构愈来愈弱，对于世界性议题愈来愈失去引领能力，也开始陷入"有专家缺大师"的境地。我们学习和接受的西方最新的知识产品，很可能仅属于西方学术理论大树上的细枝末节。

其次，西方的知识生产也会受其认知限制。凭借"先占"优势，西方学者对中国加以定义，但伟大变革时代和中国经验远远超越了他们的认知和预设，导致他们很难建立能够反映伟大变革时代并包容中国经验的一般性理论。

再次，仅仅作为"消费者"会限制我们的想象，影响原创性研究。在解读中国实践、构建中国理论方面，中国学者应该最有发言权，但实际上我们在国际上的声音还很小。一个重要原因是西方学术理论已经成为源头，处于知识生产线的高端。中国学者在接受和使用西方知识生产线上的产品时，不可避免地处于这一生产线的低端地位。例如，哈贝马斯提出"协商"理论，之后传入中国，出现了一系列相关论证。这种以西方理论为源头的研究，限制着人们的想象，从而导致难以进行自主性的原创研究。

要在伟大变革时代产生原创性的中国理论，需要建立起融通各种理论资源并能够自主进行再生产的知识生产线，最重要的是构建中国理论的"根"和"源"。

---

① 徐勇：《东方自由主义传统的发掘——兼评西方话语体系中的"东方专制主义"》，《学术月刊》2012 年第 4 期。

中国理论的源头具有强大的包容性，是对各种资源的融通且有自己的主导性资源。首先是马克思主义的资源。马克思主义是在充分吸收同时又积极扬弃前人思想成果的基础上产生的。这使得马克思主义一开始就站在人类历史前所未有的高点上。马克思主义是开放的体系，它要在实践中不断吸收新的养分，永葆理论的青春。它不会简单宣布“历史的终结”，恰恰相反，它强调人类解放是一个永无止境的历史过程。这就为人类发展和思想进步打开了广阔的空间。中国之所以得以实现两大跨越，就在于有马克思主义的指导并产生了马克思主义中国化的成果。这是西方主流学术理论所难以具备的理论资源。其次是中华民族的文化资源。费孝通晚年提出“文化自觉”，已意识到中华文明的独到价值。中华文明传统是产生原创性中国理论的重要来源。再次是世界所有国家哲学社会科学的积极成果。这种集聚了各种资源的理论“源头”，显然有助于确立中国理论的主体性，并建构起具有超越性的中国理论。

除了确立“源头”以外，还需要高度重视“源流”，即对具有主体性“源头”的传承。有传承才有积累，有积累才有创新。应该看到，西方学术理论的生产线较为成熟，可以不断再生产出新的知识产品。中国的社会科学很容易为追随最新的知识产品而忽视自己的知识积累，有“新”无传，新只是引进的“新”，而不是自主的“新”。没有自主性知识产品的传承，就难以建构起具有原创性的理论。应该看到，自现代中国学术理论产生以来，事实上已开始形成中国自己的风格和特色，只是缺乏认真的总结，更因为追随西方知识生产线上的最新产品而忽略了传承，未能建立起具有累积性的知识生产线，没有形成自己的“学脉”。早在 20 世纪中国现代学术理论发展的第一个起点上，中国便产生了一批重要学者和重要成果，但未能得到很好的传承。改革开放之后，伴随“文化自觉”，费孝通等人进一步确立了中国学者的主体性，但一时未能引起足够的重视。这不可避免会影响具有中国自主性的知识生产能力的提升。

值此中国共产党成立百年之际，认真回顾和总结中国理论建构的历程，确立自己的历史方位，形成高度的理论自觉，致力学术话语表达，强化理论思维，明确中国理论源流，必将有助于产生能够与中国共产党百年辉煌成就相匹配的中国理论。

（原载《探索与争鸣》2021 年第 6 期）

构建中国特色政治学：学科、学术与话语

——以政治学恢复重建历程为例①

摘　要：哲学社会科学的特色、风格、气派，是发展到一定阶段的产物，是成熟的标志，是实力的象征，也是自信的表现。在中国，政治学自 1980 年恢复重建以来，致力于构建中国特色政治学，并为政治学发展提供了标识。特有的中国政治基础、特有的中国政治问题、特有的中国在世界变化格局中的地位，使得中国政治学在科学研究中产生出自主性和自为性，开始显示出鲜明的中国特色。与欧美政治学相比，中国特色政治学突出表现为学科体系的马克思主义指导、学术体系的整合性取向和话语体系的包容性特点。随着中国在世界舞台上扮演的角色愈来愈重要，要善于融通古今中外各种资源，加快构建中国特色政治学。

关键词：政治学；中国特色；学科；学术话语

习近平总书记指出："哲学社会科学的特色、风格、气派，是发展到一定阶段的产物，是成熟的标志，是实力的象征，也是自信的体现。"② 政治学是 20 世纪从国外引进的学科，在相当长时间，这一学科

---

① 本文与华中师范大学政治科学高等研究院任路讲师共同发表。

② 习近平：《习近平谈治国理政》第 2 卷，外文出版社，2017 年版，第 338 页。

被忽视了，直到1980年得到恢复重建。伴随中国特色社会主义的建设，中国的政治学在复杂的环境下努力探索，开始在学科体系、学术体系和话语体系等方面表现出自己的特色、风格、气派。特别是自2016年以来，构建中国特色政治学成为政治学的群体自觉，并为今后的政治学发展提供了标识。构建中国特色政治学是一个通过自主自为的探索不断获得自觉的过程，也将通过这一自觉加快构建中国特色政治学的步伐①。

一、构建中国特色政治学的背景

政治学的核心对象是国家，核心命题是“构建什么国家，如何构建和治理国家”。早在人类文明的轴心时代，世界不同的文明体不约而同地围绕政治学的基本问题进行了探讨，并产生了不同的主张。只是在地理大发现之前，人类还生活在各自的地域范围内，没有在相互交流和碰撞中形成以国家为特色的学科。

与其他社会科学一样，政治学作为一门独立的学科是伴随现代化产生和发展的。率先步入现代化的西欧产生了现代政治学，并成为现代政治学发展的策源地。现代政治学的主要思想来自欧洲，其他国家主要是学习、吸收和运用。但是，现代世界毕竟是以民族国家为基本单位的。每个国家的历史、国情和面临的问题有所不同，由此便产生了政治学的“本国化”。美国主要是由西欧移民建立起来的新兴国家。“欧洲大陆的政治学主要关心国家、主权和法律。早期美国政治学反映了这些关注。政治学曾是‘国家的科学’。”② 但是，随着政治学在美国的运用和对美国政治问题的研究，产生了政治学的“美国化”倾向，“自民族独立时期开始，就有一种经常性的有时是强烈的情绪：美国政

① 本文写作的主要文献来源于《中国社会科学》上刊发的政治学类相关论文，并参考了王浦劬主编：《新时代中国政治学学术发展》，中国社会科学出版社，2020年版；房宁：《新中国政治学研究70年》，中国社会科学出版社，2019年版；等等。

② 曾繁正等编译：《西方政治学》，红旗出版社，1998年版，第13页。

治学（这里无论是广义的还是狭义的解释）是独特的，也许对于全世界都具有独特的意义”①。与欧洲相比，美国的政治学更注重应用。如果说欧洲的政治学主要是政治哲学，那么，美国的政治学主要表现为政治科学，特别是借用自然科学的方法解决实际问题。“政治学在一定程度上确实像自然科学。”② 尽管在美国政治学发展中，也有过“重新欧洲化”的提法，但“美国化”始终居主流地位，并形成区别于欧洲的美国政治学。

美国和欧洲毕竟是同根同种同源，同一性大于差异性。美国政治学更多的是对欧洲政治学的补充和延伸。随着美国政治学的发展，美国人认为美国的政治学“对于全世界都有独特的意义，其知识类型和范围值得输出或仿效”③。与此同时，自政治学产生以来，还没有哪个国家的政治学能够与欧美政治学形成互动竞争关系。因此，美国政治学没有提出构建以国家为特色的学科的强烈诉求。

对于中国的政治学来讲，提出“中国特色”具有特殊意义。中国尽管很早就有丰富的政治思想，但作为一门由知识体系形成的学科，政治学是20世纪才由西方引进的。由于政治原因，政治学一度中断，直至1980年才恢复重建。政治学的恢复重建是在现代化和对外开放的背景下发生的。现代化将“如何建构和治理国家”的任务提了出来，因此需要研究这一问题的政治学。邓小平提出了政治学等学科“需要赶快补课”。正如现代化要通过对外开放吸收人类一切文明成果一样，政治学的“补课”也要吸收过往的政治学成果。

在政治学的“补课”中，中国的政治学大量学习吸收和借鉴了西方的政治学④。这是因为西方的政治学经过长期发展，已经形成了由一

① 曾繁正等编译：《西方政治学》，红旗出版社，1998年版，第15页。

② 迈克尔·G.罗斯金著，林震等译：《政治科学》，中国人民大学出版社，2009年版，第16页。

③ 曾繁正等编译：《西方政治学》，红旗出版社，1998年版，第15页。

④ 改革开放之初，我国对西方政治思想史前所未有地进行了大量的研究，并作为受政府主管部门肯定的一门学科得以确立。参见徐大同主编：《西方政治思想史》，天津教育出版社，2000年版，前言。

个个学术概念和专门术语构成的知识体系。如果不加以学习，政治学作为一门独立的学科体系就难以建立起来。但是，对于中国的政治学来讲，自主地运用政治学理论研究政治问题，并在这一过程中形成中国特色，具有特殊意义。

首先，政治学是对特有的政治基础的反映，并受到一个国家政治基础的制约。中国是一个有着独特文明和制度的国家。如果说欧美同根同种同源，那么中国与欧美的差异性大，中国的政治基础更具有特殊性。1978 年，随着党和国家的重心转移，现代化建设成为中国发展的主要目标。1978 年，邓小平发表了著名的《解放思想，实事求是，团结一致向前看》的讲话，人们的思想空前活跃。在这之后，出现了一些不同的政治思潮，影响着国家现代化的走向。正是在这一背景下，邓小平 1979 年发表了《坚持四项基本原则》，指出“我们要在中国实现四个现代化，必须在思想政治上坚持四项基本原则。这是实现四个现代化的根本前提”①。思想理论工作面临研究新情况、新问题的重要任务，需要发挥各个学科的力量进行研究。“政治学、法学、社会学以及世界政治的研究，我们过去多年忽视了，现在也需要赶快补课。”② 1980 年中国政治学会成立，开启了政治学恢复重建的历程。由此可以看出，政治学的恢复重建一开始就具有鲜明的“中国性”，这就是实现现代化和坚持四项基本原则的政治基础。政治学的恢复重建必然要反映这一政治基础，并具有中国属性。在这一政治基础上发展起来的政治学，势必与欧美国家的政治学有着鲜明的区别。这种区别也使得中国的政治学从恢复重建伊始便获得了一种特有的政治自觉，即对政治方向的把握。中国政治学恢复重建之后曾经出现过一些波折。正是在波折中，政治学者提高了对中国的政治基础和自己学术使命的认识，努力将学术研究与中国特色社会主义建设事业相联系。

---

① 《邓小平文选》第 2 卷，人民出版社，1994 年版，第 164 页。

② 《邓小平文选》第 2 卷，人民出版社，1994 年版，第 180~181 页。

其次，政治学是对政治问题的研究。一个国家的政治学首先要研究本国的政治问题，并在研究过程中形成自己的特有认识，从而获得学术的自主性。自人类进入“世界历史”之后，现代化成为人类必由之路。人们一度普遍认为，现代化的先行者是后继者的示范和模板。先行者建构起一套价值规范，后来者只需遵守既定的规范。“历史终结论”便是基于西方自由主义价值和理论终结了人类理论进程而提出来的。但是，近些年来人类历史发展的经验大大超越了西方学者的预设。由于历史和国情的不同，现代化的后起者并没有按照先行者的单一模板发展，而且非西方模式的后起者正在迅速追赶，甚至在某些方面超越先行者，由此增强了不同文明体的学术自信和自主。中国是世界最古老的文明国家之一，改革开放以来，中国迅速崛起为世界第二大经济体，走出了一条中国特色的社会主义现代化道路。中国政治学是在中国道路的形成过程中恢复重建的。政治学参与了中国道路形成过程中面临的大量新情况和新问题的研究，并在道路自信中获得了学术自信。这种学术自信为构建中国特色政治学提供了源泉。中国政治学者完全有可能超越既有理论，形成中国特色的政治学。

最后，政治学是时代的产物，并适应时代的需求。现代政治学发源于西方，在于西方率先走向现代化。但是，经过数百年的现代化进程，当今世界正面临百年未有之大变局，即近代以来西方主导的单向的全球化正在向多向的全球化转变。多向的全球化意味着多种力量的共同参与，政治学研究要适应这一变化，回答百年未有之大变局带来的理论问题。随着中国在多向全球化进程中扮演着愈来愈重要的角色，给中国的社会科学提出了更高的要求，这就是从单一的被动“补课”到更具有自主性和自为性，从而建设中国特色、中国风格、中国气派的哲学社会科学。以 2016 年 5 月习近平总书记在哲学社会科学工作座谈会上重要讲话的发表为标志，建设中国特色、中国风格、中国气派的哲学社会科学成为主流话语，大大激活和激发了中国学者的自主创新意识，建设中国特色哲学社会科学的群体自觉日渐明晰，其中包括学科体系、学术体系和话语体系的建设自觉。在这种群体自觉中，加快构建中国特色政治学正在成为政治学人的共识，并以自己独特的理论建树，在新的世界学术格局中作出特有的贡献。

构建中国特色政治学是时代的产物，也是时代的呼唤。自政治学在欧美产生以来，随着中国崛起和中国政治学研究，中国特色政治学的地位日益增强，并成为构建与欧美不同的中国政治学的路径标识！

二、中国特色政治学的学科构建

中国特色政治学是指在中国政治学发展中体现出继承性、民族性、原创性、时代性、系统性、专业性的特点，以具有主体性和创新性的学术研究，解释和分析政治问题，产出中国特有的学术成果，使得世界政治学体系中具有更多的“中国性”。

中国特色政治学不是自然而然产生的，而是一个人为的构建过程。这种构建体现了政治学研究主体由自在到自为，由自发到自觉，由个体自觉到群体自觉的形成过程。尽管在相当长时间，没有明确提出构建中国特色政治学，但并不意味着没有这方面的行动。学科自觉不是凭空而来的，而是在学术研究中长期努力和积累而成的。学者从不同的路径进行探索，汇合成为中国特色政治学的构建自觉，并分别体现在学科体系、学术体系和话语体系之中。

在学科体系、学术体系和话语体系中，学科体系具有基础性地位。学科是按照学问和学术的性质划分的科学门类。由若干系统完整的学科门类构成一个学科体系。通过学科划分进行有目的的知识生产，从而持续不断地生产出相关的知识。学科的设置和分类，反映了客观事物的特性，并体现一定的目的性。

作为一门独立的社会科学门类，中国的政治学是近代以来才出现的。中华人民共和国成立后，这一学科曾被中断，由此才有了“补课”一说。但是，中华人民共和国成立后，政治学不能简单说“中断”。因为，马克思主义作为国家的意识形态得以确立，马克思主义理论得到了很大发展，其他社会科学的相关内容被包括在马克思主义理论中。如作为政治学核心议题的国家，就是马克思主义理论的重点内容。改革开放是中华人民共和国的新征程，马克思主义仍然居于主导地位，且成为社会主义现代化建设要坚持的四项基本原则之一。这是中国政治学恢复重建的原生基础和背景，也是政治学恢复重建的基点和起点。在政治学恢复重建过程中发挥了开创性和引领性作用的学者具有很深厚的马克思主义理论修养，能够自觉地以马克思主义为指导推进政治学的恢复重建。

在政治学的学科体系建设中，充分体现了中国的国家属性。作为社会主义国家，科学社会主义与国际共产主义运动率先作为一门学科建立起来，并设立了相应的学位点。之后，政治学作为一门独立的学科门类得以恢复重建。随着学科门类的增多，1998 年，政治学一级学科设立，下设政治学理论、中外政治制度、科学社会主义与国际共产主义运动、中共党史与党建、国际政治、国际关系、外交学和思想政治教育 8 个二级学科，形成了一个较为完整的学科体系。无论是从政治学一级学科体系，即通常所说的“大政治学”，还是二级学科分类，即通常所说的“小政治学”看，都反映了鲜明的中国属性，即马克思主义的指导地位。

对学科的划分，有助于持续不断地进行专门性的知识生产和传递。专门性的知识生产和传递，需要相应的教材。“学科体系同教材体系密不可分。”① 教材是对专门知识的规范性表达，是学科发展的基础。从教材看，中国的政治学学科体系一开始就显示其中国特色。这就是以马克思主义为指导思想，以当代中国政治为主要对象。

政治学恢复重建后的教材编写是不同学者自主完成的，因此版本各

---

① 习近平：《习近平谈治国理政》第 2 卷，外文出版社，2017 年版，第 345 页。

异。但这些教材有一个共同特点，就是都体现了马克思主义的指导地位。20世纪90年代，随着对外开放，大量西方政治学知识进入中国，其中有的概念为中国的政治学教材所吸纳。但从整个教材体系看，马克思主义的指导地位没有动摇。以王浦劬主编的《政治学基础》为例，该教材对马克思主义与非马克思主义的政治思想作了明确界定，强调以马克思主义理论和方法为指导。教材尽管使用了政治关系、政治行为、政治体系、政治文化、政治发展等西方政治学产生的概念，但对不同性质的政治进行了比较，突出了当代中国政治的主体地位，而不是对西方概念的简单照搬①。即使是“西方政治思想史”教材，也强调“坚持马克思主义为指导”②。

2004年，中央启动了马克思主义理论研究和建设工程，其中的重要内容便是编写教材。作为马克思主义理论研究和建设工程重点教材的《政治学概论》非常明确地体现了马克思主义指导和当代中国政治主体的特点③。随着马克思主义理论研究和建设工程的推进，政治学教材的马克思主义指导地位和中国本体属性更为鲜明，并转换为中国政治学人的自觉行为。地方政府学是政治学的重要分支学科，编写有多种教材。马克思主义理论研究和建设工程启动之后，《地方政府与政治》被列为政治学的重要教材。在编写过程中，专家组多次指导，希望新编写的教材更充分反映马克思主义的指导性，以中国地方政府与政治为主体④。

政治学具有鲜明的政治性，特别是作为政治学骨架的学科体系，更体现了国家属性和国家意志。中国政治学学科体系建设体现了当代中国的国家属性和国家意志，这就是马克思主义为指导，由此与自由主义主导下的西方政治学有着鲜明区别，并构成了中国政治学的基调和主色，

① 该教材后经过修订，获选国家精品课程教材。参见王浦劬主编：《政治学基础》，北京大学出版社，1995年版；王浦劬等主编：《政治学基础》，北京大学出版社，2006年版。

② 参见徐大同主编：《西方政治思想史》，天津教育出版社，2000年版。

③ 参见《政治学概论》编写组：《政治学概论》，高等教育出版社、人民出版社，2011年版。

④ 参见《地方政府与政治》编写组：《地方政府与政治》，高等教育出版社，2017年版。

是中国特色政治学的政治基础。正是以此为基础，获得了构建中国特色政治学的自觉。这就是，在中国大地上从事政治学研究，需要自觉地以马克思主义及其中国化最新成果为指导。正如工人阶级不能自发地产生马克思主义一样，政治学人也不可能一开始就具有以马克思主义为指导的自觉。这种自觉有先有后，有从自在到自觉的转变过程。2016 年习近平总书记在哲学社会科学工作座谈会上的讲话强调，“坚持以马克思主义为指导，是当代中国哲学社会科学区别于其他哲学社会科学的根本标志，必须旗帜鲜明加以坚持”①。在马克思主义指导下构建中国特色政治学成为政治学人的基本共识，获得共识的人愈来愈多，程度愈来愈高，从而为构建中国特色政治学提供了坚实的主体性基础。

因此，政治学在中国的恢复重建，实际包括两层意思：一是作为一门学科得以恢复；二是这种恢复不是对过往政治学的简单接续，而是重建以马克思主义为指导的政治学。

三、中国特色政治学的学术构建

在学科体系、学术体系和话语体系中，学术是核心。只有通过持续不断地专门的学术研究，一门学科才能得以确立和发展。而任何一门学科都是因问题而生。通过运用科学知识对某一问题进行持续不断地研究，从而形成学术体系。“坚持问题导向是马克思主义的鲜明特点。问题是创新的起点，也是创新的动力源。”②

中国政治学恢复重建伊始，便具有鲜明的问题导向。邓小平在谈到政治学等学科要赶快“补课”时，其背景就是“实现四个现代化是一项多方面的复杂繁重的任务”，有大量的问题需要研究，包括政治方面

① 习近平：《在哲学社会科学工作座谈会上的讲话》，人民出版社，2016 年版，第 8 页。
② 习近平：《在哲学社会科学工作座谈会上的讲话》，人民出版社，2016 年版，第 14 页。

的问题[1]。正是在对中国政治问题的研究过程中，产生了中国政治学的自主性、自为性和主体性，从学术体系方面获得了构建中国特色政治学的自觉。由中国政治问题导向的政治学学术自觉是一个随着问题的发生变化并加以研究的形成过程。主要表现为以下层次：

其一，政治理论问题。政治理论问题涉及政治价值、政治理想、政治意识、政治规范等基本问题，具有导向性，是政治学的基本问题。

"哲学社会科学的现实形态，是古往今来各种知识、观念、理论、方法等融通生成的结果。"马克思主义的资源"是中国特色哲学社会科学的主体内容，也是中国特色哲学社会科学发展的最大增量"[2]。邓小平1979年发表《坚持四项基本原则》指出，理论工作的一项重要任务就是要重视马克思主义的研究，按照实践的发展来推动马克思主义的前进[3]。政治学恢复重建的重要或首要任务，就是对马克思主义政治学理论进行系统的研究，并产出了一批有分量的成果。最具有代表性的是由王沪宁主编的《政治的逻辑——马克思主义政治学原理》。该书根据马克思主义经典作家的论述，对马克思主义的政治学原理进行了系统阐述，搭建了马克思主义政治学理论的框架，并多次修订和再版[4]。它反映了中国政治学者对马克思主义政治学的系统研究，在世界政治学的学术体系中独树一帜。中国政治学的学术自觉在基本理论方面表现出鲜明的特点，就是以马克思主义为指导。从政治导向看，中国的政治学就是马克思主义政治学。

中国是社会主义国家。但在一段时间里，社会主义发展遭遇了挫折，并产生对社会主义的怀疑甚至否定的政治价值问题。邓小平在《坚持四项基本原则》中首先强调的便是坚持社会主义道路，之后又提出建

① 参见《邓小平文选》第2卷，人民出版社，1994年版，第180页。
② 习近平：《习近平谈治国理政》第2卷，外文出版社，2017年版，第339页。
③ 参见《邓小平文选》第2卷，人民出版社，1994年版，第181页。
④ 参见王沪宁主编：《政治的逻辑——马克思主义政治学原理》，上海人民出版社，1994年版。

设中国特色社会主义的重大命题。政治学恢复重建之后，对中国特色社会主义建设中的重大政治问题进行了一系列研究，包括如何实现党的领导、人民当家作主、依法治国有机统一等。这些重大政治问题产生于中国特色社会主义实践中，中国政治学者通过对这些问题的研究，形成了独特的学术贡献。中国政治学的学术自觉在基本理论的时代性方面表现出自己的特点，这就是中国特色社会主义政治学。

随着对外开放，大量西方政治思想进入中国。如何对待和分析西方政治思想便成为重要的政治理论问题。政治学恢复重建之后，一方面重视西方政治思想的研究。1982 年，教育部专门举办政治思想史教师培训班，推动编写西方政治思想史教材。另一方面强调以马克思主义为指导，运用马克思主义理论进行分析和评价，而不是简单地介绍①。这有助于在对待西方政治思想过程中增强中国政治学者的主体性。从一门独立的学科看，西方政治思想源远流长，特别是近代政治思想有许多有价值的成分。但中国政治学者在西方政治思想面前并不是简单地折服，而是从一开始就表现出相当的自主性，形成了以我为主的学术思想。与此同时，政治学恢复重建后，对中国的政治思想史进行了大量研究，显示出政治学丰富的中国传统资源。这是“中国特色哲学社会科学发展十分宝贵、不可多得的资源”②。中国政治学者在对这一资源的努力挖掘中获得构建中国特色政治学的学术自觉。如果说政治学恢复重建之初，对中国传统政治思想主要是批判，那么，之后的研究更多的是客观对待，充分挖掘对当代中国政治有积极意义的元素，体现出中国特色政治学的民族性。

其二，政治制度问题。政治制度问题涉及一个国家的基本政治架构，是政治学的核心问题。

中国是一个有着古老文明的国家，又是一个十分年轻的社会主义国

---

① 参见徐大同主编：《西方政治思想史》，天津教育出版社，2000 年版，前言。

② 习近平：《习近平谈治国理政》第 2 卷，外文出版社，2017 年版，第 339 页。

家。1980年，邓小平发表《党和国家领导制度的改革》，从社会主义国家建设的高度，提出了“领导制度、组织制度问题更带有根本性、全局性、稳定性和长期性”，“制度问题，关系到党和国家是否改变颜色，必须引起全党的高度重视”①。这一年，正值中国政治学恢复重建的元年。之后，当代中国政治制度问题成为政治学恢复重建后的主要问题。从学科设置到教材编写，从研究课题到研究成果，当代中国政治制度都居于核心地位，并建立起独特的学术体系。

中国政治学者研究当代中国政治制度问题，面临着双重难题和任务。一是中国实行社会主义制度，面临与世界资本主义的制度竞争问题。由于中国特色社会主义尚处于初级阶段，不仅制度竞争十分激烈，且理论证明面临的挑战也十分艰巨。为此，中国的政治学在论述当代中国政治制度的合理性和正当性方面做了大量努力。特别是随着中国特色社会主义制度的完善，政治学者对于在制度竞争中建立制度自信方面取得大量研究成果。二是当代中国政治制度需要完善，政治体制需要改革。围绕制度和体制问题，中国的政治学者进行了大量研究，取得了丰硕成果。包括党的领导制度、人民代表大会制度、多党合作和政治协商制度、国家监察制度、民族区域自治制度、基层群众自治制度等。可以说，中国政治学是当代中国政治制度学。这也是中国特色政治学区别于其他国家政治学的重要标志。

其三，国家治理问题。国家治理问题涉及一个国家的治乱兴衰，是政治学研究的重要问题。

中国是在一个有着十几亿人口的大国建设社会主义现代化的。在现代化进程中，必然面临大量新情况和新问题，需要进行研究。邓小平提出政治学等学科需要赶快“补课”，正是从这个意义讲的。随着中国特色社会主义道路的确立和中国特色社会主义制度的完善，特别是随着中国经济社会的高速发展，中国面临着大量治理问题。如何通过国家治

① 《邓小平文选》第2卷，人民出版社，1994年版，第333页。

理，有效应对新情况和解决新问题，成为国家发展的重要问题，也成为中国政治学恢复重建后的重要学术任务，并从中获得学术自觉。从制度到治理，中国特色政治学表现为中国的国家治理学。中国政治学者研究国家治理与改革开放之后的国家政治进程密切相关。

首先是基层治理。改革开放之后，农村改革废除了人民公社体制，城市对国有企业体制进行了改革，由此产生诸多新的问题。国家在改革中通过村民自治和社区建设进行农村和城市基层治理。中国的政治学者为此走向基层，围绕基层治理展开了大量调查和研究，为国家决策作出了重要贡献①。

其次是地方治理。中国的改革是从下放权力，调动地方和社会积极性着手的。放权式改革势必产生新的问题，如中央和地方的权限划分，地方政府的权力、责任和功能的界定等②。

再次是国家治理。随着基层和地方治理的推进，以国家整体为单位的治理问题日益突出，并提升到国家战略层面。中国政治学者参与这一层面的研究更多。特别是党的十八届三中全会提出国家治理体系与国家治理能力现代化的重大命题之后，国家治理研究成为中国政治学的重点研究领域，并取得了大量成果。

最后是全球治理。随着全球化日益深入，全球问题日益增多，中国在全球化进程中扮演的角色愈来愈重要，全球治理问题被提了出来，并且引起中国政治学者的高度关注和积极研究③。

对国家治理问题的研究，充分表现出中国政治学者的主体性和主导性，并体现出中国政治学的学术自觉。一则国家治理问题产生于中国，政治学者研究这些问题着眼于有效解决，具有鲜明的中国立场。如特别

---

① 第十六届中共中央政治局进行第三十六次集体学习的主题为“中国社会主义基层民主政治建设研究”，讲解人之一为政治学者。

② 参见王浦劬主编：《新时代中国政治学学术发展》，中国社会科学出版社，2020 年版。

③ 蔡拓等人以“人类命运共同体视角下的全球治理与国家治理”为专题发表一组论文，参见《中国社会科学》2016 年第 6 期。

注意治理的有效性而不是外国学者的价值优先性。二则在中国产生的国家治理问题，中国政治学者的研究无疑居于主体地位。尽管这些问题引起了外国学者的关注，也产生了一些有价值的成果，但其主体是中国政治学者，并作出了独特的贡献。

其四，政治发展问题。政治发展问题是由传统社会向现代化社会转变中产生的问题，是政治学研究中的特殊问题。

政治学是伴随现代化而独立成为一门科学的。对于中国来讲，政治发展问题是突出问题。这是因为中国是在一个古老文明的国度进行现代化建设，必然面对许多西方国家没有的特殊问题。中国政治学一恢复重建便面对这些特殊问题，并在研究中获得学术自觉。

一是将田野带入政治学。农村农民大国是中国进行现代化建设的基本国情，农村农民问题是中国现代化建设的基本问题，也是中国政治学必然要面对的问题。政治学恢复重建之初，主要研究制度，主要方法为文献。随着现代化的推进，农村农民问题进入政治学者的视野，主要方法是田野调查。持续不断和深度的田野调查，促使政治学者注重从实地经验出发并力图从经验中提炼理论，进行原创性研究，形成田野政治学①。

二是将民族带入政治学。民族是政治学的重要元素。民族国家是政治学的重要研究对象。在西方，民族国家建构已完成，民族问题只是出现在涉及其他国家的比较政治学研究中。中国是一个与西方民族国家不同的多民族统一的超大规模国家。随着20世纪90年代世界性的民族问题日益突出，民族问题进入中国政治学的视野，并通过政治学角度的民族问题研究，形成知识体系完整的民族政治学②。

三是将历史带入政治学。历史与政治学密切相关。“E.A.弗里曼的

① 参见徐勇：《政治学“田野学派”的崛起》，徐勇、邓大才主编：《政治科学研究》2018年上卷，中国社会科学出版社，2018年版。

② 参见周平：《民族政治学》，高等教育出版社，2003年版。

名言‘历史是过去的政治，政治是现在的历史’，在约翰斯·霍布金斯大学和哥伦比亚大学是官方的某种座右铭。”但历史比较的方法很快在美国衰落了，政治科学成为美国的主流①。与美国相比，中国是一个历史特别悠久的国家，中国的政治与历史有着特别紧密的联系。历史赋予特有的“中国性”。但在相当长时间，对历史传统主要是否定，未能进入政治学研究的视野。随着中国的国力不断提升，重新评估被否定的传统开始进入政治学者的视野，强调“历史的延续性”而不是断裂性。历史政治学迅速崛起，并成为学术热点。这一趋向将历史视野带入中国的国家治理②。

四是将比较带入政治学。自地理大发现后，人类进入一个相互联系的“世界历史”进程中，其基本组织单位是主权国家。不同的国家有不同的政治。特别是由于现代化进程不一，不同国家的政治发展呈现出很大的差异性。在现代化的世界进程中，中国是最大的发展中国家，改革开放之后大步走向世界。如何比较不同国家的政治发展成为重要问题。随着中国政治学的恢复重建，比较政治得以在中国展开，并显示出中国比较政治研究的特性。这就是力图避免西方比较政治学中暗含的价值取向，将不同的国家作为平等的政治体对待，进行更具有包容性的比较③。

五是将概念史带入政治学。中国有着古老和丰富的政治，但没有政治学，重要原因是缺乏由一个个明确定义构成的概念及其知识体系④。近代以来，大量的政治概念进入中国，不仅影响着政治生活，而且成为

---

① 参见曾繁正等编译：《西方政治学》，红旗出版社，1998年版，第12页。

② 参见杨光斌：《什么是历史政治学?》，《中国政治学》2019年第2辑，中国社会科学出版社，2019年版。《中国社会科学》2019年第1期发表题为“历史视野中的中国国家治理”的一组专题论文。

③ 参见房宁：《亚洲政治发展比较研究的理论性发现》，《中国社会科学》2014年第2期。

④ 张凤阳等人提出从西方语境中理解概念的思路，这为将概念史带入政治学提供了导航。参见张凤阳、罗宇维、于京东：《民族主义之前的“民族”：一项基于西方情境的概念史考察》，《中国社会科学》2017年第7期。

中国政治学的基础。但是，这些概念进入中国后，其原义会发生变化。中国学者将概念史带入政治学研究，有助于在中国场域中理解政治概念的原义与变化，更好地理解政治和政治学的“中国性”。

政治学恢复重建之时的中国，一是世界上最大的发展中国家，二是进行大规模的现代化建设，因此产生了颇具特色的政治发展问题。西方学者也非常关注中国的政治发展问题，但受其价值观的限制，难以客观对待中国的政治发展问题，从而得出客观的结论。如根据其先在预设，中国的政治发展必然要向西方制度转型。但中国的政治发展并不是西方制度的复制品，中国特有的农民问题、民族问题并没有因为现代化进程而造成“政治崩溃”，中国渡过了政治发展的难关，步入更高形态的现代化。中国政治学者积极参与了政治发展问题的研究并取得了学术自觉。这是因为中国政治学者不是从先在的理论预设出发，而是从实际出发，从有效解决问题出发，因此能够避免西方学者的先在预设陷阱，发挥出中国政治学的主体作用。

问题是科学研究的起点。“理论创新只能从问题开始。从某种意义上说，理论创新的过程就是发现问题、筛选问题、研究问题、解决问题的过程。”① 马克思深刻指出：“主要的困难不是答案，而是问题。”“问题就是时代的口号，是它表现自己精神状态的最实际的呼声。”② 不同的问题，不同的学术研究，会产生不同特色的政治学。政治学作为一门学科发源于近代欧洲，其时代性问题是如何搭建现代政治大厦。

因此，欧洲的政治学突出表现为制度主义倾向。美国接受欧洲先贤的政治理念，在空地上建立起现代国家，其面临的突出问题是解决现代国家进程中的实际问题，由此产生出美国化的政治学，其突出特点是以行为主义为中心的学术体系。与欧美相比，中国政治学面临的问题复杂得多。既有基本理念问题，又有具体现实问题；既有制度问题，又有治

① 习近平：《习近平谈治国理政》第2卷，外文出版社，2017年版，第342页。

② 《马克思恩格斯全集》第40卷，人民出版社，1982年版，第289~290页。

理问题；既有坚持制度自信问题，又有完善制度问题；既有超越历史传统问题，又有在历史传统上发展的问题。这种问题的综合性和叠加性使得中国政治学在研究问题的过程中表现出特有的学术特点，这就是整合性。所谓整合性，就是既分门别类地对一个个问题进行研究，同时又将不同的问题整合为一体，统一到中国特色社会主义现代化建设这一宏大目标之下。正是在对中国特色社会主义进程中问题的研究中，逐步形成中国特色政治学。

四、中国特色政治学的话语构建

在学科体系、学术体系和话语体系中，话语是关键。话语是人们说出来和写出来的语言。人们说或写什么，怎么说或写，受人的意识所支配。任何一个学科，都必然要用自己的学术语言加以表达。只有通过话语表达，才能让人们学习、接受、理解表达者的意思，并产生具有引导性、规范性的影响。一个有特色的学科得以成立，必须有自己的理论和知识体系，这种理论和知识体系要通过话语表达出来。话语是客观事物的反映，也是对思想主张的概括，并成为一种学说和一个学派的特有标识和身份符号。政治学话语是政治学思想、理论、观点的表达，反映了人们对政治事物的认识。不同的认识会以不同的话语加以表达，从而形成不同的学术主张和特色。只是这种认识有一个认识主体从不自觉到自觉的转换过程。

1979 年，邓小平提出政治学等学科要赶快“补课”。这就意味着，政治学是一门独立的学科，具有不可替代性。由此将政治与政治学作了区别。政治学是研究政治问题的，但是，是通过政治学特有的学科知识进行研究的。政治学一度中断，一是在相当程度上将政治与政治学等同起来，用政治术语替代了政治学术语；二是将政治学归之为西方资产阶级属性的学科。政治学作为一门学科恢复重建，势必面对过往的政治学成果问题。由于西方率先开启现代化，伴随现代化兴起的政治学首先发源于西方，并形成了一个成熟的政治学体系。这一体系通过特有的话语加以表达。中国的政治学在“赶快补课”时，要有“课本”“老师”，势必受西方政治学话语的影响，并“跟着学”，在话语表达方面表现为被动的客体状态。

但随着中国政治发展和对中国政治问题的研究，中国的政治学者越来越感受到简单学习接受和运用西方政治学理论已远远不够，从而有了对西方理论的反思、质疑和对话，开始有了学术的自主性。政治学研究主体试图通过自身的行为和动作，实现自己的学术目标和发展。由此有了话语自觉，即能够以政治学为主体从事政治问题的研究，并在研究中用自己的话语加以表达。这种政治学话语建构自觉的获得经历了一个过程。

一是话语反思。

在政治学恢复重建的20世纪80年代，中国政治学主要是广泛学习和接受，包括西方政治学。20世纪90年代，随着市场经济的发展，西方政治学大量被引进，并形成话语强势地位。最典型的是“市民社会”及其背后的国家与社会二元分析框架。随着这一话语被广泛运用、简单套用，甚至滥用，中国的政治学者开始反思，中国是否存在西方意义上的“市民社会”，根据“市民社会”建立的国家与社会的二元对立框架是否完全适用对中国国家与社会的研究。

二是话语调整。

现代化发源于西方。西方理论长期以来处于现代化进程的高点，对于非西方国家持批判态度。非西方国家因为落后也进行自我批判。如近代以来中国的自我否定，包括20世纪80年代对“中国性”的自我批判。但是，随着中国在改革开放中的崛起，人们开始重新认识中国，重新认识中国政治，从批判的立场转向理解的立场，从中国的内在变化理解中国政治。2012年出版的《理解中国政治——关键词的方法》是典型代表之一[①]。这本书的主要作者比较早地接受西方市民社会理论，但也比较早地从这一理论中跳了出来，在反思中力图从中国政治本身去理解中国政治。中国特色、中国经验、中国场景、中国逻辑等具有“中国性”的话语愈来愈多地成为学人的研究自觉[②]。

三是话语清理。

源自西方的政治学理论，具有双重属性，既有学理属性，又有意识形态属性，后者寓于前者之中，即意识形态通过学理加以表达。学理表达的前提是定义。西方学者根据价值取向定义其他国家政治。在相当长时间，被定义国家的人们只是接受。但是，随着中国政治学的发展，人们愈来愈发现源自西方的他定义具有许多政治偏见，需要从中国事实出发对其加以解构，包括对东方专制主义、全能主义、威权主义等政治定义的清理[③]。在话语清理中，中国学者开始注意从中国事实出发发现被西方原有话语所遮蔽的事实。这是因为，学术与其他事物一样具有先占原则。先行者凭借先行优势，对相关事物进行定义，建立起价值规范体系，形成话语霸权，后来者只能接受，并在接受过程中受到既有理论的规范。如从亚里士多德开始，西方理论便形成了“西方自由，东方专制”的定论，占据着话语高地。这一话语既遮蔽了人们的学术视野，更遮蔽了客观事实。要改变既有的规范，就需要通过自为的政治学研究，将真实的中国从既有的政治学理论的遮蔽中找回来，凸显中国政治的主体性。

四是话语转换。

政治学是伴随现代化产生的。现代政治学话语具有现代化的属性。

---

① 参见景跃进等：《理解中国政治——关键词的方法》，中国社会科学出版社，2012年版。

② 参见张明军、陈朋：《中国特色社会主义政治发展的实践前提与创新逻辑》，《中国社会科学》2014年第5期；王岩、魏崇辉：《协商治理的中国逻辑》，《中国社会科学》2016年第7期。

③ 参见徐勇：《从中国事实看“东方专制论”的限度——兼对马克思恩格斯有关东方政治论断的辨析与补充》，《政治学研究》2017年第4期；郭忠华：《现代公民观念建构中的“东方社会”》，《中国社会科学》2018年第3期。

中国的政治学是在大规模现代化建设中恢复重建的。改革开放以来，中国大步走向世界，并从世界吸收了大量的政治学概念。但在这一吸收过程中，注意消化和转换，赋予更多的中国意义。如国家治理、国家认同和国家建构的原始概念都来自国外，但实现了创造性的转换，成为研究中国的国家治理和国家建构的重要概念①。

五是话语原创。

西方政治学的优势便在于建构起一个个概念，形成了完整的话语体系。中国的政治学恢复重建之初，人们更多的是学习和接受西方政治学。但随着对中国问题的研究，特别是中国经验日益丰富，人们愈来愈发现既有的理论无法充分和合理解释中国的实际和经验，需要建构新的概念加以概括。这种概括不是既有理论的照搬，而是具有原始创新的价值，属于原创性话语。这种具有原创性的概念提炼，经历了一个自生自发到自觉的过程。

首先是通过中国基层社会的调查，对基层政治过程进行理论概括。相对于理论来讲，生活是丰富多彩和不断变化的。既有的理论不可能概括所有的实际生活，特别是最为生动的基层生活。中国的改革是从基层开始的，基层的变化最大，也为新的理论概括提供了最为原始和宝贵的资源。荣敬本等人通过对农村基层政治体制的调查，提出了“压力型体制”的概念②。尽管这一概念只是对实际政治状况的概括，具有经验性，但标志着中国学人开始从中国实际出发提炼有解释力的概念。

其次是从中国实际出发，以田野调查材料为基础进行理论概括。随

① 参见林尚立：《现代国家认同建构的政治逻辑》，《中国社会科学》2013年第8期；金太军、姚虎：《国家认同：全球化视野下的结构性分析》，《中国社会科学》2014年第6期；周光辉、李虎：《领土认同：国家认同的基础——构建一种更完备的国家认同理论》，《中国社会科学》2016年第7期；朱光磊：《全面深化改革进程中的中国新治理观》，《中国社会科学》2017年第4期；何艳玲：《理顺关系与国家治理结构的塑造》，《中国社会科学》2018年第2期；王浦劬、汤彬：《当代中国治理的党政结构与功能机制分析》，《中国社会科学》2019年第9期。

② 参见荣敬本等：《从压力型体制向民主合作体制的转变：县乡两级政治体制改革》，中央编译出版社，1998年版。

着中国的崛起，人们愈来愈重视中国为何崛起，并给予了多种理论解释。其中的一种解释是从中国实际出发，发现中国崛起的内在要素。而中国的最大实际是一个农村农民大国，农民成为中国崛起的主体性因素，并以“农民理性扩张”的概念加以表达。随着对农村的深度调查，学者们开始从中国农村社会土壤里提炼原创性概念，如“祖赋人权”等①。

最后是对中国政治过程的总结，提出概括性的概念。改革开放以来，不仅基层社会发生了重大变动，高层政治也发生着变化，并形成了特有的政治运行机制。西方既有理论对于中国政治这种变与不变叠加特性的解释愈来愈缺乏解释力。而中国的政治学者开始对中国政治过程经验进行理论概括，提出了“高位推动”“政治势能”等概念②。

六是话语竞争。

由于率先现代化，西方政治学形成其话语霸权。但随着世界进入“百年未有之大变局”，西方的霸权地位发生变化，其政治学的话语霸权地位也受到影响。这就是西方政治学对“大变局”的认识和解释愈来愈缺乏说服力，更缺乏对世界走向的引导力。“文明的冲突”仍然在于维持西方中心主义的地位，“历史的终结”并没有得到应验。与此同时，随着中国日益走向世界舞台的中心，中国领导人提出了“人类命运共同体”的概念，具有很强的引导力。围绕这一概念，中国的政治学进行了大量的阐释，从而建立起能够与西方话语竞争的政治学话语。有学者鲜明地提出以中国为方法的政治学③。

以上六个环节，反映了中国政治学的话语自觉，构成了中国特色政治学的重要元素。面对中国实际和经验，从中国实际和经验中建构概

---

① 参见徐勇：《祖赋人权：源于血缘理性的本体建构原则》，《中国社会科学》2018 年第 1 期。

② 参见贺东航、孔繁斌：《公共政策执行的中国经验》，《中国社会科学》2011 年第 5 期；贺东航、孔繁斌：《中国公共政策执行中的政治势能——基于近 20 年农村林改政策的分析》，《中国社会科学》2019 年第 4 期。

③ 参见杨光斌：《以中国为方法的政治学》，《中国社会科学》2019 年第 10 期。

念，使得政治学知识体系中具有愈来愈多的“中国性”。应该说，这一话语建构还是初步的、零散的，未能系统化和理论化，并存在争议。但它体现了中国的政治学者力图超越既有理论限制进行主动的探索，在构建中国特色政治学方面迈出了重要一步。

从政治学话语自觉看，西方政治学表现为鲜明的话语霸权。一则在于西方现代化率先一步，享有事物的定义权；二则在于率先现代化的西方走向世界，必然要将自己的价值观带向世界，按照它们的面貌建立一个世界。西方的话语霸权的典型特征便是以各种“主义”定义事物和引导世界。与西方政治学的话语霸权相比，中国政治学话语突出表现为话语包容。这在于中国在现代化建设中注意汲取人类一切文明成果，同时不将自己的价值观强加于他人。由中国政治学者原创的政治学话语主要是对中国自身的概括。即使是“人类命运共同体”这一先导性的话语，也只是一种倡导，是依靠其内在的话语魅力影响他人，获得其竞争优势。

五、构建中国特色政治学的努力方向

总体上看，经过 40 余年的政治学恢复重建，中国特色政治学已显雏形，并愈来愈获得群体自觉。这是最为宝贵的基础。但是，构建中国特色政治学是一个长期努力的过程。政治学恢复重建毕竟才 40 余年时间，其间经历了一些曲折，人们对构建中国特色政治学还有一个不断提高认识的过程，政治学发展与时代的呼唤相比还存在着较大差距。习近平总书记 2016 年 5 月 17 日讲话，提出了加快构建中国特色哲学社会科学的重大命题，为中国的政治学发展指明了前进的方向。加快构建中国特色政治学需要从以下方面作出努力。

其一，坚持马克思主义为指导，将马克思主义转化为清醒的理论自觉、坚定的政治信念、科学的思维方法。

习近平总书记指出："马克思主义尽管诞生在一个半多世纪之前，但历史和现实都证明它是科学的理论，迄今依然有着强大生命力。"①中国政治学恢复重建，并在构建中国特色政治学方面取得了初步的成绩，重要原因是坚持马克思主义的指导地位。但要将马克思主义转换为理论自觉，特别是运用马克思主义理论和方法进行研究，还需要作出巨大的努力。在如何对待和运用马克思主义方面尚存在两种突出偏差：一是缺乏对马克思主义的深入研究，不能切实掌握马克思主义的理论与方法，将马克思主义简单化，甚至标签化，生吞活剥，以为引述几条经典作家的语录就是坚持马克思主义。二是对马克思主义理论和方法缺乏足够的认识，并缺乏相关的理论训练。政治学恢复重建 40 余年，致力于坚持马克思主义理论，与政治学研究主体有较好的马克思主义理论素养相关。而在改革开放过程中成长起来的年轻政治学人，马克思主义理论基础普遍不足，对西方政治学的接受较多，并存在着只有西方才有政治学的片面倾向。以上两种偏差都不利于构建中国特色政治学。因为，马克思主义的资源，"是中国特色哲学社会科学的主体内容，也是中国特色哲学社会科学发展的最大增量"②。要自觉运用马克思主义理论分析研究问题，并非易事，除了真信以外还要真懂、会用。马克思主义是开放的体系。构建中国特色政治学要吸收借鉴一切有益的知识体系和研究方法。但是，"如果不加分析把国外学术思想和学术方法奉为圭臬，一切以此为准绳，那就没有独创性可言了。如果用国外的方法得出与国外同样的结论，那也就没有独创性可言了"③。没有独创性，也就没有中国特色政治学。

其二，以中国实际为研究起点，推动原创性和学理性研究，通过理论创新构建中国特色政治学。

---

① 习近平：《在哲学社会科学工作座谈会上的讲话》，人民出版社，2016 年版，第 8 页。
② 习近平：《习近平谈治国理政》第 2 卷，外文出版社，2017 年版，第 339 页。
③ 习近平：《习近平谈治国理政》第 2 卷，外文出版社，2017 年版，第 341 页。

习近平总书记指出："我们的哲学社会科学有没有中国特色，归根到底要看有没有主体性、原创性。……只有以我国实际为研究起点，提出具有主体性、原创性的理论观点，构建具有自身特质的学科体系、学术体系、话语体系，我国哲学社会科学才能形成自己的特色和优势。"① 中国政治学恢复重建以来得以取得一些成就，在相当程度上归之于以我国实际为研究起点，与中国特色社会主义建设伟大事业相伴随。但在实际研究中也存在两方面不足。一是原创性不够。如在政治学话语方面，尚未提供具有重大影响力的原创性概念。二是学理化不够。如政治学研究更多的是阐释，使用的多是政治话语而不是政治学话语，缺乏学科主体性和学术专业性。这都不利于中国特色政治学的构建。中国有着十分丰富复杂且独一无二的政治历史，改革开放以来更是有着伟大的中国政治实践，创造了丰富的政治经验。这都需要以我国实际为研究起点，"提炼出有学理性的新理论，概括出有规律性的新实践。这是构建中国特色哲学社会科学的着力点、着重点"②。只有充分认识这一着力点、着重点，才能加快中国特色政治学的构建。

其三，要通过扎实的研究，设置具有超前性的议题，推动话语构建，在国际学术界发挥引领作用。

中国政治学恢复重建伴随着我国改革开放的历程。正是在改革开放中，开阔了视野，有了政治学的恢复重建，并取得了相应的成就。但是，从总体上看，中国的政治学在学术议题的设置和话语构建方面还存在严重的不足，更多的是"跟着说"。"在解读中国实践、构建中国理论上，我们应该最有发言权，但实际上我国哲学社会科学在国际上的声音还比较小，还处于有理说不出、说了传不开的境地。"③ 在这方面，政治学表现得尤其突出。改革开放以来，我国经济取得巨大成就，这是

① 习近平：《习近平谈治国理政》第2卷，外文出版社，2017年版，第341~342页。
② 习近平：《习近平谈治国理政》第2卷，外文出版社，2017年版，第344页。
③ 习近平：《习近平谈治国理政》第2卷，外文出版社，2017年版，第346页。

无可争议的事实。由于这一经济成就是在中国特色的政治制度下实现的而这一制度与西方制度有着鲜明的差别，因此国际上对这一制度存在很大争议、误解乃至偏见。随着全球治理问题日益突出，我国提出了构建人类命运共同体的设想，但在学理阐述方面还有所欠缺。因此，加快构建中国特色政治学，“要善于提炼标识性概念，打造易于为国际社会所理解和接受的新概念、新范畴、新表述，引导国际学术界展开研究和讨论”①。

其四，发挥学者的主动性、积极性和创造性，鼓励学术争鸣，在平等的学术讨论中促进理论创新。

中国特色政治学的构建主体是学者。只有充分发挥广大政治学主体的主动性、积极性、创造性，才能产生具有主体性和原创性的成果，使中国特色政治学在不断创新中得以构建。应该看到，随着科学的发展和知识的积累，理论创新愈来愈难，能够取得原创性成果十分不易。但创新是相对的。“哲学社会科学创新可大可小，揭示一条规律是创新，提出一种学说是创新，阐明一个道理是创新，创造一种解决问题的办法也是创新。”② 中国政治学恢复重建以来，政治学者从简单的模仿中走出来，注意学术创新，提出了一些具有原创性的观点。这些观点尽管不一定成熟，甚至存在一些争议，但反映了学者的主动性、积极性和创造性③。只有通过学术争鸣和讨论才能促进学术创新，从不同路径，以不同方式共同构建中国特色政治学大厦。正如习近平总书记指出的：“要坚持和发扬学术民主，尊重差异，包容多样，提倡不同学术观点、不同风格学派相互切磋、平等讨论。”④

中国是一个有着独特文明和制度的国家，作为后发现代化国家正在

① 习近平：《习近平谈治国理政》第2卷，外文出版社，2017年版，第346页。

② 习近平：《习近平谈治国理政》第2卷，外文出版社，2017年版，第342页。

③ 参见胡键：《“祖赋人权”辨析——兼与徐勇教授商榷》，《探索与争鸣》2020年第6期；胡键：《“以中国为方法”辨析——兼与杨光斌教授商榷》，《江西师范大学学报》2020年第5期。

④ 习近平：《在哲学社会科学工作座谈会上的讲话》，人民出版社，2016年版，第28页。

为人类提供前所未有的丰富经验，随着世界百年未有大变局的加速演变，中国扮演的角色愈来愈重要。这为构建中国特色政治学开拓了广阔的空间。只要我们善于融通古今中外各种资源，特别是马克思主义、中华优秀传统文化和国外哲学社会科学资源，经过长期艰苦努力，中国特色政治学完全有可能自立自强于世界学术之林！

（原载《中国社会科学》2021 年第 2 期）

田野政治学的核心概念建构：路径、特性与贡献

摘　要：田野政治学是基于田野调查而形成的政治学研究路径，并在长期研究中获得政治学田野学派自觉，其重要标识便是若干具有原创性核心概念的建构。田野政治学概念建构的路径由具体的人到家户，经由村庄，再到国家分层次逐级提升。概念建构具有原创性、相对性、学理性、扩展性和可争鸣性。田野政治学通过核心概念建构对中国的政治学研究作出特有贡献：将具体的人、家户、关系、历史带入国家研究，将实证方法带入政治学研究。田野政治学的概念建构还需要进一步努力：一是田野调查中开发的概念与政治学理论的有机联结，二是概念的经验性与普遍性的有机结合，三是概念的深度开发与扩展研究，四是概念体系的完善。

关键词：田野政治学；概念建构；学派自觉

社会科学研究包括三个基本要素，这就是学科、学术和话语。其中，学科是基础。学科意味着专门性的学问，由此将此学科与彼学科区分开来。学术是核心。只有通过运用专门的学科知识持续不断地进行学术研究，学科才能立得起来。话语是关键。任何一种学术研究都要通过相应的话语加以表达。在话语体系中，最为重要的是概念。概念是对事

实或理论的概括，是学术思想的精粹。核心概念集中体现了一种学说或一个学派的思想成就和主张，也是学者和学术共同体的身份性标识。"概念可能类似于分布于地球上使我们得以明确地标示地球表面的任何位置的经纬线。"① 人们要将此学者或者彼学者，此学派或者彼学派加以区别，关键就是通过核心概念加以识别。政治学恢复重建40年，重要成果之一便是从概念引进、学习、接受和运用，到有了建构概念的自主、自为和自觉。这是政治学中国学派自觉的重要标志。政治学中国学派自觉是全体中国政治学人的共同努力，包括不同的路径。其中一条路径便是将田野带入政治学，经过从自在到自为的长期努力，形成田野政治学，并开始获得政治学的田野学派自觉。其标识之一便是若干具有原创性核心概念的建构。

一、田野政治学核心概念建构的路径

田野政治学是政治学科中基于田野调查进行原创性研究而形成的学术共同体②。田野政治学的核心概念因此具有两重属性：一是田野属性，即它源自田野调查；二是政治学属性，即它属于政治学的学科范畴。因此，田野政治学核心概念建构的基点是田野调查，即概念建构源于田野调查；落点是政治学，即概念与政治学理论相衔接，以丰富原有的政治学知识体系。

"问题是创新的起点，也是创新的动力源。只有聆听时代的声音，回应时代的呼唤，认真研究解决重大而紧迫的问题，才能真正把握住历

① 石里克著，李步楼译：《普通认识论》，商务印书馆，2010年版，第45页。

② 田野政治学作为一个学术共同体，其主体来源于最先从事田野调查和基层研究的华中师范大学的政治学者，但只是最近十多年因为基于田野调查进行原创性研究才形成相对稳定，且有基本共识、认同和相应贡献的学术共同体。其他从事田野调查和政治学研究的机构或人员有自己的贡献，但并不属于本文所说的田野政治学学术共同体的范围，因此没有将其纳入研究范围。

史脉络、找到发展规律，推动理论创新。”[①] 在众多的政治学研究中，田野政治学之所以得以崛起，在于中国大地赋予的特殊“礼遇”。这就是由传统社会向现代化社会转变中的政治发展问题。政治学是伴随现代化而独立成为一门科学的。西方由于率先实现现代化，政治发展问题并不显著。对于中国来讲，政治发展问题却是突出问题。这是因为中国是在一个古老文明的国度进行现代化建设，并在现代化中面临巨大的历史转变，农村农民问题因此成为中国现代化中的基本问题，也是政治学必然要面对的重大而紧迫的问题。政治学恢复重建之初，主要研究内容是政治制度，主要研究方法是文献。随着农村农民问题进入政治学者的视野，主要研究方法是田野调查。由此将政治学从殿堂引向田野，将田野带入政治学，并形成以田野调查为鲜明特点的田野政治学。

在相当长时间，田野政治学研究的表达方式与常规研究一样，主要是叙事。其论著主要是叙述式的，即对研究对象的描述性表达[②]。随着研究的深入，研究者开始从田野调查中发现理论，提炼概念。开始只是下意识地单个概念的建构，有概念建构的直觉，之后一步步延伸，有了概念建构的自觉，从而初步形成了一个概念家族。其概念建构的路径如下：

一是人，提出“农民理性扩张”，以历史和社会关系中具体的人为研究对象，并进一步提出“关系叠加”的概念。

政治学与其他社会科学一样都在研究人。政治学研究农村农民问题，进行田野调查，其主体是农民。只要走向田野，必然会面对一个个活生生的具体的农民，他们处于历史和社会关系中，并体现历史和社会关系的特点及其反映的问题。20 世纪 90 年代，大量农民外出务工，被称为“农民工”。这一称谓本身便是中国由传统农业社会向现代工业社

① 习近平：《在哲学社会科学工作座谈会上的讲话》，人民出版社，2016 年版，第 14 页。

② 如张厚安主编的“中国农村基层政权”系列丛书（1992）、徐勇的《非均衡的中国政治：城市与乡村比较》（1992）以及《中国农村村民自治》（1997）等。

会转变的产物，属于政治发展问题，因此成为政治学研究农村农民问题的重要内容。1996 年，国家社会科学基金项目“现阶段农村流动人口问题与政治稳定研究”立项，对农民工进行了长期跟踪调查①，农民特有的身份和行为方式受到关注。他们每年如“候鸟”一般游走于城乡之间，必有其行为逻辑，需要加以概念表达。2008 年世界金融危机时，中国迅速崛起，创造着中国奇迹。根据多年对农民工的跟踪观察，亲身感受到依靠农民工所造就的现代城市和工业崛起，“农民理性扩张”的概念得以建构，农民被视作创造中国奇迹的主体②。由此，农民这一具体的行为主体与国家进程被联系起来。而农民理性扩张是在传统社会向现代社会转变过程中发生的，是特定的历史和社会关系赋予农民的特性。之后，从人的角度建构概念的自觉日渐明晰，明确提出了“农民性”③。

田野调查要求研究者进入田野现场，并理解田野现场中的人。农民经常使用“找关系”“有关系”“关系好”，重要原因在于关系即权力，权力在关系中。这类现象可归纳为“关系权”④。随着田野调查的深入，我们发现，农民生活在由各种关系叠加的社会之中。农民社会简直是一个“关系社会”。中国村庄的名字大多是由姓和地构成，体现的是血缘关系与地域关系。这是农民生活的基本关系。除此之外，还有各种各样的关系形态。古老的血缘和地域关系与不断扩展的社会关系交织在一起，成为农民行为的支配性因素。正是基于此，“关系叠加”的概念得以提出⑤。

① 项目成果之一为徐勇、徐增阳：《流动中的乡村治理——对农民流动的政治社会学分析》，中国社会科学出版社，2003 年版。

② 徐勇：《农民理性的扩张：“中国奇迹”的创造主体分析——对既有理论的挑战及新的分析进路的提出》，《中国社会科学》2010 年第 1 期。

③ 参见徐勇：《国家化、农民性与乡村整合》，江苏人民出版社，2019 年版。

④ 徐勇：《“关系权”：关系与权力的双重视角——源于实证调查的政治社会学分析》，《探索与争鸣》2017 年第 7 期。

⑤ 参见徐勇：《关系中的国家》第 2 卷，社会科学文献出版社，2020 年版。

田野政治学一开始接触到的人是农民，是处于历史和社会关系中的农民，是历史和社会关系赋予了“农民性”，并支配着农民的行为及其与国家的互动。因此，从政治学研究出发点的角度，田野政治学是以历史和社会关系中具体的人为研究对象的①。

二是户，提出了“家户制”，将其作为中国农村的本体性制度，并进一步提出“韧性小农”的概念。

政治学要研究人，但人不是孤立的存在，必然有基本的组织单位。政治学者最初对农村农民问题的研究，主要是研究村民自治和乡村治理。村民自治是以村庄为基本单位进行自我管理的国家制度安排，但在落地时遭遇了不同命运。这促使研究视野从制度下伸到社会土壤，由此发现中国农村社会的基本单位是家户而不是个体和村庄。村民自治是农村改革的产物。而农村改革的起点和主要内容则是“包产到户”，只是经历了一个曲折的过程。在写作《包产到户沉浮录》一书时，笔者了解到在人民公社体制下基层和农民为实行包产到户的艰苦努力②。当时只是叙述了这一过程，也隐约反思，为什么基层和农民甘冒风险执着于包产到户，一家一户的小农经济为什么还有如此魔力。随着农村改革的深化，暴露出一家一户小农经济的弱点，而一些坚持集体经济的超级村庄得以崛起，由此引起“小农户”和“大集体”的发展道路之争。基于对农村典型村庄的实地考察，为什么一家一户的组织单位得以长期存续的问题得到进一步反思③。只有将其置于历史长河里，从本体性制度的角度才能说明这一问题。通过中国与世界比较，提出了“家户制”概念，将其作为中国农村的本体性制度，并构成中国农村发展的本源性传统。这一传统曾经在中国的文明进程中发挥了重要作用，不会轻易消

① 参见徐勇：《政治学“田野学派”的崛起》，《政治科学研究》2018 年上卷，中国社会科学出版社，2018 年版。

② 参见徐勇：《包产到户沉浮录》，珠海出版社，1998 年版。

③ 张厚安教授与笔者先后考察了农村集体经济村庄的典型，如河南省南街村、江苏省华西村；笔者还考察过天津大邱庄、河南省刘村、山西省大寨村以及作为农村包产到户改革典型的安徽省小岗村等。

失。由此需要重新评估传统，评估小农，探讨为什么历经数千年沧桑，中国的小农经济得以长期延续的机理。之后，在深度田野调查基础上进一步提出了“韧性小农”的概念①。

三是村，提出了“祖赋人权”，从血缘关系的角度发现社会成员身份、资格、地位、权力、责任的来源。

农民生活于家户中，家户存在于村庄里，村庄是农村社会的组织单位。我们是以村民自治切入农村研究中的。村民自治由自发的农民行为转换为一项国家制度安排后经历了诸多曲折。在农村进行的三次村治实验，试图从外部推进民主自治，都遭遇了一些挫折②。而在广东清远却发现了村民自治的新进展，笔者称为“柳暗花明又一村”。进一步调查发现“这一村”不是通常意义上的行政村，而是一姓为主的宗族村庄。类似的村庄经常调整土地，是“三年一小调，五年一大调”，有别于国家“增人不增地，减人不减地”的土地政策，因为农民的行为逻辑是“都是同一祖宗，添丁（男孩）就要增地”。后来，大规模的村庄调查表明，通过血缘祖先为纽带的宗族村庄在南方很是普遍。包括摩尔根在内的西方学者早就关注到这一现象，只是没有从理论上加以概括。我们为此建构了“祖赋人权”的概念，试图解释和概括根据血缘关系确定人的身份、资格、地位、权利、责任的现象③。

四是国家，提出了“国家化”，从国家整合的角度理解农村社会发生的一系列变动，并进一步提出“长周期”的概念。

农民、家户、村庄，都是国家的构成要素。国家是政治学的核心概念。现代化进程中的中国农村正在发生急剧的变革，由变革产生的问题特别多，由问题而产生的政策主张也特别多。人们关注正在发生的农村

---

① 陈军亚：《韧性小农：历史延续与现代转换——中国小农户的生命力及自主责任机制》，《中国社会科学》2019 年第 12 期。

② 包括 1998 年在湖北黄梅进行的民主治村实验、2003 年在安徽蒙城进行的农民组织化实验、2006 年在广东蕉岭进行的农民能力建设实验，参见马华：《村治实验：中国农村基层民主的发展样态及逻辑》，《中国社会科学》2018 年第 5 期。

③ 徐勇：《祖赋人权：源于血缘理性的本体建构原则》，《中国社会科学》2018 年第 1 期。

变化，对正在发生变化的农村进行调查，并提出自己的看法。这一过程也出现了碎片化的问题，即事实的碎片化、政策主张和理论研究的碎片化，且难以交流和对话。因此，需要一个具有整体性的概念，将大量的碎片事实统合起来，对20世纪以来的农村变革作出总体性的解释。这就是提出了“国家化”的概念①。这一概念将20世纪以来国家的各种下乡活动和国家对农村的建构进行了概括，形成了一个基本的认识线索。“国家化”最初主要运用于20世纪的中国农村改造，而这一改造必然涉及传统农村社会。传统农村社会的基本单位是一家一户的“家户制”，并会发生周期性变化。要解释这一现象必须建构新的时间性概念，“长周期”的概念因此产生。

二、田野政治学核心概念建构的特性

田野政治学在田野调查和研究中提出了一些概念，并围绕这些概念进一步研究，表现为如下特征：

一是原创性。所谓原创性，是指这些概念是经过作者独立思考而创造的，具有原始创新的意义。“哲学社会科学有没有中国特色，归根到底要看有没有主体性、原创性。”② 田野政治学提出的概念都源于田野调查，是在田野调查中发现事实和问题，并进行独立思考而成的。这是因为，任何概念都是有限的，不可能概括所有事实和问题。而田野调查提供了与原有概念不一样或者原有概念难以概括的事实，使我们能够从新发现的事实中提炼出新的概念。

经济学关于小农行为有多种观点，其中之一是“理性小农”。但这一观点仅限于农业领域。当农民离开农业，从事工业时，其行为依据如何呢？我们在对“农民工”长达数十年的跟踪观察中，发现他们每天

---

① 参见徐勇：《国家化、农民性与乡村整合》，江苏人民出版社，2019年版。
② 习近平：《在哲学社会科学工作座谈会上的讲话》，人民出版社，2016年版，第19页。

工作16小时，而且主动要求加班。这按常理不可理喻，但又是活生生的事实。农民工的行为依据在于，务工比务农收入高，加班则可以获得更多收入。而从农民的逻辑来看，务农本身没有“加班”一说。由此可见，农民也是会算计的“理性人”，他们的理性源于生活其中的传统农村社会与现代工业社会叠加的历史境遇，是这种历史境遇赋予了他们“理性”，并由此产生了“农民理性的扩张”这一概念。

马克思深刻地表达过，人是社会关系的总和。家庭是最初，甚至是唯一的社会关系。而这些关系是怎样生成、扩展和演变的？马克思没有充分展开。我们在田野调查中发现，农民生活在一个由各种关系构成的社会之中。社会愈发达，关系愈丰富。但这些关系在扩展中不是简单的替代，而是各种关系的叠加。从最原始的血缘关系到最新出现的市场关系，集聚于一个时空场域，并支配着农民的行为。特别是在农村，古老的血缘关系和地域关系仍然居于支配地位。“关系叠加”的概念便是对马克思关系理论的延伸。只有通过这一概念才能更好地描述和解释农村中古老传统和现代因素相互叠加的社会现象。

进入现代化后，一家一户为组织单位的小农一直是被抛弃的对象，其重要依据是小农的脆弱性。其经典描述是，小农“就像一个人长久地站立在齐脖深的河水中，只要涌来一阵细浪，就会陷入灭顶之灾”①。但我们在田野调查中发现，中国小农虽然脆弱，但能够在与外部环境的交互中，特别是在各种压力下表现出“脆而不折”“弱而不怠”的特性，具有强大的生命力，由此建构起“韧性小农”的概念。

二是相对性。概念的原创性具有相对性，是基于已有概念难以解释和回答而建构的新概念。如果既有概念能够概括和解释，新的概念便不具有原创性。从这个意义上说，概念的相对性又表现出排他性和唯一性。

① 詹姆斯·C.斯科特著，程立显等译：《农民的道义经济学：东南亚的反叛与生存》，译林出版社，2001年版，第1页。

中国很早就有了一家一户的微观社会组织形态，但这一组织形态在近代被作为旧传统而被否定，并为集体化组织所替代。农村改革后恢复了家户生产经营单位，但缺乏理论的深度探讨，对中国农村究竟是什么组织制度还存在诸多模糊之处。根据田野调查和历史研究，我们提出了“家户制”，即以家户为基本组织单位的制度。这一概念具有相对性，是相对于“部落制”“村社制”和“庄园制”等制度而言的。通过“家户制”的概念可以更好地理解和解释中国农村社会的本体制度和本源传统。如果既有的“部落制”“村社制”和“庄园制”概念能够解释中国农村社会的特性，“家户制”的概念便没有提出的必要了。换言之，只有通过“家户制”这一概念才能更好地描述和解释中国传统农村社会的特性。

“天赋人权”是西方政治学的一个重要概念，它来源于上帝面前人人平等的宗教精神。而这一观念很难解释宗族村庄里社会成员长幼有序、男女有别的血缘差等现象及其背后的依据，由此产生出“祖赋人权”的概念。这一概念相对于但又不同于“天赋人权”。田野调查也证明了这一点。在近代，西方宗教传入中国农村，为一部分宗族共同体的边缘人群，如青年和女性所接受，但受到宗族共同体主体人群，如老人和男性的抵制。这在于宗族是具有差等性的共同体。“天赋人权”蕴含的个体平等权利意识会瓦解宗族共同体，用“祖赋人权”的概念可以更好地解释血缘宗族社会的特性。

“现代国家建构”是西方政治学的一个概念，对于近代以来西欧从分裂分治的社会建构统一的国家具有很强的解释意义。但从我们对中国传统农村社会的调查和历史追溯看，中国传统农村社会很早就有了国家的元素，如“编户齐民”的户籍制度和“皇粮国税”的税役制度。韦伯和福山等西方学者注意到了这一现象，但受限于现代国家建构理论，他们只是以“早熟”概念加以描述①。显然这一概念具有西方中心主义

① 参见徐勇：《中国的国家成长“早熟论”辨析——以关系叠加为视角》，《政治学研究》2020 年第 1 期。

的色彩。我们提出的“国家化”概念，对中国传统社会更具有解释力。在现代国家建构之前，国家权力的元素便已渗透到农村社会。显然，“国家化”的概念比“现代国家建构”的概念包容的社会现象更大。只要有了国家，便存在社会国家化和国家社会化的过程。且这一概念舍弃了“现代国家建构”的意识形态色彩。

“长周期”是一种历史观，是一种对历史进程的看法。过往的历史观，如“长时段”“超稳定”“大历史”“循环论”等，有两个特点，一是从现代观历史，一是对历史进程的扩展性和叠加性缺乏解释力。田野调查发现，中国农村的社会关系既有不断丰富的扩展性，又有新旧共存的叠加性。在漫长的历史进程中，家户制率先从宗族村社制脱颖而出，具有坚韧性和脆弱性的双重属性，并呈周期性变化。运用“长周期”概念可以更好地解释这种长时段中的周期性变化。

三是学理性。概念有多种类型。有直接源于生活的概念，也有源于生活但加以学理化的概念。所谓学理化，就是概念虽然源于田野，但不是田野生活的简单照搬，而是经过学术加工，进行理论论证，具有学理支撑。只有具有学理论证的概念，才具有学科的属性。

“农民理性的扩张”这一概念包括传统农民在日常生产和生活中形成的思维、观念和习惯。当农民脱离农业从事工业活动时，他们的思维、观念和习惯并没有随之改变。特别是“农民工”这一特定的双重身份使得农民的思维、观念和习惯保持原有的属性，并在工业化进程中发挥特有的功能，形成所谓的“理性的扩张”。这种扩张是特殊时期两种文明叠加的产物，也会随着特殊时期的转换而发生变化。“农民理性的扩张”因此获得学理支撑。

“韧性小农”是从田野调查中建构的概念。为什么小农具有韧性的一面呢？这在其自主责任机理，包括小农作为命运共同体的责任对等机制、作为生活共同体的责任分担机制、作为生产共同体的责任内化机制、作为政治共同体的责任连带机制等。

“家户制”是从一家一户这种司空见惯的日常生活中提炼出来的制度性概念。一家一户作为一种生活概念流传已久。“家户制”从生活中来，但作为一个学术概念，需要进行理论论证。从学理上看，“家户制”是一种以家户为单位的社会组织制度，是包含家户经济、社会、文化和权力关系在内的一系列行为规范的制度体系，主要有：以家庭为单位的组织方式、以家长为主导的关系模式、以家户为中心的观念意识和以户籍为标的的国家责任①。

“祖赋人权”是从宗族社会生活中提炼出来的权利观。这一观念来自久远的血缘关系，是基于血缘关系而产生的权利意识，包括同为祖宗后代的同等性、因血缘继承的差等性、权利与责任的对等性，三者合为一体共同维系宗族共同体。

四是扩展性。任何一个概念都是对一类现象或一种思想的概括，都具有有限性和特殊性。但是，如果一个概念仅仅只能解释一类现象，限于一种思想表达，其价值就有限了。一个有价值的概念，在于其扩展性，即概念源于但不限于某类现象和主张，具有更为普遍性的意义。

田野政治学是政治学者进入田野后，通过田野发现，对既有政治学理论的丰富。源于田野调查建构的概念，不仅要解释田野调查中的现象，而且能够扩展到政治学领域，才能称为“田野政治学”。

国家是政治学研究的核心对象。国家的主体是人。人受社会关系的支配。国家的生成和演化因此受社会关系所支配。田野政治学在田野调查中提炼出“关系叠加”概念，并运用这一概念分析中国的国家演化和国家治理，认为在中国的文明进程中，依次出现的社会关系不是简单的断裂和重建，而是长期延续、不断扩展和相互叠加，由此造成制度的重叠式变迁和政治现象的反复出现，并通过国家治理体系的改进而不断再生产出新的关系模式②。

---

① 参见黄振华：《家户制与家户国家：中国国家形态的一种解释》（未刊稿），2020 年 7 月 8 日在田野政治学论坛上的报告。

② 参见徐勇：《关系中的国家》第 1 卷，社会科学文献出版社，2019 年版；徐勇：《关系中的国家》第 2 卷。

人是国家的基本构成要素。中国在历史上长期是一个农民国家，农民占国家人口的大多数。农民的特性在一定意义上决定着国家的特性。中国经历了无数艰难曲折，但在同一个空间里延续下来，成为世界上独一无二的国家共同体。为何如此？田野政治学从"韧性小农"的角度试图解释这一秘密，并从人是国家主体要素的角度提出了"韧性国家"①。

国家的基本要素是人，人是通过组织进入国家的。家户不仅是农民自我组织的基本单位，也是国家组织农民的基本单位，由此有了"编户齐民"的户籍制度。在中国，家户制之于国家具有双重意义：一是国家组织的基础，二是国家制度的来源。历史中国具有家国同构性和家国同体性，是一种家户国家②。

人是国家的基本要素。在不同国家和不同历史时期，人享有不同的权利，有着不同的权利来源和类型。"祖赋人权"是基于共同的血缘关系而产生的一种社会权利。这种社会权利观丰富了过往以政治权利为主的权利体系。

五是可竞争性。概念是对一类现象或一种思想的概括。一种新的概念创造出来后，势必与过往的概念形成互动竞争。只有在互动竞争中才能显示出概念的唯一性，也才能检验概念是否立得住或者进一步完善概念。

"农民理性的扩张"提出后，有人提出质疑：农民是否有理性？这主要是基于对"理性"的不同理解。从认识论的角度看，理性是属于

---

① 陈军亚：《家户小农：韧性国家的历史社会根基》（未刊稿），2020年7月2日在田野政治学论坛上的报告。

② 参见陈军亚：《由家到国、家国共责："老有所养"的中国治理进程——基于大型农村实地调查的认识和启动》，《政治学研究》2018年第4期；黄振华：《"家国同构"底色下的家户产权治理与国家治理——基于"深度中国调查"材料的认识》，《政治学研究》2018年第4期；任路：《"家"与"户"：中国国家纵横治理结构的社会基础——基于"深度中国调查"材料的认识》，《政治学研究》2018年第4期；任路：《中国国家纵横治理结构的原型与转型——基于家户制的视角》，《云南社会科学》2019年第1期；任路：《家户国家：中国国家纵横治理结构的传统及其内在机制》，《东南学术》2019年第1期。

概念、判断和推理阶段的认识，是专属于知识生产者的。但是，理性也可以从行为动机和依据的角度理解，如“理性小农”。“农民理性的扩张”显然是基于后一种理解。

“威权韧性”是西方政治学对于当代中国政治的定义，是威权主义的延伸。威权主义是以西方自由主义为本位的定义，这一定义对中国政治具有标签化的效应。由“韧性小农”扩展而来的韧性国家，试图从韧性国家的历史社会根基的角度把握中国的政治特性，且这一特性是以中国内在演化为本位的。

“家户制”是对中国农村社会特性的概括。这一概念起源于对中国农村社会本体的不同认识。在中南海召开的一次高层座谈会上，有专家提出了村社制的概念。而“家户制”是一个具有竞争性的概念。这一概念关系到中国传统特性的认识，即尽管同属不同于西方的东方社会，但其内部也存在巨大的差异性。

“祖赋人权”是一个基于中国宗族社会特性而提出的权利概念，因为它与人们过往接受的“天赋人权”观有所不同而引起争议①。但“祖赋人权”的概念具有特殊地位。一是它强调共同体权利。当人类还在以各种共同体的方式进行组织时，这一权利观就有其存在价值。“民族国家”中每个人的国民身份便来自祖辈以来的居住地。人们因此将自己的国家称为“祖国”。二是它强调历史权利。在“祖赋人权”的权利观看来，人的资格、身份、地位、权利不是个人单打独斗获得的，而是历史赋予的，个人必须通过努力守护家园，扩大产业，以光宗耀祖，由此进入家谱、族谱和祠堂，在历史长河中获得其地位。正是以上特性使得“祖赋人权”在权利概念家族中有其自己的地位。

“国家化”是基于国家对乡村的整合提出的概念。这一概念最初来自“现代国家建构”，但又具有超越性。这就是自国家产生，便会发生“国家化”：一是人们从社会走向国家，以国家形态存在的过程；二是

① 参见胡键：《“祖赋人权”辨析——兼与徐勇教授商榷》，《探索与争鸣》2020年第6期。

国家政权将人们整合到国家体系中的过程。“现代国家建构”关注的是在传统国家基础上建构现代国家的过程，而“国家化”关注的则是整个人类和国家演进的历史过程。

“长周期”是为了探索中国“家户制”及其衍生的政治现象反复发生和周期性变化而建构的一种历史认识论。在建构这一认识论之前，存在着诸如长时段、超稳定、大历史等历史观。以上历史观有共同特性：这便是以现代观历史，容易出现对历史传统的简单否定。“长周期”的历史观力图将历史存在的现象置于历史过程中认识，发现其存在的依据。这一历史观有助于将“家户制”“祖赋人权”置于特定的历史背景下考察，从而使其获得坚实的历史认识论基础。

三、田野政治学核心概念建构的贡献

概念是客观事物的反映，也是对思想主张的概括，并成为一种学说或一个学派的特有标识和身份符号。知识生产的重要成果是建构概念，提出理论观点，以此推进学术的进步。不同的生产者提出不同的理论观点，并围绕基本观点和方法进行持续不断的研究，便形成不同的学术共同体。如果生产的是同一理论观点，便是重复而无创新，也无所谓学派。因此，学术繁荣发展的重要标志是“百花齐放，百家争鸣”。当然，随着学术积累，学术创新愈来愈艰难，不同学派形成的难度也愈来愈大。只是，对于学术创新和学派建设也有一个程度性认识。“哲学社会科学创新可大可小，揭示一条规律是创新，提出一种学说是创新，阐明一个道理是创新，创造一种解决问题的办法也是创新。”①

习近平总书记指出，哲学社会科学要“以我国实际为研究起点，提出具有主体性、原创性的理论观点”②。田野政治学得以提出具有标识

① 习近平：《在哲学社会科学工作座谈会上的讲话》，人民出版社，2016年版，第20页。
② 习近平：《在哲学社会科学工作座谈会上的讲话》，人民出版社，2016年版，第19页。

意义的原创性概念，重要原因是从实际出发，而不是从既有的理论出发，能够基于田野调查经验进行理论创造。这种理论创造是从政治学的学科知识入手，经过田野调查有所发现，再进行理论加工并提升到政治学的学科层面。它是基于田野而不是基于书本的政治学，并由于田野发现和创造，而具有田野政治学的属性。当然，基于书本同样也会有创造，甚至有重大创造。只是创造的路径有所不同。在政治学已有的理论知识大量堆积的条件下，基于田野调查的政治学研究，是一种能够产生原创性研究的重要路径。

田野政治学是相关学者长期从事田野调查并致力于理论研究而形成的，有一个从自在到自为、从个体自觉到群体自觉的过程，其概念建构便是标识。这一概念建构的努力对于中国政治学，特别是国家研究具有以下贡献。

其一是将具体的人带入国家研究。

人是社会科学的出发点。社会科学都是围绕人展开的，政治学也是如此。政治学说史上的重要概念命题都与人有关。如亚里士多德的“人是天生的政治动物”，卢梭的“人生而平等”，亨廷顿的“人可以无自由而有秩序，但不能无秩序而有自由”等。但是，这里所说的人都是整体的抽象的人。在相当长时间，中国政治学研究涉及人时，主要是“以人民的名义”。人民是整体概念，对具体的人的行动关注较少。田野政治学进入田野现场，接触到的是一个个具体的人，这些人的行为是在历史与社会关系中发生的。正是这些处于一定历史和社会关系中的人构成国家的基本要素，也铸造出一个国家的品性。如从“农民理性的扩张”了解到中国奇迹的发生，从“韧性小农”延伸到“韧性国家”。

其二是将家户带入国家研究。

由于社会分化产生不同阶级，由于阶级冲突产生国家。阶级是国家研究的基本单位。但是，中国是一个农业文明特别漫长和发达的社会。家户构成社会的基本单元，并深刻影响着中国的国家进程。“家”是社会学概念。田野政治学将“家”与“户”联结起来，使之成为一个政治学概念。因为“户”是国家建构的。“家户”由此进入国家研究的视野，并成为研究中国国家演化和治理的重要基点。

其三是将关系带入国家研究。

阶级是利益分化的结果。阶级关系是利益关系的产物。利益关系成为政治学研究的基点。田野政治学通过田野调查发现，人是通过各种关系联结起来的。利益关系尽管是核心关系，但并不是唯一关系。从组织的角度看，人是通过各种社会关系联结起来的，并构成一个国家。国家的生成和演化为多种社会关系所支配，这种关系既有扩展性又有叠加性。这一关系特性对于中国的国家演化和国家治理具有特殊的解释力。尽管从制度看，中国早已进入现代国家进程，但是在实际生活中还会存在着与古老的血缘地缘关系相联系的政治现象。

其四是将历史带入国家研究。

政治学是伴随现代化产生的。而在现代化发生前的中国是一个历史特别悠久的国家，中国的政治与历史有着特别紧密的联系。历史赋予特有的“中国性”。但在相当长时间，对历史传统主要是否定的，未能进入政治学研究的视野。田野政治学的研究对象是具有强烈传统性的农民，并在研究中发现“家户制”仍然具有强大的生命力，由此重新评估传统，强调“历史的延续性”而不是断裂性，并力图从历史政治学的角度理解和解释中国的国家演化①。之后进一步开发出“长周期政治”的研究视角，用于解释中国的国家治乱兴衰的规律和机制。

其五是将实证方法带入政治学研究。

在现代化进程中产生的政治学是一门价值规范性很强的学科，“现代性”根深蒂固。田野政治学走向田野，从实际和事实出发理解农民，理解农民行为，并从价值中立的角度进行研究，建构概念，从而将实证

① 参见徐勇、杨海龙：《历史政治学视角下的血缘道德王国——以周王朝的政治理想与悖论为例》，《云南社会科学》2019 年第 4 期。

方法带入中国的政治学研究。田野政治学建构的概念引起一些争议，在相当程度上是因为研究方法引发的。面对争鸣，田野政治学对其研究方法作出了进一步的说明。这就是：事实先于价值，从事实出发；理解先于评价，以解释为重；他我先于自我，历史是过程①。

田野政治学的核心概念建构是作为一个学术共同体的标识性概念，这些概念的建构使之具有政治学田野学派的雏形②。这些概念还有待进一步开发和完善，今后的研究还会创造出更多的概念。田野政治学在概念建构方面还需要作出以下努力：

一是田野调查中开发的概念与政治学理论的有机联结。田野政治学的概念是基于田野调查产生的。这些具有田野性的概念不一定能够自动与政治学科联结起来，或者能直接提升为政治学概念，其中还有许多中间环节和内在机制。例如，由家户到家户国家，由治水到治水国家尚需要从理论上加以论证③。

二是概念的经验性与普遍性的有机结合。田野政治学的概念出自田野，是对田野发现的一类事实的概括，具有经验性、特殊性和有限性。如何将这类概念进一步拉伸和扩展，使之具有普遍性，还有待进一步论证。如“祖赋人权”在现代社会是否还具有理论价值？“家户制”在个体化愈来愈强的现代社会是否还能成立？

三是概念的深度开发与扩展研究。田野政治学的概念是基于田野调查中提炼的，具有一事一议的特性。如果仅限于一事一议，这些概念的价值就不大。由此便需要作出进一步开发和扩展性研究。如将“关系叠加”延伸到国家演化领域，将“国家化”延伸到国家与社会的关系领

---

① 参见徐勇：《实证思维通道下对“祖赋人权”命题的扩展认识——基于方法论的探讨》，《探索与争鸣》2018年第9期。

② 参见徐勇：《政治学“田野学派”的崛起》，《政治科学研究》2018年上卷，中国社会科学出版社，2018年版。

③ 2020年7月2日田野政治学论坛“小农韧性与韧性国家”；2020年7月10日田野政治学论坛“家户制与家户国家”；2020年7月23日田野政治学论坛“治水社会与治水国家”。参加论坛的专家提出了相关建议。

域，将“长周期”运用于对中国政治现象的系统性考察。

四是概念体系的完善。田野政治学的概念建构不是事先设定好的，而是在调查中引起的灵感并加以论证形成的。这使得概念的提出具有零散性。这种零散性的概念建构难以形成一个具有内在逻辑的知识体系。这与早期的研究缺乏概念建构自觉相关。随着概念建构自觉的萌生，田野政治学可以有意识、有目的地进行针对性的田野调查，并从中发现事实，建构概念，以完善概念体系。

（原载《中国社会科学评价》2021 年第 1 期）

祖赋人权：源于血缘理性的本体建构原则

摘　要：理性是人们在自己生命实践活动中产生的意识。中国人在长期历史实践活动中产生出中国理性。中国经历无数变化，唯一不变的是源远流长、生生不息的血缘关系，中华民族因此自称为“炎黄子孙”，并形成中国特有的血缘理性。作为血缘关系的祖先是人的生命的来源，由此构成血缘理性的本体原则——祖赋人权，即因为祖宗而赋予同一血缘关系的人的存在与行为的合理性和依据。血缘理性的第一法则是生命、财产、规则的起点同等性；第二法则是年龄、性别、身份的过程差等性；第三法则是位置、权力、责任的关系对等性。三个法则是一个相互联系的整体链条。与“天赋人权”内含的社会与国家的二元对立不同，“祖赋人权”内生的是社会与国家的共生共荣关系，形塑的是命运共同体意识。随着时代进步，血缘理性需要转换和提升，但其已成为中华民族历史基因的重要元素，内在的价值值得在扬弃中汲取。

关键词：祖赋人权；血缘关系；中国理性

人类社会是一个漫长的历史过程。人类社会发展的起点相同，过程却以不同的路径演进，并会形成路径依赖。习近平总书记指出：“我国今天的国家治理体系，是在我国历史传承、文化传统、经济社会发展的基础上长期发展、渐进改进、内生性演化的结果。”① 在世界上，中国与其他国家一样经历了无数变化，但唯一不变的是源远流长、生生不息的血缘关系。人类最初的甚至是唯一的血缘关系，没有因为国家的产生而完全“炸毁”和“断裂”，而由于独特的农业文明长期延续下来，至今，中国人常常将自己视为“炎黄子孙”并以此为荣，由此形成从未中断的中国文明进程。这一文明进程产生了独特的血缘理性，是祖先赋予同一血缘关系的人的权利，即“祖赋人权”，并形成了丰富的权利体系，内生着社会与国家共生共荣的命运共同体关系。在此需要强调的是，研究和提炼“祖赋人权”概念，探讨源于血缘理性的本体建构原则，并不是要回到“祖赋人权”。从中国的文明进程中开发、总结、提炼自己的理论，有助于增强文化自信，并为世界贡献中国理论。当然，随着历史的进步，地缘性及其之上的利益性愈益重要，但血缘理性在实际生活中的作用和影响仍然不小，构成我国治理体系内生性演化的历史底色，并提供着推进国家治理体系和治理能力现代化的历史标识。本文的问题意识起源于田野调查，并将以华中师范大学中国农村研究院的“深度中国调查”为事实依据进行论证②。

一、理性与中国理性

“理性”是一个多重含义的名词。从认识论看，相对于感性，是指处

① 《习近平谈治国理政》，外文出版社，2014年版，第105页。

② 华中师范大学中国农村研究院将实证调查作为主要方法，经历了三个阶段。一是自1986年开始的个案调查；二是自2006年开始的“百村观察计划”，对300个村庄5 000个农户进行每年跟踪观察，为政策提供依据；三是自2015年开始的“深度中国调查”基础性调查，目的是建构中国理论。其中包括以传统社会形态为主要内容的分区域村庄调查。现已调查华南、长江、黄河三大区域16个省份185个村庄，每个村庄住村调查数月以上，掌握了丰富的调查材料。其中，笔者直接去过的61个村庄中，华南宗族村庄以供奉祖先的祠堂为中心，在黄河长江区域村庄的老宅正厅都会供奉先祖，并有大量祭祀活动。这些普遍性景象给笔者强烈冲击，并引发思考：为何中国历经多变，而以血缘关系为基础的古老社会现象却长期延续？在阅读第一手调查材料时，笔者发现大量类似现象。本文的事实材料取自这一调查，并凝结了上百位调查员的心血。特此说明并致谢！

理问题按照事物发展的规律和自然进化原则来考虑的态度；从人的认识进化看，相对于蒙昧，是指获得对事物本质的认识，如“理性的光芒”；从人的活动看，指人的行为理据，决定着人们这样而不是那样的行为。

由于理性是一个由西方引入的概念，人们在使用这一概念时往往受到两种意识的束缚：一是理性的西方性。作为一种主义的理性，的确产生于西方，但这不意味着其他国家就处于非理性状态。二是理性的精英性。作为一种认识，理性确实是从大量感性现象抽象而来，但这并不意味着一般民众就处于非理性状态。人作为有意识的高级动物，总会为自己的存在和行为思考并寻求理由与依据。任何人的存在和行为都不是随心所欲的，都有其内在的逻辑和依据，只是这种逻辑和依据蕴含在人们的日常生活之中。这是因为，理性作为一种主观意识，来自特定的生产方式和环境，是客观环境的主观反映。马克思认为：“人们是自己的观念、思想等等的生产者，但这里所说的人们是现实的、从事活动的人们，他们受自己的生产力和与之相适应的交往的一定发展——直到交往的最遥远的形态——所制约。”① 从人的行为理据看，每个国家每个人都有其特定的理性②。

中国有着数千年的文明历史。在漫长的历史长河里，人们不仅生产生活，而且在生产生活中形成自己的观念、思想，并反过来支配着人们的行为。这种观念和思想就是中国人的行为理据，即“中国理性”。在中国人的行为活动中，经常可见“天经地义”的说法。这一说法出自

---

① 《马克思恩格斯选集》第1卷，人民出版社，2012年版，第152页。

② 笔者发表在《中国社会科学》（2010年第1期）上的《农民理性的扩张：“中国奇迹”的创造主体分析——对既有理论的挑战及新的分析进路的提出》一文，提出了“农民理性”的概念，引起了学界的关注并引发了个别学者的批评，认为农民并无理性可言。其实，概念具有开放性，可从不同的角度加以使用和界定，学界往往从不同的角度来使用“理性”一词，如“经济人理性”指基于个人利益最大化的原则，“理性小农”指基于经济效益考虑的小农，基于目的合理性的价值理性和基于功利合理性的工具理性等等。笔者所用的“理性”只是一个分析性概念，主要指决定和影响人们行为的基本原则、观念和道理，是一种经过头脑加工或成为习惯的思想，由此制约着人们为什么这样做而不是那样做。使用“理性”的概念，目的是从中国本位的角度理解和建构中国理性。

《左传·昭公二十五年》："夫理；天之经也；地之义也；民之行也。""经"指常规、原则；"义"指正理、准则。万物中，天地最大，由此比喻正确的、不可改变的因而也不容置疑的道理，即理所当然。中国人的理性具有很强的实践性，不是一般的形而上的道理，而是为人们在实践活动中的准则，是"民之行"的依据。程颐在《答杨时书》和《遗书》中阐述了"理一分殊"的思想观点。理、命、心、性是分别存在于不同事物载体中的同一个主体事物。"在天为命、在义为理、在人为性、主于身为心（心意）、其实一也。"人的生命活动遵循着统一的理性原则。人类社会由不同的人构成。不同的人的存在和行为有着共同的理由和依据，并因此构成共同的理性，且深深植根于人的内心。美国学者费正清在进行比较研究时说："对一个享有较高物质生活水平的美国人来说，使他感到惊异的是中国农民在这样困苦的生活条件下，竟能维持一种高度文明的生活。问题的答案在于他们的社会习俗，这些习俗使每个家庭的人员，按照根深蒂固的行为准则经历人生的各个阶段和变迁。这些习俗和行为准则，一向是世界上最古老而又最牢固不变的社会现象。"① 习惯成自然。习惯成为人们共同遵循的习俗，便成为不言自明、与生俱来、默认一致的"自然法则"。高度文明的生活及其支撑的行为准则和习俗中蕴含着丰富的理性元素，是经过人的头脑加工思考长期积累沉淀下来的思想观念。

二、中国理性的血缘之源

理性作为一种思想、观念和行为理据不是无本之木、无源之水，它产生于人们的生产实践活动之中，是长期历史实践中形成的。中国理性生成于中国人的长期历史实践活动中。

恩格斯认为："根据唯物主义观点，历史中的决定性因素，归根结

① 费正清著，张理京译：《美国与中国》，世界知识出版社，1999年版，第21页。

底是直接生活的生产和再生产。但是，生产本身又有两种。一方面是生活资料即食物、衣服、住房以及为此所必需的工具的生产；另一方面是人自身的生产，即种的繁衍。一定历史时代和一定地区内的人们生活于其下的社会制度，受着两种生产的制约：一方面受劳动的发展阶段的制约，另一方面受家庭的发展阶段的制约。劳动越不发展，劳动产品的数量，从而社会的财富越受限制，社会制度就越在较大程度上受血族关系的支配。"① 在人类初始，两种生产寓为一体，都以血缘的氏族社会组织的方式进行。如马克思所说："我们越往前追溯历史，个人，从而也是进行生产的个人，就越表现为不独立，从属于一个较大的整体：最初还是十分自然地在家庭和扩大成为氏族的家庭中。"② "亲属关系在一切蒙昧民族和野蛮民族的社会制度中起着决定作用。"③ 血缘关系可以说是人类最初始和本源的关系。马克思因此认为：血缘"家庭起初是唯一的社会关系"④。

只是随着生产力的发展，私有制和交换、财产差别、使用他人劳动以及阶级的对立等新社会成分的生长，"以血族团体为基础的旧社会，由于新形成的各社会阶级的冲突而被炸毁；代之而起的是组成为国家的新社会，而国家的基层单位已经不是血族团体，而是地区团体了"⑤。因此，"国家和旧的氏族组织不同的地方，第一点就是它按地区来划分它的国民"。"这种按照居住地组织国民的办法是一切国家共同的。""第二个不同点，是公共权力的设立"，"构成这种权力的，不仅有武装的人，而且还有物质的附属物，如监狱和各种强制设施，这些东西都是以前的氏族社会所没有的"。"为了维持这种公共权力，就需要公民缴纳费用——捐税。"⑥

---

① 《马克思恩格斯选集》第 4 卷，人民出版社，2012 年版，第 13 页。
② 《马克思恩格斯选集》第 2 卷，人民出版社，2012 年版，第 684 页。
③ 《马克思恩格斯选集》第 4 卷，人民出版社，2012 年版，第 36 页。
④ 《马克思恩格斯选集》第 1 卷，人民出版社，2012 年版，第 159 页。
⑤ 《马克思恩格斯选集》第 4 卷，人民出版社，2012 年版，第 13 页。
⑥ 《马克思恩格斯选集》第 4 卷，人民出版社，2012 年版，第 187、188 页。

恩格斯在《家庭、私有制和国家的起源》中正确指出了人类社会演进的一般规律，但他丝毫没有否定人类社会演进道路的多样性。事实上，自国家产生以后，人类社会的演进便出现了“大分流”的趋势，展现出以下三种状况：

其一，由于文明进化不一，在许多地方仍然处于前国家状态，保留着前国家的原始状态，尚没有“组成为国家的新社会”。“在阶级对立还没有发展起来的社会和偏远的地区，这种公共权力可能极其微小，几乎是若有若无的，像有时在美利坚合众国的某些地方所看到的那样。”①

其二，由于国家组织规模大，官吏和赋税有限，造成国家统治鞭长莫及，存在着大量国家直接统治不及的地方，在这些地方，国家统治只是象征性的，前国家形态大量被保存下来，并自我缓慢地发展。如国家的边缘地带。

其三，任何时代，物质生产和人口生产都是必要因素，血缘关系都是原初和本原的关系。在相当长时期，社会按照两种生产的规律自我演化，与原始社会母体的脐带未能切断，原始血族团体的特性长期延续下来，并根据其特质自我运行。国家统治尽可能利用社会内在的力量加以治理，由此使得久远的原初血缘关系延续下来。

中国属于典型的第三种状况。其重要根源在于血缘关系与农业文明的结合，物质生产和人口生产都以血缘家庭的方式进行。“农业是整个古代世界的决定性的生产部门。”② 中国核心地区是世界上少有的适宜农耕的地区。中国正是因为农耕需要治水而产生的国家。相对采集、狩猎、渔业、游牧、商业等生产方式，农业生产的重要特点，一是能够获得稳定的物品，二是人们在固定的土地上耕作，长期居住于一个地方。“定”是农业生产生活的特质。人们以家庭组织的方式在固定的地方从事物质生产和“种的繁衍”。一个地方一个家庭，若干血缘关系的家庭形成

① 《马克思恩格斯选集》第4卷，人民出版社，2012年版，第187~188页。
② 《马克思恩格斯选集》第4卷，人民出版社，2012年版，第165页。

一个村落，若干个村落组成一个国家。因此，当国家产生以后，血缘关系并没有割断，反而在国家组织中延续下来。这种生生不息的延续性来源于血缘关系要求的“种的繁衍”的血缘继替，来自农业文明能够持续不断为同一血缘继替提供物质资料，还来自以血缘家庭方式继承财产。原初的血缘关系、国家产生后的地缘关系与物质生产关系（财产关系）三位一体是中国文明的基本底色，也是血缘社会长期延续的重要基础。

相对中国而言，西方国家在社会三次大分工中，以发达的商业为特点，非西方的一些国家则以游牧业见长，其共同特点是流动性。不断的流动、交往、分化和冲突，割断和改变了固定的血缘关系①。特别是商业文明切割了与原始血缘母体的联系。如恩格斯所说，“氏族制度同货币经济绝对不能相容”②。因此西方是通过宗教信仰将不同血缘关系的人整合为一体的。

因此，尽管中国在历史演进中发生了诸多变化，但血缘关系的同一性和延续性始终没有变化。得到马克思和恩格斯高度评价的摩尔根，对比人类社会基于血缘关系形成的组织的延续时，专门针对中国说：“当野蛮阶段早已过去之后，它们竟一直维持到现代，这确是值得惊异的事，同时，这也是它们这个民族十分固定的又一证据。”③ 在社会学家韦伯看来：“氏族，在西方的中世纪实际上已销声匿迹了，在中国则完整地被保存于地方行政的最小单位，以及经济团体的运作中。并且，氏族发展的程度是世界上其他各地，甚至是印度，所不能及的。”④ 韦伯认为，中国在长期历史进程中有许多变化，但是唯一不变的是氏族血缘纽带（或拟血缘性的凝聚关系）⑤。他在论述“中国法”时专门引述

---

① 参见王三义：《“游牧”的概念与文明史的抉择》，《学术研究》2001年第10期。

② 《马克思恩格斯选集》第4卷，人民出版社，2012年版，第125页。

③ 路易斯·亨利·摩尔根著，杨东莼、马雍、马巨译：《古代社会》下册，商务印书馆，1977年版，第363页。

④ 马克斯·韦伯著，康乐、简惠美译：《中国的宗教 宗教与世界》，广西师范大学出版社，2004年版，第140页。

⑤ 马克斯·韦伯著，康乐、简惠美译：《中国的宗教 宗教与世界》，广西师范大学出版社，2004年版，第9页。

道："氏族团体在中国从未崩解，不像在西方，氏族团体早因城市的发展和基督教的缘故而瓦解了。"① 愈是早期社会，血缘关系的地位愈益重要，如早期中国便属于具有血缘性的宗法国家。只是随着历史发展，血缘宗法底色逐渐褪去，但永远也无法去掉，因为血缘关系是永恒存在的。在中国众多思想流派中，独有儒家学说经久不衰，并成为中国文化的标志，关键在于其根基于中国的血缘关系。这一关系上延远古，下伸当下。迄今，中国人将自己视为"炎黄子孙"，并以此为荣。这种认同便是基于共同的血缘关系。这种血缘关系正是中国理性持续不断的源泉。因此，我们需要从血缘关系内部去寻找和理解中国理性的根源，并发现其特有的价值，建立符合中国自己特性的理论体系。否则就容易陷入马克思所说的"他们无法表述自己，他们必须被别人来表述"的困境②。

三、祖赋人权：血缘理性的本体原则

理性为人的存在和行为提供正当性，使人们意识到自己的存在和行为是合理的、正当的。在现代社会科学中，这种合理性、正当性以权利的方式加以表达。权利是人们根据一定习俗、道德、法律获得某种资格和利益的可能性。

人是有意识的动物。人总是会追问自己的来源，并以此为自己的存在和行为寻求正当性和合理性，即具有终极和本体意义的价值体系。在西方，长期流行的是"天赋人权"，即人具有与生俱来的自然权利。这里的"天"具有本源性、本体性和终极性，以宗教的解释即是超越人

① 马克斯·韦伯著，康乐、简惠美译：《法律社会学》，广西师范大学出版社，2005 年版，第 231 页。

② 卡尔·马克思著，冯适译：《路易·波拿巴的雾月十八日》，江苏人民出版社，2011 年版；爱德华·W. 萨义德著，王宇根译：《东方学》，生活·读书·新知三联书店，1999 年版，扉页。

间的“上帝”，即“上帝造人”。而“人”则是抽象的个体的人。“天赋人权”的理论基础是社会契约论。在社会契约论创始人霍布斯看来，人生而平等，一切“权威”必须给出人为的“理由”，获得“同意”①。这一理论事实上只是一种假设，因为在实际生活中并不是每个人任何时候任何事情都要订立契约并理解其后果。因此，“天赋人权”，从本质上看是一种建构理性。

“天赋人权”是近代产生的理论，反映人的自觉。它要解决的是作为个体的人如何摆脱束缚和压制，建立新的国家这一时代问题，具有一定的时代合理性，也有其时代局限性。在近代之前，人们是根据什么理由赋予自己以地位和资格的呢？不能将“天赋人权”之前的时代都归之于蒙昧。事实上，比天赋人权这一建构理性更为古老的是自然形成的血缘理性。“原先，最好的权威是祖传的，或者说一切权威的来源都是祖传的。”② 中国是一个农业民族，其思维具有经验性。中国人以直观性视角，认定人的生命及其生命活动来源于与自己具有血缘关系的祖先，是祖先赋予了自己生命及其存在的正当性。从血缘关系看，作为血缘起始者的祖先就具有本源性、本体性和终极性。“万物本乎天，人本乎祖。”③ “血缘决定了成员资格、身份、责任、权利和活动。”④ 祖先是血缘关系的人格化。而由祖先赋予其生命的具体的“人”，是处于血缘继替关系中的后人。祖先赋予后人以存在资格和地位是不言自明的，由此所产生的祖先“权威”也是不言而喻、自然天成的，无须也不可能由后人与祖先签订契约，经由“同意”而获得权威。因此，“祖赋人

① 参见孙向晨：《现代社会中的“家庭”及其所代表的伦理性原则——黑格尔〈法哲学原理〉中的“家庭”问题的解读》，《学术月刊》2017年第4期。

② 列奥·施特劳斯著，彭刚译：《自然权利与历史》，生活·读书·新知三联书店，2003年版，第92页。

③ 白雪娇：《分形同气：农工并举之族的裂变与整合——粤北福岭村调查》，徐勇、邓大才主编：《中国农村调查》（总第4卷·村庄类第3卷·华南区域第3卷），社会科学文献出版社，2017年版，第39页。

④ 丹尼尔·哈尼森·葛学溥著，周大鸣译：《华南的乡村生活——广东凤凰村的家族主义社会学研究》，知识产权出版社，2012年版，第81页。

权”是基于人类最古老最原初的血缘理性而生成的，也是血缘理性的最高本体原则。

作为人类活动的本体原则，血缘理性赋予祖先神圣地位。人作为生命活动体，对自己的生命来源有着本能的崇拜。“人类社会初期，人们就产生自然崇拜、人造物崇拜、祖先崇拜，人们对祖先崇拜最为持久，因为它同人类生存及其自身再生产联系在一起。”① 人们对生命来源的不同认识，会形成共同体成员共有的情感和信仰。共同的情感和信仰造成共同体成员的精神纽带。其中，信仰具有最高价值，反映了人们对某一对象的执着相信，并会通过一定的物质形态和一定的仪式加以表现。

仅仅就表象看，中国与西方比，有许多不同之处。在西方，随处可见的是教堂，教堂在社会生活中居于中心地位，由此有“教区”之说。西方创设“天赋人权”理论是借用了宗教至高无上的神圣性。而在中国，特别是当下的华南农村，随处可见的是祠堂，祠堂在社会生活中居于中心地位，由此有“宗族”之说。教堂和祠堂均是敬奉神灵的地方，也是人们追溯自己来源的地方。但教堂和祠堂供奉的神灵却不同，教堂是上帝，祠堂是祖宗。在我们调查的中国农业文明核心区域，至今到处仍可见到农村家户供奉着祖宗先人的牌位，并有各种祭祀活动。这些活动已成为人们日常生活最为重要的部分。“中国的宗的理念历经长久的历史而毫不减弱地一直维持到最近的最大的原因，大概应在并非是权力而是植根于对血脉这种自然性的事物所具有的一定看法这一点上来求得。”② 华南一些地方因为偏远，血缘关系及其信仰受到的冲击较小，还保留着大量的历史遗迹。在那里，每个村庄都有祠堂。祠堂在人们心中具有神圣性地位。所谓“聚族而居”，实际上是围绕祠堂而居。祠堂是供奉祖宗的场所。族人从出生到死亡的生命活动都要在祠堂举办仪式，

① 爱弥尔·涂尔干著，渠东、汲喆译：《宗教生活的基本形式》，上海人民出版社，2010年版，第161页。

② 滋贺秀三著，张建国、李力译：《中国家族法原理》，商务印书馆，2013年版，第46页。

以表示“认祖归宗”，即使是死后也要通过祠堂为灵魂寻找一片安息之地。涉及宗族共同体的大事、对族人奖励等都要在祠堂，即在祖宗面前进行。祖宗如“上帝”，在每时每刻关注着族人的存在和延续。正如韦伯所说：“氏族的凝聚，无疑地，全然仰赖于祖先崇拜。”①“不管怎样，在历史时期，中国人民最根本的信仰是对于祖先——虽然并不止于自己的祖先，但特别是对自己的祖先——的神灵力量的信仰。”② “祖先崇拜是中国人的宗教，也是联系中国人活着的世界与神鬼世界的重要关键。”③

从“深度中国调查”看，祖先崇拜体现在多个方面：一是祖坟崇拜。祖坟是安葬祖先的地方，一定要求风水好，以泽佑后人。二是族谱崇拜。族谱记录祖先功德和后人传承，“贵于金玉”。“族谱的存在意义，首先是对宗族成员资格的确认，并为本族成员提供了与其他同姓宗亲发生联系的依据；其次，它在一个父系观念强大的社会中，明确地标志出作为本人及其群体自我认同根基的父系祖先源流。” “对于宗族这一中国式父系集团来说，可以被称为‘宪章’的则是它们的族谱。”④“通过它就可以找到自己的根，体现了‘水流万里共一源，树长千枝同根生’的渊源关系。”⑤ 三是祠堂崇拜。祠堂是供奉祖先的地方，也是血缘共同体的精神归宿，居于人生的中心地位。四是崇拜仪式活动。这种活动贯穿人们的一生和长年累月之中。春节大年三十全家人团圆，首先要敬祖先，在祖先灵前烧香，还会在桌子上摆上一副碗筷，敬请祖先与家人团圆。清明节则是专门祭祀祖先的节日。

人们之所以形成祖先崇拜的观念，从根本上在于，是祖先赋予自己

---

① 马克思·韦伯著，康乐、简惠美译：《中国的宗教 宗教与世界》，广西师范大学出版社，2004年版，第140页。

② 马克思·韦伯著，康乐、简惠美译：《中国的宗教 宗教与世界》，广西师范大学出版社，2004年版，第141页。

③ 许烺光著，徐德隆译：《美国人与中国人》，巨流图书公司（台北），1977年版，第312页。

④ 濑川昌久著，钱杭译：《族谱：华南汉族的宗族·风水·移居》，上海书店出版社，1999年版，第21、2页。

⑤ 史亚峰：《以房兴族：官商并举之族的分化与整合——粤北下镇村调查》（调查报告），2016年版。

生命及其存在的正当性。人们理所当然地会认为：没有祖先哪有我？“祠堂是供奉我们老祖宗的，敬老祖是我们的规矩，没有老祖宗就没有现在的我们。”① 同族之人，“必始自一人”②。人们作为家庭成员的资格，是因为与祖先的关系，与生俱来的，并不依赖于任何外界的裁决。人们对祖先的崇拜过程也是确立自己血缘位置和生命正当性的过程。当然，祖先是一个生命继替的开放性概念，既包括终极性、唯一性的远祖，也包括与个人生命活动直接相关的近祖或先人。这在于血缘关系的组织单位有大有小。最基本的单位是核心家庭，因为血缘关系而扩大的由若干核心家庭构成家族，而由若干家庭和家族，共同供奉同一祖先而形成宗族。在华南宗族村庄，远祖可以追溯到50多代人以前。有一个村的蓝氏族谱甚至将自己的姓氏追溯到炎帝神农氏，从始祖起已繁衍108代③。在黄河和长江区域的村庄，大量存在的是血缘家庭和家族，常见的是单一血缘的家祠，其先人在数代以上。无论如何，对祖先（包括先人、前辈）的敬奉，源于人对生命来源的认知。正是基于这种认知，才有了根据血缘关系获得某种资格和利益的可能，由此将过去、现在与未来打通，体现了血脉相承、代际延续的血缘理性。祖先崇拜最终体现为“不忘根本”，祖赋人权因此构成血缘理性的本体原则。

四、血缘理性第一法则：生命、财产、规则的同等性

“祖赋人权”指的是血缘共同体成员因为祖先而享有与生俱来的自

---

① 李华胤：《因规而合：穷家小族的延续与发展——粤北坪村调查》，徐勇、邓大才主编：《中国农村调查》（总第2卷·村庄类第1卷·华南区域第1卷），社会科学文献出版社，2017年版，第264页。

② 晏俊杰：《商农互助：分化外行宗族社会的聚合——赣中燕坊村调查》，徐勇、邓大才主编：《中国农村调查》（总第3卷·村庄类第2卷·华南区域第2卷），社会科学文献出版社，2017年版，第574页。

③ 李华胤：《因规而合：穷家小族的延续与发展——粤北坪村调查》，徐勇、邓大才主编：《中国农村调查》（总第2卷·村庄类第1卷·华南区域第1卷），社会科学文献出版社，2017年版，第243~244页。

然权利。这种权利不言自明，赋予血缘共同体成员获得资格和利益的正当性和合理性。这种正当性和合理性尽管是不成文的，但为血缘共同体所普遍接受和共同认可，因此是一种“自然法则”或者“习惯法则”，也是支配血缘共同体的最高理性原则。

“祖赋人权”不是赋予血缘共同体某一个或者某一类成员专有的权利，而是赋予所有共同体成员同等的权利，只要是本族人，在共同体内享有同等的地位。“夫族之众虽千万人，皆由始祖一人之身所出也。”①同等性是血缘理性由“祖赋人权”最高原则派生出来的第一法则。它标志着在血缘共同体内，成员之间具有某种无差别的同等地位。

从“深度中国调查”看，血缘共同体的成员具有以下同等的权利。

其一，同等的生命权。血缘共同体是以血缘关系为基础的，血缘关系特别重视人口的繁衍和延续，理由在于“今世的人是已故祖先生命的延续”②。新的生命一旦降临，不仅具有生存下来的正当性，而且赋予其神圣性。族人出生后要到祠堂挂灯，举办仪式，向祖先禀报“添丁”，告知祖先，血脉得以延续，并加以庆贺。“‘灯’与‘丁’谐音，灯火寓意生生不息，薪火相传。”③ 相反，如果不能生育人口，则被视为对祖先的不敬，“不孝有三，无后为大”。如果某人不能生育，血缘共同体有义务帮助成员繁衍人口，使其血脉能够传承下去，如过继。

任何血缘共同体成员一旦获得生命，就有同等存在的正当性，因为他们的生命都是同一个祖先所赋予的。“宗族子姓，形同手足。”一是当人们生存发生困难时，血缘共同体有义务帮助其渡过难关。家庭财产为家庭成员共有，除此之外，扩大了的家庭——家族和宗族还有共有的

---

① 晏俊杰：《商农互助：分化外行宗族社会的聚合——赣中燕坊村调查》，徐勇、邓大才主编：《中国农村调查》（总第3卷·村庄类第2卷·华南区域第2卷），社会科学文献出版社，2017年版，第622页。

② 麻国庆：《家与中国社会结构》，文物出版社，1999年版，第99页。

③ 张利明：《和合共生：农商并举之族的立与兴——粤北司前村调查》，徐勇、邓大才主编：《中国农村调查》（总第3卷·村庄类第2卷·华南区域第2卷），社会科学文献出版社，2017年版，第129页。

族田、族山、族林。它们将优先提供给生存困难的家人或者族人劳作，以获得生存之源。血缘共同体为生存困难的家人、族人提供必要的救济。“族长的职责就是保护族人，不能让一个族人饿死。”① 二是家人和族人受到他家和外族人攻击，生命有可能受到威胁时，本家和本族人有帮助的义务，具有同生死共患难的责任。广东清远市新城村曾姓宗族在20世纪与外姓发生冲突时，全族村庄遭受毁灭性破坏。先行回村的村民首先是重建祠堂，其他族人才陆续回村。村民解释是“有祠就有根，有根就有人”②。三是本家和本族人有可能受到剥夺生命权的惩罚，但这种惩罚并不轻易实施，且依据的是包括受惩罚者自动认可的家法和族规。

其二，同等的财产权。生命的产生与延续均需要财产提供保障。在血缘共同体内，家人和族人享有同等的财产权。主要体现在四个方面：

一是财产继承实行“诸子均分”。血缘共同体强调血缘的传承，而血缘的传承又与财产的继承相关。作为家人和族人一出生便具有同等的生命权，同时也具有同等的财产继承权。从所调查的村庄看，在财产继承方面都实行的是“诸子均分”，即每个儿子都能够获得同等的财产，且一般采取抓阄方式，以示公平。在我们询问老人为什么要实行这一制度时，老人基本上都表示，同是父母所生，理所当然一视同仁，“手心手背都是肉”。“平分了才合理，这样都没意见，显得兄弟和气团结，也是对父母的共同尊敬。”③ 即使是领养的孩子也同样分得一份财产。虽然家长有处置财产的权力，但也不可以厚此薄彼。“父亲至少在常态

---

① 李华胤：《因规而合：穷家小族的延续与发展——粤北坪村调查》，徐勇、邓大才主编：《中国农村调查》（总第2卷·村庄类第1卷·华南区域第1卷），社会科学文献出版社，2017年版，第448页。

② 陈军亚：《贫弱小族的生存与兴盛——粤北新城村调查》，徐勇、邓大才主编：《中国农村调查》（总第4卷·村庄类第3卷·华南区域第3卷），社会科学文献出版社，2017年版，第304、319页。

③ 张利明：《和合共生：农商并举之族的立与兴——粤北司前村调查》，徐勇、邓大才主编：《中国农村调查》（总第3卷·村庄类第2卷·华南区域第2卷），社会科学文献出版社，2017年版，第71页。

下不能剥夺任何一个儿子作为继承人的资格。”法律规定的“‘诸应分者，田宅及财物，兄弟均分’，无非是对中国人的意识之中所谓作为自然法存在的规范也给以实定法上的承认这种意义上的规定”①。这与西方国家实行具有血缘排他性的“长子继承制”的逻辑完全不同。

二是血缘共同体拥有共同财产，为成员同等享有。中国的血缘共同体由氏族到宗族，再到家族和家庭，其财产由完全公有到公有和私有并存。但即使是私有部分也是以血缘家庭而不是独立的个体为单位的。家庭私有财产为家庭成员同等享有，任何个体不得私自占有，只能通过“分家”的方式同等占有。除家庭私有财产之外，家族和宗族还有祠堂、祖坟、族山、族田、族林等族产。这些族产属于族人共同所有，并赋予其神圣价值，即是祖先传承下来的共同财产，任何人不得私自占有和处理。“如果族人自己偷偷将族田或房田卖出被房内人发现，则房长可以处理，将其开除房籍，房内人也不承认其是本房人。因此房内人都不敢卖祖公的财产。”② 在宗族村庄进行土地改革时，存在大量所谓“死地主”，即祖先传承而没有明确产权人的宗族公共土地。

三是个体家庭的私有财产，家族和宗族也有干预的正当性。一般来讲，个体家庭的财产可以由个体家庭自由处置。但是对于血缘共同体来讲，即使是个体家庭的财产，也受到宗族的制约。如个体家庭土地的买卖转让要优先本族人，买卖转让过程要经过本族同意。其背后的理念是个体家庭并非是完全独立的，而是同一祖先的后代；个体家庭的财产也不是完全能由个体家庭独立支配的，它的终极来源是同一祖先，因此要受到本族人的制约，保证本族人在支配财产方面具有同等的权利。“因为有些东西可能都是老祖宗留下来的，卖给外人岂不是对祖宗不敬，会

---

① 滋贺秀三著，张建国、李力译：《中国家族法原理》，商务印书馆，2013年版，第198、257页。

② 胡平江：《大族崛起：以分促合的治理——粤北山池村调查》，徐勇、邓大才主编：《中国农村调查》（总第2卷·村庄类第1卷·华南区域第1卷），社会科学文献出版社，2017年版，第59~60页。

影响子嗣的，对后代的命运也不好。”①

四是对土地的使用方面可以进行调整，以保证同族人有同等的财产权利。在宗族共同体内，尽管土地为个体家庭所使用，但并不具有终极意义的所有权，即不能永恒的使用。宗族共同体可以根据情况进行调整，以保证本族人都有同等的生存条件。其背后的理念便是宗族共同体的土地等生产资料均是祖先传承下来的，本族人人人有份，有获得同等条件的正当性。

当下中国的土地政策是“增人不增地，减人不减地”。但在许多地方，其土地是“三年一小调，五年一大调”，重要原因正是历史传承下来的血缘理性的结果，即每个人都有生存的同等条件。同等的财产权是维持血缘共同体长期存续的经济基础。在世界上其他地方，乃至中国一些区域的血缘共同体未能延续下来的重要原因就是缺乏血缘团体的共同经济基础。国外历史学家魏特夫因此认为“中国南方的‘氏族家族主义（clanfamilism）’是一个令人费解的现象”②。为此，人类学家弗里德曼特别关注中国血缘团体的共同经济基础。而科大卫通过实地观察发现，在宗族村庄，“外地人与本地人之分，前提为入住权之有无”。“所谓入住权，是在一指定疆域内享有公共资源的权利。”“村民们很清楚哪些人拥有、哪些人没有这些权利。”“拥有入住权的理据是：这权利是祖先传下来的。”“村民们正是通过追溯祖先的历史来决定谁有没有入住权、是不是村落的成员。”③

其三，同等的规则权。血缘共同体是由同一血缘关系的人构成的。即使是同一血缘关系的人也会产生矛盾和冲突，于是需要共同的规则对

① 李华胤：《因规而合：穷家小族的延续与发展——粤北坪村调查》，徐勇、邓大才主编：《中国农村调查》（总第2卷·村庄类第1卷·华南区域第1卷），社会科学文献出版社，2017年版，第289页。

② 莫里斯·弗里德曼著，刘晓春译：《中国东南的宗族组织》，上海人民出版社，2000年版，第1~2页。

③ 科大卫著，卜永坚译：《皇帝和祖宗：华南的国家与宗族》，江苏人民出版社，2010年版，第5页。

成员的行为加以规范。这种规则通过家规、家法、族规、习俗等方式加以表现出来。特别是“作为一种生活习俗和内在信仰，铭刻在人们内心，传承于族人之间，并完全依靠其日常生活实践而实现言行相袭，代代相传”①。

在血缘共同体内，成员享受同等的规则权，即在家法和族规面前人人平等。“宗族虽亲疏不同，本吾祖一气，不可富欺贫，强凌弱，众暴寡，必以其伦按以礼可也。”② 一是家法族规等规则为“祖宗之法”，是祖先传承，与生俱来，家人和族人一出生就受其规训，从而内化于心，人人得以自觉遵守。二是家法族规属于约定性规则，即本家和本族人默认一致的行为规范，凡是本家和本族人都必须遵守，否则共同体就会受到损害。三是规则权威是执行规则的模范。通常制定和执行规则的人具有比一般人更高的权威，也因此成为特权者。而在血缘共同体内，家长和族长等血缘领袖不仅仅要如一般成员一样遵守规则，且要成为典范。“为了维持俞氏族规的神圣性，族长、房长和绅衿不但没有任何特权，反而会以身作则，以族规为准则，进行更为严苛的自律和自省。”③ 因为，他们的公共权威正是建立在模范遵守祖先传承的内在规则的基础上，一旦逾越规则，其权威就会迅速流失。正因为如此，血缘共同体的领袖同时也是道德权威。“族长并不是可以轻易充任的，有着十分严格的条件。只有有品行、有实力、有文化、有地位的人才能做到族长。”④

---

① 陈军亚：《贫弱小族的生存与兴盛——粤北新城村调查》，徐勇、邓大才主编：《中国农村调查》（总第4卷·村庄类第3卷·华南区域第3卷），社会科学文献出版社，2017年版，第319页。

② 付振奇：《族推儒助：仕贾并举的兴族之道——徽州呈坎村调查》，徐勇、邓大才主编：《中国农村调查》（总第2卷·村庄类第1卷·华南区域第1卷），社会科学文献出版社，2017年版，第733页。

③ 罗丹：《商优哺农：僻乡大族的合族共荣之道——浙中俞源村调查》，徐勇、邓大才主编：《中国农村调查》（总第3卷·村庄类第2卷·华南区域第2卷），社会科学文献出版社，2017年版，第858页。

④ 史亚峰：《以房兴族：官商并举之族的分化与整合——粤北下镇村调查》（调查报告），2016年版。

五、血缘理性第二法则：年龄、性别、身份的差等性

“祖赋人权”的本体原则赋予了血缘共同体成员在生命、财产、规则的起点同等，体现着“人生而平等”的法则。但一旦人一出生，进入具体的生命活动时期，每个成员的地位又具有差等性，即在血缘共同体中的实际存在具有差异、差别性，并享受不同的待遇。费正清进行中西比较时说：在中国，“亲属关系不仅比西方的关系名义明确，区分精细，而且还附有按其地位而定的不容争辩的权利和义务”①。这种生命过程中具有差别性的权利和义务而产生的差等性是基于血缘关系而产生的，是血缘共同体存续的条件，并为其成员自然认可，因此构成血缘理性的第二法则。其主要表现是：

其一，长幼有序。

“祖赋人权”意味着生命起源于先人，后人的生命虽然都要受到同等的尊重，但从血缘传承看，后人的生命、财产毕竟都来自先人，因此在具体的生命活动关系中，表现为“长幼有序”，长者的地位高于幼者。在日常生活中，幼者要敬重长者。长者为一家之长，享有支配性的权力，由此构成共同体的生命次序。在辈分称呼上，后辈对前辈不能直呼其名，需要尊称。在排位座次上，年长者位居中心。在血缘共同体的职位资格方面，以长者为先。年长或者辈分高者才能担任家长、房长、族长。“理由就是：辈分越高则血缘离先祖越近，辈分越低则血缘离先祖越远，长辈自然要比晚辈尊贵。”②

“长幼有序”的血缘理性首先是与生俱来的自然法则。幼者为长者所生、所养，从一出生开始就要遵循长者的意志。这一法则因为血缘情

---

① 费正清著，张理京译：《美国与中国》，世界知识出版社，1999年版，第24页。

② 李鹏飞：《制锦储才：商宦大族的兴盛之道——徽州雄村调查》，徐勇、邓大才主编：《中国农村调查》（总第6卷·村庄类第5卷·华南区域第5卷），社会科学文献出版社，2017年版，第112页。

感关系而获得不言自明、不教自会的“默认一致”。家长权威是因出生次序及其对后人的抚育自然形成的。“父母生身之根本，故需事养，疾则医治，殁要祭葬。”① “长幼有序”除了长辈与后辈的关系，还包括长子与次子的关系。在众多儿子中，长子的地位更高。在财产继承时，长子通常能够居于较高地位。“一般而言，房屋以左为大，因此一家人如果有两个儿子，则左边房屋分给长房。”② “分家的时候，长子不需要搬迁出去，其他的儿子则选择另起炉灶。家中的厨房归长子，也就是嫡长子所有，不仅因为父母要与长子同住，更是因为‘厨归长嫂’，寓意‘繁衍不息，绵延不绝’。”③

“长幼有序”的血缘理性不仅是自然天成的，更重要的是后天规训的。除了在日常生活中，人们可以获得“长幼有序”的自然法则，家庭、家族和宗族作为血缘共同体，还会建构一整套行为规则规训其成员，使之成为能够按照“长幼有序”行为的合格家人和族人。“长幼、尊卑之序乃族之根本。”④ 这种以“孝道”为核心的规训从人的出生便开始，且体现在日常生活之中。家长会教导子女必须敬重长者，日常生活中处处体现出长者为大和优先的次序。一旦不敬重长者，家庭和宗族还可动用“家法”和“族规”加以惩戒。在血缘共同体中，“家法”与“族规”的核心内容是长者优先。一般而言，“女性名字的全称是不能出现在族谱当中的，一般为‘×氏’。但是在浦源郑氏的宗谱上有专门一节为‘孝节类’，专门为孝事父母，忠于家庭的女性传书”，即“因

---

① 付振奇：《族推儒助：仕贾并举的兴族之道——徽州呈坎村调查》，徐勇、邓大才主编：《中国农村调查》（总第2卷·村庄类第1卷·华南区域第1卷），社会科学文献出版社，2017年版，第732页。

② 胡平江：《大族崛起：以分促合的治理——粤北山池村调查》，徐勇、邓大才主编：《中国农村调查》（总第2卷·村庄类第1卷·华南区域第1卷），社会科学文献出版社，2017年版，第81页。

③ 李华胤：《因规而合：穷家小族的延续与发展——粤北坪村调查》，徐勇、邓大才主编：《中国农村调查》（总第2卷·村庄类第1卷·华南区域第1卷），社会科学文献出版社，2017年版，第317页。

④ 吕进鹏：《内散外移：商儒共济之族的兴衰之道——粤北新岭村调查》（调查报告），2016年版。

孝入谱”，以示表彰和倡导①。

“长幼有序”的血缘理性不只是一种理念，且有物质保障。一是子女成年分家，主持分家的是长者，长者在分配财产时也赋予后人孝敬老人的义务。二是长者分家时也会为自己保留一份财产，使自己生命活动的延续有独立的经济基础。三是祠堂、用于祭祀的族产等都是用于敬奉长者的，使他们的生命有一个最后的安息之处。这种物质保障反过来进一步强化了“长幼有序”的理念。

其二，男女有别。

家庭、家族和宗族是以一成年男性为中心，按照父子相承的继嗣原则上溯下延，其世系是按男性排列的。这就意味着，作为血缘共同体的血缘关系是以男性为中心的，只有男性才能担负起血脉传承的责任。费正清在比较中西差异时说：“中国的家族制是父系的，家长地位按男性系统由父亲传给长子。男人留在家里，女子嫁给他家，这两者的生活方式都与西方人视为理所当然的方式不同。”② 因此，“祖赋人权”虽然赋予所有血缘共同体成员同等的生命权，但当成员出生以后，男女间的地位与待遇是不同的，具有差等性，形成男女之间的主次关系。其理由一是女性最终要外嫁他人，成为“外家人”，不能成为“本家本族”的传承者；二是外嫁到本家本族的女性是“外姓人”，不是来自本家本族的血统，具有天然的疏离性。因此，“男女有别”是基于血缘共同体的血缘传承关系确立的宗族理性的又一法则。

“男女有别”的血缘理性体现在血缘共同体成员生命活动的全过程。调查显示，男女有别自出生就已存在。如果是男性，要到祠堂向祖宗报告“添丁，举办隆重的仪式，告知列祖列宗，后继有人，香火兴旺；生女孩则不需要向祖公禀告，也不需要写入族谱”。在宗族活动中，

① 黄雪丽：《福建省宁德市周宁县浦源镇浦源村形态与实态调查》，徐勇、邓大才主编：《中国农村调查》（总第6卷·村庄类第5卷·华南区域第5卷），社会科学文献出版社，2017年版，第624页。

② 费正清著，张理京译：《美国与中国》，世界知识出版社，1999年版，第25页。

"男性长辈可以坐在祠堂就餐，而女性往往只能在下厅就餐。家庭中，以男性为家长，如子女分家时以父亲决定为主，父亲去世后母亲才能做主"①。分家时遵循的是"诸子均分"原则，只有儿子才能继承财产，女儿一般被排除在外。"享有财产继承权的为家中的男丁，女儿没有继承权，无论父母去世时女儿是否出嫁，都不享有财产继承资格。"② 在家庭生活中，男性才是"当家的"。在婚姻生活中，男性可以再娶，女性一般不可再嫁。一般来说，女性死后不能进入祠堂为后人祭拜。在"深度中国调查"中仅发现有一处女祠，专门供奉去世女性，但也是十分特殊条件下的产物。

为了强化"男女有别"的法则，宗族共同体还建构起相应的规则维护这一法则的实施。"家法"和"族规"中有对女性行为规范的"妇道"，而无对男性行为规范的"夫道"，对女性行为的约束与规范要严于男性，由此建构和强化"男尊女卑"意识。

其三，正庶有异。

血缘共同体强调血脉的延续与传承，并以男性单系为依据，实行一夫一妻制。但为了血缘传承，男性可以娶多个妻子，女性只能"从一而终"。"一般情况下，如果妻子超过三年，没有生育或者生育男丁，丈夫可以选择纳妾。"③ "村中有个人为了生得一子，陆陆续续娶了 9 个老婆。"④ "清朝时期，杨氏宗族有一对夫妻十分恩爱，遗憾的是家中无子嗣，无人延续祖宗'香火'。为了家庭'香火'延续考虑，妻子鼓励丈

① 胡平江：《大族崛起：以分促合的治理——粤北山池村调查》，徐勇、邓大才主编：《中国农村调查》（总第 2 卷 · 村庄类第 1 卷 · 华南区域第 1 卷），社会科学文献出版社，2017 年版，第 107 页。

② 刘迎君：《广东省河源市紫金县龙窝镇桂山村形态与实态调查》，徐勇、邓大才主编：《中国农村调查》（总第 5 卷 · 村庄类第 4 卷 · 华南区域第 4 卷），社会科学文献出版社，2017 年版，第 310 页。

③ 李华胤：《因规而合：穷家小族的延续与发展——粤北坪村调查》，徐勇、邓大才主编：《中国农村调查》（总第 2 卷 · 村庄类第 1 卷 · 华南区域第 1 卷），社会科学文献出版社，2017 年版，第 317 页。

④ 刘燕：《合族共济：商优学起之族的繁荣——赣南白鹭村调查》，徐勇、邓大才主编：《中国农村调查》（总第 2 卷 · 村庄类第 1 卷 · 华南区域第 1 卷），社会科学文献出版社，2017 年版，第 813 页。

夫纳妾，丈夫为了顾及夫妻感情一直没有纳妾。在妻子的多次逼迫下，丈夫纳了一房妾，生下三男丁。评语为‘正妻贤明，祖宗有后’。”① 在男性所娶的多个妻子中，不同的身份享有不同的待遇。明媒正娶的第一个妻子被称为“正妻”，其他妻子则被称为“庶妻”。当然，与“长幼有序”“男女有别”不同，一般血缘共同体成员没有能力娶多位妻子，也不存在“正庶有异”的身份差等的意识。但愈是那些存续久远、力量显赫的宗族，“正庶有异”愈是维护血缘共同体的重要法则。

“正庶有异”的血缘理性体现于血缘共同体成员的全部生命活动中。在日常生活中，正为先、为大，庶为后、为小。正妻所生子女为嫡出，具有优先权；庶妻所生子女为庶出，不具有正出子女同等待遇。“正房不论生有几个男孩，均可分得一半家产，剩余的家产由偏房的儿子均分（不论有几个偏房、多少个儿子）。”② 这在于“妾在所谓宗之理念秩序之中没有占据地位”③。

为了强化“正庶有异”的法则，血缘共同体还建构起相应的规则加以维护。“深度中国调查”发现，安徽一个宗族村庄，历史上有一位族人经过读书成为大官，回到家乡看望母亲。母亲为庶妻，最大意愿是能够获得正妻一样的名分和地位。大官儿子希望能够满足母亲的意愿，却遭到族人的拼死共同抵制，其理由是不能损坏宗族法则。

六、血缘理性第三法则：位置、权力、责任的对等性

“祖赋人权”赋予血缘共同体成员以同等的生命、财产和规则权，

---

① 王章基：《福建省龙岩市连城县新泉镇杨家坊村形态与实态调查》，徐勇、邓大才主编：《中国农村调查》（总第5卷·村庄类第4卷·华南区域第4卷），社会科学文献出版社，2017年版，第153页。

② 郝亚光：《伦理自治：宗族社会的存续密码——粤北上岳村调查》，徐勇、邓大才主编：《中国农村调查》（总第3卷·村庄类第2卷·华南区域第2卷），社会科学文献出版社，2017年版，第270页。

③ 滋贺秀三著，张建国、李力译：《中国家族法原理》，商务印书馆，2013年版，第378页。

但在实际生活过程中，每个具体的人却处于差等地位，享受不同的待遇。正如弗里德曼所说："从宗族平等主义的角度来理解，人们能够根据亲属组织的规则而提升职位，而且所有成员对宗族共同拥有的财产具有平等的要求，在仪式及其提供的世俗的设施也同样如此。事实上，利益和权力获得的归属是不平等的。"① 从血缘关系为基础的血缘共同体来看，这是可以理解的。从西方的"天赋人权"看，"人"是抽象的、无差等的人。所有的人在抽象的上帝面前是平等的，均为上帝所造。这即传统中国人所理解的"无父无子"。"祖赋人权"是以血缘关系为基础的，每个人都是血缘关系链条中某一个具体的人，就必然存在差异，否则血缘共同体难以持续运行和维系。"血缘所决定的社会地位不容个人选择"，"这是安稳既存秩序的最基本的办法"②。这种地位的差异并不表明血缘共同体成员的对立，如基于利益关系产生的阶级对立，反而是为了获得血缘共同体成员共同需要的秩序。由此就产生了宗族理性的第三法则，即血缘共同体成员之间关系行为的对等性。

对等性是指不同行为人之间具有相应的行为规范，并能够得到行为人相互的认可。"祖赋人权"赋予每个血缘共同体成员以生命存在的正当性，但这种正当性体现在具体的血缘关系之中。血缘关系界定每个人以具体位置，血缘理性赋予每个人因位置而产生的具体名分，如长幼、男女、正庶等。血缘共同体成员根据其位置和名分获得不同的权力，如长幼有序、男女有别、正庶有异等。但这种权力不是单向的特权，而是一种双向的责任。处于不同位置的血缘共同体成员享有不同的权力，并要履行与其权力相对应的责任。反言之，血缘共同体成员只有履行与其位置和名分相应的责任，才能具有居于相应位置并获得相应权力的正当性，才能被共同认可。正如许烺光所说："中国人最初的和最终的责任

① 莫里斯·弗里德曼著，刘晓春译：《中国东南的宗族组织》，上海人民出版社，2000年版，第87页。

② 费孝通：《乡土中国》，上海人民出版社，2013年版，第66页。

是对祖先和后代尽心尽力。”“他的这种血缘上的位置是特定的和不可让渡的，而且他的酬报和义务以及威望和权力在很大程度上与他的身份——他在那个紧密结合并不可让渡的集团中所处的位置——密切相连。”①

“长幼有序”的差等法则规定了长者优先，产生父权。但是父亲的优先位置和权力是以父亲承担起“当家”责任为前提的，即“父慈子孝”。“父慈”是对处于父亲位置并享有父亲权力的规定。只有“父慈”才能“子孝”。父亲不能因为其父亲位置和权力而放任，否则就难以获得“子孝”。与“长幼有序”相应的“父慈子孝”对于长幼的行为是双向对等的约束。“子不教，父之过”，作为父亲，不能仅仅享有父亲的位置和权力，更要履行其责任。换言之，长者优先、父亲为大，是以父亲责任优先、责任为大为前提的。如果是子女犯错，父亲还负有连带责任。“家人共犯，独坐家长。”长子具有略高于其他儿子的地位，在于长子要多承担一份义务。“父母早逝则长子需承担抚养弟弟、妹妹的义务，族人称之为‘长子当父，长嫂当母’。”② “长子分家时分得多一些，日后承担的责任也要多一些。老大独立后，要照顾其他的兄弟，特别是在父母亲去世之后，长子就要像父亲一样，其他兄弟家有什么大事都得和老大商量。”③

“男女有别”的差等法则规定了男性优先，产生夫权。但是男性和丈夫的优先位置和权力是以男性和丈夫履行相应责任为前提的。男性继承财产，就必须担负赡养老人、娶妻生子、传承血脉的责任；丈夫“当家”，就必须担负“养家糊口”的责任。换言之，“男尊女卑”“夫唱妇

① 许烺光：《宗族·种姓·俱乐部》，华夏出版社，1990年版，第53、58页。

② 胡平江：《大族崛起：以分促合的治理——粤北山池村调查》，徐勇、邓大才主编：《中国农村调查》（总第2卷·村庄类第1卷·华南区域第1卷），社会科学文献出版社，2017年版，第82页。

③ 晏俊杰：《商农互助：分化外行宗族社会的聚合——赣中燕坊村调查》，徐勇、邓大才主编：《中国农村调查》（总第3卷·村庄类第2卷·华南区域第2卷），社会科学文献出版社，2017年版，第511页。

随”不是无条件的，而是有前提的，即各自履行义务，承担对等责任。“男女有别”，表示女儿不能与儿子具有同等资格，也相应免除其义务。“女儿原则上不能继承任何财产，同时女儿也不承担任何赡养和祭祀义务。”①

“正庶有异”的差等法则规定了正室优先，产生正室权力。但正室的优先位置和权力是以正室履行的责任为前提的。正室享有与庶室不同的待遇，是因为承担着不同的责任。正室要得到庶室的尊重，需要做出能够得到庶室尊重的行为，而不是仅仅凭借其地位与权力。

血缘理性的位置、权力与责任的对等性是相互联系的整体，位置决定权力，权力决定责任，责任确立位置。这种对等意识融入人们的日常生活之中，成为不言自明的习惯，能够得到可以实现的预期，因此成为一种理性自觉。正如费正清在论述中国人的行为理性时所说：“尊卑制（与我们那种由契约关系决定的个人独立制相反）的一个好处是，一个人自动认识到他在他的家庭或社会中所处的地位。他有一种安全感，因为他知道，如果履行了指定给他的那部分职责，他可指望这体系内的其他成员反过来也对他履行应尽的职责。”②

位置、权力与责任的对等性是血缘理性的理想图景，也是血缘共同体得以长期持续的前置条件。其目的是共同体成员各守本分、各务正业、各安其位、各得其所，和谐共处。这类似于柏拉图所说的“得其所得”“做其所做”的正义③，也类似于亚里士多德所说的，“正义包含……事物和应该接受事物的人”，“相等的人就该配给到相等的事物”④。这是因为，如果共同体成员放任自己的行为而得不到约束，共同体就有可能分裂和解体。中国的血缘共同体得以长期延续是以这种

① 傅熠华：《房实族虚：累世大族的圈层分化与治理——赣中南符竹村调查》，徐勇、邓大才主编：《中国农村调查》（总第5卷·村庄类第4卷·华南区域第4卷），社会科学文献出版社，2017年版，第540页。

② 费正清著，张理京译：《美国与中国》，世界知识出版社，1999年版，第24页。

③ 柏拉图著，郭斌和、张竹明译：《理想国》，商务印书馆，1986年版，第166页。

④ 亚里士多德著，吴寿彭译：《政治学》，商务印书馆，1965年版，第148页。

对等性正义为基础的。血缘共同体不仅是利益共同体，而且是由长期共同生活形成的情感共同体，更是同呼吸共命运、“一损俱损、一荣俱荣”的命运共同体。共同体成员理所当然要对相关人承担起与自己位置相应的责任。

七、对血缘理性的理解与扬弃

在“祖赋人权”血缘理性本体原则下，同等、差等和对等是一个相互衔接的整体。同等是指起点公平，即同为血缘共同体成员应该一视同仁对待；差等是指过程差异，血缘共同体成员是在血缘关系中一个个具体的人，并根据血缘关系享受不同的待遇；对等是指结果公平，即尽管不同的人居于不同的位置，享有不同的权力，但都是以承担与其位置和权力相等的责任为前置条件的。“祖赋人权”赋予人的存在以正当性，这一正当性与人的责任是一体的。如果说“天赋人权”侧重于个人权利，那么，“祖赋人权”强调权责一体。同等、差等和对等三者缺一不可，共同支撑着血缘共同体的存在和延续。从血缘共同体的角度看，它具有内在的自洽性，反映血缘共同体自身的要求，具有历史的合理性。

当然历史的合理性与局限性是并存的。血缘理性产生并维系着血缘共同体。这一理性以单一的血缘关系为基础，发挥着血缘内聚力的作用，但同时具有排他性，所谓“非我族类其心必异”。共同体意味着其成员不可离开、不能离开、不愿离开，共同体为成员提供着遮风避雨场所的同时，也将成员限制在场所之内。正如费正清所说：“中国是家庭制度的坚强堡垒，并由此汲取了力量和染上了惰性。”① 血缘理性尽管支撑着血缘共同体，但这一共同体毕竟具有狭隘性和限制性。如调查中的一位老人所说的祠堂，“风能进，雨能进，异姓不能进，甚至同姓不

① 费正清著，张理京译：《美国与中国》，世界知识出版社，1999 年版，第 21~22 页。

同宗也不能进”。其逻辑是“血统正宗，非种必锄”①。由于生产条件和利益扩展，血缘理性也难以阻挡人们脱离血缘母体寻求个体的独立性，尽管这种独立性需要个体独自承担责任，缺乏共同体遮风避雨的保护。独立的个体更多的是地域性联系，造成的是“按地区划分它的国民”的国家的生长和扩张。中国正是在久远的宗族共同体解体过程中，产生大量独立的个体小农基础上，国家得以获得强大的渗透力和统治力。

但是宗族共同体的解体并不意味着血缘关系的消失只是血缘关系主要体现于独立的个体家庭，且血缘关系延伸和扩展到国家领域。与西方不同的是，中国作为地域国家从未与血缘关系母体相脱离。血缘关系不仅仅存在于家庭，且深深渗透于国家统治领域如“家天下”“家长制”“父母官”以及血缘的世代与国家的朝代同体等。“皇帝通常被尊为全中国的君父”，“皇帝的官吏也都被认为对他们各自的管区维持着这种父权关系”②。因此，基于血缘关系的血缘理性为国家所认可并接受，成为国家治理的基本准则。

当历史步入近代以后，人类社会进入“世界历史”阶段，国家作为一个整体的地位与作用日益重要。因血缘关系形成的家族和宗族小共同体认同对于国家共同体形成的障碍作用日益突出。如孙中山先生所说，在中国，“一般人民只有家族主义和宗族主义，没有国族主义。……所以中国人的团结力，只能及于宗族而止，还没有扩张到国族”③。同时，基于血缘理性形成的家族主义和宗族主义是以血缘共同体为本位的，在相当程度上是以压抑甚至牺牲部分个体权利为条件的。这显然不利于通过解放个体形成新的国家和新的社会。为此，新文化运动对于长期历史延续的血缘专制礼教进行了激烈批判，有人甚至提出要

① 李松有：《内合外拒：边陲宗族的生存与绵延——桂北枧村调查》，徐勇、邓大才主编：《中国农村调查》（总第4卷·村庄类第3卷·华南区域第3卷），社会科学文献出版社，2017年版，第649、721页。

② 《马克思恩格斯论中国》，人民出版社，2015年版，第6页。

③ 《孙中山选集》，人民出版社，1981年版，第617页。

“毁家”。随着民主革命的深入，毛泽东对于与旧的统治制度联为一体的血缘权力给予了批判，认为：“政权、族权、神权、夫权，代表了全部封建宗法的思想和制度，是束缚中国人民特别是农民的四条极大的绳索。”① 通过民族民主革命，与旧制度联为一体、基于血缘关系构成的权力及其载体受到否定。

但是，血缘关系毕竟是原初和不可替代的社会关系，基于血缘关系形成的理性意识作为一种长期历史形成的文化已构成历史发展不可规避的遗产，并成为中华民族延续发展的历史基因。关键在于如何对待和利用。孙中山先生激烈批判了基于血缘关系的家族主义和宗族主义，但他也认为历史形成的传统有其可用之处：“中国国民和国家结构的关系，先有家族，再推到宗族，再然后才是国族，这种组织一级一级的放大，有条不紊，大小结构的关系当中是很实在的；如果用宗族为单位，改良当中的组织，再联合成国族，比较外国用个人为单位当然容易联络得多。”② 毛泽东尖锐批判了与旧统治制度联为一体的族权、夫权，但没有对历史传统给予简单否定，反而要求认真总结中国传统遗产。他表示，“学习我们的历史遗产，用马克思主义的方法给以批判的总结，是我们学习的另一任务。我们这个民族有数千年的历史，有它的特点，有它的许多珍贵品。对于这些，我们还是小学生。今天的中国是历史的中国的一个发展；我们是马克思主义的历史主义者，我们不应当割断历史。从孔夫子到孙中山，我们应当给以总结，承继这一份珍贵的遗产”③。但在20世纪新旧思维交替及要解决最为紧迫问题的背景下，人们未及重视、挖掘、发现和总结珍贵的历史遗产，忽视了历史发展的延续性，从而造成现代中国的“历史悬空”状态，其本土理论资源过于贫乏，很难摆脱“言必称希腊”的窘境。

---

① 《毛泽东选集》第1卷，人民出版社，1991年版，第31页。
② 《孙中山选集》，人民出版社，1981年版，第675页。
③ 《毛泽东选集》第2卷，人民出版社，1991年版，第533~534页。

无论从历史的变革性还是延续性看，都需要进一步认识传统的血缘关系及其血缘理性，从而加以扬弃而不是简单抛弃——事实上也抛弃不了。只要血缘关系尚存，基于血缘关系的血缘理性就会自觉不自觉地影响人的行为。这是不以人的意志为转移的。毛泽东在读苏联《政治经济学教科书》时就数次谈到“马克思这些老祖宗的书”，使用“老祖宗”之类中国人通俗易懂的词语。邓小平也使用“老祖宗不能丢啊”等话语来强调马克思主义的本原性和重要性①。近年来，在中国与邻国发生领土纠纷时，常常可见的话语是“祖先留下的土地，一寸也不能丢”，以论证行为的正当性。习近平总书记在谈到南海问题时就说：“南海诸岛自古以来就是中国领土，这是老祖宗留下来的。”② 由此可见，长期历史形成的血缘理性及其话语已深深地沉淀在中国人日常生活和行为活动之中，构成中国人重要的行为理据。因此，在为中国现在和未来寻求根基时，特别需要我们对影响深远的血缘理性加以认真检视，分辨出其中的积极/消极元素。

由“祖赋人权”本体原则派生的“同等”法则，尊重生命，主张予生命以同等对待，赋予每个生命以存在的正当性，赋予每个个体生命以同等的生存条件和机会，每个个体在共同体规则面前都是同等的。这一法则在新的历史条件下加以创造性转换，仍然具有生命力。如现代国家赋予每个人以同等的生命权，每个国民都有同等的生存发展机会，法律面前人人平等。由“祖赋人权”本体原则派生的“差等”法则，是被作为“封建落后”的观念受到严厉批评的。从现代理念看，同样的人却受到不同的待遇是不公正的，并因此有了平等的诉求。社会主义核心价值观旗帜鲜明地将“平等”作为国家目标。但“差等”法则承认人的差异性的思想并非一无是处。相反，不论差别追求绝对平均既不可

---

① 《邓小平文选》第3卷，人民出版社，1993年版，第369页。

② 习近平：《南海诸岛是老祖宗留下的》，中国新闻网，2015年10月18日，http://www.chinanews.com/gn/2015/10-18/7575509.shtml。

能，也会影响社会进步。由“祖赋人权”本体原则派生的“对等”法则，是最值得挖掘和开发的。由“天赋人权”思想派生出来的现代思想是以个人权利为本位的，而个人权利的无限扩张也会导致责任的缺失。当今西方国家出现的诸多社会问题的根源便与过分张扬和强化个人权利密切相关。而血缘理性的“对等”法则强调权力与责任的对等性、一体性，突出人与人之间的对等互惠，可以在一定程度上避免个人权利的无限扩张，同时强化具有特殊公共权力者的责任性，建构责任政府。

需要注意的是，西方的“天赋人权”的理性原则，具有强大的建构性，其目的是假设一个自然状态，人具有与生俱来的权利，是为了更好的生存不得已转让自己的部分权利。这一理念内生的是“市民社会”与“政治国家”的二元对立关系。而“祖赋人权”强调血缘的传承性，血缘关系是共同体存在的原生关系，作为血缘关系单位的家庭是更大的共同体——国家的基础，构成家—国一体结构。血缘社会与地域国家不是相互对立，而是共生共荣关系。这一社会与国家共生共荣关系具有独特的普遍价值。

当然，血缘关系与地域关系毕竟不同。作为以地区划分居民的国家毕竟不同于血缘关系团体。重要原因在于，国家以利益、社会分化为基础，是一种特殊的公共权力。血缘理性进入公共权力的国家领域，必然伴生重大问题，这就是一部分人有可能利用公共权力获取特殊血缘共同体的利益，使得公共权力家族化，造成“天下为家”。同时，血缘理性本身也存在诸多缺陷。如“对等”法则毕竟在“差等”法则之后，处于“差等”格局中的优势地位的人如果放任自己，弱势地位的人是没有足够的条件和能力加以制止的。这种缺陷一旦进入公共权力领域，就可能被无限放大，这就使那些具有特殊地位的人有可能放任自己而得不到必要的约束，使得巨大的公共权力造成巨大的祸害，这就是中国历史上不时会有“暴君”和“暴政”产生的重要原因。

历史上，中国人已经注意到血缘理性向公共领域渗透的负面影响，强调民本性，并作了不少改革，如“王子犯法与庶民同罪”、科举制、公职回避制等。特别是近代以来，中国通过数次革命和持续不断的改革，努力以人民性解决血缘理性对公共权力的渗透并造成权力家族性的变异问题。面对广为传播的西方“天赋人权”观念，当代中国有理由超越“天赋人权”理论，建构起更具合理性和现实性的“法定人权”观。人民共同制定法律，通过法律赋予人民权利，这一历史性超越要借鉴一切人类文明成果，其中也包括本国长期以来产生的基于血缘关系的中国理性成果。这在于，社会与国家的关系是政治领域的核心问题。“天赋人权”内生的是市民社会与政治国家的二元对立，因为利益冲突具有天生的紧张对立关系。而“祖赋人权”内生的是血缘社会与地域国家的共生共荣，基于利益又超越利益的情感塑造着命运共同体意识。因此，基于血缘关系的中国理性在经过历史性的扬弃后，可以展现其特有的理性之光，成为中华民族为世界文明贡献的一种可以共享的理念和思想，并为中国推进国家治理体系与治理能力现代化提供历史着力点。

（原载《中国社会科学》2018 年第 1 期）

“关系权”：关系与权力的双重视角

——源于实证调查的政治社会学分析

摘　要：“关系权”这一概念包括两个方面：关系即权力；权力在关系中。前者是对借助特殊关系获得特殊权力的现象的概括；后者是作为一种分析工具，强调权力在互动关系中运行。血缘关系和农业文明是中国历史进程的基本底色。从实证调查看，传统农民并非孤立地存在。其生产生活必须借助关系而进行，由此形成“关系社会”，并孕育出“关系政治”。私人领域的人际关系与公共领域的社会关系相互重合和延伸，是中国社会的重要特点，以至于在现代社会生活仍然大量存在借助特殊关系获得特殊权力的现象。“关系权”的重要特点是主体并不直接占有，而是借助关系获得权力资源，因此是一种特殊类型的权力，犹如“话语权”。将“关系权”作为一种分析工具，可以理解权力在不同社会形态中的运行过程和互动关系。

关键词：关系（guanxi）；关系（relationship）；权力；政治社会学

政治属于上层建构领域。但政治是在社会生活土壤上生长出来的。正如有什么样的民众就有什么样的官员一样，有什么样的社会生活土壤就会生长出什么样的政治现象。中国的政治形态是在漫长独特的历史传承、文化传统、经济社会发展的基础上，长期发展、渐进改进、内生性演化的结果。血缘关系与农业文明是中国传统最基本的底色。在这一底色上形成的私人领域的人际关系在人们日常生活中具有支配性地位，并深刻影响着公共政治领域。公共领域没有与私人领域脱离和分割出来，是中国政治的重要特征之一。借助特殊关系获得特殊权力是一种由来已久且具有普遍性的政治现象。这种权力可以归纳为“关系权”。“关系权”包括两层含义：关系即权力，权力在关系中。这一概念既是对政治社会现象的概括，也可以作为一种分析工具。

关系权：关系即权力

社会科学是以社会现象为研究对象的科学。社会科学的第一要求是弄清事实。这是19世纪开始社会科学首先以实证科学的方式出现的重要原因。实证科学强调事实依据，为了获得真实的事实，将调查作为主要方法，并在调查中保持价值中立。

从世界范围看，社会科学在中国起步较晚。中国的社会科学是在学习西方的过程中生长发展的，一开始就接受和使用的是西方概念形成的话语体系。但是，任何知识体系都是有限的。由于历史的因素，在中国学术界长期存在两个遮蔽：一是既有理论遮蔽着丰富的事实，二是上层政治遮蔽了基层社会。只有通过大量调查才能揭开两个遮蔽，在发现事实的基础上建构自己的概念。基于此，2015年，在原有调查基础上，华中师范大学中国农村研究院启动了“深度中国调查”工程，取得了大量第一手资料①。

中国是一个有着悠久农业文明和小农经济传统的国家。在马克思看来，小农犹如一堆互不联系的马铃薯。“小农人数众多，他们的生活条

---

① 华中师范大学中国农村研究院将实证调查作为主要方法，经历了三个阶段。一是自1986年开始的个案调查；二是自2006年开始的“百村观察计划”，对300个村庄5 000个农户进行每年跟踪观察，为政策提供依据；三是自2015年开始的“深度中国调查”，为基础性调查，目的是建构中国理论。其中包括以传统社会形态为主要内容的分区域村庄调查。现已调查华南、长江、黄河三大区域16个省份185个村庄，每个村庄住村调查2个月以上，并形成了上亿字以上的调查材料。本文的事实材料取自于这一调查。特此说明并致谢！

件相同，但是彼此间并没有发生多种多样的关系。”他们“是由一些同名数简单相加形成的，好像一袋马铃薯是由袋中的一个个马铃薯所集成的那样”①。马克思的这段话被认为是刻画小农的经典论断。从生产方式来看，相对于商品经济产生的广泛社会联系而言，马克思的论断无疑是十分深刻的。但是，从我们对传统形态的农村调查来看，实际生活远远比马克思的论断更为丰富和复杂。

通过实地调查，我们发现，在中国，单个的农民虽然以家户为基本单位，但不可能脱离社会而孤立地存在。农民的生产生活都不可能完全独立地完成，由此形成对其他人的广泛的相互依赖关系。在农民的日常生产生活中，“帮忙”是十分常见的现象。无论是生产领域，还是生活领域，处处可见寻求他人“帮忙”的事例。在日常生活中，找谁帮忙？一般找关系好的人。进一步追问，与谁的关系好？从次序看，有亲人、邻居、熟人、朋友，即日常生活交往最为密切的人。“关系好”是人们日常生活最重要的条件。这种关系是在长期互动中日积月累形成的，具有相当的情感成分，因此又可以称为人情关系。有了这种关系，人们在日常生活中就可以达成默契一致，产生共同信任和共同行为。在寻求他人帮助时，人们非常自然地会想到与自己关系好的人，而不论是否亲人、邻居、熟人和朋友。为了使得日常生活延续下去，人们还必须主动与他人“搞好关系”。其中最为重要的是与那些有影响力和支配力的人搞好关系。从我们上亿字村庄调查报告材料看，农民日常生活中使用频率最高的词就是“关系”。包括家庭内各成员间关系、家庭外的各种各样的社会关系。可以说，离开了各种“关系”，农民的日常生活根本无法进行下去。如果“关系”不好，简直会寸步难行。这与马克思所说的“彼此间并没有发生多种多样的关系”有所不同。只是这种关系主要限于农业村落之内，属于私人间交往的人际关系，而不是马克思所说的因为商品交换而产生的广泛的“社会交往”关系。

① 《马克思恩格斯选集》第1卷，人民出版社，1995年版，第677页。

在中国的历史进程中，血缘关系与农业文明是最基本的底色。这两者有一个共同特性，就是可延续性。人们依靠血缘关系实现代际延续，依靠农业文明提供的源源不断的生存资料而使得同一血缘的种族人口延续下来。而血缘关系与农业文明又是在村落这一空间中进行的。农民生活在一个个村落之中。血缘关系、地缘关系与生产关系三位一体，共同存续于村落。从我们的调查看，大量村庄都是以姓氏而命名。还有相当一部分村庄共有一个祖先，所有村落成员都是具有同一血缘传统的人。人们正是依托于各种自然生成和人为建构的关系，而使得生产生活长期延续。

基于血缘关系和农业文明而形成的“关系社会”构成了独特的中国社会底色，并生成了特有的政治。这就是“家国同构”，即私人领域的人际关系成为公共领域的深厚土壤。公共领域的行为依据和来源与私人领域密切相关。私人领域的人际关系与公共领域的社会关系高度重叠。恩格斯在《家庭、私有制和国家的起源》一文中论述了公共领域的国家起源与私人领域的家庭的来源关系，指出私有制和阶级分化造成了个人与血缘母体的分离。但在中国，尽管存在私有制和阶级分化，社会却始终未割断与血缘母体的脐带联系，血缘母体源源不断地向个体输送各种元素。私人生活领域的人际关系原则深深地渗透至公共领域。因此，中国传统社会特别强调“五伦”：君臣、父子、兄弟、夫妇、朋友。君臣如父子。公共领域与私人领域的关系高度重叠。正是在“关系社会”里孕育出“关系政治”。

政治属于众人之事。处理众人之事，必须借助权力。权力是特殊的影响力和支配力。“关系政治”从本质上看，是通过特殊关系获得特殊权力。这种特殊关系又分两类：一是自然天成的，如父子、乡亲关系；一是人为建构的，即通过人的行为形成的特殊联系，如“拉关系”“找关系”“搞好关系”。那么，人们为什么要“拉”和“找”呢？实际上是为了获得一种特殊的影响力和支配力，也即权力。因此，“关系”作为人与人、人与事之间的某种性质的联系，在一定意义上可以视为一种权力，是一种因为某种特殊关系而获得的影响力和支配力，有了这种力量，便可以占有居于他人之上的地位和影响。我们可以将此类因为“关系”而获得的权力称为“关系权”。人们通过特定关系赋予自己以权力。在这里，“关系”是作为一种权力资源使用的。它强调：“关系即权力。”

权力是一种支配力和影响力。从权力来源看，它可以分为以下类型：一是实体权，或称物质性权力，因为占有某种特殊物质而获得的支配力和影响力。这种权力能够通过实在的东西加以度量。如对土地、资本占有而获得的经济权力，对国家权力占有获得的政治权力，对武装力量占有而获得的军事权力。如马克思所说：“无论如何，财产也是一种权力。例如，经济学家就把资本称为‘支配他人劳动的权力’。可见，在我们面前有两种权力：一种是财产权力，也就是所有者的权力，另一种是政治权力，即国家的权力。”① 二是意识权，或称非物质性权力，因为占有某种优势思想而获得的支配力和影响力。这种权力没有具体实在的东西加以度量，更多的是一种隐性的存在。如因为信仰而产生的宗教权，因为思想及其传播形成的话语权。还有一种权力并不是人们直接占有物质或思想，而是借助于某种人与人、人与事的特殊联系获得某种权力，这就是“关系权”。借助某种特殊联系形成的“关系权”，是与以上两类权力完全不同的权力。如“找关系”“拉关系”的人自己并不占有某种权力，而是通过“找”和“拉”关系获得某种权力。因此，“关系权”又体现为一种权力资源。

作为一种特殊权力资源的“关系权”，可以依据不同的关系分为不同的类型。一是基于血缘关系而产生的“关系权”。如皇亲国戚，便是基于与皇帝的亲戚关系获得的特殊权力。母以子贵，便是基于儿子地位的母亲所获得的特殊权力。二是基于地缘关系而产生的“关系权”。如

① 《马克思恩格斯全集》第4卷，人民出版社，1958年版，第330页。

经常所见到的“三个公章抵不过一个老乡”。三是基于人际关系而产生的“关系权”。如“在家靠父母，出门靠朋友”“熟人”“门生”“故旧”等，都是因为个人关系紧密而产生的特殊权力。可以说，人类社会有什么关系，就可以因为某种关系获得某种权力。

“关系权”的特质在于因为某种关系获得权力。而“关系”又可分为两种类型。一是正式法律明确界定或者为当事人普遍认可的关系，即法定关系。这种关系表现为一种普遍主义。它“独立于行为者与对象在身份上的特殊关系”①。直接占有物质和思想能力形成的权力，一般都通过法定关系确定下来，以形成某种制度。正因为如此，马克思将所有权视为法定的财产关系。由法定关系产生的权力属于“位置权”，拥有某种正式位置就能获得某种权力。如医生可以拥有处方权，其他人则没有；地主拥有的收租权是天经地义的；官员的控制权、支配权是国家法律界定的。二是非正式法律或者并不具有普遍性的关系，即非法定关系。这种关系体现在具体的人与人、人与事之间，很难用清晰、固定和刚性的制度加以界定。这种关系体现出一种特殊主义。即“凭借与行为之属性的特殊关系而认定对象身上的价值的至上性”②。只有某个特定的人才拥有这种特定的关系。正因为如此，那些本来不直接占有某种“位置”的人，可以利用与某一位置的特殊关系获得超越一般人的特殊权力。如日常生活中所见到“拉关系”“找关系”都属于此类。

“关系权”作为一种基于特殊主义关系的权力类型，有一个时空变迁过程。在长期的中国历史中，由于血缘关系和农耕文明底色，人们的社会关系较为狭隘，主要是“五伦”人际关系。这种关系不是抽象的普遍主义关系，而是非常具体和特定的特殊主义关系，相关人之间具有紧密的连带性。在这种关系格局下，非常容易产生“关系权”。人们可以凭借或者借助特殊关系获得特殊权力。如“母凭子贵”“臣代君命”

① 郑也夫：《特殊主义与普遍主义》，《社会学研究》1993 年第 4 期。
② 郑也夫：《特殊主义与普遍主义》，《社会学研究》1993 年第 4 期。

"一损俱损、一荣俱荣"等。这种"贵""命""损""荣"便是"关系权"的体现。进入现代社会之后，尽管人们的社会关系领域扩大了，但特殊主义关系仍然发挥着重要作用，"拉关系""找关系"成为人们日常生活的经常性行为。

而在西方，由于商业文明造成的异质社会，实行普遍主义的法理统治，大量的权力由明文明确规定且加以固化。如"自由人"与"奴隶"属于两个不同的阶级，且阶级身份明确和固化。自由民所共有的公共领域与每个人特有的私人领域泾渭分明。私有制和阶级分化割断了人与血缘母体的联系。特别是进入近代城市市民社会之后，资产阶级民主革命的重要结果是造成了私人领域与公共领域的彻底分离，公共领域依据公共约定的规则运行，排除和防止私人领域中人际关系对公共领域的支配和影响。人们要获得某种权力资源只有依靠公共领域的制度约定而不是特殊关系。正因为如此，西方对中国司空见惯的中国式"关系"无法理解，只能用汉语"guanxi"加以表达。由这一汉语"关系"产生的"关系权"，是中国历史存续下来的一种社会现象。正是在这一背景下，西方长期以来没有产生和使用"关系权"的概念。

中国是由农业社会直接过渡到现代社会的。虽然经过了近代以来的一系列革命，但数千年的历史传统并不是很快能够改变的，特别是传统社会土壤仍然存在，并无时无刻地影响和制约人们的日常生活，人们会自觉不自觉地将私人领域的人际关系带入公共领域生活之中，利用特殊关系获得特殊权力。由此很容易导致公共权力私人化。如日常生活经常可见的"拉关系，走后门""搞好关系""打官司就是打关系""特定关系人"等。2017年播放并收视率奇高的电视剧《人民的名义》，展现了大量借用各种关系获得政治资源的现象。"关系权"正是对这一类政治社会现象的概括。

需要注意的是，"关系权"并非只是历史延续的"负资产"。首先，从中国历史看，特殊的"关系"不仅意味着权力和利益的连带性，而且意味着责任的连带性，实行权责对等原则。即借助和凭借特殊关系获得权力，同时也会因为特殊关系承担责任。其次，从更广泛意义看，特殊主义的“关系权”也并非中国独有，更非传统时代才有，只是程度不一而已。再次，对“关系权”要进行分析。从社会进步的角度看，需要将私人领域的人际关系与公共领域的权力运行剥离开来，但并不能因此否定人际关系的必要性和重要性。如不仅是农民家户，即使是现代企业也注意营造良好的人际关系，通过这种关系获得强于他者的特殊影响力和支配力。“关系权”因此具有正向功能。在这方面，日本的企业表现突出。最后，特殊主义与普遍主义不是绝对对立的，也可以将特殊主义关系融入普遍主义关系，形成具有普遍意义的“关系权”。如建设新型的大国关系，相关大国可以获得强于个别国家的特殊影响力和支配力。特别是在社会关系愈益丰富的当今世界，搞好关系成为共同准则。如“睦邻友好”，便是由传统的特殊主义的相邻人居关系演化和扩展为一种普遍主义的国与国的交往准则。因此，从权力资源看，“关系权”可以提升为一个具有普遍性的概念，有其普遍主义价值。

关系权：权力在关系中

“关系权”是对由关系产生权力的普遍性现象的概括，是权力的一种类型，犹如“话语权”。这一概念是对相关事实的概括，同时，它更可以作为一种分析工具，运用到对权力的分析中。作为分析工具的“关系权”，它强调“权力在关系中”。

在汉语体系中，“关系”是一个多义词。除了因为特殊关系获得权力资源的意思外，还指事物之间的联系和作用（relationship）。这里所说的“关系”是一个超越时空的普遍性概念。在马克思看来，人是社会关系的总和。而各种社会关系内生着权力。权力本身就是客体与主体之间的支配与被支配的关系。也就是说，只有从关系中才能深刻地理解权力的存在和作用。无关系便无权力。权力发生并存续于关系相关人之中。马克斯·韦伯就是从关系的角度界定权力的，他认为，“权力意味着在一定社会关系里哪怕是遇到反对也能贯彻自己意志的任何机会，不管这种机会是建立在什么基础之上”①。

“关系权”作为一种分析工具，首先要明确关系相关者，其次要明确相关人出于什么理由产生相互联系，再次要明确相关人结成的关系内生着何种权力，最后要明确在权力运行中相关者的互动作用。

“关系权”作为分析工具，非常强调权力在特定的关系中构成，强调权力一旦构成便是一个动态的、相互影响的运行过程。从这一意义看，福柯关于权力的论述相当有启示意义。在他看来，“首先可以确定，权力不是被赠予、交换和补偿的，而是被运用，它只在行动中存在”。“从其本身来看，它主要是一种力量关系。”② 它的支配效应不应被归之于“占有”，而应归因于调度、计谋、策略、技术、运作；人们应该从中破译出一个永远处于紧张状态和活动之中的关系网络，而不是读解出人们可能拥有的特权。权力存在于有差异的关系之中。福柯完全否定对权力的占有是片面的，但他将权力视之为动态过程，将其置于关系网络中考察的思想，对于我们将“关系权”作为一种分析工具来认识是有参考价值的。

将“关系权”作为一种分析工具，有助于我们对于大量社会现象事实进行理论分析和概括。血缘关系与农业文明是中国的基本底色，共同特征是继替性和延续性。在血缘关系中，父亲和儿子是两个行为主体，并产生父子关系。父亲和儿子是父子关系的相关者。父亲和儿子是由于血缘继替关系相互联系的。这种血缘关系内生出父亲权力。父亲可以支配儿子，反之则不可。但是，父亲的支配权并不意味着可以为所欲

---

① 马克斯·韦伯著，林荣远译：《经济与社会》上卷，商务印书馆，1997 年版，第 81 页。

② 米歇尔·福柯著，佘碧平译：《性经验史》（增订版），上海人民出版社，2005 年版，第 43 页。

为，他必须履行父亲责任，才能够获得儿子的尊重。即使是同一血缘关系也可以因为行为主体不同而产生不同的“关系权”。如父子关系意味着儿子对财产的继承权，父女关系则意味着女儿没有财产继承权，因为规则是“诸子均分”。当然，在实行“长子继承制”的地方，即使同样是儿子也不可能自动获得对财产的继承权。

经济关系也是如此。地主和农民是两个不同的行为主体，并因为农民向地主租地而形成租佃关系。在这种关系中，地主因为有地，是地的主人而获得收取租金的权力。但是，地主并不能因为是地的主人可以为所欲为，农民并不只是被动的服从者。农民在交纳租金的同时，也会取得独立经营权甚至长期的经营权，也会因为天灾而要求减少租金。

即使是非常私人化的关系也可以运用“关系权”加以分析。“找关系”“拉关系”是非常私人化的行为。但由这种私人关系产生的“关系权”也是一个动态的过程。“找者”和“被找者”是“找关系”中的两个行为主体。“被找者”因为特殊的地位而成为“找者”的对象，并获得特殊的影响力。“找者”为此要支付某种代价。当然，如果“被找者”并不能满足“找者”的要求，“找者”不再“找”，相互关系也就不再成立。

由此可见，作为分析工具的“关系权”是一个动态过程，体现着一种行为规则。这种规则可能是制度，可能是习惯，还可能是利益。作为一种权力资源的“位置权”不是无缘无故而生成的，它体现着某种规则。如凡是儿子都可以获得财产继承权，便体现着“诸子均分”原则；只有长子才能获得财产继承权，则体现着“长子继承”原则。当然，制度也是可以变动的。一旦制度变动，关系会发生变化，甚至不复存在。如取消土地自由出租制度，也意味着租佃关系不再存在。

将“关系权”作为分析工具，还要注意到关系的多层次性和各种关系的叠加性，并由此带来作为权力运行的复杂性。

一般来讲，人类社会所结成的关系起源于最原初和本始的关系。但是，这种原初的本始的关系还会扩展、衍生、派生出其他关系，并因为这种关系而获得其他的关系领域的权力。

租佃关系是一种经济关系，产生的是一种经济权力。这种权力仅仅限于经济领域。地主只是地的主人，而不是租佃者人身的主人。这种经济权力是因为租佃关系产生的原初的本始的关系。而这种原初的本始的经济关系还可能扩展、衍生、派生到其他关系领域，并获得其他领域的权力。如地主在租佃关系中居于支配地位，在社会关系中会获得较高的社会地位和社会威望，在文化关系中成为有话语权的人，在政治关系中成为能够影响治理过程的人，因此，地主与"士绅"联为一体。在租佃关系中，地主无疑居于主导地位，其经济权力会溢出经济领域，成为主导者。我们的调查发现，在传统社会，被称为"老爷""大老爷"的人，其影响力和支配力最强，其地位甚至高于保长，重要原因就是多种关系领域的权力集于一身。

但是，任何权力都有其特定的"关系领域"，并依照关系特性运行，由此会造成不同关系领域的权力相关方的互动。如政治关系是因为政治权力配置而形成的。政治权力是一种超越社会之上的强制力量。由政治关系产生的政治权力经常会影响或者支配经济关系产生的经济权力。如马克思所说："'权力也统治着财产。'这就是说：财产的手中并没有政治权力，甚至政治权力还通过如任意征税、没收、特权、官僚制度加于工商业的干扰等等办法来捉弄财产。"① 财产关系只产生"财产权"而无其他权力。其他关系中的权力构成对财产关系中"财产权"的影响。在租佃关系中，地主占据主导地位，其权力有可能扩展到其他领域。但其他领域的"关系权"也有可能反制地主。地主的生命生活活动得依赖村落社会，如婚丧嫁娶活动。由这类活动形成的社会关系产生的社会权力，也会限制地主为所欲为、任意扩大自己的经济权力。否则，地主家的婚丧嫁娶活动可能无人"捧场"。这正是那些在村落生活

① 《马克思恩格斯全集》第4卷，人民出版社，1958年版，第330页。

的地主必须通过做“善事”获得社会认可，而不在村落生活的地主则缺乏善举的重要原因。我们的调查发现，有些村落的“土地主”甚至害怕农民，原因在于生活在乡村的“土地主”人数少，国家政权保护鞭长莫及，因此害怕人数众多的农民的冷落甚至攻击。

将“关系权”作为分析工具，还可以帮助我们认识，“权力在关系中”是一个历史演变过程。马克思在论述个人生产的社会性时指出：“我们越往前追溯历史，个人，从而也是进行生产的个人，就越表现为不独立，从属于一个较大的整体。”① 历史越往前追溯，整体性愈强，人的社会关系愈简单，权力的互动性愈弱，权力更多表现为单向的支配权。历史越往前发展，个体性越强，人的社会关系越丰富，权力的互动性越强，权力更多表现为互相影响的过程。如在前资本主义时代的西欧，人与人的关系表现为人身依附关系，领主不仅领有地，也领有人。领主与农奴主要是单向的支配关系。而在中国，实行的是地主经济，地主只是占有地，不占有人，地主只有收取租金的权力而没有支配佃农人身的权力。地主与佃农的权力关系开始具有一定的互动性。资本主义时代的重要特征是个人人身的独立，劳动者有了更多与资本互动的可能。而在信息时代，话语霸权则难以形成，话语权必须在互动关系中运行。所以19世纪及其之前，包括马克思在内的学者更多从单向的支配权的角度定义权力，随后韦伯开始将关系引入对权力的考察，而福柯更强调权力的互动过程，强调对权力的反抗。只是韦伯和福柯都没有意识到，他们的认识恰恰是马克思所说的人类由整体性走向个体性的历史逻辑结果。

总之，“关系权”的核心思想有二：关系即权力，权力在关系中。前者是对由关系产生权力的现象的一种概括，后者是从关系的角度认识权力的一种分析工具。

（原载《探索与争鸣》2017年第7期）

① 《马克思恩格斯选集》第2卷，人民出版社，1995年版，第2页。

东方自由主义传统的发掘

——兼评西方话语体系中的“东方专制主义”

摘　要：长期以来，在西方话语体系中，包括中国在内的东方社会被奴役性、停滞性的“东方专制主义”所定格。然而，改革开放以来的中国崛起的事实，不断挑战这一“千古传奇”和“历史定论”。中国的发展和崛起，并不是源自西方自由主义的进入，而是源自长期被思想界所遮蔽的东方自由主义传统。从主体看，东方中国的自由主义是农民自由主义，核心要素是自由农民的自主性和积极性。这种在自由小农经济基础上产生的农民自由主义作为一种日常生活状态，潜藏于经济社会生活之中，创造了世界无与伦比的农业文明；同时，它也受到专制政体的压制。中国的改革开放起源于对中国数千年以自主性和积极性为核心的农民自由主义传统的尊重，同时又极大地释放了被压抑的自主性和积极性，由此促成了中国的崛起。而在这一过程中，中国特色社会主义制度大大提升了东方自由主义传统，形成具有中国特色的自由体系。

关键词：东方专制主义；自由主义；传统

改革开放以来中国的迅速崛起，引起了西方人士的惊呼，认为这是对西方世界“三百年来未有之挑战”①。这一挑战不仅在于中国经济社

① 支振锋、臧劢：《正在浮现的“中国模式”》，《开放时代》2009年第4期。

会迅速发展的事实，更在于长达三百年来西方对中国的认识范式的危机。因为，在西方学者看来，自由是发展的基础，西方的发展来自其自由主义传统，中国则是典型的东方专制主义国家，而专制主义是压抑人性、压制经济自由发展的。因此，一些学者将中国的改革开放归于外来的西方自由主义的引进。但是，西方自由主义作为一种学说大规模进入中国是在 20 世纪 90 年代中后期，且没有任何证据表明中国改革开放的决策依据和动力源泉是西方自由主义学说。恰恰相反，中国的改革开放是从农村开始的，是对农民生产经营自主权的认可。而农民生产经营自主性则是中国千百年来历史形成的。由此就需要我们重新认识中国的历史传统和制度底色，这就是东方自由主义。在中国文明的历史长河里，流淌着生生不息的自由泉源，并不时翻卷起层层激浪。只是这一泉源长期被高高矗立的上层外壳所掩盖。改革开放极大地释放了潜藏在中国历史长河中的自由活力，并促成了中国崛起。从理论上发掘被长期遮蔽的东方自由主义传统，来自崛起的中国的“文化自觉”和“文化自信”。

一、被定格的“东方专制主义”

人类社会的发展受制于其内在的要素。那些具有支配性和基础性的要素，构成了社会发展的思想源流和制度底色。但是，人们对社会的认识是持续不断的过程，并受其世界观和历史观的制约。中国是一个农耕文明古国，人们对世界的认识基于土地和经验，在相当长时间内，只有“天下观”而没有不同文明和国家构成的“世界观”。西方具有商业文明传统，其认识不限于所生存的土地，很早就具有跨文明和跨国家的特点。因此，西方思想界比较早地具有“世界历史”的眼光。也正因为如此，对世界的描述和定位更早来自西方。特别是西方长期以来有一个专事生产知识的学者群体。他们按照自己的理解建构着知识体系，并形成话语优势，甚至话语“霸权”。可以说，世界历史图景是西方人绘制和建构的，并受西方中心主义的影响。其中，东方专制主义便是西方学者对包括中国在内的东方社会的历史定格，从而将东方专制主义视之为东方中国社会的唯一的思想源流和制度底色。

“专制”是与“民主”政体相对立的概念，指一个人或少数几个人独裁的政权组织形式，体现在帝位终身制和皇位世袭制上，其主要特征是皇帝个人的专断独裁，集国家最高权力于一身，从决策到行使军政、财政大权都具有独断性和随意性。“专制主义”则是对专制制度的理论概括。作为一种学说，“专制主义”最早出自西方，且不同历史时期的认识及适用范围都有所不同。特别是西方学者，长期将“专制主义”用于概括和描述东方政治社会。

早在古希腊时期，亚里士多德就认为：“专制”特指东方国家君主一人对所有臣民实行的主人对奴隶式的政治统治。其根源在于东方人的奴性。他因此种下了“西方是自由的，东方是专制的”种子①。但是，当时亚里士多德眼中的“西方”主要指希腊，“东方”主要指接近于希腊的波斯。他主要是从政体分类的角度而论的。“东方专制”是一个相对希腊自由人政体而言的。由于西方的思想源于古希腊，亚里士多德更被视为精神权威，因此他的“东方专制理论”对后世西方思想界有很大影响。

西方进入近代世界时，地处异域的东方世界成为知识分子的研究对象，东方专制社会更是成为一个热门论题。孟德斯鸠将西方理论传统中的“东方专制”思想倾向发挥到极致，提出了“亚洲的奴役”和“欧洲的自由”的二元认识框架。他认为，亚洲的广大平原和适合于耕种的土壤及其相应的农民社会，适合于建立庞大的专制国家。欧洲恰恰相反，领土狭小和商业民族容易产生自由精神。“一种奴隶的思想统治着亚洲；而且从来没有离开过亚洲。在那个地方的一切历史里，是连一段表现自由精神的记录都不可能找到的。那里，除了极端的奴役而外，我

① 参见常保国：《西方历史语境中的“东方专制主义”》，《政治学研究》2009 年第 5 期。

们将永远看不见任何其他东西。"① 他对东方专制社会持批判态度，将专制等同于极权和奴役，从而加以否定。绝对服从、恐怖统治、随意性和专断性是专制国家的重要特征。

17—18 世纪是西方精神领域异常活跃的时期，也是"东方专制主义"理论发展的"节点"。"节点"之一是随着新兴的资产阶级力量的崛起，作为一种主张和理念的"主义"开始出现。"主义"是一种意识形态。如果说物质生产者生产的是物质形态的世界，那么，精神生产者生产的则是意识形态的世界。"主义"既是知识生产者对客观世界的描述，同时又是一种超越客观世界的理想主张。"主义"的出现是世界思想发展史的转折点。至此，思想开始具有独立性，引导客观世界的发展，并规制着人们对客观世界的认识。"东方专制"作为一种"主义"而形成"东方专制主义"的认识正是在这一背景下产生的。1758 年，"东方专制主义"这一名词出现在爱尔维修的《精神论》一书中，此后扩展开来。"节点"之二是伴随新兴的生产力量和社会力量的崛起，自由、平等、人权等现代性理念成为思想主流，并形成自由主义学说体系。在具有现代性的自由主义看来，违背自由的专制主义是落后的、停滞的，因此也是要否定的。"东方专制主义"因此成为一个具有否定性的概念。

黑格尔是精神生产的大师。他认为世界历史是从东方开始到西方结束的历史。"东方从古到今知道只有'一个'是自由的；希腊和罗马世界知道'有些'是自由的；日耳曼世界知道'全体'是自由的。所以我们从历史上看到的第一种形式是专制政体；第二种是民主政体和贵族政体；第三种是君主政体。"② 更重要的是，黑格尔使用"专制主义"的概念来描述东方，特别是中国："中国人既然是一律平等，又没有任何自由，所以政府的形式必然是专制主义。"③

① 孟德斯鸠著，张雁深译：《论法的精神》（上），商务印书馆，1987 年版，第 278~279 页。

② 黑格尔著，王造时译：《历史哲学》，商务印书馆，2007 年版，第 63 页。

③ 黑格尔著，王造时译：《历史哲学》，商务印书馆，2007 年版，第 77 页。

马克斯·韦伯是现代社会科学大师，并长于东西方不同体制和文化的历史比较。他撰写了《新教伦理与资本主义精神》《儒教与道教》《印度教与佛教》《古代犹太教》《伊斯兰教》等多部著作，在一些具体问题分析方面很有见地。但从总体上看，他将东方社会视为专制的、奴役的、停滞的，只有自由的西方才创造了主动进取、勤奋克俭的个人主义精神，从而产生了现代性的资本主义。

在19世纪以前，"东方专制主义"这一概念还主要流行于思想领域。进入20世纪以后，"东方专制主义"概念进一步理论化、系统化并扩展到社会。集大成者是德国学者魏特夫。他于1957年出版了《东方专制主义》一书。该书不仅直接以"东方专制主义"命名，而且内容庞杂，从篇幅看可以说是一部巨著。其理论基础是"治水社会"，认为大型水利建设和管理必然导致专制主义。在强大的专制政体下，人民没有自由，只有"恐怖""屈从"和"孤独"。只要治水社会不变，专制主义就会永远存在。他是以严厉批判和否定态度看待东方专制主义的。他视野中的"东方"不仅是地理意义上的"东方"，而且是非西方意识形态和制度下的"东方"。

从西方学者的"东方专制主义"理论看，其基本思想包括：专制主义作为一种政体，具有非自由性、强制性、奴役性和专断性；正因为专制主义压制人的自由天性，因此专制主义社会具有内在的停滞性，只有空间而没有时间（黑格尔），而要打破这一停滞性只有借助于外力。

理论和学说是对事实的概括。反过来，历史事实也只有通过概念化的理论和学说才能加以提炼和概括。应该说，西方学者运用"东方专制主义"的概念来描述非西方的东方社会，一定程度揭示了东方社会的特点，也有一定认知价值。但"东方专制主义"作为一种理论，其认知限度是显而易见的，其历史和政治偏见更十分明显，用意也非常复杂。"东方专制主义"既是对事实的概括，更是对事实的建构。

首先是认同产生偏见。人们在认识世界时，很容易从自我出发，特别是当面临有“他者”的世界时，更多是从“我者”的立场出发去描述世界，因此不可避免地有倾向性。正如中国曾经有过“中国中心主义”一样，西方欧洲自然也有“欧洲中心主义”。亚里士多德对东方专制社会的描述便得到希腊学者的普遍认同。孟德斯鸠对“东方专制主义”的恐怖描述，实际上反映了他对当时法国绝对专制主义的间接否定，以此建立新的民主政治认同。黑格尔贬抑东方专制主义，但推崇的则是君主政体。这与他对自由的政治认同明确相关。

其次是无知产生偏见。尽管西方商业文明和宗教文明传统，使得西方学者能够较早地认识和了解有他国文明存在的世界，建立起“世界观”。但这种“世界观”的建立更多的是“想象的世界”或者“表象的世界”。他们当时了解世界的渠道主要是通过游记、传说等方式。可以说，提出“东方专制主义”学说的绝大多数人没有到过他们所谓的东方，更不可能深入了解东方社会。他们接触的是东方国家的上层建筑部分，而对上层建筑之下的经济社会基础缺乏了解。知识的限度制约了他们去了解和认识一个真实、客观的东方世界。正如费正清所说：在东方，“欧洲游客所看到的是贫苦的老百姓和豪富专制的统治者，后者声称他们拥有所属的土地和各族人民。于是欧洲作家就创造出一个‘东方式社会’的形象来，而这个形象，正如劳伦斯·克拉德所说的，‘只存在于这些思想家的心目之中，其他地方根本没有’”①。

再次是解释产生偏见。由于对东方世界的了解程度不够，西方学者更多的是通过解释来建构东方专制主义理论，且解释很难使人信服。例如，亚里士多德从人性的角度分析东方专制社会的产生，认为东方人天生具有奴性；孟德斯鸠从地理环境和气候的角度解释东方专制社会；黑格尔从绝对精神的角度论述东方专制主义；魏特夫则将东方专制主义归结为治水社会。这些解释都经不起进一步的追问。从实证的角度看，完全可以找到相反的案例加以反证。而东方专制主义论者将形成某种政体

① 费正清著，张理京译：《美国与中国》，世界知识出版社，1999 年版，第 28 页。

的原因视之为一种必然性，从而将其绝对化。

最后是傲慢产生偏见。理论和学说是一种话语权。这种权力与其他权力一样，也会随着实体地位的提升而膨胀。应该说，早期西方学者对东方专制社会的描述更多的还是一种客观性认识，是知识性的概念，而没有太多的价值偏好的因素。但是，随着西方自由主义思想的兴起，特别是根据这一理论建构的实体世界地位的提升，西方文明的优越性油然而生，与此相伴随的是西方文明的傲慢，认为人类都应该以西方世界为模式加以改造，因此对与西方不同的东方专制社会极尽贬抑。如魏特夫的《东方专制主义》一问世，就受到西方世界的热捧。这与该书对苏联模式"极权主义"恐怖景象的描述有关。连美国著名学者费正清这样的"中国通"也借用"东方式的"社会的概念来描述早期中国①。他建构的著名的"冲击-回应"分析范式，也受其影响②。

应该看到，马克思和恩格斯也论述过东方专制制度。他们认为东方社会不同于西欧，一是生产资料固有的亚细亚生产方式，二是政治上的专制制度。与其他人不同，马克思、恩格斯是从生产方式的角度来论述东方专制制度的，专制制度是由地理、气候等多种因素影响下的生产方式决定的，自然也不会一成不变。停滞性并不是东方社会特有，而是前资本主义时期的共同社会现象。他们既对专制制度造成的人的压抑和社会停滞持批判态度，同时对在这一制度压制下的人持同情态度，更认为东方社会也有可能在汲取人类文明成果基础上超越资本主义痛苦进入更高类型的社会。因此，马克思、恩格斯对东方社会的论述大大超越了西方固有的偏见。但是，由于历史条件所限，马克思、恩格斯对东方社会的了解也是有限的，更多的是间接的甚至是失实的材料。特别是他所论述的东方社会主要是俄国和印度，专制主义与这两个国家的农村公社

① 费正清著，张理京译：《美国与中国》，世界知识出版社，1999年版，第32页。

② "冲击-回应"是一种分析框架。在这种框架看来，近世中国的变化主要是对西方国家冲击的一种回应。中国处于一种被动状态，缺乏自我变革的能力。这一分析框架长期成为"汉学"研究的主流。

（村社）基础密切相关。恩格斯认为："各个公社相互间这种完全隔绝的状态，在全国造成虽然相同但绝非共同的利益，这就是东方专制制度的自然形成的基础。从印度到俄国，凡是这种社会形式占优势的地方，它总是产生这种专制制度，总是在这种专制制度中找到自己的补充。"①其实，东方社会的国家状况很不一样。特别是处于表象政治体制之下的基础性社会结构甚至有很大的不同。例如，同时处于东方世界的中国，就与俄国和印度大不相同。而马克思、恩格斯及其后来的马克思主义者对东方世界的不同的经济社会基础却缺乏深入的了解和分析，也就难以建立一种全新的认识框架②。

总体上看，在数千年西方思想界的描述下，"东方专制主义"已成为东方世界的主要、甚至唯一的"图景"。这一根深蒂固的观念，就造成了"在西方人的潜意识当中，专制就是属于东方的，自己却是自由的"③。西方因为自由而获得了世界，东方因为奴役而造成了停滞，因此需要西方解救东方。这一"千古传奇"和"历史定论"只有到了21世纪才面临严峻的挑战：一个因所谓东方专制主义而停滞不前的传统国度，何以迅速崛起，并正在走向、获得和引领世界？这是当今东西方学术界都需要回答的问题。问题的答案之一就在于，在中国还长期潜藏着一个重要传统——东方自由主义。只是，这一传统被长期遮蔽了！

二、被遮蔽的"东方自由主义"

作为主义，有两种理解：一是对事实状态的概括和描述，具有解释性和描述性；一是对理想状态的追求和向往，具有建构性和愿景性。西方学者运用东方专制主义来描述他们认识的东方社会。与此相应，我们

---

① 《马克思恩格斯选集》第3卷，人民出版社，1995年版，第280页。

② 俞良早：《马克思主义东方学》，人民出版社，2011年版。该书对马克思主义的东方理论进行了系统的梳理。

③ 常保国：《西方历史语境中的"东方专制主义"》，《政治学研究》2009年第5期。

同样也要从描述的角度来阐述东方自由主义。否则，我们就会掉进“东方无自由”的现代性自由主义的陷阱。因为近代以来，西方学者几乎都是从近代以来产生的自由主义的角度来论述自由主义，并由此得出“东方无自由”结论的。

其实，“自由”是一个历史的、相对性的概念。在古代中国的话语体系中，“自由”就是由自己做主，不受限制和约束。例如，“汝岂得自由”①。“自主”与“自由”是相同的含义。根据张凤阳的考察，在汉语解释中，“自”指“自我”，“由”指“顺随”。顺随自己的意志，自我决断、自主行动，即为自由②。自由是在社会关系中实现的。通过否定性的角度更能明了自由的含义。当代自由主义政治哲学的集大成者哈耶克有一句经典的名言：“自由的反面是奴役。”自由是一种生存状态，在此状态下，“一些人对另一些人所施以的强制，在社会中被减至最小可能之限度”③。无论中外，早期自由都是相对于人身依附和奴役关系而言的。在古希腊，不同于奴隶的人称之为“自由民”，其最大特点就是享有人身自由。这是自由主义的根基。随着历史的发展，“自由”的含义才愈益丰富。简言之，自由主义是对人的独立性和自主性的一种概括和向往。

一切生存和思想状态都需要从特定的生产方式寻求其根源。在告别原始社会的过程中，人类经历了三次社会大分工，分别出现了三种文明形态——游牧文明、商业文明、农业文明。游牧文明社会刚从原始部落社会脱胎而来，恶劣的环境更需要部落整体的相互依赖，个体的独立性和自主性较少。商业文明以交换为手段，人处于不断的流动状态，因此更多地具有人身独立和自主性。这是古希腊最早出现“自由民”以及

---

① 《玉台新咏·古诗〈为焦仲卿妻作〉》。

② 张凤阳等：《政治哲学关系词》，凤凰出版传媒集团、江苏人民出版社，2006年版，第27页。

③ 弗里德利希·冯·哈耶克著，邓正来译：《自由秩序原理》，生活·读书·生活三联书店，1997年版，第3页。

自由思想的重要原因，也是西方自由主义的源泉。近代西方商业文明崛起后的一个重要口号就是“文艺复兴”，即对古希腊自由主义传统的发掘。可以说，西方自由主义的根基是西方商业文明传统。商业文明要求人身自由、财产权以及相应的公民权。如果从人的主体性看，西方自由主义实际上是商人自由主义。

从世界范围看，中国是农业文明最为发达的国家。这也是中华文明长期延续的主要原因。因为，与游牧、商业相比，农业生产收获相对稳定，并能不断重复再生产。而支撑农业文明的主体是农民。在工业革命崛起之前，中国农民与世界其他国家的农民比较，最大的特点是“自由”。

马克思从主体性和自由的角度将人的发展划分为三大历史形态：“人的依赖关系（起初完全是自然发生的），是最初的社会形态，在这种形态下，人的生产能力只是在狭窄的范围内和孤立的地点上发展着；以物的依赖性为基础的人的独立性是第二大形态，在这种形态下形成普遍的社会物质变换，全面的关系，多方面的需求以及全面的能力体系；建立在个人全面发展和他们共同的社会生产能力成为社会财富这一基础上的自由个性，是第三个阶段。第二阶段为第三个阶段创造条件。”① “人的依赖关系”属于前资本主义时期。我们可以以此为坐标来考察东西方的自由形态。

在古代农业社会，西欧盛行的是庄园制和农奴制（在古英语中，“peasant”可作动词用，意为“附庸、奴役”）。“农奴”（serf）一词源自罗马人对奴隶的称呼——“servus”是人身属于主人的农业劳动者，社会地位低下，受到封建庄园主的奴役。农奴是不自由人，人身属于主人，且世代相传。其耕种的土地属于主人，土地不得买卖。农奴对封建庄园以及庄园主有高度的人身依附关系，相互之间具有完全不对等的法律关系。地理上属于东方的俄国实行的是村社制和农奴制，印度实

① 《马克思恩格斯全集》第46卷（上），人民出版社，1979年版，第104页。

行的是村社制和种姓制。这两种制度均与庄园制和农奴制有共同之处。因此，在古代世界，大多数国家的农民还停留在对自然和群体的高度依赖之中。

而中国自告别原始社会后，几乎没有经历过奴隶制时代。一家一户的生产方式使农民成为独立的生产经营主体。自由的个体家户农民更是一种久远的理想形态。尧舜时期的古歌谣《击壤歌》描述道："吾日出而作，日入而息，凿井而饮，耕田而食，帝力何有于我哉？"秦始皇的伟大功绩不在于修建万里长城，而在于形成了一个能够不断再生产的亿万自由家户小农的制度。与农奴相比，中国的农民属于自由小农。其特点表现为：

——人身自由。人的自由首先表现为人对自己身体的自主支配。秦始皇统一中国期间实行军功地主制，弱化人身依附关系，家户成为主要生产单位。"自秦始皇统一中国以后，就建立了专制主义的中央集权的封建国家。"① 政府为获取税赋，编制户口，使所有人都成为同一的"编户齐民"，无论是地主，还是农民，都是国家的子民。在国家共同体内，"士农工商"，农民与其他人一样在法律地位上是平等的。在村庄共同体和日常生活之中，农民在人身上是自由的，具有自主性。即使是租佃地主土地的佃农，与地主的关系也属于交换关系，地主只能根据契约获得收租，而不得占有佃农的人身。"地主"的含义很清楚，只是"地"的主人而不是"人"的主人。地主只拥有经济权力。作为农民主体的自耕农的独立性和自主性更强。而西欧封建农奴社会则不同。"领主"不仅是"地"的主人，还是"人"的主人。领主除了拥有经济权力以外，还拥有政治权力和司法权力；不仅终生和世代占有土地，而且终生和世代占有农奴。由此建立起农奴对领主的高度人身依附关系。

——经济自主。人的自由体现在社会关系之中，并以经济自主为基础。经济自主可以说是东方中国农民自由主义的核心部分。马克思主义

① 《毛泽东选集》第2卷，人民出版社，1991年版，第624页。

认为，社会关系根源于生产关系和生产方式。我们可以从生产关系和生产方式的角度看中国农民的自主性。从生产资料看，农民与土地的关系是自由的。“民得买卖土地”，“中国早在战国时期就已经开始推行土地私有，允许土地自由买卖；欧洲在整个中世纪的封建时期，土地属于贵族，不存在土地市场”①。在费正清看来：“中世纪的农奴是束缚在土地上的，他自己既不能离开也不能出卖土地，而中国农民则无论在法律上和事实上都可自由出卖或购进土地。”② 土地不仅可买卖，还可继承、转让。除了土地以外，无论是自耕农还是佃农，生产工具都是自己的。他们可以凭借生产工具独立从事劳动。因此，从生产过程看，农民独立从事生产和经营活动，很少甚至也可以说没有受到外部力量的介入、监督和强制。这与依靠外部力量监督的奴隶制劳动完全不同。从生产产品看，农民有获得和支配自己产品的自由。中世纪西欧实行劳动地租，古代中国则以产品地租为主。货币地租的出现则进一步弱化了地主与农民之间的依赖关系。除了地租和税赋外，农民完全占有自己的劳动成果，并可以以自己的产品对外进行自由交换。因此，中国农村社会又是一个集市社会，一个个集市镶嵌在大小不一的农业村庄中。在生产力中，人是最活跃的因素。古代中国的农民不仅可以自由活动，而且可以自由流动。在中世纪的欧洲，“农民是半农奴依附于土地，只有极少数取得自由农身份的劳动力才能自由流动”③。正如历史学家胡如雷所指出的：“西方的农奴是终生被束缚在领主领地上的，他们在任何情况下，都不能合法地离开领地；中国的佃农虽然长期被束缚在地主的土地上，但这种束缚却不是终生的，在一定条件下，佃农可以改佃，地主也可以撤佃。”“中国佃农基本上没有终生束缚在某个地主的固定田庄之中，比

---

① 林毅夫：《中国经济发展和文化复兴》，《光明日报》2011 年 11 月 14 日。
② 费正清著，张理京译：《美国与中国》，世界知识出版社，1999 年版，第 32 页。
③ 林毅夫：《中国经济发展和文化复兴》，《光明日报》2011 年 11 月 14 日。

西方终生固定于某一庄园的农奴有较多的人身自由。”① 不仅如此，只要有机会，农民还可以离开家乡，进入城市务工。

——社会自治。人生活在群体社会里。群体社会的自治性反映了人的自主性和自由活动领域。在小农经济基础上，农村社会按照乡土规则运行，实行乡村社会自治。“家事”“村事”和“乡事”主要依靠家长、家族和乡绅自我管理，政府管理未能进入农民的日常生活管理之中，由此发育出一个介于政府与农民之间的“乡绅”阶层，乡村社会成员从社会自治中获得自由活动的空间。正如韦伯所说，在中国，“‘城市’是没有自治的品官所在地，‘乡村’则是没有品官的自治区”②。在中国的乡村，经济权力与政治权力二元分离，地主不能凭借经济权力为所欲为，反而得借助家族社会力量共同治理村庄。村民在社会地位上是平等的，地主没有治理上的特权。而在中世纪的西欧，由于领主在领地内的“特恩权”，即征税权、司法权和军事权，是毫无限制的统治者，因此以“棍子和鞭子统治着农村”③。自治性的乡村庄园实际上是领主统治的“土围子”，没有自由可言。

——思想自在。人是有思想意识的。思想自由表现为不同思想意识的开放性和包容性。中国农民以土为生，具有实践和效用理性。他们有神鬼意识、信仰观念，但其思想意识具有极强的开放性和包容性，处于无拘无束的自在状态。不同的思想、观念、信仰、意识可以相互并存，相互包容，甚至集于一人之身。在中国，没有欧洲、西亚、南亚那样的宗教极端意识，也没有因为信仰而导致的战争。各种基于日常生活的民间文化异常活跃，并与官方文化相对独立。

——政治自力。政治自由反映个人与政府的关系。中国农民的政治自由表现为依靠自我和自然成长的力量的自力状态。一是消极的行动自

① 胡如雷：《中国封建社会形态研究》，生活·读书·新知三联书店，1979 年版，第 100、119 页。

② 马克斯·韦伯著，王荣芬译：《儒教与道教》，商务印书馆，1999 年版，第 145 页。

③ 《马克思恩格斯全集》第 19 卷，人民出版社，1963 年版，第 367 页。

由，希望政府不要过多干预和介入农民的生活。“纳完粮，自在王。”理想的政府行为是“无为而治”。因为政府的积极作为往往是建立在沉重的农民负担基础上的。农民也不愿意与官府打交道，具有“无讼”意识。因为政府判案往往是各打五十大板，不仅难以分辨是非，更重要的是破坏了亲情和乡亲关系。二是积极的行动自由。与印度种姓制不同，中国农民没有严格的身份等级制度的限制，“王侯将相宁有种乎？”农民有尽己之力反抗暴政的合法性，即“替天行道”“官逼民反”，要求“均田地，等贵贱”。“中国历史上的农民起义和农民战争的规模之大，是世界历史上所仅见的。”①

因此，与中世纪西欧的“城里空气使人自由”不同，古代中国是“地里空气使人自由”。如果说西方自由主义产生于城市商业社会，那么东方中国的自由主义则产生于乡村农业社会；如果说西方自由主义是商人自由主义，那么东方中国的自由主义则是农民自由主义。所谓东方自由主义，是在东方中国自由小农经济社会的基础上产生的农民的自由状态和追求。其核心要素是自主性和积极性。自主性是前提，积极性是结果。只有自主的人才有来自人自身内部的积极性、主动性和创造性。因此，农民的自由状态和追求，在中国历史上起到了巨大的推动作用。

首先是创造了农业文明奇迹。世界文明发源地都来自农业文明，唯一保存并传承下来的是中国。中国创造了世界独一无二的农业文明奇迹。这一奇迹的创造者正是广大农民。农民得以创造出文明奇迹便在于处于自由状态的他们有较高的生产积极性。一方面，不可否认，在古代中国也存在着剥削，且剥削率较高，使农民不得不通过高强度的劳动来维持生存；另一方面，自由的经济社会关系，又使农民有可能通过自己的劳动获得多一点的收获，从而自我改善生活状况，甚至人生命运。土地的自由买卖可以打破僵化的土地特权关系，使一部分人有上升的机

① 《毛泽东选集》第2卷，人民出版社，1991年版，第625页。

会。“有田方为福，盖‘福’字从田。”① “先世佃仆，今以富强。”② 生产过程完全由农民自我完成，根本没有偷懒的可能。因为产品的自我占有使偷懒成为对自己的犯罪。而“佃户一般能订立固定租金的长期合同，这就能促进他们的事业心并提高生产率”③。由此就锤炼出中国农民特有的勤劳品质：“敬时爱日，非老不休，非疾不息，非死不舍。”④ 孟德斯鸠也承认中国人的勤劳精神；韦伯更是对中国人的勤劳给予极高评价：“中国人的勤奋与劳动能力一直被认为无与伦比。”⑤ 但他们并没有深度揭示中国人为何勤劳的原因。这是因为，中国农民的劳动是为了自己的劳动，是为了自己能够过上自己理想的生活，哪怕这种理想现在看起来是多么的低级。农民劳有所获的自由劳动与劳无所获的农奴式劳动完全不能同日而语。自由劳动与奴役劳动的最大不同就在于，前者的劳动在为社会创造财富的同时也可以使自己的命运有所改善，哪怕是稍许的改善。自给自足的生活状态说明，只有自给，努力劳动才能自足；相反，正是可以自足，不断刺激着农民努力自给。由此，才有了自觉自愿的刻苦耐劳，才有了劳动无限投入的精耕细作，才有了满足自我需要的耕织结合。这正是中国得以创造农业文明奇迹的根本原因所在。

其次是推动着历史的进步。中国古代农业社会并不是完全处于停滞状态，只是相对于工业文明的跨越发展来讲较为缓慢而已。不可否认，中国农民在专制压迫下的沉重赋役在世界上也是较为典型的。他们除了要受到经济剥削以外，还要受到超经济强制。但是，自由、自主、自在和自足的生活始终是农民的梦想。当他们的理想状态生活得不到基本保障时，他们并不是完全屈服于命运的摆布，而是奋起反抗，从而迫使统

---

① 《青波杂志》卷十一。

② 《西园闻见录·不校》，转引自胡如雷：《中国封建社会形态研究》，生活·读书·新知三联书店，1979 年版，第 119 页。

③ 费正清著，张理京译：《美国与中国》，世界知识出版社，1999 年版，第 30 页。

④ 《吕氏春秋集释·士容论·上农》。

⑤ 马克斯·韦伯著，王荣芬译：《儒教与道教》，商务印书馆，1999 年版，第 115 页。

治者让步——“轻徭薄赋”“与民休息”，改变土地占有关系，“均分土地”，由此或多或少地推动着社会的进步。“因为每一次较大的农民起义和农民战争的结果，都打击了当时的封建统治，因而也就多少推动了社会生产力的发展。”① 为此，费正清认为：“近代学者的研究表明，中国并不是那些多少世纪毫无变化的世界早期帝国的残存实例。事实恰恰相反。”② 而中国的变化动力来自自身内部，特别是作为财富创造者的农民。否则就无法解释在西方还未进入中国之前，中国何以有世界最为持久和灿烂的农业文明了！

那么，为什么东方自由主义长期被历史所遮蔽，不为人所重视，甚至不为人所知？在西方流传已久的是东方专制主义，即使在中国，也无人论及本土之上的自由主义呢？主要有以下原因：

其一，受中国特有的上下双层社会结构所影响。中国自秦始皇统一中国以后的社会结构呈上下双层结构。如果说上层政治是专制主义，那么，下层社会则是自由主义。在西方学者眼里所看到的是矗立于下层经济社会基础之上的统治政体及其专制主义，没有也很难了解和关注上层统治政体之下的下层农民社会及其隐藏之中的农民自由主义。而到过中国内地的美国汉学家费正清对中国的认识就较为准确。他说：“自古以来就有两个中国：一是农村中为数极多从事农业的农民社会，那里每个树林掩映的村落和农庄，始终占据原有土地，没有什么变化；另一方面是城市和市镇比较流动的上层，那里住着地主、文人、商人和官吏——有产者和有权势者的家庭。” “中国仍然是个农民的国家，有 4/5 的人生活在他们所耕种的土地上。”③ 这两部分人有不同的思想、观念和价值。但是，任何一种思想都要经过知识分子的加工、提炼并上升为理论体系。中国的知识分子长期以来处于上层。其思想体系总体是为上层统

---

① 《毛泽东选集》第 2 卷，人民出版社，1991 年版，第 625 页。
② 费正清著，张理京译：《美国与中国》，世界知识出版社，1999 年版，第 30 页。
③ 费正清著，张理京译：《美国与中国》，世界知识出版社，1999 年版，第 20 页。

治服务的，对下层农民社会的思想并没有加以关注，更没有整理、加工和提炼。即使是有一些知识分子有对自由的追求，但与农民大众的生活相隔离。老子的“无为而治”思想有东方自由主义的意蕴，但主要还是一种以统治者为主体的治国之道，而不是以民众为主体的思想诉求。连胡适这样的现代自由主义大家也没有注意到深藏于古代下层农民社会中的自由主义形态，从而建立传统与现代的连接。因此，以胡适为代表的现代中国自由主义始终是无根之木、无源之泉，从而只是飘浮于社会上层，未能进入下层民间社会之中。

其二，中国农民自由主义属于日常生活形态及意识。农民自由主义寓于日常生活之中，呈现为原始的粗陋的生活状态，而没有精加工，进入经典文献之中并为他人所知，为后人所学。西方学者根本不可能接触农民日常生活，他们主要依靠文献了解中国，所接触到的经典文献中并没有自由主义的点滴记录；相反，大量的是为专制主义论证的学说。而中国的知识分子长期依附于官府。他们中的许多人尽管出自农家，但严格的国家考试使他们埋头于经典文献中，并没有实际感受和体验农民的生活。而农民自由主义作为一种生活形态的自由主义，只有在实际生活中才能领悟其实质和精妙之处。正因为如此，只有那些在官场失意的文人才想到归隐田野，在回归自然中寻求一份城市上层社会难得的自由和恬淡。但是，这些失意的文人只是将田野作为一种对现实上层政治的逃避，始终未能去发现和挖掘农民日常生活中的思想并将其提炼为理论形态，使之成为和进入文献经典。孟德斯鸠因此得出“连一段表现自由精神的记录都不可能找到的”的结论。

其三，中国农民自由主义具有自然法的特性。古代农业经济属于自然经济。人受制于自然并为自然所限。一家一户的自然经济，独立生产、自主经营、自由交换，因此也可以说是一种不受他人支配的自由经济。正是这种自由经济，蕴涵着自由主义精神。只是在农民眼中，这种自由来自自然，是“天理”所然，而不是人为所构。农民是没有自由意识的自由主义者。而自由如同空气，只有在失去时才感受其存在和可贵。因此，农民以及他们的代表不可能建构起一套系统的学说，将其追求和向往理论性、系统化，并提升为一种理想的社会形态。他们在反抗暴政统治时的理论是“替天行道”，因为暴政“天理难容”，至于“天”和“天理”是何物，并没有明确的理论定义。这也属于许多西方人不可理喻的所谓“东方神秘主义”。至于追求“道”的中国文人，从未思考过“变天”，自然也不会“寻道”，不会从本土社会中提炼精神学说，将自然的自由主义加工成理论形态的自由主义。因此，东方中国的自由主义可以说是农民式的“草根自由”。这种自由是一种不言自明的自然状态。

其四，中国主流意识形态是建构社会秩序。任何一种学说都是专门从事知识生产的人创造的。在西方，长期以来，自由主义能够成为一种系统的学说，主要在于有知识分子的创造。而在东方中国，自由主义是一种自然状态。但这种状态并不是自然的和谐状态。因为，中国的自由农业社会同时充满着冲突根由。不仅家族内部有男女之别、上下之分，家庭之间也会经常因为地、水、林、房、路等原因产生“边界”纠纷。既然自由是一种不言自明的自然状态但又伴随着冲突，那么，文人的主要工作就是为在自然自由状态下的社会建构秩序，以达到社会和谐。“人之生不能无群，群而无分则争，争则乱，乱则穷矣。故无分者，人之大害也；有分者，天下之本利也。”① 建构以“名分”顺序为核心的秩序成为中国思想经典的主要内容。无论儒家、法家还是道家，都是一种秩序主义思想。而种思想恰恰是为专制主义所利用的思想资源。

正是由于以上原因，东方自由主义长期被遮蔽，不为人知，也未进入中国的主流意识形态。但是，被遮蔽并不意味着不存在。接下来要讨论的是，为什么在强大的专制主义政体之下能够存在或者潜藏着一股强大的自由主义源流呢？

---

① 《荀子·富国》。

早期西方学者将东方专制主义作为对东方社会的唯一概括，在于他们没有办法了解东方中国社会的复杂性。进入20世纪以后，西方学者又是从现代国家无所不能的专制全能政体来理解东方社会的。这其中遗漏了一个重要且是不可或缺的环节——国家统治能力。

不可否认，中国自秦始皇起建立了强大的帝国专制政权。但是，在中国这样一个幅员辽阔、人口众多，特别是以分散的小农经济为主的国度里，专制统治的能力是极其有限的，更不可能深入渗透和支配农民的日常生活。这就使得在表象的国家政权统治之下，留下一个个村落自治的空间和一块块农民自由耕作的土地。国家统治的专制主义与农民社会的自由主义恰恰是相辅相成的。这正是西方学者有意无意所忽略的要害问题。我们可以以东方专制主义思想集大成者——魏特夫的观点为例。

在魏特夫看来，中国的东方专制主义社会的基础是“水利社会”。由于水利工程巨大，必须要有劳动力、生产资料和管理的高度集中才能完成巨大的水利工程。但造成这一状况的根源恰恰在于自由小农经济的分散性。正如马克思指出的：“在东方，由于文明程度太低，幅员太大，不能产生自愿的联合，因而需要中央集权的政府进行干预。所以亚洲的一切政府都不能不执行一种经济职能，即举办公共工程的职能。”① 为保证征调民力，国家不断弱化农民对地主的人身依附关系，保持其“自由民”状态。

魏特夫认为，正是因为治水社会的高度集中性造成政治权力的集中和专制，只要治水社会不改变，专制主义就不会变。不可否认，专制主义政体对于修建大型水利工程确有成效。但是，修建大型水利工程并不是一种生活常态，往往只是在水患成灾时才注重修建。对于作为常态的小农经济日常生活，国家并不介入，也不可能干预。正因为如此，才有“皇权止于县政”。孙中山说：“在清朝时代，每一省之中，上有督抚，中有府道，下有州县佐杂，所以人民和皇帝的关系很小。人民对于皇帝

① 《马克思恩格斯选集》第1卷，人民出版社，1995年版，第762页。

只有一个关系，就是纳粮，除了纳粮之外，便和政府没有别的关系。因为这个原故，中国人民的政治思想就很薄弱，人民不管谁来做皇帝，只有纳粮，便算尽了人民的责任。政府只要人民纳粮，便不去理会他们别的事，其余都是听人民自生自灭。”① 这也就意味着，在农民日常生活之中，并不是专制主义所支配和控制。在这方面，就连魏特夫本人也不否认，即使是所谓治水社会里，“仍然存在着真正的自由因素”。虽然他强调这种自由因素是“和政治无关的自由”②。但是，日常生活自由不能不说也是一种自由。在某种程度上说，它比现代国家无所不在的强力监控下的“政治自由”更为真实。

在魏特夫看来，权力集中的君主制造成土地等生产资料完全归皇帝所有，不可能有真正的土地私有，自然也不可能有民众的自由。马克思也有过类似的说法，主要说东方社会没有西方法权意义的私有制。但在东方中国，土地所有制具有自然法的意义。在农民眼里，自己耕种的土地就属于自己所有或经契约获得自由经营权。帝国政府根本没有能力去管制土地及其变动。否则就不会出现土地的自由买卖和兼并。

魏特夫认为，土地国有必然导致国家对经济的垄断。事实上，国家不可能垄断农业经济，日常农业经济生活完全是农民自由支配的。只有在分散的个人小农无法自我满足的部分产品，如盐、铁等才实行国家专营。如费孝通所说：“乡土社会是个小农经济，在经济上每个农家，除了盐铁之外，必要时还可关门自给。”③ 正是经济生活的自给自足性，才使农民的日常生活处于自由状态。

在魏特夫看来，专制主义唯皇帝之命是从，君主意志就是法律。事实上，在古代中国，法律很少进入农民的日常生活之中。支配农民日常生活更多的是包括习俗、惯例在内的地方性规范。这些规范内化于农民

---

① 孙中山：《三民主义》，岳麓书社，2000年版，第89页。

② 魏特夫著，徐式谷等译：《东方专制主义对于极权力量的比较研究》，中国社会科学出版社，1989年版，第120~122页。

③ 费孝通：《乡土中国 生育制度》，北京大学出版社，1998年版，第63页。

日常生活之中，为农民所认同并从中获得自由。相反，农民并不希望诉诸法律，即费孝通所说的“无讼意识”。

由此可见，东方专制主义理论只看到了东方中国社会的专制政体一极，并将这一极无限夸大，而忽视了东方中国社会的自由主义另一极，并以东方专制主义将这一极完全遮蔽，使之陷入历史和理论的“黑洞”之中。中国知识界也因此长期处于蒙蔽状态，缺乏对本土文明的自觉，并将“自由”这一人类最宝贵的价值奉献给他人！

当然，与西方自由主义相比，东方自由主义也有自己的特点：一是西方自由主义以作为自然人的个人为基础，个人主义始终是西方自由主义的根基；而东方自由主义强调个人与群体的关联——“仁者，人也”，族群（家户）主义是东方自由主义的根基。二是西方自由主义从抽象的人性中论证人的自由属性，“人生而自由”是西方自由主义的基本原则；而东方自由主义则强调在人伦关系和社会秩序中获得个人自由，即“从心所欲不逾矩”。两种自由主义之所以有不同特性，根源之一在于生产方式和交换方式的不同。西方自由主义产生于商业文明传统。商业交换是以单个人为基础进行的。自然人是商业活动的出发点。在商业交换活动中，每个人都具有自由人属性。而东方自由主义产生于农业文明传统，特别是中国的农业长期以一家一户的方式进行。家户是农业活动的组织基础，“社会单元是家庭而不是个人，家庭才是当地政治生活中负责的成分”①。单个人只有融入在家户群体中，才能获得自由活动的空间。“他有一种安全感，因为他知道，如果他履行了指定给他的那部分职责，他可指望这体系内的其他成员反过来也对他履行应尽的职责。”② 根源之二是宗教传统的影响。西方自由主义受宗教意识影响很深。西方宗教的一个重要观念就是所有人在上帝面前都具有“原罪”，在世俗社会里每个人都是独立的个人。而东方自由主义没有“上

① 费正清著，张理京译：《美国与中国》，世界知识出版社，1999年版，第22页。
② 费正清著，张理京译：《美国与中国》，世界知识出版社，1999年版，第24页。

帝造人”的意识，在东方中国人看来，人的生命来源于自己长辈，没有长辈就没有自己。因此，人一出生就处于各种人伦关系及相应的秩序当中，只有在人伦关系秩序中才能获得自由。这种秩序中心主义又上升到国家制度层面，并形成巨大的历史惯性，支配着中国社会的发展。对此，费正清的评论较为客观：“传统的中国并非一成不变，也不是静止或毫无生气。相反，中国有不断的变化和千差万别的情况，但总不脱离其文化和制度上特有的格局。这个总的格局顽强地持续存在，是因为多少世纪以来，中国的各种制度——经济制度、政治制度、社会制度、文化制度——曾在它的国土范围内促成了引人注目的自给自足、平衡和稳定的局面。总之，制度和文化的持续曾经产生了体现为气势澎湃和坚守既定方针的惯性，而并非不动的惰性。”① 注重有秩序的自由的“惯性”而不是无自由的“惰性”的评价比“东方专制主义”的“停滞性”结论更为精当和客观得多。它肯定了中国社会内部有自己的发展动力。这就是亿万农民对自给自足和自由自在生活秩序的向往和追求。

东西方自由主义的不同点只是说明由不同的生产方式及其社会关系构成的生成基础之别，而没有价值高低之分，更不能以西方自由主义为尺度否认东方自由主义的存在！

当然，如果说西方否定东方自由主义是一种偏见，那么，为何东方中国思想界也极力回避，甚至对东方自由主义视而不见呢？原因在于，“自由”这两个字作为一种学说是伴随西方国家的“炮舰”进入东方中国的。这种历史“悲情”使东方中国人对“自由”有着极强的警惕性和敏感性，越是物质实力弱就越是如此。但这一状况反过来却是不利的。我们尽可以从政治和学术上批判“东方专制主义”，但却忽视了自己的宝贵的传统资源，从而建构自己的知识体系。事实上，马克思主义从来不回避自由的崇高价值，并将理想社会视为“自由人的联合体”。

---

① 费正清著，张理京译：《美国与中国》，世界知识出版社，1999 年版，第 75 页。

三、被提升的东方自由主义

发掘东方自由主义是为了恢复历史，并不是简单地颂扬。任何一种思想都有其历史的局限性。在中国，以农民为主体的自由主义由于有受生产方式决定的局限性，始终未能进入国家主流意识形态。

其一，东方自由主义是一种缺乏选择和保障的自由。自由意味着人面对环境的多种选择的可能性及其实现这种可能的保障。但对于以土地为生的农民而言，他生于斯、长于斯、死于斯，生命活动领域十分有限，也很少有改变命运的选择。费孝通因此将中国视之为“被土地束缚的中国”。农民的自由只是在自己生产经营的“一亩三分地”上的自由，空间极其有限。特别是在沉重的地租和赋税双重盘剥下，农民的自由成效极其有限。他们的劳动剩余相当少，且处在自然和社会的双重风险之中，很容易陷入贫困破产的境地。“中国的佃农比西方的农奴在经济上缺乏保障”①，地主阶级政权极易“滥用民力”“搜刮民财”。尽管自由劳动可以调动积极性，形成勤劳品质，但这种“勤劳”往往是贫困的勤劳，更多的是贫困压力下的勤劳②。绝大多数人仅仅依靠勤奋劳动是难以改变贫困命运的。因此，农民的自由往往伴随着贫困，甚至是“自由”得一无所有。正因为如此，东方式的“宿命论”或者“命定论”极具支配性。“顺天命”往往成为人生的重要原则。

其二，东方自由主义是一种缺乏国家制度保护的自由。在强大的上层专制主义的压迫下，农民自由主义始终局限于日常生活形态之中。尽管农民有私有财产或者独立经营，但他们处于无组织的分散状态，“他们利益的同一性并不使他们彼此间形成共同关系，形成全国性的联系，

① 胡如雷：《中国封建社会形态研究》，生活·读书·新知三联书店，1979 年版，第 120 页。

② 徐勇：《农民理性的扩张：“中国奇迹”的创造主体分析对既有理论的挑战及新的分析进路的提出》，《中国社会科学》2010 年第 1 期。

形成政治组织”，“因此他们不能以自己的名义来保护自己的阶级利益”；“他们不能代表自己，一定要别人来代表他们。他们的代表一定要同时是他们的主宰，是高高站在他们上面的权威，是不受限制的政府权力，这种权力保护他们不受其他阶级的侵犯，并从上面赐给他们雨水和阳光。因此，归根到底，小农的政治影响表现为行政权支配社会”①。马克思的这几句话虽然是评价法国小农的，但也适用于中国的小农。在专断性的行政权力支配下，农民的自由范围和层次都是十分有限的，没有也不可能上升到权利这一制度正当性的层面，从而得到国家制度的保护。自由而分散的小农无力自我保护仅有的自由，他们的自由状态很容易受侵犯。

其三，东方自由主义是一种具有放任和极端倾向的自由。以农民为主要载体的东方自由主义是一种日常生活形态的自由。这种自由往往局限于“在自己一亩三分地上随心所欲”，因此具有天生的随意性、散漫性和放任性。“由”就是“顺随”，引申开来就是“随意”“随便”，想怎样就怎样。这种自由主义曾经为毛泽东所专门批判，是自由主义的消极形态。在专制主义压制下，作为自由主义主体的自由小农处于极其弱势的地位，他们通常只能极度忍耐，一旦超出极限，又会铤而走险，以“以暴易暴”的方式反抗暴政，由此将农民自由主义推向“无法无天”的极端化，“表现为一种野性的、盲目的、放纵的破坏力量”②。这种极端化的农民自由主义与极权化的专制主义不仅使政治斗争成为“零和博弈”，而且两极相通，从而形成暴政与暴民的循环。这也是每一次农民起义在或多或少推动社会生产力的同时，也带来了或多或少的社会破坏的重要原因。

其四，东方自由主义是一种具有秩序之上倾向的自由。东方自由主义强调在秩序中获得自由，这种思想很容易造成秩序至上和秩序优先的

---

① 《马克思恩格斯选集》第1卷，人民出版社，1995年版，第766页。
② 《马克思恩格斯选集》第1卷，人民出版社，1995年版，第677~678页。

倾向，甚至为了秩序可以牺牲自由和剥夺个人自由，乃至生命。如家长可以运用家法惩罚“不听话”的子女，家族力量可以将违反族规的族人沉入水塘。而秩序至上与专制政体又是相互衔接的，不可避免具有随意性和专断性，被惩罚者甚至连辩解的机会都没有。

尽管农民自由主义有其历史局限性，且未能进入国家意识形态主流，但它作为中国社会最大群体——农民的一种向往和追求始终存在并绵延不绝，深深影响着中国历史进程。毛泽东曾经说过：“中华民族不但以刻苦耐劳著称于世，同时，又是酷爱自由、富于革命传统的民族。”① 这就是说，中华民族与世界其他民族一样也是酷爱自由的民族，且在一定历史阶段是最为自由的民族之一，而不是东方专制主义理论所说的天生的“奴性民族”。中华民族的主体是农民。相对于上层统治者而言，下层农民又是最酷爱自由的。是自由引导着下层人民掀起一次次对暴政的反抗。

特别是东方自由主义深深植根于农民的日常生活之中。只要有小农经济社会存在，这种自由主义的思想就会延续。东方中国的农民自由主义作为一种“草根自由”，尽管没有系统化、理论化、成文化，但它有赖于生存的深厚土壤，有生存之根；尽管在专制政治的压制下，它十分脆弱，但它仍然会顽强地生存，一有机会就会蓬勃生长。

社会发展具有极大的历史惯性。当人类进入工业文明，就进入一个建构性时代。人类理性被放大和强化到极致，从而很容易将主观意志凌驾于历史规律之上。但社会发展的历史惯性不会因为人类意志而简单消灭或者被“消灭”。换言之，人类只有遵循历史规律及其惯性，才能获得自由。东方自由主义是与小农经济社会联系在一起的，反映了农民的意愿。只有正视它、尊重它、顺应它，甚至敬畏它的存在，才能获得社会发展的真知，并有效驾驭社会发展。

传统中国的社会结构犹如一枚鸡蛋，自由自主的经济社会处于流淌状态，但其外层却包裹着专制主义政体。蛋壳和蛋心虽为一体，但相互

① 《毛泽东选集》第2卷，人民出版社，1991年版，第623页。

隔离。专制主义政体一方面保护着国土和赖以生存的民众，另一方面因为其权力不受制约的腐败而不断弱化其国家能力，从而受到外部力量的入侵，直到近代由于西方工业文明的崛起将专制政权的合法性打碎。

近代中国的主题是对外反外部侵略，对内反专制压迫。目的都是争取中国人民，特别是中国底层人民的自由。1911 年的辛亥革命推翻帝制，专制主义政治失去合法性，包括农民在内的广大民众获得了形式上的自由权，使自由不再只是一种自然法则，而成为国家制度保护的公民权利。1949 年的革命则是一场底层革命。革命成功的重要原因就是满足了农民对财产的要求。因为没有财产权，自由权就难以体现在日常生活之中，成为一种实体状态。土地改革实则是为农民自由提供财产基础的社会改革，它极大地激发了农民个体生产的积极性。

但是，土地改革之后，中国迅速进入一个工业化导向的时代。传统小农经济及其相应的意识被认为是落后的，应该被摒弃。由此，中国进入一个集体化时代。在集体化过程中建立的人民公社体制借鉴了苏联集体农庄制，国家权力前所未有地全面而深度介入农民的日常生产和生活之中。公社体制在实现国家整合方面发挥了一定作用，但由于农业生产方式的传统性，农民没有也不可能成为像“国家职工”一样的“国家农民”。农民仍然得依靠自己生产的产品生活。但是在公社体制下，农民缺乏自主支配土地的自由，缺乏自主支配自己人身活动的自由，缺乏自主支配劳动过程的自由，更缺乏自主支配劳动产品的自由，因此也缺乏生产劳动积极性。农民一方面以“偷懒”“瞒产私分”等方式加以消极抵制（消极自由），另一方面又不断尝试突破体制，实行包产到户，以获得生产经营自主权（积极自由）。后来，农民的主张被部分中央领导人提升为“三自一包”的政策主张①。虽然这一政策主张受到压制，

① 20 世纪 60 年代初，刘少奇、邓小平等人在主持中央经济工作期间，为了克服“大跃进”给中国经济造成的困难，提出了较为符合实际的经济管理思想，主要体现在适度放宽国家对经济工作的统制。在具体政策上，主张在农村扩大自留地、发展集市贸易自由市场、主张工商企业自负盈亏，以及农业包产到户等政策。自留地、自由市场、自负盈亏和包产到户，简称“三自一包”。这实际上是邓小平理论的最原始思想。

但是农民仍然以其不屈不挠的意志寻求对体制的突破。这一突破最终在20世纪80年代为中央所认可和肯定。邓小平作为中国特色社会主义理论的奠基人，在改革开放之初，谈论最多的是“自主权”。邓小平经济改革思想的主要内容就是扩大自主权。早在1978年，他在著名的《解放思想，实事求是，团结一致向前看》一文中就指出：“当前最迫切的是扩大厂矿企业和生产队的自主权，使每一个工厂和生产队能够千方百计地发挥主动创造精神。一个生产队有了经营自主权，一小块地没有种上东西，一小片水面没有利用起来搞养殖业，社员和干部就要睡不着觉，就要开动脑筋想办法。全国几十万个企业，几百万个生产队都开动脑筋，能够增加多少财富啊！”① 他认为，“调动积极性，权力下放是最主要的内容。我们农村改革之所以见效，就是因为给农民更多的自主权，调动了农民的积极性”；并强调，“调动积极性是最大的民主”②。中共十一届三中全会以后，“给农民自主权，给基层自主权，这样一下子就把农民的积极性调动起来了，把基层的积极性调动起来了，面貌就改变了”③。不断改革不适应生产力发展的体制，调动最广大人民各方面的积极性，可以说是中国特色社会主义的精髓，也是改革开放以来中国迅速发展的基本动力。改革开放以来，中共历届党代会的报告都将调动积极性和增加活力作为一项基本方针。中共十六大报告强调：“放手让一切劳动、知识、技术、管理和资本的活力竞相迸发，让一切创造社会财富的源泉充分涌流，以造福于人民。”④ 中共十七大报告则指出：“新时期最鲜明的特点是改革开放。”“这场历史上从未有过的大改革大开放，极大地调动了亿万人民的积极性，使我国成功实现了从高度集中的计划经济体制到充满活力的社会主义市场经济体制、从封闭半封闭到

---

① 《邓小平文选》第2卷，人民出版社，1993年版，第146页。
② 《邓小平文选》第3卷，人民出版社，1993年版，第242页。
③ 《邓小平文选》第3卷，人民出版社，1993年版，第238页。
④ 《十六大报告辅导读本》，人民出版社，2002年版，第14页。

全方位开放的伟大历史转折。”①

由此可见，中国的改革开放起源于对中国数千年以自主性和积极性为核心的农民自由主义传统的尊重，它是中国文明发展内在规律的逻辑延伸和提升，而不是源于西方自由思想的影响。中国农村改革的许多做法与历史上的农民自由主义传统是相衔接的，如家庭自主经营、劳动力流动、土地流转、农产品自由流通、村民自治、乡村工业、民间文化的活跃等都可以从农民自由主义传统中找到历史依据。特别是农民自由主义传统蕴涵的勤劳、勤俭、互助等农民理性的扩张对于中国的崛起发挥了重要作用。

当然，随着改革开放从农村向城市的扩大，从经济向政治社会的扩大，从对内向对外部世界的扩大，中国也吸收和借鉴了包括西方自由主义在内的思想。但是，这种借鉴也是出于对本国历史及其思想资源欠缺的反思。

中国的改革开放基于对“文化大革命”的否定。邓小平在否定“文化大革命”过程中，并没有将发生“文化大革命”的原因归之于一个人，而是着重于制度性分析。他指出：“旧中国留给我们的，封建专制传统比较多，民主法制传统很少。”② 专制制度的特点是给统治者以充分做好事的平台，却缺乏控制其做坏事的体制性力量，因此容易滥用权力。这正是中国历史上大凡有伟大作为的皇帝往往又沦为“暴君”的重要原因。而刚刚诞生的社会主义制度还未建立起完善的民主体制，因此自20世纪50年代后期以来，“一言堂、个人决定重大问题、个人崇拜、个人凌驾于组织之上一类家长制现象，不断滋长”③，直至发生“文化大革命”。避免“文化大革命”这样的悲剧重演，就要使民主体制制度化，“制度好可以使坏人无法任意横行，制度不好可以使好人无

---

① 《十七大报告学习辅导百问》，学习出版社、党建读物出版社，2007年版，第8页。
② 《邓小平文选》第2卷，人民出版社，1993年版，第332页。
③ 《邓小平文选》第2卷，人民出版社，1993年版，第330页。

法充分做好事，甚至会走向反面”。因此，制度问题“更带有根本性、全局性、稳定性和长期性”①。而这方面，西方的经验和学说有可借鉴之处。

制度建构是西方自由主义的精髓和优长之处。与其他思想不同，西方自由主义特别强调通过一系列制度、规则和程序的建构，既保障执政者有效使用权力而不滥用权力，同时也保障公民享受权利而不滥用权利。这是因为，西方自由主义源自商业文明。商业交换活动特别强调契约精神和对等意识。随着资产阶级这一新兴阶级的崛起，它更是将自由主义的契约精神和对等意识提升到国家制度层面，用一系列精巧的制度、规则、程序来保障自由并不被滥用。西方经典自由主义都十分强调，只有在法律下才有真正的自由。但是，西方自由主义这一精髓长期为中国思想界所忽视。正如胡适所说：“东方自由主义运动始终没有抓住政治自由的特殊重要性，所以始终没有走上建设民主政治的路子。西方的自由主义绝大贡献正在这一点。”②

正是基于制度问题是根本性问题的认识，改革开放以来，中国提出了建立社会主义市场经济体制、建设社会主义民主政治、建设社会主义法治国家、建设社会主义和谐社会的目标。在这一过程中，古老的东方自由主义也被大大提升，成为中国特色社会主义的重要元素之一。

首先，自由提升为有选择和保障的自由。新中国成立后，消灭了剥削制度，农民成为自己土地的主人，从而有了摆脱贫困的可能，特别是国家试图通过集体化为农民提供一定的保障。但是，这一过程中形成的人民公社体制将农民牢牢限制在土地上，造成了一种低保障下的贫穷。人民公社体制废除后，农民最大的收获就是自由了，开始从千百年束缚自己的土地上解放出来。他们可以按照自己的意愿，宜农则农，宜工则工，宜商则商，不仅能够进城，而且可以出国。特别是随着社会主义市

① 《邓小平文选》第2卷，人民出版社，1993年版，第333页。

② 胡适：《自由主义》，发表于1948年9月4日。

场经济制度的建立和完善，横亘在农民面前的种种制度或非制度限制的壁垒被打破，他们获得了历史上从未有过的选择自由和活动空间。正是这种有选择的自由使亿万农民得以摆脱贫困，进入小康，走向富裕。在农民获得自由活动空间的过程中，政府还力图从制度上保障农民的选择，避免农民在与其他社会群体竞争中陷入失败和破产的“自由”之中。

其次，自由提升为有制度保护的自由。新中国成立后，农民成为国家的公民，享有平等的政治权利。尽管农民的组织性不高，但他们有了从制度上保护其利益的可能性。特别是中国特色社会主义民主政治建设的推行，依法治国成为基本方针，农民的各种自由提升为受到法律制度保护的平等权利。他们的承包地成为具有物权性质的财产，并有独立生产经营的自主权。他们有直接参与村庄公共事务管理的自治权，并可以自由选择自己的领导人。

再次，自由的随意性和极端化受到制约。农民的随意性和极端化是由孤立的小块土地造成的弱势力量与强大的政权力量的不平衡格局产生的。随着农民走出长期赖以生存的“一亩三分地”进入更为广阔的社会空间，不仅开阔了视野，而且形成新的社会规则，形成新的社会品质。随着社会主义民主政治建设的推行，政府的服务性愈来愈突出。农民的意愿可以通过服务型政府的建设来得到反映和体现，政府与民众的关系日益融为一体。这有利于化解农民的极端化政治思维和阻止放纵性的政治行为。在21世纪初，中国废除了延续数千年的农业税。这其中包含有农民对沉重负担的消极抵制、弃田退耕，也有农民积极的“依法抗争”。而执政党适应农业生产的需要和农民的期待，最后主动废除农业税，从而缓解了国家与农民的紧张关系。

最后，自由与秩序走向平衡。放任主义的自由必然导致以强凌弱、两极分化和以暴易暴。新中国成立后，试图建立一种能够保障自由与平等、自由与控制相一致的新秩序，以改变历史上的政治社会生态。其间有一段时间处于不平衡状态，如人民公社时期对农民自由的限制较多。因此，改革开放以后，十分强调农民和基层社会的自主权。改革开放以来，西方自由主义学说进入中国，但许多人只是从自由放任的角度来理解这一学说，从而出现放任主义的倾向。邓小平以深邃的历史眼光注意到这一状况，他从改革开放一开始就强调坚持四项基本原则，注意寻求自由与秩序的平衡。美国学者傅高义对此评价说："重新定义和管理自由的边界。也许邓小平当初面对的最棘手的问题就是设定自由的边界，既可以满足知识分子和公众的要求，同时又保证领导者能够维持公共秩序。"① 因此，执政党并没有简单地照搬个人主义基础上的西方自由主义学说，而是努力建构一种符合国情和历史传统的有中国特色的自由体系。这种自由体系抛弃了扼杀人的个性自由的秩序至上主义，但又承继了以秩序维护自由、在群体中获得个体自由的传统，从而努力寻求自由与秩序的平衡。

（原载《学术月刊》2012 年第 4 期）

① 傅高义：《邓小平的遗产》，《南风窗》2012 年第 1 期。